ZHONGXIAOXUE TIYU JIAOCAI

FENXI YU YANJIU

中小学体育教材
分析与研究

卜洪生　著

复旦大学出版社

最近一段时间以来，上海市中小学体育教学正在实施新课标、新课程、新教材，广大体育教研员、体育教师、体育管理者凭借高度的责任感和自信心，奋斗在操场、体育馆，穿梭在大街小巷，奔走在乡间田野，为中小学生身心健康发展服务，涌现出一批好的经验、好的做法，他们在创建具有上海特色的学校体育的道路上探索、思考、前行……

本书作者卜洪生老师是上海市宝山区的体育教研员，2012年他有幸成为上海市名师基地的学员。作为基地主持人，我发现卜洪生老师并不擅长发言来表达自己的主见，而是一位沉默寡言、善于思考的体育教师。随着培训时间的积累，他的长处逐步显现出来，在教学研讨时能抓住关键问题与同伴讨论，不时地请教导师，谦虚好学。后来，又被上海市宝山区教育局提拔到宝山区教育学院，担任中学体育教研员。其间被评为上海市体育特级教师、正高级教师。据了解，他在宝山区级教研工作中，深入教学第一线，抓住学校体育教学工作中碰到的关键问题，与体育教师们一起交流、讨论，探索解决问题的策略与途径，深受教师的欢迎，宝山区中学体育教学工作有了长足的进步。今天，又见他送来的专著《中小学体育教材分析与研究》，该书分为两个部分：理论知识篇，主要阐述了中小学体育教材分析的基础理论；实践案例篇，按照国家《体育与健康》标准，从球类运动、田径类运动、体操类运动、游泳运动、中华传统体育类运动、新兴体育类运动这6个大项中，选择60个动作技能逐一进行研究分析，并提出教法建议。阅后深受触动，可以说《中小学体育教材分析与研究》是一本科学性、针对性和实用性兼备的教师读本，是很适合中小学体育教师放在办公桌上的工具书。为何有此一说？因为在体育大单元教学中，很大一部分体育教师缺乏对教材的分析与理解，在单元教学实践中显得很被动。而这本书能够帮助体育教师们更好地分析理解教材，所以才有工具书一说。

作为体育名师基地主持人，我从这本书中既受到启发，也感到惊讶。受到的启发是：

学校体育专业理论知识不学就得落后，真可谓是后浪推前浪；感到惊讶的是：他已经被评为特级教师、正高级教师，还需要这样"拼"吗？这本书就是最正确的"答案"——在身处终身学习化社会的今天，教师专业成长对每一位中小学体育教师都是必须正面回答的话题，也是没有终点的职业探索过程。这本书既是卜洪生老师专业成长中的一份收获，更是他今后发展的起点。衷心祝愿他在学术道路上不断前行，取得更大成果！

徐阿根

2024 年 7 月 6 日

　　体育教材，作为体育教学活动的基础，承担着引领学生在体育锻炼中享受乐趣、增强体质、健全人格和锤炼意志的重要任务。随着教育理念的不断创新和体育科学的深入研究，对体育教材进行全面系统的分析已经成为提升体育教学质量和推动体育教育理论与实践创新的关键所在。在这一背景下，《中小学体育教材分析与研究》应运而生，旨在为体育教师提供一本兼具全面性和实用性的教材分析手册。

　　本书内容分为理论知识和实践应用两大部分。在理论知识部分，编者系统阐述了体育教材分析的知识体系。内容涵盖了基本概念、分析要求、核心内容及具体应用，并提供了提升教师分析能力的方法与途径。

　　在实践应用环节，本书精心选取了60个案例，这些案例涉及中小学的球类、田径、体操、游泳、中华传统体育以及新兴体育运动。案例从教材价值、动作分析、动作原理、负荷特点、学情分析、教法建议以及课时建议等多个角度进行了深入细致的分析。特别是在教法建议方面，紧跟现代教育潮流，融入了数字化和信息化元素，旨在更直观地展示教材分析在实际教学中的运用和实操方法。这些精心挑选的案例不仅极大地丰富了教材内容，更为广大体育教师提供了实用且富有创意的参考和启示，助力他们在教学工作中取得更好的成效。

　　本书致力于成为体育教师不可或缺的教材分析指南，为培养身心健康、全面发展的青少年学生提供有力支持。通过学习和实践应用《中小学体育教材分析与研究》，能帮助体育教师比较全面地把握体育教材的教学目标和要求，优化教学内容和方法，充分发掘和利用各种教材资源，进而显著提升教学效果，推动体育教育理论与实践的创新发展。同时，编者诚挚地欢迎广大读者在阅读与实践过程中提出宝贵意见和建议，以帮助编者持续改进、不断完善，共同为学校体育教育事业的繁荣和发展贡献力量。

目录

第二部分　体育教材分析案例

第一部分
体育教材理论知识

在中小学体育教育领域，体育教
材分析扮演着举足轻重的角色，它们不仅是
连接理论与实践的关键桥梁，更是推动教学质量提升
与教师专业成长不可或缺的催化剂。对于体育教材分析与研
究的理论知识，经过精心构建，形成一个既全面又深入的框架。
该框架从基础概念出发，逐步深入到实际应用与能力提升的各个层面，
全方位地解析了体育教材分析的重要性与价值。

我们首先明确体育教材在体育教育中的核心资源地位，并强调教材分
析对于提升教学质量及促进教师专业成长的关键作用。在此基础上，我们进
一步深入探讨体育教材分析的具体要求及其丰富内容，并指出其在教学实践
中的广泛应用。教材分析不仅涵盖从明确学习目标到确立教学内容的全过程，
还涉及把握教学重难点、筛选适宜的教学方法、助力教学评价以及促进教学
反思等多个方面，充分体现其在体育教学设计与实施中的核心引领作用。
为了更好地服务于教学实践，我们特别提出一系列提高教师教材分析能
力的多维度策略，这些策略包括夯实教师的专业基础、深入研读教
材、关注学生需求、善于实践总结、持续学习创新以及加强区校
教研合作等。这些策略相互融合，构成一个系统而全面的
能力提升框架，不仅为教师的专业成长提供了坚实
的支撑，更为学生的全面发展奠定了良好
的基础。

第一章

体育教材与教材分析的概念

本章旨在深入探讨体育教材及其分析的核心概念,揭示它们在体育教育中的不可或缺的地位。体育教材是指根据体育教学目标和体育与健康课程要求,选定并经过加工和改造、用于集中组织教学的各类体育知识和运动技能,以及相关的教学方法和要求的总和。体育教材分析则是对教材内容进行深入解读和研究的过程,旨在帮助教师更好地理解和把握教材,从而更有效地实施教学。在进行教材分析时,教师需要紧密结合体育与健康课程的基本理念、课程标准的具体要求,同时充分考虑教材的独特性、教学环境的实际情况、学生的个性化需求以及自身的教育教学能力。这样的分析过程有助于教师精准地把握教学重点和难点,设计出更具针对性和实效性的教学方案。

第一节 | 体 育 教 材

体育教材是一个较为广泛的概念,有广义和狭义之分。《教育大辞典》(1990年版)将教材定义为"教师和学生据以进行教学的材料,教学的主要媒体。通常是按照课程标准或教学大纲的规定,分学科门类和年级顺序编辑为基础"。狭义的体育教材是根据体育与健康课程的性质、目的和任务,依照《体育与健康课程标准》的内容进行编选和组织,具有一定范围和深度的体育知识和技能体系。它一般用教科书的形式来具体反映。

从广义的角度来看,体育教材可以被视为所有用于体育教学的材料和资源的综合体系,这不仅仅局限于传统的书本或指导手册,而是一个更为丰富和多元的范畴。在这个综合体系中,教材、教学视频、运动器材、场地设施等元素共同构成了体育教学的全面资源。

毛振明指出,体育素材应根据教学目的和学生发展需求,结合体育教学条件,转化为具体的体育教学活动内容。这一观点凸显了体育教学活动的灵活性和针对性,确保教学活动能够紧密围绕教学目的展开，并满足学生的发展需求。[1]赵一凤则强调了书本或教材在体育教学环境中的基础性作用。作为教师进行教学和学生学习所依据的重要材料，教材为教学活动的顺利开展提供了坚实的支撑。[2]于荣、徐松亭、程中庆等学者认为，为实现体育教学目标，需要构建一个具有深度的知识与技能体系。这个体系应作为教师教和学生学的主要依据，并将教育教学思想与教学方法相连接。这一观点强调了体育教学目标的引领作用，以及构建系统知识和技能体系的重要性。[3]孙辉强调，在选择体育教学材料时，应受到体育本质和教学内容的制约。他提倡在认真严谨处理教材的基础上，挑选出具有实际意义和价值的体育教学材料。这一观点确保了教学材料的有效性和针对性，有助于提高体育教学质量。[4]

综上所述，广义的体育教材不再局限于传统的书本或单一的教学材料，而应被视为一个综合的、多元化的教学资源库。这个资源库包括了教材、教学视频、运动器材、场地设施等各种元素，它们相互补充、相互支持，共同为实现体育教学目标服务。在体育教学中，我们应根据教学目的和学生需求，灵活运用这些多元化的教学资源，构建系统的知识和技能体系，以确保教学活动的针对性和有效性。同时，挑选具有实际意义和价值的体育教学材料是提高教学质量的关键。

从狭义的视角来看，体育教材主要是指专为体育教学而设计的教材或教师参考书籍。这类书籍在教育领域中具有举足轻重的地位，不仅是体育教师进行授课的关键依据，同时也是学生获取体育知识、提升运动技能、塑造价值观的主要途径。

体育教材中通常系统地介绍了体育理论知识和各类运动技能。其中，理论知识部分深入阐述了体育的基本概念、原则，以及与健康、生活方式等方面的相关知识。而运动技能部分则详尽地描述了各种体育项目的正确姿势、关键技术、动作细节及练习方法，旨在帮助学生熟练掌握并提升他们的运动技能。此外，体育教材不仅提供了体育理论和运动技能的介绍，还提供了相应的教学策略和建议。这些策略和建议主要是为教师提供有效传授知识和技能的方法，指导他们如何妥善组织课堂活动和练习，以及科学评估学生的学习进展和成效。这些内容为体育教师提供了重要的参考，有助于他们更好地完成教学任务。

对学生而言，体育教材是获取体育知识的重要途径。学生通过研读教材，可以深入理解体育的基础理论和核心概念，学习并掌握各项运动技能的关键要点，进而激发和培养对体育活动的热爱。此外，教材中蕴含的价值观教育内容，对学生的体育观念和态度塑造具有积极影响，有助于他们的身心健康。例如，赵一凤在其著作《谈普通高校的体育教材》里，将体育教材定义为"学校体育教学中，教师和学生进行教与学所依据的主要材料"。[2]同时，王翠英在《论竞技运动体育教材化》中则认为"体育教材是对学生进行身体教育的材料"。[5]

［1］ 毛振明. 论体育教材选编［J］. 天津体育学院学报，2002，17（4）：34-36.
［2］ 赵一凤. 谈普通高校的体育教材［J］. 湖北师范学院学报（哲学社会科学版），1997，17（2）：100-102.
［3］ 于荣，徐松亭，程中庆. 对学校体育教材的研究［J］. 首都体育学院学报，2003，4：80-82.
［4］ 孙辉. 试论体育教材与体育素材［J］. 山东体育学院学报，1994，2：15-17＋36＋77.
［5］ 王翠英. 论竞技运动体育教材化［J］. 体育学刊，1995，3：49-50.

因此，在狭义的理解中，体育教材特指体育教科书或教学指导用书，它们在体育教学中发挥着核心作用，是体育教师和学生不可或缺的重要资源。

综合以上观点，我们可以认为，体育教材是指根据体育教学目标和体育课程要求，选定并经过加工和改造、用于集中组织教学的各类体育知识和运动技能，以及相关的教学方法和要求的总和。它是体育教学中教师和学生进行教与学所依据的主要材料，旨在培育学生的体育学科核心素养。需要注意的是，体育教材的概念可能随着时代的发展和体育教学的改革而发生变化。因此，我们应该保持开放的心态，不断更新和完善对体育教材的理解。

第二节 | 体育教材分析

体育教材分析是对体育教材进行深入研究和解读的过程，以便更好地理解与掌握教材内容。关于体育教材分析的概念，存在多种理解和认知。不同的学者根据各自的研究背景、教学经验和理论倾向，对教材分析的概念进行了不同的阐释。教材分析的依据主要有体育教学理念、体育与健康课程标准、教学目标、教材特性、学生实情、人文地理环境、教师自己的教学能力等方面。

一、体育教材分析的概念

关于体育教材分析的概念，存在多种理解和认知。纵观国内学者的研究，关于体育教材分析的定义主要可以分为以下两类。

（一）以教材内容为核心的分析观

以体育教材内容为核心的分析观，强调对体育教材内容的深入理解和全面分析，认为这是提高教学效果、促进学生全面发展的关键。持这一观点的学者认为，体育教材分析应该着重于对教材中涉及的运动技能、理论知识、战术策略等内容进行系统梳理和分析，以明确教学目标和教学重难点，为教学设计提供基础。

杨小帆认为教材分析是依据体育与健康课程标准对教材分类，在尊重教材的基础上选择符合实际课堂的教学内容，整理剖析课堂的教学思路，发现教材与课堂之间的联系，进一步制定课堂教学方案的流程。[1]

贾荣固提出教师针对课堂的教学目标，对教材重新选择、整合、处理的过程称为教材

---

[1] 杨小帆.陕西初中《体育与健康》课程学生学习效果评价调查研究［D］.陕西师范大学，2004.

分析。例如，教材中的有些动作，实际的教学场地不允许操作，教师有责任对教材进行分析调整使其适合教学实际，要求教师要用审视的目光对待教材。[1]

在这种观点下，教材分析被视为是对教材内容的解读和重构过程，教师需要全面了解教材的知识体系、结构框架、重点难点等方面内容，深入挖掘教材中的教育价值。通过对教材内容的分析，教师可以明确教学目标和教学要求，有针对性地设计教学方案，提高教学效果。

（二）以教学需求为导向的分析观

以学生为本的教材分析与以教材内容为核心的分析观不同，这一观点强调教材分析应以教学需求为导向。持这一观点的学者认为，教材分析不仅仅是对教材内容的解读，更是对教材与教学目标、学生需求、教学环境等教学要素之间关系的深入分析和研究。教师在进行教材分析时，不能忽视了学生，针对学情进行分析是很有必要的，教师进行教学活动的目的在于使学生得到成长与发展。

杜华、廖志刚认为教材分析要重视学生这一主体，建立健全生本教育思想。[2]金海滨、陈春梅提出教材分析是一种思维的过程，是教师备课的核心条件，要在学生的认知基础上因材施教。[3]上述表述都强调了学生主体地位。在这种观点下，教材分析被视为是教学设计的重要组成部分，旨在为教师的教学提供决策依据和指导。教师需要通过对教材的分析，确定教学目标、选择教学内容和方法、制定评价方案等，以满足学生的学习需求和实现教学目标。

第一，该观点着重从实际的教学需求入手对教材进行深入剖析。在进行教材分析之前，教师必须充分了解学生的体能状况、运动技能水平、个人兴趣及学习需求等多方面的信息，并与课程标准相融合，从而确立明晰的教学目标和要求。基于此，教师应全面、有序地剖析教材内容，精心挑选出满足教学需求的内容，并对其进行恰当的调整和增补。

第二，以满足体育教学需求为目标的教材分析观念，重视教材内容的实用性和可操作性。教师需要确保挑选出的教材内容与学生的日常生活紧密相关，并具有一定的实际应用价值。同时，教材内容应当容易被学生领悟和掌握，便于教师策划和实施教学活动。教师可以通过分析教材内容的难易程度、技能要求的合理性以及教学方法的适用性等方面，对教材进行恰当的改编或扩展，进而提升其实用性和可操作性。

第三，注重教材分析在教学方法与手段选择上的引导作用。在对教材进行深入分析的前提下，教师应深思如何运用更为贴切的教学方法和手段来展示教材内容，以期达到最优的教学效果。例如，面对技能性较强的教材内容时，教师可选用示范教学、分步教学等直观生动的教学方法；而对于理论性较强的教材内容，讲解和讨论等教学方法则更为适用。

［1］ 贾荣固.语感的三个层次及培养方法［J］.语文教学通讯（初中版），2004，29（10）：7-9.

［2］ 杜华，廖志刚.师范生教材分析能力培养策略［J］.黑龙江高教研究，2007，11：113-114.

［3］ 金海滨，陈春梅.关于运动技能教学有效性的思考［J］.中国学校体育，2011，2：23-24.

两种观点各有侧重，但共同点是都承认教材分析在体育教学中的重要性和必要性。但是，无论从哪个角度看，学者们对于教材分析的定义有一些共同之处：第一，认为教材分析的过程是教师进行创造性设计加工的过程；第二，认为教材分析是教师对教材内容进行设计转换的过程；第三，强调教材分析不是随心所欲的，而是要有一定依据的，需要对学情和教材充分的了解分析，在教育教学和课程理念的指导下进行。

综上所述，体育教材分析是体育教师在课前依据体育与健康课程理念、课程标准和学生的实际，对体育教材进行分类、整合，选择有针对性的学习内容，并对课程的思路进行整理、剖析、分类，发现彼此之间的联系，进一步制定教材处理方案的过程。这一过程旨在了解体育教学的基本要求，并深入把握该教材的教学目的、技术特点、负荷特点、教学环节、教学重难点以及评价标准等关键要素。教材分析不仅涉及对教材本身的剖析，还包括对教材目标、内容、实施与评价要素之间关系，以及依据原理的合理性进行深入分析和评价。这一步骤是教学设计的重要前提，能够为进一步的教学设计提供坚实的基础。

二、教材分析的依据

（一）体育与健康课程理念

体育与健康课程理念强调体育教育不仅是为了增强学生的体能和运动技能，还有培养学生的健康行为和体育品德。在这一理念的指导下，体育教材应该包含丰富多样的体育活动和技能学习，以激发学生对体育的兴趣和热情。同时，教材还需要注重体育与健康知识的融合，帮助学生理解运动对身心健康的促进作用，并学会如何在日常生活中运用所学知识来维护自己的健康。因此，在进行体育教材分析时，首先要深入理解体育与健康课程理念，明确其对学生的培养目标。然后，从教材的内容选择、组织结构、呈现方式等方面入手，分析教材是否符合这一理念的要求。例如，可以检查教材是否包含了多种类型的体育活动，是否注重了技能学习的层次性和系统性，是否融入了相关的健康知识等。通过这样的分析，教师可以更好地把握教材的特点和优势，为后续的教学设计提供有力的支持。同时，也有助于发现教材可能存在的不足或需要改进的地方，从而进一步完善体育教学内容，提高体育教学的质量和效果。

（二）体育与健康课程标准

体育与健康课程标准是教育部门为了规范和指导体育课程实施而制定的一套基本准则和要求。它不仅是教材编写和教学设计的基础，也是评估和监控体育教学质量的重要参考。在体育教材分析中，体育与健康课程标准扮演着至关重要的角色。

首先，体育与健康课程标准明确了体育课程的目标。这些目标包括培养学生的体育技能、增进学生的身心健康、促进学生的健康行为养成、培养学生的体育品德等。

其次，体育与健康课程标准规定了体育课程的内容。它指出了学生应该学习和掌握的体育知识、运动技能和体能，以及相应的活动形式和教学方法。这为教材编写提供了基本的内容和框架，确保了教材的全面性和系统性。

此外，体育与健康课程标准还提供了实施建议。这些建议包括教学原则、教学方法、评价方式等，为教师教学提供了指导和支持。在进行体育教材分析时，需要参考这些建议，确保教材与实际教学需求的契合度。

综上所述，体育与健康课程标准是进行体育教材分析的重要依据。它规定了体育与健康课程的目标、内容和实施建议。在进行体育教材分析时，必须充分考虑和遵循体育与健康课程标准的要求。

（三）教材的特性

体育教材，作为体育教学活动的重要组成部分，具有其独特的特性。

1. 教育性与技能性

体育教材是教育与技能的高度融合，是引导学生全面发展的重要工具。在教材分析的过程中，应始终坚持教育性与技能性的双重考量，以确保其能够真正服务于学生的成长。

首先，体育教材的教育性不容忽视。作为文化的传承和教育的重要载体，体育所蕴含的丰富历史、严谨规则以及深厚精神，都通过体育教材得以展现。学生在学习的过程中，不仅能够提升自身的文化素养，更能培育出团队协作、公平竞争以及尊重他人等核心价值观。

其次，体育教材对于技能性的重视也是其独特之处。系统而科学的讲解、精准的示范以及有针对性的练习，都为学生掌握各类体育技能提供了有力支持。这种技能的培养不仅有益于学生的身体健康，更能在挑战与困难中锻炼他们的自信、毅力及抗挫能力。

最后，体育教材所体现的教育性与技能性相辅相成、互为补充。在教育性的引领下，学生对体育技能的理解和掌握更为深入；而在技能性的实践中，体育的教育意义也得以更加生动地体现。这种理论与实践的结合，不仅显著提升了学生的综合素质，更为他们终身的体育意识和习惯的培养奠定了坚实基础。

2. 系统性与连续性

体育教材所具备的系统性与连续性，对于优化教学质量具有至关重要的作用。教材的系统性体现在其内容的全面性与合理性，其中不仅涵盖了广泛的体育理论知识，还包括了形式多样的实践活动，这样的设计充分满足了教学与学习的需要。而教材的连续性，则通过逻辑清晰、有条不紊的内容安排得以实现，确保了知识由易到难、循序渐进地传授，这与学生的认知发展规律相符合。此类教材有助于学生迅速且系统地掌握体育知识和技能，从而促进其个人素养的稳步提高。

总之，体育教材的系统性与连续性对于提高教学质量、确保学习效果至关重要。它们共同为体育教学的有效性打下了坚实基础，使学生在连贯、流畅的学习过程中不断取得进步。因此，在教材分析时，我们应着重考量这两个方面的设计，以保障教材内容的科学性和实用性。通过精心组织与编排，我们期望学生能够在系统的学习和实践中，深刻领略体育的魅力，并全面提升自身的体育学科核心素养。

3. 实用性与开放性

在进行体育教材分析之际，我们深入考虑了学生的实际需求以及他们的身心发展特性，同时也对每个学生的个体差异给予了充分尊重。教材的内容并非一成不变，而是可以根据实际的教学状况进行灵活的调整或完善，从而确保教材内容能够与时俱进，满足不断演进的体育教学需求。这样的理念不仅彰显了以学生为中心的教育理念，同时也确保了体育教学的灵活性和适应性，使得该教材内容成为学生全面发展、实现个人成长的重要助力。

4. 统一性与灵活性

体育教材在保持内容统一性的基础上，也体现了其高度的灵活性。作为教学的重要参考，体育教材确保了基础知识和技能的稳定传授，为广大学生提供了统一的学习平台。然而，教材并非一成不变。它允许教师根据地区、学校及学生群体的独特情况进行精准的内容选择和调整，以满足多样化的教学需求。这种统一与灵活的有机结合，既保障了体育教育的公平性和普遍性，又充分考虑了个性化和差异化的教学要求。

5. 知识性与人文性

体育教材的重要性已经远远超出了单一的知识传授功能，它已然成为促进学生全面发展的关键要素。除了包含广博的体育理论知识外，教材分析还应该深入探索运动背后的文化意蕴和价值取向，使得学生在提升技能的同时，亦能深切感受到体育的内在吸引力和精神内核。

（四）教学环境

教学环境在体育教学过程中占据举足轻重的地位，涵盖了诸如场地设施、器材装备、天气状况等各类硬件条件，它们均对体育教学的执行及其成效产生直接作用。因此，在分析体育教材时，我们必须全面考虑教学环境的真实状况。

首先，场地与器材是进行体育教学不可或缺的组成部分。由于每项运动对场地和器材的要求不尽相同，因此在选择运动项目时必须考虑其特定的需求。举例来说，足球运动需要大片开阔的场地以及配备球门的场地设施，而篮球运动则必须在有篮筐的平坦球场上进行。在进行教材分析时，我们应基于学校当前所具备的资源条件，精心挑选适合的教学内容和方法。

其次，气候条件亦对体育教学产生显著影响。在极端天气，如酷暑、严寒、雨雪天时，可能不适宜进行户外体育教学活动。因此，在解析教材时，我们需考虑当地的气候特征，妥善规划室内与室外教学内容的配比，以保障在任何天气下体育教学的顺利进行。

此外，在分析体育教材的过程中，我们还应当全面考虑其他教学环境因素，如学校的文化氛围以及学生的体育素养水平等。这些因素都会对体育教学的实施效果产生一定影响。例如，如果学校致力于营造浓厚的体育文化氛围，那么在教学中可以加入更多与体育文化相关的内容；而如果学生的体育基础相对薄弱，我们可以选择更加基础的教学内容和方法，以帮助学生打下坚实的体育基础。

综上所述，当我们对体育教材进行深入分析时，应全面考虑教学环境的实际情况，这包括场地设施、器材装备、气候条件等诸多方面。只有选择与教学环境相适应的教学内容和方法，才能保障体育教学的顺利进行，并取得显著的教学效果。

（五）学生的实际情况

学生是教学活动的中心，也是体育教材使用的主体。他们的个体差异，包括年龄、性别、身体状况、运动基础以及兴趣爱好等，都会直接影响到教材的适用性和教学效果。因此，在进行体育教材分析时，必须将这些因素纳入考虑范围，以确保教学内容和方法适合学生的实际需求。

（1）年龄因素。不同年龄段的学生在生理、心理和社会发展方面都存在差异。例如，不同年龄段的学生在注意力、理解能力、动手能力以及学习兴趣等方面都有显著的不同。因此，教材分析时应根据学生的年龄段选择适当的教学内容和教学方法。

（2）性别因素。男女生在生理特征、运动偏好和体能发展等方面往往存在差异。例如，男生可能更倾向于力量型和对抗性强的运动，而女生可能更喜欢柔美、协调性的运动。因此，在体育教材分析时，应考虑到性别差异，选择适合不同性别的教学内容和活动。

（3）身体状况和运动基础。对于身体状况较差或运动基础薄弱的学生，应选择一些难度较低、易于掌握的教学内容和方法，以帮助他们逐步提高体能和运动技能。相反，对于身体状况良好、运动基础扎实的学生，可以选择更具挑战性的教学内容和方法，以满足他们的学习需求。

（4）兴趣爱好。学生对某项运动的兴趣往往会影响他们的学习积极性和参与度。因此，在体育教材分析时，应尽量选择与学生兴趣相符的教学内容和方法，以激发他们的学习热情。

综上所述，进行体育教材分析时，必须充分考虑学生的实际情况，包括年龄、性别、身体状况、运动基础以及兴趣爱好等因素。只有选择适合学生的教学内容和方法，才能确保体育教学的有效性和针对性。

（六）教师的教育教学能力

体育教材分析不仅需要考虑学生的特点和教学环境，还需要充分考虑教师的教育教学能力。教师是教学过程的主导者，他们的教育教学能力直接影响着教材的实施效果和学生的学习成果。

首先，教师的教育教学能力涵盖教学设计、教学方法的选择与运用、课堂秩序的掌控以及对学生表现的评价与反馈等多个维度。在分析体育教材时，教师要根据教材内容的特点和学生的实际情况，设计出富有成效的教学策略，并且能够灵活采用多种教学手段，以激发学生的学习兴趣。

其次，课堂管理技能也是教材分析中不可忽视的一环。鉴于体育课堂通常要求学生积极参与运动活动，这就要求教师必须具备优秀的组织协调能力和课堂管理能力，以确保教学活动的顺利进行，并切实保障学生的身体安全。

再者，教师的评价与反馈能力同样重要。恰当的评价有助于学生准确认识自己的学习进度，从而适时调整自己的学习策略。因此，在深入分析体育教材时，我们应当关注教师是否能够根据教学目标以及学生的实际表现，给出准确且及时的评价，同时为学生提供有针对性的指导与建议。

最后，教师的专业素养与教学经验对教材的实施效果具有重要影响。那些具备丰富教学经验和深厚专业知识的教师，往往能够更深入地理解教材内容，更准确地把握教学的重点和难点，从而开展更为高效的教学活动。

综上所述，进行体育教材分析时必须充分考虑教师的教育教学能力，确保所选教材内容与教师的实际教学能力相匹配，这样才能充分发挥教材的作用，提高体育教学的质量和效果。

体育教材分析是优化体育教学的关键步骤，其核心目的在于深入理解教材内容，从而有针对性地提升教学质量，确保学生的全面发展。在进行教材分析时，教育性、目的性、系统性、科学性和实践性等原则是指引，它们确保了分析的深度和广度。而分析方法则多种多样，可以从不同的维度和角度进行切入，以全面揭示教材的内涵和价值。

第一节 | 体育教材分析的目的与意义

体育教材分析是体育教学活动的重要组成部分，它旨在全面、深入地理解教材内容和结构，为实践教学提供指导和支持。

一、明确教学目标与要求

1. 精准把握教学方向

教材是教学活动的基础，它蕴含着编者的教学理念和意图。通过仔细研读教材，教师可以洞察每个章节或单元的教学主旨，从而确保自己的教学方向与教材的设计思路相吻合。这样，教学活动就能紧扣主题，不偏离教学的核心轨迹。

2. 确立具体教学目标

教学目标是教学活动的指南针，它规定了学生通过学习应该达到的预期成果。通过教材分析，教师可以根据教材内容和学生实际情况，制定出清晰、具体、可操作的教学目标。这些目标不仅包括运动能力的掌握，还涉及健康行为和体育品德的培养，确保学生在核心素养方面得到全面发展。

3. 识别教学重难点

通过深入分析教材，教师可以准确识别出哪些内容是学生必须掌握的核心知识，哪些部分是学生可能感到困惑或难以理解的难点。这样的识别有助于教师合理分配教学时间和精力，对重点内容进行深入讲解，对难点内容进行细致剖析，从而提高教学效果。

综上所述，通过教材分析来明确教学目标与要求，是教师进行有效教学的重要前提。它不仅能帮助教师精准把握教学方向，还能确保教学目标清晰具体，同时让教师准确识别并应对教学中的重点和难点。

二、优化教学方法与手段

1. 选择合适的教学方法

体育教材的内容丰富多样，涵盖了不同的运动项目和技巧。为了有效地传授这些知识，教师需要仔细分析教材内容，并根据具体内容选择合适的教学方法。例如，对于技术性较强的动作，可以采用分解教学法，逐步引导学生掌握；而对于需要团队协作的项目，则可以采用小组合作学习的方法。通过针对性地选择教学方法，教师可以帮助学生更高效地学习和掌握体育知识和技能。

2. 创新教学手段

教材分析不仅是对已有内容的理解，更是对教学方法和手段的探索与创新。随着科技的发展，多媒体和互联网等现代教学手段为体育教学提供了更多的可能性。教师可以通过分析教材，结合现代技术手段，如使用虚拟现实（VR）进行模拟练习，或者利用视频资源进行动作分解教学，从而创新教学方式，提高学生的学习兴趣和参与度。

教学方法和手段的优化最终目的是提升教学效果和激发学生的学习兴趣。通过对教材的深入分析，教师可以更准确地把握学生的学习需求和兴趣点，从而设计出更符合学生实际的教学方案。当教学内容和方法与学生的兴趣相结合时，学生的学习积极性和参与度会大大提高，进而提升整体的教学效果。

三、促进学生全面发展

1. 结合学生身心发展需求

不同年龄段学生的身心发展特点和需求是各不相同的。小学阶段的学生身体正在快速成长，他们好奇心强，喜欢模仿和探索，因此，教材分析时应注重基础动作技能的培养和游戏化教学方法的运用，以满足他们的好奇心和探索欲望。对于中学生来说，他们开始追求挑战和成就感，教师可以通过对教材的分析，设计更具挑战性的教学内容，如增加技术难度、引入竞技元素等，以满足他们的心理需求。

通过教材分析，教师可以根据学生的身心发展特点，选择合适的教学内容和方法，确保教学活动既符合学生的身体发育水平，又能满足他们的心理需求。这样，不仅能激发学生的学习兴趣，还能让他们在体育活动中获得积极的体验和成长。

2. 促进学生身心健康与全面发展

教材分析不仅关注知识的传授，更注重学生身心健康和全面发展。通过对教材内容的深入分析，教师可以制定出更加贴合学生实际的教学计划，确保学生在掌握体育知识和技能的同时，也能得到身心的全面锻炼。

例如，在耐力跑的教学中，教师可以通过分析教材，结合学生的实际情况，制定科学合理的学练计划，逐步提高学生的心肺功能和耐力水平。同时，教师还可以在教学过程中关注学生的心理状态，及时给予鼓励和支持，帮助他们建立自信，培养坚韧不拔的意志品质。

此外，教师还可以通过分析教材，设计多样化的教学内容和活动形式，如团队合作游戏、技能挑战赛等，以培养学生的团队合作精神、竞争意识以及社交能力。这样，学生不仅能在体育活动中锻炼身体，还能在潜移默化中培养健康行为和体育品德。

四、促进教师专业发展

1. 提升教育教学能力

通过深入分析和研究教材，教师可以更全面地理解教学内容，掌握教学重点和难点，从而更有效地进行课堂教学。此外，对教材的深入理解也有助于教师创新教学方法，设计出更符合学生实际和教学目标的教学活动。在这个过程中，教师的教育教学能力自然会得到提升。

教材分析不仅关注知识点的传授，还涉及如何将这些知识点以更易于学生接受的方式呈现出来。这需要教师具备深厚的教育教学理论知识和实践经验。通过对教材的不断分析和研究，教师可以逐渐积累这些知识和经验，进而提升自己的教育教学能力。

同时，对教材的分析也有助于教师形成自己的教学风格。每个教师都有自己的教学特点和优势，通过对教材的不断研究和实践，教师可以找到最适合自己的教学方式，逐渐形成独特而有效的教学风格。

2. 教学反思与研究

教材分析是一个持续的过程，它不仅需要教师对教材有深入的理解，还需要教师对自己的教学方法进行不断的反思和改进。在这个过程中，教师会发现自身在知识领悟、教学方法等方面的不足，并努力进行改进。

通过教学反思，教师可以对自己的教学过程进行全面的审视和评价，从而发现存在的问题并寻求改进的方法。这种反思不仅有助于提升教师的教学质量，还能促进教师的专业发展。

同时，教材分析也促使教师进行更深入的教学研究。通过对教材的深入研究和分析，教师可以发现新的教学思路和方法，进而丰富自己的教学手段和策略。这种教学研究不仅有助于提升教师的教学水平，还能为教师的学术研究提供有益的参考和借鉴。

总的来说，教材分析是教师专业发展的重要途径之一。通过对教材的深入分析和研究，教师可以提升自己的教育教学能力，形成独特的教学风格，并进行教学反思和研究，从而不断提升自己的教学质量和专业素养。

五、推动体育课程改革与教材完善

1. 发现课程不足

通过对现有体育教材的深入分析，教师可以发现课程内容、结构或教学方法上存在的问题和不足。例如，某些教材内容可能过于陈旧，无法反映当代体育发展的新趋势；或者某些教学方法可能过于传统，无法满足现代学生的学习需求。这些问题的发现，为后续的课程改革提供了有力的依据和明确的方向。

2. 提供改革建议

基于教材分析的结果，教师可以为体育课程改革提供具体可行的建议。例如，针对课程内容陈旧的问题，可以提出引入新兴体育项目或更新现有项目内容的建议；针对教学方法传统的问题，可以探索更加灵活多样的教学手段，如情境教学、游戏化教学等。这些建议有助于推动体育课程的持续改进和优化，使其更加符合现代教育理念和学生的实际需求。

3. 完善教材内容

教材分析不仅是对现有教材的评价，更是对未来教材编写和修订的宝贵指导。通过分析，我们可以发现哪些内容是学生感兴趣的、哪些内容是需要更新的、哪些内容是可以增加的等。这些信息对于编写和修订更具教育性和趣味性的教材至关重要。例如，可以增加与学生生活密切相关的体育项目介绍，或者引入更多具有挑战性和趣味性的体育活动，以激发学生的学习兴趣和参与热情。

综上所述，体育教材分析的目的与意义在于明确教学目标与要求、优化教学方法与手段、促进学生全面发展、促进教师专业发展以及推动体育课程改革与教材完善。通过深入系统的教材分析，教师能够精准把握教学方向，提升教学质量，满足学生的学习需求和发展目标。

第二节 | 体育教材分析的原则

教材分析是一项系统而复杂的工作，它要求我们不仅要深入理解教材的内容，还要把握教材的结构，分析教材的价值，以及探讨教材在实际教学中的应用。对于体育教材而言，其特殊性在于它不仅要传授体育理论知识，还要培养运动能力，养成健康行为，塑造体育品德，促进学生身心的全面发展。因此，在分析体育教材时，我们必须坚持一定的原则，以确保分析的全面性、客观性和科学性。

关于体育教材分析的原则，专家们有多重观点和角度。杨小帆提出了体育教材分析的具体原则：一是依据当下的教育教学理念和《体育与健康课程标准》；二是依据文化和环境对教材进行分析。遵循上述原则，有利于课堂教学在完成课堂教学目标的基础上，更侧重于对学生人文精神的培养。廖先祥、罗卫国、李继元认为教材分析应以课程标准为依据，分析是建立在对教材的深刻了解上的，坚持以课程标准为基本原则对教材进行分析是教材和教学的灵魂所在。

李燕强认为教材处理的原则有以下四种：一是遵循统筹兼顾的原则。即要将教学目的、知识技能、学生情感态度三者统筹兼顾，共同发展。二是遵循适应教学对象的原则。即了解学生的认知、运动能力、兴趣的差异性，满足学生的需要。三是遵循灵活处理的原则。即根据教材属性、特点的不同选择不同的处理方法。四是遵循举一反三的原则。即在学生掌握基础知识的同时举一反三，触类旁通，启发学生在原有基础之上掌握新知识新技能。蒋秋阳认为教材处理的原则包括以教材为基础，尊重教材；依据课程标准，清晰其与教材之间的关系；与生活实际相联系，以学生为主体，了解学生需求这三个方面。

综上所述，学者们对于教材分析原则，可总结为以下两点：第一，教师要在尊重理解教材的基础上分析；第二，以课程标准为依据，以学生为主体，与教学实际情况和场地设施相结合，坚持生成性和预设性辩证统一的关系。

一、教育性原则

体育教材分析的教育性原则是指在进行体育教材分析时，应始终以教育目标和教育价值为导向，确保教材内容、教学方法和评价方式等各个环节都符合教育规律，有利于学生的全面发展。这一原则体现了教育教学的基本要求和体育教育的特殊性质，是指导体育教材分析的重要准则。具体来说，理解体育教材分析的教育性原则可以从以下三个方面入手：

（1）教育目标导向。体育教材分析应始终以教育目标为导向，确保教材内容与教育教学目标保持一致。在分析教材时，应明确具体的教学目标，包括运动能力、健康行为和体育品德等方面，以便有针对性地选择和组织教材内容。

（2）学生中心。教育性原则强调以学生为中心，关注学生的需求和发展。在体育教材分析中，应充分考虑学生的实际情况和学习需求，包括学生的年龄、性别、兴趣、运动经验等，以便选择适合学生的教材内容和教学方法。

（3）全面发展。体育教材分析应注重学生的全面发展，包括运动能力、健康行为、体育品德等各个方面。在分析教材时，应充分挖掘教材内容的教育价值，关注教材对学生全面发展的促进作用，避免片面追求运动技能的提高而忽视其他方面的培养。

综上所述，理解体育教材分析的教育性原则需要关注教育目标导向、学生中心、全面发展等方面。这些要素共同构成了教育性原则的基本内涵和实践要求，为指导体育教材分析提供了重要的思想和行动指南。

二、目的性原则

目的性原则要求在教材分析或研究时，必须首先确立清晰的分析目标和意图，确保所有的分析都紧密围绕此核心目的展开。对于体育教材的分析而言，这一原则的重要性尤为突出，因为它与教材的使用效果及教学质量息息相关。在实施体育教材分析的过程中，我们应根据教材的特性和教学需求，明确分析的重点和方向，从而提升分析的效率和效果。遵循目的性原则，教师需要深入探究教材，理解其编撰的理念和内容特征，以便更精准地选定教学方法和策略。此外，该原则还强调教师应根据学生的实际状况和个体差异，挑选恰当的教学内容和方式，以更好地满足学生的学习需求，进而提升教学质量。

1. 明确分析目的

在开始分析之前，首先要明确分析的具体目的。分析目的应与体育教育的总体目标和具体课程的教学目标相一致，分析活动应以提高教学效果或优化教材内容为最终目的。这意味着在分析过程中，要时刻关注分析结果对实际教学的指导意义。例如，通过分析发现教材在某一技能点的讲解上学生难以掌握，教师就可以进行教材的优化处理，如增加图示、视频或实例来帮助学生更好地理解该技能点。

2. 选择合适的分析方法

根据分析目的，选择恰当的分析方法。例如，如果目的是评估教材的适用性，可以采用内容分析法来检查教材是否覆盖了所有重要的体育知识和技能；如果目的是优化教学内容，可能需要采用比较分析法，将教材与其他优秀教材进行对比。

3. 确定分析内容

在明确目的的基础上，确定要分析的具体内容。分析内容应紧密围绕分析目的，避免偏离主题，主要包括教材的结构、编排逻辑、知识点和技能点的分布、图文关系、实例和练习的选用等。

4. 选择合适的分析角度

分析角度是指从哪个视角或立场出发进行分析。在体育教材分析中，可以选择从教育学、心理学、生理学、运动训练学等多个角度进行分析。选择合适的分析角度有助于更深入地理解教材内容，发现潜在问题，并提出有针对性的改进建议。

从学科核心素养的角度来看，教材分析应当转变其焦点，由单纯的体育教材优化提升至对学生发展的应然性考量，旨在推动教材分析与核心素养培育的和谐共生。因此，在进行教材分析时，我们不仅要掌握并服务课堂教学，更要致力于促进学生学科核心素养的培育与发展。换言之，教师在熟练掌握教材的同时，还应优化整合教材，以更好地助力学生学习与能力提升。教材分析的核心目标并非教材或教学本身，而是学生。唯有如此，我们才能确保教材分析沿着正确的方向前进——学生素养的培育。故而，找到素养内涵、学生发展以及教材内容三者的契合点，为学生提供适宜的学习素材和资源，才是教材分析的终极追求。

三、系统性原则

体育教材分析的系统性原则，指的是在进行体育教材分析时，应将教材视为一个有机整体，全面、系统地考察教材各部分内容的联系、结构和功能，以及教材与外部环境（学生生活经历、场地器材等）的关系。这一原则要求分析者不仅关注教材的具体知识点和技能点，还要从整体上把握教材的设计思路、编排体系和教学目标。单元教学内容应按照一定的逻辑结构和知识体系进行安排，确保各课的内容相互关联、衔接自然，形成一个完整的单元教学体系。

教材是一个系统的整体，各部分内容之间存在内在的联系。因此，教材分析要从整体出发，避免片面性；要遵循能力发展，探寻教材间的结构关联。

（1）能力发展的层次性。教材分析需要按照一定的层次进行，从宏观到微观，从整体到局部，逐步深入分析。在分析时，首先要从教材的整体结构出发，然后逐步深入到各个部分、各个细节，以全面了解教材的层次结构和内容体系。

（2）技能结构的完整性。完整性原则强调将体育技能视为一个整体，注重各部分、各要素之间的相互联系和配合。在分析教材时，要从整体的角度出发，全面考虑教材的内容、结构和功能，以便更好地理解和掌握教材的本质和核心，确保学生能够全面掌握该技能。

（3）动作的规范性和准确性。体育教材中的动作示范应符合规范要求，确保学生从一开始就能学到正确的技术动作。同时，要强调动作的准确性，帮助学生形成正确的运动习惯和运动姿势，从而避免运动损伤。

（4）体能与技能的结合性。体育教材应注重体能与技能的结合，通过各种练习和活动提高学生的力量、速度、耐力、协调性和柔韧性等体能要素。只有具备了良好的体能，学生才能更好地掌握运动技能和提高运动表现。

（5）知识与实践的关联性。体育教材中的理论知识应与实践相结合，帮助学生理解运动原理和技能要点。通过理论指导实践，实践验证理论的方式，培养学生的综合能力和体育素养。

总之，体育教材分析的系统性原则是确保教材分析工作全面、深入、准确的重要保障。在进行体育教材分析前，应明确分析的目标和范围，确保分析工作有的放矢。尽可能收集与教材相关的各类资料，包括课程标准、相关教材、教学参考资料等，以便全面了解教材的背景和编写依据。按照教材的编排顺序，逐一分析各部分内容的知识点、技能点、教学目标等，同时关注各部分内容之间的逻辑关系和内在联系。在完成对教材的系统分析后，要进行综合评价，总结教材的优点和不足，并提出改进建议。

四、科学性原则

体育教材分析的科学性原则，指的是在进行体育教材的分析时，必须遵循客观规律，以科学的理论和方法为指导，确保教材内容的准确性、合理性和有效性。

科学性原则是体育教材分析的基础。它要求教材分析必须遵循体育学科的基本规律，确保教材内容的准确性、合理性和先进性。同时，教材分析还应运用科学的方法和手段，对教材进行客观、全面的评价。这要求教材分析者不仅要掌握体育学科的基本知识，还要了解教育学、心理学、生理学等相关学科的理论，以及学生的身心发展规律和学习需求。

在分析教材内容时，要运用科学性原则，对各项体育技能、知识点的准确性、实用性进行评估，确保其符合学生的身心发展规律。在分析教材的结构时，要注重各部分内容之间的逻辑关系，确保教材的结构合理、有序，便于学生进行系统学习。在分析教材时，还要根据科学性原则，对教学方法提出建议，如采用何种教学方法能更好地帮助学生掌握体育技能和知识。

教材分析还应该注重对学生发展现状的分析，而非局限于教材本身。学生发展的现状内含学生的学习能力、生活经验、认知水平和动机态度等变量，或者可以理解为学生发展的现状已经构成教材的一部分。在教材分析过程中，我们应充分重视学生的个性差异和主体地位，在此基础上，将学生已有的生活经验和素养水平作为教材的有机构成，通过教材分析将已有的文本教材重组优化为适应学生主观需要和发展，同时又彰显个性的"二次教材"。具体可以从以下五个方面理解。

（1）了解学生的认知水平。在分析教材时，首先要了解学生的认知水平，包括他们的知识储备、技能水平、思维方式等。这有助于确定教材的难度和深度，以及如何更好地适应学生的需求。

（2）考虑学生的认知特点。不同年龄段的学生有不同的认知特点，比如注意力、记忆力、思维特点等。教学中需要根据学生的认知特点选择合适的教学手段，如图片、视频等，以激发学生的学习兴趣和积极性；根据学生的认知特点选择合适的教学策略，如讲解、讨论等，以满足不同学生的学习需求。

（3）注重学生的生活经验。学生的生活经验是他们学习新知识的基础，也是教师设计教学活动的依据。首先，教师可以通过了解学生的生活经验，更好地理解学生的学习起点和认知水平，从而更好地设计教学方案和教学活动。其次，学生的生活经验可以帮助学生更好地理解和应用新知识。在学习过程中，学生常常会用自己的生活经验和背景知识来解释和理解新知识，因此，教师可以通过引导学生联系生活经验来帮助他们更好地理解和应用新知识。此外，教师还可以通过创设生活化的教学情境来激发学生的学习兴趣和积极性。

（4）预测学生的学习困难。学生的学习困难是影响学习效果的重要因素之一。预测学生的学习困难需要综合考虑技术难度、体能、学习兴趣等多个方面。通过准确的预测，教师可以更好地设计教学方案和教学活动，帮助学生克服学习困难，提高学习效果。①技术难度。体育教材中的技术难度是学生学习困难的一个重要方面。教材分析时，可以对技术动作的难度进行评估，预测学生在学习过程中可能遇到的困难，如动作掌握的程度、动作协调性的要求等。②体能。体育教材对体能的要求较高，体能较差的学生在学习过程中可能会遇到困难。教材分析时，可以考虑到不同体能水平的学生，预测他们在学习过程中的表现和可能遇到的困难。③学习兴趣。学生对体育项目的兴趣程度也会影响他们的学习效果。教材分析时，可以考虑到学生对不同体育项目的兴趣程度，预测他们在学习过程中的积极性和参与度。

（5）设计认知策略。设计认知策略是提高学生认知水平的关键，如采用启发式教学、案例分析和小组讨论等手段，这些策略有助于学生深入理解教材内容，并提升其思维和问题解决能力。在聚焦生本教材的理念下，我们必须以学生的发展为核心，充分尊重学生的主体性和自主性，同时在教材设计和教学中紧密关注学生的需求和能力。这要求我们在教学过程中，根据学生的年龄、兴趣和认知水平等特点，灵活调整教学方法。例如，对于低年级学生，我们可以通过游戏化手段来培养学生对快速跑的兴趣，因为这与他们的学习能力相匹配；而对于高年级学生，则应更注重系统性的学习和竞技性的比赛形式，以满足他们分析问题、理解问题和解决问题的需求。因此，在高中阶段学习快速跑时，我们不仅要让学生掌握正确的技术，还要教会他们学习的方法和锻炼的手段，从而实现学生体育学科核心素养的全面提升。

总之，在体育教材分析中，分析学生认知是一个非常重要的环节。通过了解学生的认知水平、考虑学生的认知特点、考虑学生的生活经验、预测学生的学习困难、设计认知策略等方面的工作，在这个基础上形成生本教材，可以更好地适应学生的需求，提高教学效果，促进学生的全面发展。

五、实践性原则

实践性原则在体育教材分析中至关重要，它强调教材内容的可操作性和实践性，注重与学生实际生活经验的结合。这一原则的核心在于通过实际操作来提高学生的运动技能和体育实践能力，帮助他们解决运动实践中遇到的问题，提升实践操作能力。通过实践操作，激励学生在实践中勇于尝试、深入反思并适时调整，从而有效提升运动技能并增强应对复杂运动场景的能力。

为了在体育教材分析中有效贯彻实践性原则，应遵循以下方面：

（1）教材内容与实际运动情境的紧密结合。教材内容必须紧密联系真实的运动环境和场景，确保学生所学能在实际运动中得以应用。这样，学生在学习过程中就能直观地感受到运动技能的实用价值，从而通过实际操作来不断磨炼和提高自己的运动技能。

（2）重视实践中的尝试、反思与调整。体育学习中，学生除了需要掌握理论知识外，更应在实践中反复尝试、深刻反思并灵活调整自身的动作与策略。这一过程对技能的精湛掌握大有裨益，同时也有助于培育学生在遭遇挑战时的应变能力和创新精神。例如，在分析篮球教材时，要深入了解篮球技术的可操作性，考虑学生是否能够通过实践掌握这些技术。对于一些难度较高的技术动作，需要在教学过程中进行适当的调整，以适应学生的实际情况。设计各种练习和游戏环节，让学生在实践中掌握技术动作，提高其篮球技能和战术意识。同时，还可以通过组织比赛和活动等形式，让学生在实战中锻炼和提高自己的实战能力。

（3）设计真实运动情境中的问题。教材内容应设置与真实运动相关的问题和挑战，以此激发学生的问题分析和解决能力。通过解决这些实际问题，学生不仅能够提升运动技能，还能增强在复杂运动情境中的应变和决策能力。

综上所述，实践性原则在体育教材中的有效应用，需要教材内容与实际运动情境紧密结合，鼓励学生在实践中不断尝试和调整，同时通过设计真实问题来提升学生的问题解决能力和应变能力。

六、发展性原则

在体育教材分析中，发展性原则强调教材内容、结构和设计的核心应以学生为中心，促进学生的全面发展。这意味着，教材不仅要传授体育知识、技能和提升体能，更要注重学生健康行为习惯的养成和体育道德品质的培育。体育教材应具备前瞻性，预测并顺应未来社会的发展动向，从而及时调整教材内容，以更好地适应未来社会的需求。同时，体育教材需不断更新，以应对社会和体育领域的持续变化，确保教材内容的时效性和针对性。

体育教材的分析需要适应时代和社会发展的需要，不断创新和完善教材内容。教材分析不应拘泥于传统观念和方式，要敢于创新。要关注新的教育理念和教学方法，结合实际情况进行探索和实践。

（1）更新观念。发展性原则要求我们在进行运动项目教材分析时，要摆脱传统观念的束缚，以新的视角和思维方式看待教材。要关注新的教育理念和教学方法，将其融入教材分析中，以推动教材的更新和发展。

（2）探索新的分析方法。发展性原则要求我们不断探索新的教材分析方法。要敢于尝试新的技术和手段，利用现代科技手段进行教材分析，提高分析的效率和准确性。同时，要注重多种分析方法的综合运用，以全面、客观地评价教材的质量和效果。

（3）创新教材内容。发展性原则要求我们在教材分析过程中，注重教材内容的创新。要结合时代发展和社会需求，对教材内容进行更新和优化，使其更加贴近实际，满足学生的学习需求。同时，要注重培养学生的创新意识和实践能力，将教材内容与学生发展紧密结合。

（4）推动教材的多元化发展。发展性原则要求我们关注教材的多元化发展。要尊重不同地区、不同学校、不同学生的差异性，开发适合不同需求的教材，满足学生多样化的学习需求。同时，要注重与其他教育领域的交流与合作，引进先进的教材理念和资源。

综上所述，发展性原则在运动项目教材分析中要求我们更新观念、探索新的分析方法、创新教材内容并推动教材的多元化发展。通过不断创新和完善，提高教材的质量和教学效果。

七、反馈与调整原则

教材分析是一个动态且持续的过程，它依赖于教学实践中的不断反馈和调整。反馈与调整原则在这一过程中至关重要，因为它强调对教材实际应用效果的持续关注，从而帮助我们深入理解教材的优缺点。学生的反馈是这一环节中的核心，作为教材的主要使用者，他们能提供最直接、最真实的评价，包括教材内容是否满足学习需求、是否易于理解，以及是否有充足的实践机会等。

（1）关注教学反馈。反馈是评估教材实际效果的关键。这种反馈可能涉及教材内容的难易度、教学方法的有效性、教材的呈现方式等多个方面。

（2）及时调整。一旦收到反馈，应及时进行分析和评估。如果教材在某些方面存在问题或不足，应及时进行调整。调整可以是对教材内容的修改、教学方法的改进或是教材呈现方式的优化等。这种调整旨在提高教材的质量和教学效果。

（3）持续改进。反馈与调整是一个持续的过程。随着教学实践的深入，新的反馈可能会不断出现。因此，应保持对教材的持续关注和改进，使其更好地适应教学需求和学生发展。

（4）科学依据。进行反馈与调整时，应基于科学的数据和证据。这可能包括学生的学习成绩、课堂参与度、技能进步等方面的数据。对这些数据进行深入分析，可以为教材的调整提供有力的支持。

根据反馈信息，我们可以从内容、教学方法和实践环节三个方面进行调整优化。首先，针对教材内容，我们需要及时审查并更新过时或不准确的信息，以确保内容的时效性和准确性；同时，要密切关注学生需求，对教材内容进行适当的增减和修改，以更好地满足学生的学习需求。其次，在教学方法上，我们应积极探索并尝试新的教学手段，如合作学习、项目化学习等，力求找到最适合当前学生特点的教学方式，从而有效提高教学效果。最后，对于实践环节，我们需要根据学生的实际表现和反馈，合理增加或调整实践活动的设置，旨在更好地提升学生的实践能力和应用能力。

通过以上方式，我们可以更好地遵循反馈与调整原则，使教材更加完善、教学效果更好。这一原则是动态的、持续的过程，而不是一次性的工作。我们需要时刻关注学生的学习情况，及时收集反馈，不断对教材进行调整和优化。只有这样，我们才能确保教材的有效性和针对性，为学生提供更好的学习资源。

第三节 | 体育教材分析的方法

体育教材分析的方法可以根据不同的维度和角度进行分类和探讨，但一般而言，以下几种方法是比较常用和有效的。

一、系统分析法

系统分析法在体育教材的分析中占据着举足轻重的位置，它超越了一种简单的分析技巧，成为一种全面、深入审视教材的思维工具。该方法不仅从整体视角出发，更细化到每个局部，确保从宏观到微观的全方位审视。

首先，系统分析法的核心理念是对体育教材的整体性把握。在分析过程中，它避免了将教材的各个部分视为孤立存在，而是将其融入整个教材体系中进行综合考量。通过对教材章节布局的有序梳理，能够更加清晰地洞察到内容之间的层次递进和逻辑关系，进而对教材的整体构架和编撰思路有更深入的理解。

其次，该方法对教材的内部结构进行了深入的探索。体育教材涵盖了理论、技能、实践等多个维度，而系统分析法则致力于揭示这些不同维度之间的内在联系和相互作用。这种深入的分析不仅有助于我们全面地解读教材，更能准确地识别出其中的核心难点和重点，为教学提供坚实的支撑。

再次，系统分析法还着重关注教材在知识和技能传授方面的完整性。它通过对知识点和技能培养路径的细致梳理，来评估教材在内容编排上的系统性、连贯性及其教学效果。这种分析不仅能够帮助我们发现教材中的不足之处，更能为体育教学的持续优化提供有力的参考。

最后，值得一提的是，系统分析法的应用还能够显著提升教材的使用效率。教师在进行系统分析后，能够更加迅速地提炼出教材中的关键信息，更加精准地把握住教学的重点。这不仅大大节省了备课的时间成本，更能够使教学更加精准、有针对性，从而助力学生实现更高效的学习成果。

二、内容深度分析法

在体育教材分析中，内容深度分析法是一种至关重要的工具。该方法要求对教材中的理论知识、技术动作、战术策略以及规则裁判等各个组成部分进行细致入微的研究。

首先，通过深入分析这些内容在深度和广度上的呈现，我们能够全面评估教材对于体育学科知识的覆盖程度。这不仅涉及基础理论的阐释，还包括技术动作的详细描述、战术策略的有效运用以及规则裁判的准确解读。这样的分析有助于我们判断教材是否为学生提供了全面而深入的体育学习体验。

其次，内容深度分析法还关注教材内容的难易程度。通过仔细研究不同难度级别的内容分布和梯度设置，我们可以判断教材是否适合不同水平的学生使用。这种分析有助于确保教材既能够满足初学者的需求，又能够挑战和提升高水平学生的能力。

此外，内容深度分析法还强调对教材更新情况的关注。随着体育理论和实践的不断发展，教材内容必须与时俱进，及时反映最新的研究成果和实践经验。通过分析教材内容的更新频率和更新内容的质量，我们可以评估教材的时效性和前瞻性，确保学生接触到的是最新、最准确的体育知识。

三、比较对照法

比较对照法是一种在体育教材分析中极具成效的方法。通过将不同版本、年级或地区的体育教材进行细致的比较，我们能够揭示出它们之间的差异和独特优势。

在内容选择方面，利用比较对照法，我们可以辨识出不同教材所强调的知识要点和技能培养重点。通过对比，我们能够凸显某些教材在内容上的长处，同时也可能揭露某些内容的遗漏或欠缺。在教材的编排上，通过对照不同教材的章节设置、图文结合的配置等，我们能够洞悉各自在逻辑结构和展示形式上的独特性。这对我们评估教材的易读性和教学实用性大有裨益。在教学手法方面，运用比较对照法，我们可以对不同教材所运用的教学策略及提供的辅助资源进行对比。这样的对比有助于我们发现新颖的教学手法和高效的教学策略。

四、实际应用法

实际应用法是验证体育教材实用性和适用性的重要途径。通过将教材融入真实的教学环境，我们能够直接观察到其在实际操作中的表现。

在教学过程中，我们着重关注教师的教学方式、课堂管理以及学生之间的互动。这些细致的观察使我们能够直接感知到教材内容的连贯性和学生的掌握程度。此外，我们还可以采集教师和学生关于教材应用的实时反馈，这些反馈包括内容的理解程度、技能的掌握情况以及学习兴趣的激发等多个维度。这些来自教学实践的珍贵意见和建议，成为我们优化教材的重要依据。它们协助我们更准确地找出教材中的亮点和需要改进之处，从而有目标地进行修改和精进。

通过这种实际应用法的检验，我们能够确保体育教材更加贴近教学实际，更好地满足师生的需求。这种以实际应用为导向的教材分析方式，不仅提升了教材的质量，也促进了体育教学的持续优化。

五、问卷调查法

问卷调查法在体育教材分析中扮演着重要角色。通过精心设计问卷，我们能够向使用教材的教师和学生收集宝贵的反馈，全面了解他们对教材内容、结构、教学方法以及使用效果的真实感受。

这些问卷不仅涵盖了教材的各个方面，还深入探讨了教师和学生在使用过程中遇到的问题和挑战。每一份问卷都代表着使用者对教材的独到见解和期望，为我们改进和优化教材提供了重要参考。

通过统计分析这些问卷结果，我们能够清晰地看到教师和学生对教材的满意度、使用感受以及他们的改进建议。这些量化的数据不仅有助于我们发现问题所在，更为我们如何调整教材内容、优化结构提供了明确指导。

六、历史分析法

历史分析法为体育教材的研究提供了独特的视角。通过深入挖掘体育教材的历史演变轨迹，我们能够更好地理解其当前形态及未来走向。

回顾不同历史时期的教材，我们可以观察到设计理念、内容选择、教学方法等方面的显著变化。这些变化反映了各个时代对体育教育的不同需求和价值取向。此外，社会、文化及教育政策等外部因素对体育教材的发展产生了深远影响。历史分析法能帮助我们探究这些因素与教材变革之间的内在联系，揭示出推动教材发展的深层动力。

第三章

体育教材分析的内容

本章对体育教材进行了全面而深入的分析，涵盖了五大核心要素：教材价值、动作技术、负荷特点、学情分析以及教法建议。首先，强调了体育教材在培养学生运动能力、塑造健康行为以及培育体育品德方面的重要价值，对动作技术的特点和结构进行了详细解读，精准地识别了教学过程中的关键点与难点。其次，通过对教材负荷特点的深入分析，为教师合理安排教学进度与运动量提供了科学依据。同时，还探讨了学情分析的有效方法，并根据教材特点提出了一系列针对性的教学建议，旨在更好地满足学生的个性化学习需求。通过对体育教材内容的系统分析，希望为体育教师提供更全面、深入的教材理解视角，进而推动体育教学的精准化与高效化，实现学生体育学科核心素养的全面提升。

第一节 | 教材的价值

体育教材在教育性、健身性和发展性方面都具有显著的价值，是学校体育教育中不可或缺的一部分。它不仅有助于学生的身体健康发展，还能在品德、规则意识、技能迁移和终身体育意识等方面产生积极影响。

一、体育教材的教育价值

体育教材在教育领域具有深远的意义，它不仅关乎身体健康的培养，更在知识传授、品德教育以及规则意识的形成等方面发挥着重要作用。

1. 知识传授

体育教材通过精心设计和系统的内容安排，向学生全面而深入地传授了体育运动的核心知识。这些知识包括体育运动的基本规则、各项技巧以及相关的历史背景。通过学习，学生不仅能够掌握运动的基本技能，更能够了解每项运动背后的故事和文化，从而丰富学生的知识储备，拓宽他们的视野。

2. 品德教育

体育教材中蕴含的勇敢顽强、团队合作、坚持不懈等精神，是品德教育的重要资源。这些精神在体育活动中得到了生动的体现，使得学生在参与运动的过程中，能够自然而然地体验和学习到这些宝贵的品质。这种教育方式远比单纯的理论教育更为直观和有效，有助于学生在实践中形成良好的道德观念和行为习惯。

3. 规则意识

体育项目的规则是运动的基础，而学习并遵守这些规则，对于培养学生的规则意识至关重要。通过学习体育教材，学生能够深刻理解规则的重要性，并在体育活动中自觉遵守。这种规则意识不仅会影响学生在体育活动中的行为，更会潜移默化地影响他们的日常生活和未来工作。

不同的教材具有不同的教育作用。如篮球、排球、足球等集体项目教材，对培养学生团队合作、责任意识、公平竞争和遵守规则等方面有重要教育作用；跨栏跑、跳高、跳远、支撑跳跃等教材，能有效磨炼学生勇敢、果断的意志品质；游戏、健身操、单杠、双杠等教材，对调整自我、展示自我、完善自我，提高应变能力和情绪调控能力有极大促进作用。

二、体育教材的健身价值

体育教材在健身方面展现出了其独特的价值。通过身体锻炼、健康促进和运动技能培养三个方面的努力，体育教材为学生的身体健康和全面发展奠定了坚实的基础。

1. 身体锻炼

体育教材为学生提供了丰富多样的运动项目和锻炼方法。这些锻炼内容根据学生的年龄、性别和体能水平进行了科学设计，能够有针对性地强化学生的力量、速度、耐力、灵敏和柔韧等身体素质。例如，教材中的长跑、游泳、跳绳等项目可以提高学生的心肺功能和耐力；投掷、杠上、跳跃等项目则可以增强学生的肌肉力量和爆发力。通过这些锻炼，学生的身体机能得到全面提升，为他们的日常生活和学习提供了坚实的身体基础。

2. 健康促进

科学的体育锻炼是预防疾病、促进学生身体健康的有效途径。体育教材中推荐的锻炼方法和运动项目，都是基于健康促进的理念设计的。通过定期参与这些锻炼，学生可以增强免疫力，降低患病风险。同时，体育锻炼还是缓解学习压力的有效方式。在紧张的学习之余，进行适当的体育活动可以帮助学生释放压力，保持良好的心理状态。

3. 运动技能培养

教材中的运动技能学习不仅有助于增强学生体质，还能培养他们的运动兴趣和习惯。通过学习球类、体操等运动项目的技能，学生可以逐渐掌握各种运动技巧，提高自己的运动水平。在运动过程中，学生可能会遇到各种挑战和困难，但正是这些经历让他们更加热爱运动，形成终身锻炼的习惯。同时，掌握一定的运动技能也为学生提供了更多的社交机会，有助于拓宽他们的社交圈子。

实践类体育教材都具有健身价值，但具体的指向或重点却不一样。如跑、跳跃、投掷教材对发展速度、力量、耐力等身体素质效果最佳；垫上、单杠、双杠等教材对发展肢体力量、身体协调性和前庭分析器的机能稳定性有独到之处；球类教材对提高身体灵巧性和分析判断能力、对抗能力成效最好。

三、体育教材的发展价值

体育教材不仅关注学生的身体健康和体育技能的培养，还在学生的个人发展方面展现出深远的价值。以下是体育教材在发展方面的几个重要价值点。

1. 技能迁移

体育教材中教授的不仅仅是体育运动技能，更重要的是这些技能背后所蕴含的策略和思维模式。例如，篮球运动中的团队协作、足球场上的战术布置，或是羽毛球比赛中的反应速度训练，这些都不仅仅是体育技能，更是一种解决问题和团队合作的能力。学生在学习这些技能的过程中，实际上也在锻炼他们的逻辑思维、判断力和协作精神。这些能力可以迁移到其他非体育领域，如学习、工作甚至日常生活中，帮助他们更好地应对各种挑战和问题。

2. 个性发展

体育活动为学生提供了一个展示自我、挑战自我的平台。在参与体育活动的过程中，学生会逐渐发现自己的潜能和兴趣所在。有些人可能在速度方面有着出色的表现，而有些人则可能在策略布局上有着独到的见解。这种自我发现的过程，实际上也是个性发展的过程。体育教材通过提供多样化的运动项目和练习方法，帮助学生找到自己的兴趣和优势所在，从而促进他们个性的全面发展。

3. 终身体育意识

体育教材不仅关注学生在校期间的体育锻炼，更致力于培养他们终身体育锻炼的意识和习惯。通过学习体育教材，学生可以更加深入地了解体育运动对于身体健康、心理健康以及社交能力的重要性。这种认识会激发他们的运动兴趣，使他们愿意持续地参与体育活动，从而建立起对体育运动的长期热爱。这种终身体育锻炼的意识，不仅有助于学生在校期间保持健康的生活方式，更为他们未来的健康生活奠定了坚实的基础。

不同的教材对学生发展的影响是不一样的。如跳高、跳远、腾越跳箱、倒立、侧手翻、单杠双杠上的身体动作，仅是对相关体能发展起促进作用，而学生走向社会后，将其作为健身手段，似乎关系不大。而球类、健身操、武术等，学生走向社会后，大有可能将其作为健身手段。因此，体育教师要分析哪一些教材内容的教学侧重基础性，不强调动作技术的熟练性和完整性，哪一些教材内容教学，除了让学生熟练掌握动作技术、技能外，还要加强运动文化方面的教育，使学生真正理解体育并形成浓厚的、持久的兴趣。

第二节 | 教材的动作技术

技术分析是体育运动项目分析的核心内容之一。通过对运动技术的分析和改进，可以深入了解项目的本质和规律，为后续的技术、战术练习提供指导。在技术分析方面，通常采用视频分析、生物力学分析、运动学分析等方法，对运动技术的动作特点、动作结构、技术要领、技术环节等进行深入研究。

一、教材的动作特点

（一）动作的运动轨迹与方向

动作的运动轨迹指的是身体或身体某一部分在完成动作时所形成的移动路径。可以通过观察运动轨迹的形状、方向和范围来分析动作的特点和规律。例如，在投掷项目中，观察投掷动作轨迹可以帮助发现学生的用力顺序和动作协调性。

运动方向指的是身体或身体某一部分在完成动作时的移动方向。可以通过分析运动方向的改变和稳定性来评估动作的质量和效果。例如，在跳远项目中，观察运动员的起跳方向可以帮助发现起跳角度是否合适，从而影响跳跃成绩。

分析动作的运动轨迹与方向时，还需考虑肌肉力量、关节角度、身体姿势等影响。这些因素都会影响动作的运动轨迹与方向，从而影响运动表现和成绩。

（二）动作的速度与节奏

速度是指人体在完成某一动作过程中的位移与时间的比值，即动作的快慢。在体育练习中，速度是非常重要的因素之一，它影响着运动员的运动表现和成绩。节奏是指完成某一动作的快慢和时间间隔的规律性变化。在体育练习中，节奏的掌握对于学生的运动表现和成绩也至关重要。良好的节奏感可以使学生更好地掌握技术动作的时机和节奏，提高动作的协调性和流畅性，从而更好地发挥出自己的潜力。

动作的速度与节奏是相互关联的，它们之间的关系对于分析动作的质量和效果非常重要。在完成某一动作时，如果速度过快或过慢，或者节奏不稳定，都可能导致动作不协调、不准确或者效率低下。例如，以自由体操中的空翻动作为例，学生需要在空中完成一系列翻转和旋转。在这个过程中，如果速度过快，可能会导致动作失控或落地不稳；而如果速度过慢，则可能无法完成规定的翻转周数。因此，学生必须根据自己的技术能力和动作要求，合理控制空翻的速度。同时，节奏的控制也至关重要。在空翻过程中，每一个翻转和旋转都需要精确的时间分配。如果节奏紊乱，不仅会影响动作的连贯性和流畅性，还可能导致练习者在空中失去平衡。因此，练习者需要通过长期的训练和比赛经验，逐渐培养出对节奏的敏锐感知和精确控制能力。

因此，在体育教学中，体育教师需要认真分析动作的速度与节奏，找到最佳的配合方式，以提高运动表现和成绩。

（三）动作技术要点

在动作过程中，有一些关键的技术环节直接影响到动作的成功与否，包括关键的动作环节、身体部位的用力顺序、力量转化的方式等。

在动作技术中找出关键技术是分析的重点。关键技术是对于完成动作最具决定性的部分，掌握关键技术有助于提高运动表现。以投掷项目为例，关键技术可能包括蹬转、力量传递和出手角度等。蹬转技术能够帮助运动员更好地利用腿部力量，产生更大的投掷初速度。力量传递则关系到身体各部分力量的协调与整合，确保力量能够顺畅、高效地传递到投掷物上。而出手角度的选择则直接影响到投掷物的飞行轨迹和最终落点，是决定投掷距离的关键因素之一。

二、教材的动作结构

体育教材的动作结构是指体育动作各部分的组合方式和相互关系。一个完整的体育动作通常包括若干个基本环节，这些环节相互连接、相互作用，形成一个有机的整体。

（一）动作的基本结构

动作的各个组成部分，包括身体姿势、动作轨迹、动作时间、动作速度、动作速率、动作力量和动作节奏等要素。这些要素相互关联、相互影响，共同构成了体育动作的基本结构。

（1）身体姿势。指的是身体在执行动作时所处的位置和状态。正确的身体姿势是完成动作的基础，它影响着动作的准确性和效率。在体育教学中，教师需要强调正确的身体姿势，以帮助学生形成良好的动作习惯。

（2）动作轨迹。指的是身体或身体某一部分在执行动作时所经过的路线。不同的动作有不同的轨迹要求，轨迹的正确与否直接影响着动作的效果。因此，在体育教学中，教师需要明确每个动作的轨迹要求，并指导学生进行练习。

（3）动作时间。指的是完成整个动作所需的时间。动作时间的长短与动作的复杂性和难度有关，也与学生的技能水平有关。在练习中，教师可以通过调整动作时间来增加或降低动作的难度。

（4）动作速度。指的是单位时间内身体或身体某一部分移动的距离。动作速度的快慢对于某些体育项目来说至关重要，如短跑、游泳等。因此，在这些项目的学练中，提高动作速度是一个重要的目标。

（5）动作速率。与动作速度相关，但更注重单位时间内动作的重复次数。例如，在足球运球练习中，运动员需要快速且连续地完成运球动作，这时动作速率就显得尤为重要。

（6）动作力量。指的是完成动作时所需的力量大小。不同的动作对力量的要求不同，有些动作需要爆发力，有些则需要持久力。

（7）动作节奏。指的是动作各部分之间的时间关系和用力强弱。良好的动作节奏可以使动作更加流畅、自然，并有助于提高动作的效率。在体育教学中，教师可以通过示范和讲解来帮助学生掌握正确的动作节奏。

这些要素相互关联、相互影响，共同构成了体育动作的基本结构。在体育教学中，教师需要全面考虑这些要素，以制定合理的教学计划，帮助学生更好地掌握体育动作技能。同时，学生也需要通过反复练习和体会来逐渐掌握这些要素，从而形成良好的动作习惯和技能水平。

（二）动作的组合结构

在体育活动中，单个动作往往难以完成复杂的任务，需要将多个动作组合起来，形成动作的组合结构。组合结构是由多个单一动作按照一定的顺序和方式组合而成，以完成更为复杂的体育任务。这种组合结构可以是固定的，也可以是变化的，根据具体任务和情境的不同而有所调整。

（1）固定组合结构。在某些体育项目中，为了保持技术的稳定性和规范性，动作的组合结构是固定的。例如，在体操中的某些套路、武术的套路或舞蹈的固定舞步，这些动作的组合都是经过精心设计，并在长期的实践中被证明是有效的。学习者需要严格按照规定的顺序和方式执行这些动作，以确保技术的准确性和美感。

（2）变化组合结构。在更多的体育场景中，动作的组合结构是灵活多变的。这种变化可能是为了适应不同的比赛情境、对手的策略或是自身的特点。例如，在篮球比赛中，球员需要根据比赛进程和对手的防守策略，灵活选择传球、突破、投篮等动作的组合。这种变化性要求运动员具备较高的技术水平和战术意识。

在体育教学中，教师需要教授学生根据不同的情境和任务选择合适的动作组合。这包括了解各种动作的功能、掌握动作之间的衔接技巧以及培养学生在实际运用中的灵活性和创造性。通过反复练习和真实的比赛情景，学生可以逐渐熟练掌握各种动作的组合结构，并在实际的体育活动中加以运用。

（三）动作的层次结构

体育动作通常具有层次性，即一个动作可以分解为若干个层次或阶段。这种结构意味着一个完整的体育动作不是一次性形成的，而是可以分解成多个相互关联、逐步深入的层次或阶段。每个层次都有其特定的目标和要求，学习者需要逐层掌握，最终将这些层次整合成一个流畅、协调的整体动作。例如，在篮球运动中，投篮动作可以分解为准备姿势、起跳、抬肘、伸臂、拨指等若干个层次。

　　动作层次结构主要具有分解性、顺序性、相互依赖性、整合性等特点。

　　（1）分解性。复杂的体育动作能够通过分解转化为多个较为简易的子动作或不同阶段。这种分解方式能够协助学习者分阶段掌握，从而降低学习的难度。以乒乓球正手攻球的学习为例，教师可以把整个技术动作切割成准备姿态、后摆球拍、挥拍击球以及随挥四个环节。学习者应首先练习准备姿态，以确保体态的正确性；随后，逐步引入后摆球拍和挥拍击球的步骤，在此过程中，要特别关注球拍的角度的控制和击球的准确时机；最后，进行随挥的练习，以保障整体动作的顺畅和稳健。

　　（2）顺序性。动作的层次通常遵循一定的顺序，学习者需要按照这一顺序逐步学习。每个层次都是建立在前一个层次的基础上的。例如在学习瑜伽的树式动作时，练习者需要按照一定的顺序逐步掌握各个动作层次。首先，他们可能会学习如何正确站立并保持身体平衡；然后，逐渐抬起一只脚并贴紧另一只脚的内侧；接着，将双手合十举过头顶；最后，保持这个姿势一段时间，深呼吸并放松身体。每个层次都是建立在前一个层次的基础上的，不能颠倒顺序。

　　（3）相互依赖性。虽然动作被分解成不同的层次，但这些层次之间是相互依赖的。掌握一个层次对于进入下一个层次是必要的。例如，在学习武术的太极拳时，每个动作层次都是相互依赖的。学习者首先需要掌握基本的步法和手型；然后，学习如何运气和发力；接着，将步法和手型与运气发力相结合形成太极拳的基本动作；最后，通过大量的练习和体悟逐渐掌握太极拳的精髓和要义。如果其中一个层次没有掌握好，就会影响到后续层次的学习效果。

　　（4）整合性。我们的最终目标是将所有分解的环节有机地结合，形成一个和谐且流畅的整体动作。为了实现这一目标，学习者在熟练掌握每一环节之后，必须经过反复的练习和动作融合。以学习华尔兹舞步为例，学习者需将诸多分解后的动作巧妙地合成为一个完整的舞步，这涵盖了保持准确的体态、流畅的步伐转换、手臂的自然摆动以及头部的合理转动等诸多要点。通过多次的实践与不断的微调，学习者能够逐步领会华尔兹舞步的内在节奏与韵律，进而展现出流畅且优雅的舞蹈风采。在此过程中，教师需运用多样化的教学手段，辅以适宜的音乐伴奏，以协助学习者更有效地融合各个动作环节。

　　在体育教学实践中，教师可以巧妙运用动作的层次结构来制定教学计划和教学策略。具体而言，教师可将繁复的动作技能拆解为若干个简易的层次或阶段，随后依据难易程度循序渐进地向学生传授。此举旨在减轻学习难度，进而增强学生的学习效率与自信。此外，教师可以在每一层次设定清晰的目标与要求，以助力学生更深入地领悟并掌握动作的关键点。经过层层递进的教学与练习，学生将逐步领会整个动作的结构与技巧，最终形成稳健、协调的动作表现。

　　总之，在体育教学中，了解和掌握体育教材的动作结构对于提高教学质量和效果具有重要意义。教师可以通过分析动作结构，明确教学的重点和难点，有针对性地设计教学方法和手段，帮助学生更好地掌握体育动作技能。同时，学生也可以通过了解动作结构，更好地理解动作要领和技巧，提高学习的效率。

第三节 | 教材的物理学原理

通过分析动作的物理学原理，可以帮助学生更科学地掌握运动技巧，提高运动表现，并有效预防运动损伤。同时，这种分析方法也可以为教师提供更科学的教学指导依据。

一、力学原理

体育动作往往涉及力量、速度等方面的要求，因此需要分析动作的力学原理。在动作执行过程中，力从哪里来，如何转化和利用这些力是关键。

（一）牛顿第一定律

牛顿第一定律（又称惯性定律）是物理学中的基本原理之一。定律表述：在没有外力作用下，物体会保持静止状态或匀速直线运动状态。它阐述了在没有外力作用下，物体会保持其原始的静止状态或匀速直线运动状态。这一定律深刻揭示了物体的惯性特性，即物体倾向于维持其原有的运动状态，除非受到外力的影响。

在体育运动中，牛顿第一定律的影响无处不在。它解释了为什么在没有外力干扰的情况下，练习者和运动器械能够保持稳定的运动状态。例如，在田径项目中，练习者一旦起跑并达到稳定速度后，会继续保持这一速度前进，直到受到外部因素（如空气阻力、地面摩擦）的影响。同样，在球类运动中，球一旦被投出或击出，将沿着预定的轨迹飞行，直到受到其他力的作用而改变方向或速度。

对于练习者来说，深入理解并利用牛顿第一定律至关重要。在练习和比赛中，练习者需要根据这一原理调整自己的动作和策略，以提高运动表现和成绩。例如，在起跑阶段，练习者需要迅速从静止状态过渡到匀速运动状态，以充分利用惯性力量。在冲刺阶段，练习者则需要通过调整步伐和呼吸来保持稳定的运动速度，以减少能量消耗并提高运动效率。

（二）牛顿第二定律

牛顿第二定律（即 $F=ma$）是力学中的基本原理，它深刻揭示了物体运动状态的改变与作用力、物体质量之间的关系。定律表明，物体加速度与作用力成正比，与质量成反比，且加速度方向与作用力方向一致。这意味着，作用力越大，物体速度变化越快；而物体质量越大，在相同作用力下其速度变化越慢。

这一定律对体育运动有深远影响。它解释了为何在相同作用力下，不同质量的练习者或器械会有不同的加速表现。例如，体重较轻的练习者在短跑中可能更容易加速。同时，定律也强调了作用力与加速度方向的紧密关系，为练习者在运动中调整力量方向和大小提供了理论依据。

（三）牛顿第三定律

牛顿第三定律是物理学中的基本原理之一，它深刻阐述了物体间相互作用的规律。根据这一定律，当两个物体相互作用时，它们之间的作用力和反作用力总是大小相等、方向相反，并作用在同一直线上。这一规律揭示了物体之间相互作用的本质特征。

在日常生活和体育运动中，牛顿第三定律的应用无处不在。以跳跃为例，当学生向下蹬地时，地面会给予一个大小相等、方向相反的反作用力，这个力使学生能够跳起。这一过程中，作用力和反作用力的相互性、同时性得到了充分体现。

牛顿第三定律的重要性不仅在于它揭示了物体间相互作用的规律，还在于它为我们理解和分析各种物理现象提供了关键的理论基础。在体育运动中，学生和教师可以利用这一原理来优化技术动作和提高运动表现。例如，在跑步时，通过合理调整脚步的着地点和蹬地力量，可以有效利用地面的反作用力来提高前进速度。

（四）摩擦与阻力

摩擦力是阻碍物体运动的一种力，分为静摩擦力和动摩擦力。摩擦与阻力在体育运动中起着重要作用，它们不仅影响运动员的表现，还对运动员的体能和技术提出挑战。

摩擦力在体育运动中发挥着重要作用。在短跑等田径项目中，运动员依赖鞋底与地面的摩擦力来保持稳定姿势和快速移动，这是有效奔跑的基础。另一方面，阻力也在体育项目中产生显著影响，特别是在游泳等项目中，水的阻力会减慢运动员的速度，需要他们消耗更多能量来克服；同时，阻力越大，学生在运动中体能消耗也越大，因此他们经常在练习中通过增加阻力来提升自己的体能和耐力。

二、动力学原理

运动中包含的动力学原理主要涉及动量定理、动能定理、动量矩定理等。这些原理在体育运动中有着广泛的应用，不仅影响运动员的技术表现，也为运动的科学化提供了理论基础。

（一）动量定理

动量定理是动力学的一个重要定理，它描述了力对时间的累积效应与物体动量的变化之间的关系。具体来说，动量定理可以表述为：物体动量的增量等于合外力的冲量。用数学公式表示即为 $Ft = \Delta P$，其中 F 表示合外力，t 表示力的作用时间，ΔP 表示动量的变化量。

动量定理反映了力对时间的累积效应对物体动量的影响。可以理解为，如果一个物体在某个时间段内受到了一定的合外力作用，那么这段时间结束后，物体的动量将会发生变化，这个变化量就等于合外力与时间的乘积，也就是合外力的冲量。在体育运动中，这可以用于分析运动员或球体的运动状态变化，例如在球类运动中，通过改变球体的动量来改变其运动轨迹。

（二）动能定理

动能定理是物理学中的一个基本原理，它描述了物体动能的变化量与合外力所做的功之间的关系。动能定理指出，合外力对物体所做的功等于物体动能的变化量。这一定理不仅适用于直线和曲线运动，还能处理恒力和变力做功的情况，是能量守恒定律的一个重要应用，为我们理解和分析物体运动过程中的能量转化提供了有力工具。在体育中，这可以解释学生在运动过程中的能量转换，例如跳远时，学生通过助跑积累动能，起跳时将动能转化为重力势能，进而实现远距离跳跃。

（三）角动量守恒原理

当物体绕定轴转动时，如果它所受外力矩的矢量和为零（即不受外力矩作用），则物体对同一轴的角动量是守恒的。

角动量守恒是体操、跳水等旋转动作中的核心物理学原理。在这些运动中，练习者通过调整身体姿势以改变转动惯量，进而控制旋转速度，实现精彩动作。这是因为在没有外力矩干扰的情况下，系统的角动量是恒定不变的。练习者收缩身体时，转动惯量减小，旋转加快；身体伸展时，转动惯量增大，旋转减慢。这种对转动惯量的灵活调整，使得练习者能够精确掌控旋转的节奏和速度，完成各种空中翻转和转体。同时，练习者也会巧妙地利用外力矩，如调整四肢动作，以改变旋转的轴心或方向。

第四节 | 教材的负荷特点

体育教材的负荷是一个综合的概念，既包括运动负荷也包括心理负荷。教师在设计和实施体育教材时，应全面考虑这两个方面的影响因素，以确保学生在适度的负荷下获得最佳的学习效果和身心健康发展。

一、运动负荷

运动负荷是体育活动中的一个核心概念，它关系到学生身体健康的发展和运动效果的提升。

（一）运动负荷的定义

学生做练习时身心所承受的负担（或刺激）由负荷量（练习的时间、次组数、距离、重量等）和负荷强度（练习的密度、高度、远度、速度、负重量、难度及完成的质量等）两个因素构成。两者不同数值搭配和组合，形成不同形式的负荷结构，产生不同的效果。需要根据课的任务、类型、教材性质、学生身心状况及作业条件等正确地确定；随教学的进程及对象状况的变化，予以及时地调整。在体育教学中，运动负荷是否适宜对于增强体质、掌握和提高运动技术技能、提高运动成绩以及防止伤害事故都具有重要意义。

（二）影响运动负荷的因素

（1）运动强度。运动强度指完成练习所用力量的大小和机体的紧张程度，包括动作的速度、练习的密度、间歇时间的长短、负重的重量、投掷的距离、跳高的高度等。强度加大，量要相应减小；强度适中，则量可以加大。在教学中合理使用负荷强度取决于运动专项特征、学生的年龄、个体特点，以及各种能力之间的相互制约关系等。

（2）练习密度。体育课运动密度也称"练习密度"。体育课内学生做练习时间与课的总时间的比例。是体育课中各项活动密度中最主要的一个指标。教师要善于根据课的任务、学生特点和作业条件等，合理地增大课的运动密度，以便学生更好地掌握体育的知识、技术、技能，增强体质，完成教学任务。

（3）运动时间。指一次体育课练习的总时间。在保证一定的合理强度和密度的同时，练习时间持续的长短直接关系着运动负荷的大小。如果运动时间持续过长，可能会导致身体过度疲劳。

（4）学生的身体状况。学生的年龄、性别、体重、健康状况等都会影响其所能承受的生理负荷。

（三）合理调节运动负荷的重要性

合理调节运动负荷是确保体育活动安全性和有效性的关键，因为不适宜的运动负荷会对学生身体造成不良影响。教师在设计和实施体育教材时，必须根据学生的身体状况、运动经验和教学目标，精确安排体育活动的强度、时间和频率，以便在适度的运动负荷下达到最佳锻炼效果，从而增强学生的心肺功能，提高身体耐力和力量，促进学生的健康发展。同时，教师需要密切关注学生的身体反应，灵活调整教学计划和策略，确保学生的身体安全和健康。

（四）调整运动负荷的方法

（1）改变练习的内容。改变动作的某些基本要素（如速度、速率、幅度等），可以调整运动负荷的大小，以适应不同的教学目标和学生实际情况。

（2）改变练习的顺序和组合方式。通过改变练习的顺序和组合方式可以调整不同练习之间的相互影响和作用，进而改变运动负荷的大小和性质。

（3）改变组织教法。通过改变课的组织教法，如采用循环练习或增加竞赛因素等，增加或减少学生练习的组数、次数、时间、距离等，可以灵活地调整运动负荷，使之更加符合学生的实际需求和教学目标。

（4）改变练习的条件（如场地大小、器材的重量、附加条件等），这些条件的改变可以间接影响运动负荷的大小和效果。

需要注意的是，以上方法并不是孤立的，而是相互关联、相互影响的。在实际应用中，教师应根据学生的实际情况和教学目标，综合运用各种方法，科学地安排和调整运动负荷，确保体育教学的效果和质量。同时，教师还应注重观察和了解学生的身体反应和变化情况，及时调整教学计划和运动负荷，保证学生的身心健康和安全。

二、心理负荷

心理负荷亦称"心理工作负荷"，是指在单位时间内人体承受的心理活动的量，是在控制、决策等工作中人的工作能力与工作输入负荷的比例。不同的负荷要求不同的心理努力。在相同负荷中，因动机、经验等不同，个体体验到的负荷也不同。

心理负荷的大小会直接影响学生的运动体验和参与度，因此，在体育教学中也需要给予足够的重视。心理负荷主要源于学生对新技能的掌握、对运动表现的期望、与同伴的比较、教师的评价等因素。

（一）影响心理负荷的因素

心理负荷的大小与教材的难易程度、学生的学习目标、教师的教学方法等因素密切相关。

（1）教材的难易程度。体育教材的难易程度直接影响学生的心理负荷。过于简单的教材可能让学生感到无聊和缺乏挑战，而过于复杂的教学内容则可能让学生感到焦虑和压力。适宜的难易程度能够激发学生的学习兴趣和动力，促进他们的心理发展。

（2）学习目标。学习目标也是心理负荷的重要来源。当学生设定了较高的学习目标时，他们可能会感受到更大的心理压力，因为他们需要付出更多的努力来达到这些目标。相反，较低的学习目标可能让学生感到缺乏挑战和成就感。

（3）教学方法。教师的教学方法对学生的心理负荷也有显著影响。生动有趣、多样化的教学方法能够激发学生的学习兴趣，降低他们的心理负荷。而单调乏味、缺乏互动的教学方法则可能让学生感到厌倦和疲惫。

（二）心理负荷的影响

心理负荷是影响学生体育学习效果和身心健康的关键因素。适度的心理负荷可以激发学生的学习热情，促使他们不断挑战自我，进而提升学习效果。然而，一旦心理负荷超出学生的承受能力，就可能会引发焦虑、抑郁等负面情绪，这些情绪会对学习效果产生不利影响，并可能对学生的身心健康构成长期威胁。在体育学习中，适当的心理压力能促使学生更专注、更高效地学习，培养坚韧的心理素质。但过度的心理压力可能让学生感到无法应对，从而产生逃避心理，影响学习效果，甚至对体育活动产生恐惧和抵触。

（三）调节心理负荷的方法

1. 合理安排教材难易程度

教师应根据学生的实际水平和学习需求，精心挑选和组织教材内容，确保难度适中。过于简单的内容可能让学生感到乏味，而过于复杂的内容则可能导致他们产生挫败感。因此，教师需要找到一个平衡点，让学生在适度的挑战中获得成就感，从而激发他们的学习动力。

2. 设定合理的学习目标

目标设定是学生学习过程中的重要环节。教师应引导学生根据自己的实际情况和能力，制定具体、可衡量的学习目标。这些目标应具有挑战性但又不过于遥远，以帮助学生保持积极的学习态度。同时，教师还应鼓励学生定期评估自己的进步，并根据需要调整目标。

3. 采用生动有趣、多样化的教学方法

为了降低学生的心理负荷，教师应尝试采用多样化、生动有趣的教学方法，如游戏、竞赛、角色扮演等。这些方法不仅能激发学生的学习兴趣，还能使他们在轻松愉快的氛围中掌握知识和技能。

4. 营造良好的课堂氛围

一个积极向上的课堂氛围对学生的心理健康至关重要。教师应努力与学生建立平等、尊重、信任的关系，鼓励他们互相支持、合作共进。

5. 实施多元化的评价方式

单一的评价标准往往给学生带来巨大的压力。为了减轻这种压力，教师应采用多元化的评价方式，包括自评、互评、师评等。这些评价方式不仅能更全面地反映学生的实际情况，还能帮助他们从不同的角度认识自己，提升自我认知能力。

6. 关注学生的情绪变化

情绪变化是心理负荷的直观体现。教师应密切关注学生的情绪变化，及时发现并处理他们的心理问题。对于出现焦虑、抑郁等负面情绪的学生，教师应给予更多的关爱和支持，必要时可寻求专业心理辅导的帮助。

综上所述，调节心理负荷是体育教学中的一项重要任务。教师应从多方面入手，采取有效的措施来减轻学生的心理负担，促进他们的身心健康和全面发展。

三、体育教材负荷分析的内容

教材负荷是一个多维度的概念，涉及动作要求、肌肉用力、能量代谢和心理负荷等多个方面。在设计和实施体育教材和活动时，需要综合考虑这些因素，以确保运动负荷的适宜性和有效性。

（一）动作要求

动作要求指的是完成特定运动所需的技术动作和姿势。不同的运动项目有不同的动作要求，这些要求直接影响着运动负荷的大小和分布。

（1）复杂性。复杂的动作需要更多的协调和平衡能力，可能增加神经肌肉系统的负荷。

（2）精确性。需要精确执行的动作（如体操）对肌肉控制和协调性有较高要求，可能增加局部肌肉群的负荷。

（3）动态与静态。动态动作（如跑步）持续改变身体姿势和肌肉用力方式，而静态动作（如瑜伽）则要求长时间保持特定姿势，对肌肉耐力和稳定性有较高要求。

（二）肌肉用力

肌肉用力是指完成动作时肌肉产生的力量和收缩方式。

（1）力量需求。不同运动对肌肉力量的需求不同，如举重需要高爆发力，而长跑则需要持久耐力。

（2）肌肉群参与。全身性运动（如游泳、划船）涉及多个肌肉群的协同工作，而局部运动（如手臂弯曲）则主要针对特定肌肉群。

（3）肌肉收缩类型。等张收缩（肌肉长度改变，如举重时的手臂弯曲）和等长收缩（肌肉长度不变，如握力练习）对肌肉产生的负荷不同。

（三）能量代谢

能量代谢是指运动过程中身体能量的产生和利用方式。

（1）有氧与无氧代谢。长时间低强度运动主要依赖有氧代谢（如慢跑），而短时间高强度运动则主要依赖无氧代谢（如快速跑）。

（2）能量系统利用。不同运动可能主要利用磷酸原系统（极短时间高强度活动）、糖酵解系统（中短时间高强度活动）或有氧氧化系统（长时间活动）。

（3）恢复时间。不同能量系统的恢复时间不同，影响着连续运动的能力和运动后的恢复。

（四）心理负荷

心理负荷是一个与运动负荷相对应的概念，在体育活动中，它指的是个体所承受的心理压力和认知负担。心理负荷与运动负荷共同构成了体育活动的总体负荷。

（1）注意力需求。在某些体育项目中，如乒乓球、击剑等，学生需要高度集中注意力。这种对注意力的高需求会增加心理负荷。学生必须快速而准确地反应，这要求他们在心理上保持高度的警觉和专注。

（2）赛场压力与表现。比赛或表演等情境可能给学生带来额外的心理压力。这种压力和焦虑不仅影响学生的心理状态，还可能对他们的表现产生负面影响。心理负荷在这种情况下会显著增加，因为学生需要处理这些额外的情感和压力。

（3）技能掌握。当学生学习新技能或提高现有技能时，他们在认知层面会面临挑战。这种挑战可能包括理解技能的要求、记忆技能步骤、协调身体动作等。这些认知挑战也会增加心理负荷，因为学生需要在心理上处理和适应新的技能要求。

四、不同教材的负荷特点

（一）球类教材的负荷特点

1. 动作要求

球类运动的动作负荷特点主要体现在动作的复杂性、多样性、高强度、间歇性、技术与战术的结合、身体对抗、耐力需求，以及灵活性和协调性的高要求上。这些特点共同构成了球类运动的独特魅力，也对练习者的身体素质和技能水平提出了全面的挑战。

（1）动作复杂性与多样性。球类运动通常涉及多种复杂和精细的动作，如传球、接球、投篮、射门、运球等。每种动作都需要特定的肌肉群协调运作，这不仅增加了运动的负荷，还要求练习者具备高度的技巧性和准确性。

（2）高强度与间歇性。球类运动往往是高强度的，要求练习者在短时间内爆发出最大的力量与速度。比如，篮球运动中的快速突破需要练习者迅速达到较高的心率水平，通常可以达到最大心率的 85%～95%。这些高强度活动通常与短暂的休息或低强度活动交替进行，形成了间歇性负荷特点。

（3）技术与战术并重。球类运动不仅要求练习者掌握精湛的个人技术，还需要在团队中执行战术策略。这增加了练习者在比赛中的认知负荷，因为他们需要同时处理技术动作和战术决策。

（4）身体对抗与耐力。许多球类运动，如篮球、足球等，都包含身体对抗的元素。这种对抗不仅增加了练习者的肌肉负荷，还要求他们具备良好的身体控制和抗击打能力。同时，长时间的比赛和练习要求练习者具备出色的耐力，以维持持续的高水平表现。

（5）灵活性与协调性。球类运动要求练习者能够快速而准确地改变方向、速度等，这需要高度的灵活性和协调性。这种不断变化的动作要求增加了练习者的身体负荷，并对他们的神经系统提出了更高的挑战。

2. 肌肉用力

从肌肉用力的角度来看，在球类运动的负荷特点主要体现在肌肉的频繁收缩、力量的爆发性、耐力的持久性以及肌肉协调性的高要求上。

（1）肌肉收缩的频繁性。球类运动中，练习者需要频繁地进行各种动作，如传球、射门、扣杀等，这些动作都需要肌肉的快速收缩来完成。例如，在篮球比赛中，练习者需要频繁地跑动、跳跃和投篮，这些动作都涉及肌肉的快速收缩和放松。

（2）肌肉力量的爆发性。球类运动往往需要练习者在短时间内爆发出强大的力量。例如，足球练习者在射门时需要腿部和腰部的肌肉瞬间发力；篮球练习者在抢篮板时也需要上肢和下肢的肌肉爆发出强大的力量。

（3）肌肉耐力的持久性。球类比赛通常持续时间较长，在长时间的练习和比赛中，练习者需要保持肌肉的持续用力，这就要求肌肉具有良好的耐力。

（4）肌肉协调性的高要求。在球类运动中，不同部位的肌肉需要协同工作以完成复杂的动作。例如，乒乓球练习者在击球时需要手臂、手腕甚至腰部的肌肉协同工作，以确保击球的准确性和力量。

3. 能量代谢

球类运动的负荷特点体现在其独特的能量代谢方式上。在激烈的对抗中，练习者的动作要求快速而有力，这导致 ATP 等高能磷酸化合物在极短时间内被大量消耗，同时需要迅速恢复以满足持续的高强度运动需求。此外，在比赛日趋激烈之际，糖酵解系统的重要性凸显，它分解葡萄糖以补充能量，但过程中产生的乳酸对练习者的耐受力提出了挑战。尽管如此，有氧代谢仍在整个过程中发挥着不可或缺的作用，为练习者提供稳定的能量支持，并助力消除代谢产物。球类运动的另一显著特点是能量消耗的波动性，随着比赛节奏的变化，练习者必须灵活调整自身的能量供应策略。

4. 心理负荷特点

球类运动通常具有高度的竞技性和互动性，这使得中小学生在参与过程中不仅要面对技术上的挑战，还要应对比赛带来的心理压力。学生们在球场上要实时做出判断和决策，与队友协作，同时观察对手的动态，这要求他们具备较高的反应速度和策略思维能力。在激烈的比赛中，学生们可能会经历胜利的喜悦或失败的挫折，这些情绪波动对他们的心理素质提出了不小的要求。然而，球类运动也为他们提供了一个锻炼心理承受能力的平台，通过比赛中的起伏和变化，学生们可以学会调整心态、控制情绪，进而培养出坚韧不拔的斗志和团队协作精神。

（二）田径类教材的负荷特点

1. 动作要求

田径类运动的负荷特点主要体现在动作的多样性与专一性、高强度与爆发性、持续性与耐力要求、技术精确性与协调性以及全身性与局部性负荷并存等方面。这些特点共同构成了田径类运动的独特魅力，也对练习者的身体素质和技能水平提出了全面的挑战。

（1）动作多样性与专一性并存。田径运动包含了多种项目，如短跑、长跑、跳远、跳高、投掷等，每个项目都有其独特的动作要求。这些动作在要求上有的强调速度，有的强调力量，有的则注重技巧。这种多样性导致不同田径项目的负荷特点各不相同。然而，在每个项目内部，动作又具有专一性，会对特定的肌肉群和关节产生较大的负荷。

（2）高强度与爆发性。许多田径项目，尤其是短跑、跳远和跳高等，要求练习者在短时间内爆发出最大的力量和速度。这种高强度的爆发性动作对练习者的肌肉、关节和神经系统都产生了巨大的负荷。

（3）持续性与耐力要求。对于长跑等耐力性田径项目，动作要求练习者能够持续地进行跑动，这对练习者的心肺功能、肌肉耐力提出了很高的要求。这类项目的负荷特点主要体现在持续性的体力消耗和心理压力上。

（4）技术精确性与协调性。田径运动中的许多项目，如投掷、三级跳远和跳高等，都要求练习者具备精确的技术动作和高度的身体协调性。为了达到最佳的运动表现，练习者需要反复练习和纠正技术动作，这对练习者的神经系统和肌肉控制能力提出了较高的要求，同时也增加了练习的负荷。

（5）全身性与局部性负荷并存。田径运动既涉及全身性的运动，如跑步，也涉及局部性的运动，如投掷时的手臂动作。这种全身性与局部性负荷并存的特点要求练习者在练习中既要注重整体身体素质的提升，也要关注局部肌肉群的练习。

2. 肌肉用力

田径类运动的肌肉用力负荷特点主要体现在肌肉的爆发性用力、耐久性用力、静力性用力以及快速力量与反应力量的要求上。

（1）爆发性用力。田径运动中的许多项目，如短跑、跳远和跳高等，要求练习者的肌肉能够在短时间内爆发出最大的力量。这种爆发性用力对肌肉的快速收缩能力提出了很高的要求，也是田径运动中常见的负荷特点之一。

（2）耐久性用力。除了爆发性用力外，田径运动中的长跑、竞走等项目则更侧重于肌肉的耐久性用力。这些项目要求练习者的肌肉能够长时间持续不断地收缩用力，保持稳定的运动表现。

（3）静力性用力。在田径运动的某些技术动作中，如投掷项目的最后用力阶段，需要练习者进行静力性用力。这种用力方式要求肌肉在相对静止的状态下产生最大的力量。

（4）快速力量与反应力量。田径运动中的许多项目还要求练习者具备快速力量和反应力量。快速力量是指肌肉在短时间内快速发挥出最大力量的能力，而反应力量则是肌肉在受到外界刺激后迅速做出反应的能力。

3. 能量代谢

田径类运动的能量代谢负荷特点主要体现在其高能量需求和复杂的能量代谢系统上。在短距离跑、跳跃及投掷等高强度项目中，练习者需短时间内爆发出巨大的能量。特别是在依赖无氧能量系统的项目中，如短距离冲刺，练习者必须迅速调动无氧糖酵解和ATP-CP系统以满足瞬间的能量需求。而对于中长距离跑等耐力项目，则需要有氧与无氧代谢的灵活结合，这对练习者的心肺功能和耐力是极大的考验。

4. 心理负荷特点

针对中小学生而言，田径类运动在心理负荷方面有其独特的特点。田径运动通常包括跑、跳、投等多个项目，这些项目要求学生在短时间内发挥出最佳的身体能力。这种即时性的表现要求往往会给中小学生带来一定的心理压力。他们在比赛中需要迅速调整状态，克服紧张情绪，这对心理素质是一次严峻的考验。同时，田径运动的竞争性强，学生在追求更好成绩的过程中，可能会面临挫败感和自我期望的压力。然而，正是这些心理负荷，为学生提供了锻炼意志和增强自信心的机会。通过田径练习，他们可以学会如何管理情绪，如何在压力下保持冷静，进而提升自我认知和应对挑战的能力。

（三）体操类教材的负荷特点

1. 动作要求

体操类运动的负荷特点主要体现在对动作准确性、难度和多样性以及连贯性和节奏感的高要求上。这些特点使得体操运动员在训练中需要承受较大的身体负荷、技术负荷和心理负荷。

（1）动作准确性要求高。体操练习者在进行各种动作时，必须确保标准、精确。这不仅需要练习者具备优秀的身体控制能力，还需要他们反复练习，以达到动作的自动化和准确性。

（2）动作难度大且多样。体操运动包含众多高难度动作，如空翻、转体、跳跃等。这些动作要求练习者具备优秀的力量、柔韧性、协调性和平衡感。同时，体操动作的多样性也意味着练习者需要全面掌握各种技能，这无疑增加了练习的复杂性和负荷量。

（3）动作连贯性和节奏感强。体操运动要求练习者在完成一个动作后，能够迅速、流畅地过渡到下一个动作，保持整套动作的连贯性和节奏感。这需要练习者具备优秀的反应速度和动作协调能力。

2. 肌肉用力

体操运动既要求练习者具备强大的肌肉力量，以完成各种高难度动作，又要求练习者具备良好的柔韧性，以确保动作的幅度和美观度。这种力量与柔韧性的双重需求，使得体操练习者在练习中需要承受较大的肌肉拉伸和力量训练的负荷。

（1）肌肉控制精度高。体操运动要求练习者在完成动作时具备高度的肌肉控制精度。练习者需要根据动作的技术要求，精确地控制肌肉的收缩和放松，以实现动作的准确性和稳定性。

（2）肌肉协调性强。体操动作往往涉及多个肌肉群的协同工作。例如，在完成空翻、转体等复杂动作时，需要上肢、下肢、躯干等多个部位的肌肉群紧密配合，确保动作的流畅和协调。这种多肌肉群的协同工作，增加了肌肉的负荷和训练的复杂性。

（3）肌肉耐力要求高。体操练习者在练习和比赛中需要连续完成多个高难度动作，这对肌肉的耐力提出了很高的要求。练习者需要具备良好的有氧和无氧代谢能力，以确保肌肉在持续高强度的运动中能够保持稳定的表现。

（4）肌肉力量与柔韧性并重。体操类运动的负荷特点从肌肉用力的角度来看，主要表现为肌肉控制精度高、肌肉协调性强、肌肉耐力要求高、肌肉力量与柔韧性并重。

3. 能量代谢

从能量代谢的角度来看，体操类运动的负荷特点主要表现为混合供能和高能量消耗。体操动作复杂多变，包括快速的动力性动作和长时间的静力性姿势，这就要求练习者的供能系统能够快速适应不同强度的能量需求。在短时间的高强度动作中，如空翻、跳跃等，主要依靠磷酸原系统供能，其能迅速提供能量但持续时间较短。而在持续时间较长的动作或套路中，糖酵解系统开始发挥作用，为肌肉提供持续的能量，同时伴随着乳酸的积累。此外，有氧氧化系统在整个运动过程中也发挥着基础供能的作用，尤其是在动作间的恢复和准备阶段。这种混合供能的特点，使得体操练习者在练习中需要承受较大的能量代谢负荷，但同时也塑造了他们的耐力和爆发力，使他们在比赛中能够展现出高超的技艺和持久的竞技状态。

4. 心理负荷特点

从心理负荷的角度分析，体操类运动展现出特定的负荷特点。中小学生在参与体操运动时，由于其心理发育尚未成熟，常常面临着比一般成人更大的心理压力。体操的高技术要求和精准度，对于他们来说是一项不小的挑战。学生在努力掌握各种动作的同时，还要应对可能的失败和挫折，这无疑会加重他们的心理负担。此外，体操运动中的高难度动作和竞技性质，也可能让学生在练习中感受到紧张和焦虑。然而，正是这些心理负荷，为学生提供了锻炼意志品质、增强自信心的机会。通过体操学练，他们可以学会如何面对压力，如何调整心态，并在挑战中发现自己的潜能。

（四）游泳类教材的负荷特点

1. 动作要求

游泳类运动的负荷特点主要体现在全身性运动负荷、水阻带来的负荷、持续性的有氧负荷以及技巧性负荷等方面。

（1）全身性运动负荷。游泳是一项全身性运动，需要身体多个肌群的协同工作。在游泳过程中，四肢、躯干以及呼吸系统都需要参与，这使得游泳成为一项能够全面锻炼身体各部位的运动。

（2）水阻带来的负荷。游泳是在水中进行的，水的密度和粘性比空气大得多，因此游泳时需要克服更大的阻力。这种水阻带来的负荷能够刺激肌肉的生长和发展，提高肌肉力量和耐力。同时，水阻还有助于提高身体的稳定性和平衡能力。

（3）持续性的有氧负荷。长距离的游泳是一项有氧运动，需要持续地进行呼吸和肌肉收缩。在游泳过程中，身体需要不断地获取氧气并排出二氧化碳，这要求呼吸系统、循环系统和肌肉系统都保持高效的工作状态。这种持续性的有氧负荷有助于提高心肺功能和耐力水平。

（4）技巧性负荷。游泳不仅需要体力，还需要掌握一定的技巧。不同的泳姿和动作需要不同的肌肉收缩方式和呼吸节奏。例如，蛙泳需要双腿和双臂同时向前推进，而自由泳则需要交替划臂和换气。

2. 肌肉用力

从肌肉用力的角度来看，游泳类运动具有全身性肌肉参与、肌肉耐力与爆发力的结合、水阻带来的持续负荷、肌肉柔韧性的重要性以及多样化的肌肉用力模式等负荷特点。

（1）全身性肌肉参与。游泳是一项全身性运动，需要多个肌肉群的协同工作。在游泳过程中，四肢、躯干以及核心肌群都需要积极参与，以维持身体的平衡和推进。

（2）肌肉耐力与爆发力的结合。游泳运动既需要肌肉耐力来支持长时间的持续游动，又需要爆发力来完成快速启动和加速。这种耐力与爆发力的结合，使得游泳者的肌肉在持续用力与瞬间发力之间不断转换，对肌肉的适应能力提出了较高要求。

（3）水阻带来的持续负荷。水的密度远大于空气，因此游泳时需要克服的水阻也远大于其他陆地运动。这种持续的水阻为肌肉提供了稳定的负荷刺激，有助于肌肉力量的增长和耐力的提升。

（4）肌肉柔韧性的重要性。游泳运动对肌肉的柔韧性有较高要求。在水中进行大幅度动作时，需要肌肉具备良好的伸展性和弹性。这不仅有助于提高游泳效率，还能减少运动损伤的风险。

（5）多样化的肌肉用力模式。游泳包含多种泳姿，每种泳姿对肌肉的要求和用力模式都不尽相同。这种多样化的用力模式使得游泳能够全面锻炼身体的各个部位，提高肌肉的协调性和灵活性。

3. 能量代谢

从能量代谢的角度来看，游泳类运动的负荷特点主要体现在对能量的高效利用和消耗上。游泳是一项全身运动，需要大量的能量来维持身体的持续运动和对抗水的阻力。在游泳过程中，身体主要通过有氧代谢来提供能量，这意味着游泳者需要摄入足够的氧气来支持肌肉的运动，并通过呼吸控制和调整来保持稳定的能量供应。同时，由于水的抵抗，游泳者的肌肉需要不断用力以维持推进，这导致了能量的快速消耗。此外，游泳运动中的不同泳姿对能量的需求也有所不同，例如蝶泳和自由泳相对于蛙泳和仰泳会消耗更多的能量。因此，游泳者需要根据不同的泳姿和运动强度来调整自己的能量摄入和消耗，以达到最佳的运动表现。

4. 心理负荷特点

从心理负荷的角度来看，游泳类运动的负荷特点主要表现在对游泳者的心理素质要求较高。游泳是一项在水中进行的运动，对于不熟悉水性或者对深水有恐惧感的人来说，会产生一定的心理压力。同时，游泳需要较高的自我控制能力和专注度，因为在水中的浮力和阻力与陆地环境截然不同，游泳者需要时刻保持警觉并调整自己的动作和呼吸。此外，游泳比赛中的竞争性和对成绩的期望也会给游泳者带来额外的心理负担。在练习和比赛中，游泳者需要面对挫折和失败，不断调整心态，保持积极向上的精神状态。

（五）中华传统体育类教材的负荷特点

1. 动作要求

中华传统体育类运动在动作要求上呈现出多样性、复杂性、节奏与呼吸的配合、静态与动态的结合、全身性与局部性的统一等特点。

（1）动作多样性与复杂性。中华传统体育类运动，如太极拳、长拳、南拳等，包含了丰富多样的动作。这些动作不仅要求运动者掌握精准的姿势，还需要在运动中保持流畅和协调。例如，太极拳的动作就包括"云手""揽雀尾"等复杂招式，每个动作都需要确保标准，这对运动者的身体控制和协调能力提出了较高要求。

（2）节奏与呼吸的配合。中华传统体育类运动强调动作与呼吸的配合。如在太极拳中，每个动作都需要与呼吸相协调，这种呼吸与动作的同步性不仅增加了运动的负荷，也对运动者的心肺功能提出了更高要求。

（3）静态与动态的结合。许多中华传统体育类运动，特别是太极拳，包含了大量的静态姿势和缓慢的动态转换。这种运动方式要求运动者在保持特定姿势的同时，还需要进行平稳的动作转换。这种静态与动态的结合增加了肌肉的持续负荷，同时也提高了对身体的控制能力。

（4）全身性与局部性的统一。中华传统体育类运动通常是全身性的运动，要求运动者全身肌肉的协同工作。然而，在某些特定动作中，也会强调对局部肌肉群的锻炼。例如，在太极拳中，虽然全身肌肉都在参与，但腿部肌肉在维持身体稳定性和进行动作转换时承受了较大负荷。

2. 肌肉用力

中华传统体育类运动的肌肉用力负荷特点主要体现在全身肌肉群的综合运用、动态与静态肌肉用力的结合、爆发力与持久力的强调、柔韧性与协调性的注重以及肌肉用力与呼吸的配合等方面。

（1）全身肌肉群的综合运用。中华传统体育类运动，如武术、太极拳等，强调全身肌肉的协调和平衡。这类运动需要身体多个肌肉群同时参与，共同完成复杂的动作。

（2）动态与静态肌肉用力的结合。这类运动中包含了许多动态和静态的动作。动态动作要求肌肉快速收缩和放松，以产生力量和速度；而静态动作则需要肌肉长时间保持紧张状态，以维持身体的稳定和平衡。

（3）强调肌肉的爆发力与持久力。中华传统体育类运动中的某些动作需要肌肉在短时间内产生巨大的力量，即爆发力。同时，长时间的练习和表演也要求肌肉具有良好的持久力。这种爆发力与持久力的结合，对肌肉的耐力和弹性提出了较高的要求。

（4）注重肌肉的柔韧性与协调性。在这类运动中，柔韧性是保证动作流畅和准确的关键因素。同时，协调性也是必不可少的，它使得身体各部分能够和谐地共同工作。

（5）肌肉用力与呼吸的配合。中华传统体育类运动强调呼吸与动作的协调配合。正确的呼吸方式可以帮助肌肉更有效地用力，减轻疲劳感，并提高运动表现。这种配合使得肌肉在用力过程中更加高效和稳定。

3. 能量代谢

从能量代谢的角度来看，中华传统体育类运动展现出独特的负荷特点。这类运动，如武术、太极拳等，往往融合了力量、速度和耐力的要求，使得能量消耗和代谢变得复杂多样。在快速而有力的动作中，如武术的拳法、腿法，身体需要迅速提供大量能量，这主要依靠无氧代谢来满足，对练习者的爆发力和速度提出了较高要求。而在缓慢流畅的动作，比如太极拳的连绵不断的运动中，有氧代谢占据主导，要求练习者有良好的心肺耐力和持久的能量供应。此外，中华传统体育类运动还强调内外兼修，注重呼吸配合与意念控制，这在一定程度上影响了练习者的能量代谢效率，使得他们在运动中能够更加高效地利用能量。总的来说，中华传统体育类运动的能量代谢负荷特点在于其结合了有氧和无氧代谢，要求练习者既要有瞬间的爆发力，又要有持久的耐力，这种混合代谢模式不仅挑战了练习者的体能极限，也体现了中华传统体育的深厚底蕴和独特魅力。

4. 心理负荷特点

从心理负荷的角度来看，中华传统体育类运动呈现出显著的负荷特点。这类运动不仅要求运动者具备高超的身体技巧，更在心理层面上提出了严峻的挑战。中华传统体育类运动，如武术、太极拳等，蕴含着深厚的文化底蕴和哲学思想，要求运动者在修炼身体的同时，也要修炼内心。运动者需要不断揣摩动作背后的意蕴，体会身心的和谐统一，这在一定程度上增加了心理负荷。此外，这类运动还强调坚持不懈的练习和自我超越的精神，要求运动者具备极高的自律性和毅力，以克服练习中遇到的种种困难。因此，中华传统体育类运动的心理负荷不仅来自技能学习的复杂性，更源于对内在精神世界的探索和锤炼。

（六）新兴体育类教材的负荷特点

1. 动作要求

新兴体育类运动的动作负荷特点主要体现在多样性与灵活性、技巧性与协调性、节奏感与音乐性以及创新与挑战性等方面。

（1）多样性与灵活性。新兴体育类运动往往融合了多种运动元素，动作要求多样且灵活。这种多样性不仅体现在运动项目的选择上，还体现在动作的组合和变化上。例如，一些新兴体育运动可能结合了舞蹈、武术等多种元素，要求参与者能够根据音乐、节奏和场景的变化，灵活调整自己的动作和力度。

（2）技巧性与协调性。新兴体育类运动通常对参与者的技巧性和协调性有较高的要求。这些运动往往需要参与者掌握一系列复杂的动作技巧，如翻滚、跳跃、旋转等，并能够在运动中保持身体的平衡和协调。

（3）节奏感与音乐性。许多新兴体育类运动都与音乐紧密结合，要求参与者能够根据音乐的节奏和旋律来调整自己的动作和速度。这种节奏感与音乐性的要求不仅增加了运动的趣味性，也使得运动负荷更加具有挑战性和变化性。

（4）创新与挑战性。新兴体育类运动往往鼓励参与者进行创新和挑战自我。这些运动不仅要求参与者掌握基本的动作技巧，还鼓励他们发挥想象力，创造出独特的动作组合和风格。

2. 肌肉用力

新兴体育类运动在肌肉用力方面表现出全面性、高强度与间歇性、精确性以及耐力与柔韧性的挑战等特点。

（1）肌肉力量的全面运用。新兴体育类运动通常要求全身肌肉的协调与平衡。不同于传统的单一肌肉群锻炼，这些运动往往需要多个肌肉群同时或交替工作。例如，在攀岩运动中，不仅需要上肢和核心肌群的强大力量来支撑身体重量和进行攀爬，还需要下肢肌肉的爆发力来进行跳跃或稳定身体。

（2）高强度与间歇性肌肉用力。很多新兴体育类运动如轮滑等，都包含了高强度和间歇性的肌肉用力。这意味着肌肉在短时间内需要爆发出较大的力量，之后可能会有短暂的休息或低强度活动。

（3）肌肉控制的精确性要求高。在新兴体育项目中，很多都需要精细的肌肉控制来完成复杂的动作。比如，在定向运动与野外生存中，穿越复杂地形需要精确控制腿部和核心肌群的用力，以保持身体平衡和稳定。

（4）肌肉耐力与柔韧性的挑战。由于新兴体育类运动通常持续时间较长且动作多变，因此对肌肉的耐力和柔韧性提出了较高要求。长时间的持续运动要求肌肉能够承受持续的负荷而不易疲劳；同时，一些伸展和扭转的动作则要求肌肉具备良好的柔韧性，以防止运动损伤并提高动作的执行效率。

3. 能量代谢

从能量代谢的角度来看，新兴体育类运动的负荷特点主要表现为高强度与多样化的能量消耗。这类运动往往融合了多种元素，要求参与者在短时间内进行高强度、高频率的动作转换，这使得能量代谢速率显著提升。在运动过程中，参与者需要迅速调动体内的糖原进行无氧代谢，以应对短时间内的高能量需求，这通常表现为爆发性的动作，如快速跑动、跳跃等。同时，随着运动的持续，有氧代谢也逐渐占据主导，为身体提供稳定的能量供给，这要求参与者具有良好的心肺耐力。因此，新兴体育类运动在能量代谢上呈现出无氧与有氧相结合的复合特征，既需要瞬间的能量爆发，又要求持久的耐力支撑。这种能量代谢模式对参与者的体能提出了全面挑战，也是新兴体育运动的魅力所在。

4. 心理负荷特点

从心理负荷的角度来看，新兴体育类运动具有显著的特点。这类运动往往以其独特性和创新性吸引人们，同时也带来了相应的心理挑战。由于新兴体育项目的多变性和复杂性，参与者在运动中需要高度集中注意力，快速做出决策，这无疑增加了心理上的负荷。此外，新兴体育运动常要求参与者在团队中协作，或与对手进行竞技对抗，这不仅考验个体的技能水平，更对心理素质提出了更高的要求。参与者需要在压力下保持冷静，处理好与队友或对手的关系，以及应对可能出现的各种突发状况。因此，新兴体育类运动在心理上给参与者带来了较大的负荷，但同时也为锻炼和提升个体的心理素质、团队协作能力、抗压能力等提供了良好的平台。

第五节 │ 教材与教学环境

体育教材所处的环境特点是一个多元化、动态变化的体系，深受政策环境、教学环境以及学生需求环境等多重因素的影响。

一、政策环境

政策环境对体育教材的分析和实施具有指导性和规范性作用。近年来，随着国家对体育教育的重视程度不断提升，相关政策法规也日趋完善。例如，《关于加强青少年体育增强青少年体质的意见》《关于全面加强和改进新时代学校体育工作的意见》等文件强调了体育教育在全面发展教育中的重要地位，要求各级各类学校必须保证体育课时和锻炼时间。这些政策不仅为体育教材的编写提供了方向，也对其内容的选择和分析产生了深远影响。

1. 政策的引导与规范

政策在体育教材分析和实施过程中起到了引导和规范的作用。国家及地方政府出台的相关标准、政策文件，如《义务教育体育与健康课程标准》《关于加强学校体育工作的若干意见》等，都明确提出了对体育教育的具体要求和发展方向。这些政策不仅为体育教材的编写提供了明确的指导思想，也对其内容的选择、编排方式以及教学方法等方面进行了规范。

2. 政策的推动与促进

在体育教材的创新与发展过程中，政策起到了重要的推动与催化作用。伴随着国家对体育教育重视程度的日益提高，相应的政策体系也在持续优化与更新。这些政策变革往往引领着新的教育思想和教学手段的出现，进而推动体育教材的创新与发展。举例来说，近年来国家所倡导的如"阳光体育运动""校园足球"等政策措施，均对相关的体育教材产生了积极的推动与完善作用。

3. 政策的保障与支持

政策亦为体育教材的实施提供了坚实的后盾与支持。这主要体现在如下几个方面：首先是资金扶持，政府通过增加对教育的投资，改善学校内部的体育设施，从而为体育教材的实施奠定了必要的物质基础；其次是师资力量的加强，政府通过强化对体育教师的培训、优化体育教师待遇等举措，有效提升了体育教师的专业水准与教学能力，为体育教材的实施提供了强大的人才基础；最后是制度的完善，政府通过建立并优化相关法律法规，诸如学校体育工作评价标准、学生体质监测体系等，为体育教材的实施提供了有力的制度支撑与保障。

综上所述，政策环境对体育教材的影响是多方面的，既有引导和规范的作用，也有推动和促进的作用，同时还为体育教材的实施提供了保障和支持。因此，在体育教材分析时，必须充分考虑政策环境的影响因素，确保教材的科学性、实用性和时代性。

二、教学环境

教学环境是体育教材实施的重要场所，其特点主要体现在以下三个方面。

1. 硬件设施

硬件设施构成了教学环境的核心基础，涵盖了运动场所、体育器械与设备等元素。这些设施的品质与数量对体育教学的顺利进行具有直接影响。以足球教学为例，它要求有宽阔的足球场地以及充足的足球供学生使用；而游泳课程则依赖于符合规定的游泳池及配套的救生装备。因此，在分析体育教材时，我们需周全考虑其实用性与安全性，以确保能满足体育教学的实际需求。

2. 师资力量

教师资源是教学环境中的关键要素，体育教师的专业素养对于体育教学的品质具有直接的影响。一位出色的体育教师，不仅应拥有坚实的体育理论基础，还需具备优秀的教学及组织管理能力。他们应能根据学生的身体与心理特征以及个人兴趣，设计出合理的教学方案，同时运用多种教学方法与手段，以激发学生的求学欲望和运动激情。

3. 教学方法与手段

随着教育技术的发展，多媒体、互联网等现代教学手段逐渐融入体育课堂，为体育教材的创新和多样化呈现提供了可能。教学方法与手段是教学环境的重要组成部分，它直接影响着体育教学的效果。随着教育技术的发展，多媒体、AR技术等现代教学手段逐渐融入体育课堂，为体育教学带来了新的机遇和挑战。

三、学生需求环境

在分析体育教材的过程中，学生所处的需求环境是一个不容忽视的关键因素。当代青少年学生的身心特点、兴趣爱好和运动需求都发生了显著变化。他们更加注重个性化发展、多元化选择和互动式学习。因此，体育教材在内容选择、编排方式和教学方法上都需要紧密贴合学生的实际需求，激发他们的学习兴趣和运动热情。

1. 身心特点的变化

当代学生更加注重自我表达、个性化发展和多元化选择。在体育教学中，学生不再满足于传统的、刻板的教学模式，而是希望能够有更多自主选择的机会，以发展自己的兴趣和特长。

2. 运动需求的层次性

学生的运动需求显然具有层次性特征。一部分学生希望通过体育锻炼来强化身体素质、提升运动技能，而另一部分学生则更倾向于通过体育运动来释放学习带来的压力、实现身心的舒缓与放松。因此，在实施体育教材时，教师应充分考虑学生不同层次的需求，并针对性地提供相应的教学内容和教学方法。

综上所述，体育教材所处的环境特点是一个由政策环境、教学环境和学生需求环境等多重要素构成的复杂系统。在这个系统中，各个要素之间相互影响、相互制约，共同塑造着体育教材的发展轨迹。因此，在实施体育教材分析时，必须充分考虑这些环境特点的影响和作用，以确保教材分析的科学性、实用性和时代性。

第六节 | **教材与学情分析**

体育教材的学情分析是体育教学过程中至关重要的一环，它涉及对学生当前体育知识、技能、体能状况以及学习态度等方面的深入了解。通过学情分析，教师可以更准确地把握学生的实际情况，更准确地制定教学目标、选择教学内容和方法、评价学生的学习成果，从而实现体育教学的有效性和针对性。

一、学生的体育基础与技能水平

在体育教学开始之前，教师需要了解学生已经具备的体育知识和技能水平。这包括基本的运动技能，如跑、跳、投、抛等基本动作，以及更复杂的技能，如特定运动项目的技巧、规则和战术等。

通过了解学生已经掌握的知识和技能，教师可以判断学生是否具备学习新内容所需的基础。如果学生已经具备了一定的基础，教师可以在此基础上进行拓展和提升，避免重复教学已经掌握的内容。如果学生基础薄弱，教师需要从基础开始，逐步引导学生掌握新的知识和技能。

二、学生的体能状况

全面评估学生的体能状况在体育教学中具有至关重要的地位。教师需要深入了解学生的各项体能指标，包括力量、速度、耐力以及柔韧性等，以便为每位学生定制出符合其个体特征的教学计划和适宜的运动负荷。举例而言，对于力量不足的学生，教师可以特别增加力量练习的内容，从而增强其肌肉力量和爆发力；对于速度不够理想的学生，则可通过专项的速度练习和敏捷性练习，提升其快速移动和迅速反应的能力。

这种针对性的教学策略不仅能够确保每位学生在体育锻炼中得到最适合自己的发展，还能有效避免因运动负荷不当而引发的伤害。因此，教师在制定教学计划时，必须充分考虑到学生在体能上的差异性，确保所有学生都能在一个既安全又高效的环境中提升自己的体能和各项运动技能。

三、学生的健康状况

了解学生的健康状况是确保体育教学安全的重要前提。这包括了解学生是否有特殊体质、疾病史以及是否存在影响运动的生理或心理问题。

（1）特殊体质。部分学生可能存在特殊的身体条件，如心脏病、哮喘、过敏等。这些特殊体质可能对学生的运动能力产生限制，需要教师在教学过程中采取特殊的关注和措施。

（2）疾病史。了解学生的疾病史有助于教师判断学生是否适合参加某些运动项目或活动。例如，有严重心脏病史的学生可能不适合参加高强度的有氧运动。

（3）生理或心理问题。部分学生可能存在影响运动的生理或心理问题，如生长发育迟缓、情绪障碍等。这些问题需要教师在教学过程中给予额外的关注和支持。

通过关注学生的健康状况，教师可以制定个性化的教学策略和安全措施。例如，对于有心脏病史的学生，教师可以安排低强度的运动项目，并随时关注学生的身体反应；对于有情绪障碍的学生，教师可以提供更多的心理支持和引导等。

四、学生的学习态度与兴趣

学生对体育课程的看法与期待直接影响其学习热情和课堂融入度，因此，教师需要深入了解学生的真实观点与需求。通过问卷调研、面对面沟通等多种方式，教师可以充分掌握学生对体育课的态度和期望，从而有针对性地改进教学策略，激发学生的学习热情。为了营造轻松愉快的学习环境，使学生全身心投入体育课程学习，教师应运用生动有趣的教学手段、纳入学生感兴趣的教学内容，设计富有挑战性的任务。同时，深入调查学生所感兴趣的体育项目至关重要，这不仅是教学准备的关键环节，更是了解学生需求和兴趣的重要手段。通过明确掌握学生对不同体育项目的喜爱程度，教师可以在教学中有针对性地融入这些内容，充分激发学生的学习热情，增强课堂互动参与度。这种以学生为核心的教学理念对于提升教学质量和推动学生全方位发展具有显著意义。

五、学生的年龄与性别差异

（一）学生的年龄特点

考虑不同年龄段学生的身心发展特点，对于教师来说，是确保教学有效性和针对性的关键。不同年龄段的学生在注意力、记忆力、协调能力等方面存在显著差异，这些差异直接影响着他们对学习内容的接受程度和学习效果。

1. 小学生

（1）注意力。低年级学生的注意力往往较为短暂且容易分散。因此，教师需要采用生动有趣的教学方法，如游戏、故事等，以吸引和保持学生的注意力。

（2）记忆力。低年级学生的记忆力主要以形象记忆为主，因此教师可以通过直观的教具、图像等辅助教学，帮助学生更好地记忆和理解知识。

（3）协调能力。低年级学生的身体协调能力相对较差，教师在设计体育活动时，应注重基础动作的教学和练习，逐渐提高学生的协调能力。

针对低年级学生的特点，教师可以采用直观演示、游戏化教学等方法，让学生在轻松愉快的氛围中学习知识、掌握技能。

2. 初中学生

（1）注意力。初中阶段的学生往往较难长时间集中注意力，他们容易被外界的新鲜事物所吸引。因此，教师在教学过程中需要运用多样化的教学方法和工具，如互动游戏、比赛等，以激发学生的学习兴趣并保持其注意力的稳定性。

（2）记忆力。初中学生的记忆力正处于发展阶段，他们通常对直观、形象的信息记忆效果较好，而对抽象、复杂的概念则记忆相对困难。教师在教学过程中应注重知识的形象化和实例化，帮助学生通过联想等技巧提高记忆效率。

（3）协调能力。初中学生的身体协调能力正在逐步提升，但尚未达到成熟水平。因此，通过参与各类体育活动和课外运动，如篮球、足球等，可以有效锻炼学生的协调能力和反应速度。

在初中阶段，教师应采用多样化和趣味性的教学手段，如游戏和角色扮演。创设积极、互动的学习氛围，鼓励学生参与课堂讨论和提问，培养他们的主动学习和思考能力，以吸引学生的注意力并激发他们的体育学习兴趣。

3. 高中学生

（1）注意力。与初中学生相比，高中学生的注意力更为集中且持久。他们能够自觉屏蔽外界干扰，专注于学习任务。同时，高中生的思维更为成熟，能够深入分析和解决复杂问题。教师在教学过程中可以适当增加难度和挑战性，以激发学生的求知欲和探索精神。

（2）记忆力。高中学生的记忆力得到显著提升，他们不仅能够迅速记忆大量信息，还能够对抽象概念进行深入理解和记忆。教师在教学过程中应注重知识的系统性和逻辑性，帮助学生构建完整的知识框架和体系。

（3）协调能力。高中学生的身体协调能力已经相对成熟，他们能够完成更为复杂和精细的动作。通过参与各类竞技性体育活动和团队项目，如田径、游泳等，可以进一步提升学生的协调能力和团队协作能力。

针对高中学生的特点，教师应设定具有挑战性和深度的学习目标，激发学生的学习动力和持久专注的学习态度。教学过程中，要构建系统完整的知识体系，着重培养学生的批判性思维、创新思维及问题解决能力。

综上所述，考虑不同年龄段学生的身心发展特点对于教师选择适合的教学方法和手段具有重要意义。只有根据学生的实际情况和需求进行教学设计，才能真正做到因材施教、提高教学效果。

（二）学生的性别差异

关注性别差异对体育教学的影响是至关重要的，因为男女生在生理、心理以及体能发展上存在着明显的差异。这些差异不仅影响着学生对体育活动的兴趣和参与度，还直接关系到教学计划的制定和评价标准的合理性。

1. 性别差异对体育教学的影响

（1）力量和耐力。男生通常在力量方面表现出优势，而女生可能在耐力方面更为突出。这种差异要求教师在设计力量练习时，为男生提供更具挑战性的重量和强度，同时为女生设计更注重耐力和柔韧性的练习。在长跑等耐力活动中，女生可能表现出更高的持久力，因此教学计划应适当调整，以适应不同性别的体能特点。

（2）运动技能学习速度。性别差异还体现在学习新技能的速度上。例如，男生可能更快地掌握球类运动的技巧，而女生可能在舞蹈和体操方面表现出更强的学习能力。教师需要根据这些差异调整教学进度，确保每个学生都能得到充分的指导和练习机会。

（3）兴趣和动机。男女生对体育活动的兴趣也存在差异。一些传统上被认为是"男性化"或"女性化"的体育项目可能影响学生的选择。教师需要提供多样化的体育项目，打破性别刻板印象，鼓励所有学生尝试不同的活动，并根据他们的兴趣制定个性化教学计划。

2. 制定针对性的教学计划和评价标准

（1）差异化教学。根据男女生的不同特点，教师应设计差异化的教学内容和方法。例如，在篮球教学中，可以为男生强调对抗和竞技性，而为女生强调技能和团队协作。同时，教师还应关注个别学生的特殊需求，为他们提供额外的辅导和支持。

（2）评价标准。评价标准应公平、客观且符合不同性别学生的特点。对于力量测试等具有性别差异的项目，应设定不同的及格标准和评价体系。除了传统的体能测试外，还应考虑学生的健康行为和体育品德等方面因素进行评价。

综上所述，关注性别差异对体育教学的影响有助于教师制定更加合理和有效的教学计划和评价标准。通过差异化教学和多元化评价，教师可以确保每个学生都能在体育活动中获得最佳的发展机会和体验。

六、学生的学习环境与背景

学生的学习环境和背景对于他们的体育学习有着深远的影响，这些因素包括家庭环境、社区资源、学校设施、文化背景等。了解这些因素有助于教师更好地设计符合学生实际的教学方案，提高教学效果。

1. 家庭环境与体育态度

家庭环境对学生的体育态度和行为习惯有着重要影响。一些家庭可能注重孩子的身体健康和体育锻炼，鼓励孩子积极参与各种体育活动；而另一些家庭可能对此不够重视，甚至限制孩子的体育活动时间。了解学生的家庭环境有助于教师判断学生对体育活动的态度和参与度，从而制定相应的教学策略。

2. 社区资源与活动机会

社区资源和活动机会也是影响学生体育学习的重要因素。一些社区可能拥有丰富的体育设施和多样化的体育活动，为学生提供更多的锻炼机会和体验；而另一些社区则可能资源匮乏，限制了学生的体育发展。教师需要了解社区资源和活动机会的情况，以便为学生链接更多的体育资源，拓宽他们的体育视野。

3. 学校设施与教学质量

学校设施和教学质量直接关系到学生的体育学习效果。优质的体育设施和专业的教师团队能够为学生提供更好的学习环境和指导，促进他们的技能提升和兴趣培养。因此，教师需要关注学校设施的状况和教学质量的高低，确保学生能够在良好的环境中接受高质量的体育教育。

4. 文化背景与体育观念

文化背景对学生的体育观念和行为习惯也有一定影响。不同的文化背景下，人们对体育活动的看法和参与度可能存在差异。了解学生的文化背景有助于教师更好地理解他们的体育观念和行为习惯，从而制定符合学生文化特点的教学方案。

综上所述，在进行体育教材分析的学情分析时，教师应充分考虑学生的学习环境与背景因素，包括家庭环境、社区资源、学校设施和文化背景等。通过深入了解这些因素，教师可以更好地把握学生的实际需求和学习特点，为制定针对性的教学计划和教学策略提供有力支持。

第七节 | 教材与教学方法

根据对体育教材的深入分析，教学方法应遵循从基础练习到动作组合，再到实际运用的递进式原则。在教学过程中，教师应着重强调动作的准确性、规范性，确保学生在掌握基本技能的基础上，能够逐步提高动作的适应性和实用性，从而真正达到体育教学的目的。

一、基础练习的教学建议

1. 细化动作分解

在体育教学中，对于复杂动作的教授，直接整体演示往往效果不佳。这时，采用细化动作分解的方法显得尤为重要。该方法的核心思想是将一个复杂的动作拆分成多个简单、基础的部分，然后逐一进行教授和练习。通过这种方式，学生能够更加清晰地理解每个动作的要领，确保掌握每个细节。

（1）拆解动作至基础单元。对于复杂的动作，我们都可以将其拆解为一系列的基础动作或元素。这些基础动作相对简单，易于学习和掌握。例如，在教授篮球跳投时，我们可以将其拆分为持球、起跳、出手等多个基础动作。

（2）分阶段教授与练习。在拆解动作后，教师需要分阶段进行教授和练习。首先，对每个基础动作进行详细讲解和示范，确保学生明白其要领和技巧。然后，给予学生足够的时间进行练习，巩固所学内容。当学生熟练掌握一个阶段的基础动作后，再进入下一个阶段的学习。

（3）注重动作间的衔接与连贯。在分阶段教授和练习的过程中，教师还需要注重动作之间的衔接和连贯。这意味着在教授下一个基础动作时，需要回顾并连接之前学过的内容，确保学生能够顺畅地将各个部分组合在一起。

（4）个性化指导与反馈。由于学生的学习能力和背景存在差异，因此在教学过程中需要提供个性化的指导和反馈。对于掌握较快的学生，可以给予更高难度的挑战；对于掌握较慢的学生，则需要提供更多的辅导和支持。同时，教师需要及时给予学生反馈，指出他们在动作执行上的不足，并提供改进建议。

2. 强调动作准确性

在教学的初始阶段，动作的准确性与规范性无疑是教学的重点，而非盲目追求运动的速度与力量。这一理念的背后，蕴含着对学生技能基础打牢、运动表现提升以及运动伤害预防的深刻考虑。

（1）准确性。准确性是学生掌握运动技能的基础。它要求学生能够严格按照技术要领和运动原理来执行动作，确保每一个姿势、每一个轨迹都准确无误。在这一阶段，教师的角色至关重要，他们需要细致入微地观察学生的动作，及时指出并纠正任何偏差，通过反复的练习和即时的反馈，帮助学生逐渐提高动作的准确性。

（2）规范性。与准确性相辅相成的是规范性。规范性强调学生在执行动作时应遵循统一的标准和规则，这些标准和规则构成了体育运动的共同语言，也是评判学生运动表现的重要尺度。为了帮助学生掌握这些规范，教师需要清晰地阐述并示范每一个动作的标准要求，通过讲解、示范和练习相结合的方式，引导学生逐步养成良好的运动习惯，提升动作的协调性和美感。

3. 创设多样练习环境

利用多样化的场地、器材和辅助工具为基础练习增加变化和挑战，是体育教学中一种有效的教学策略。这种做法不仅可以增加练习的趣味性和吸引力，还能显著提高学生的适应能力。

（1）场地变化。在体育教学领域，灵活调整教学场地被证明是一种行之有效的教学策略，它为学生带来了别样的学习体验及挑战。当教师将授课地点由室内体育馆转移至室外田径场，或是从平坦的地面转至具有坡度的斜面时，实际上是在为学生构建一个多变且富有挑战性的学习环境。

这种场地的变换，不仅让学习过程变得更加有趣，还要求学生能够根据不同的环境条件来调整自身的动作和策略。举例而言，在开阔的室外田径场上，学生可能会注意到风向与风速对于投掷类项目所产生的影响；而在有坡度的地形上，学生则必须调整自己的步伐与身体重心，以确保自身的平衡与稳定。

通过不断适应各类场地条件，学生不仅能够锤炼自身的适应能力与创新思维，还能够在多变的环境中更加自如地运用所学技能。同时，场地的变换也为体育教学注入了更多的多样性与实用性，从而帮助学生更加全面地掌握所学内容。

（2）器材多样化。体育教学中，器材的多样化使用是一种富有实效的教学方法。通过引入不同重量、大小和材质的器材，教师可以为学生提供更加丰富多样的练习体验，帮助他们更全面地掌握运动技能。此外，器材的多样化还有助于培养学生的适应能力和创新能力。在面对不同器材时，学生需要灵活调整自己的动作和策略，以适应新的练习环境。这种经历不仅有助于提升学生的运动技能，还能培养他们解决问题的能力和创新思维。

（3）辅助工具的运用。在体育教学过程中，采用辅助工具为基础练习注入了新的元素，从而使得练习内容更为综合、多元并具备挑战性。这些辅助工具，例如弹力板、稳定球、阻力带等，不仅增加了基础动作的难度与变化性，还能有效地提升学生的特定体能。因此，体育教师应充分发挥这些辅助工具的作用，为学生规划更为周全且科学的练习方案。通过这样的练习，可以帮助学生发展体能，进一步提升他们的运动技巧与综合素养，为日后的体育学习及生活奠定稳固的基础。

二、动作组合阶段的教学建议

1.循序渐进地引入组合

在体育教学中，当学生已经熟练掌握单个动作后，为了进一步提高他们的技能水平和应用能力，教师需要逐步引入动作组合。通过组合多个单个动作，学生可以在实际情境中连贯、有效地运用这些技能。

（1）初始阶段的简单组合。在初始阶段，教师应选择简单的动作组合方式，以确保学生能够顺利过渡并适应组合练习。这些简单的组合可以是两个或三个单个动作的组合，它们之间的衔接相对容易，不会给学生带来过大的挑战。通过反复练习和教师的指导，学生可以逐渐掌握这些简单组合的要领和技巧。

（2）提升组合复杂性和难度。随着学生对简单组合的掌握程度逐渐提高，教师需要适当增加组合的复杂性和难度。这可以通过增加组合中动作的数量、改变动作之间的顺序或节奏，或者引入更高级的技巧来实现。这种逐步提升的方法有助于学生逐步适应并提高技能水平，同时保持对学习的兴趣和动力。

（3）注重学生的个体差异和技能水平。在引入动作组合时，教师需要关注学生的个体差异和技能水平。对于技能水平较低的学生，教师可以提供更多的指导和辅助，确保他们能够掌握基础的动作组合；而对于技能水平较高的学生，教师可以给予更高的挑战和要求，以促进他们的进一步发展。

（4）及时反馈与调整教学策略。在教授动作组合的过程中，教师需要密切关注学生的表现，并及时给予反馈。通过观察和评估，教师可以了解学生在掌握动作组合方面的进展和困难，从而及时调整教学策略，提供更有效的指导和帮助。

2. 强调动作间的连贯性

在体育教学中，将单个动作流畅地串联起来，形成连贯的动作组合，是提升学生运动技能的重要环节。这一过程的教学不仅关注学生的动作准确性，还强调动作之间的衔接和过渡，以确保整个组合的流畅性和协调性。

（1）串联技巧。教师首先要教授学生如何将单个动作有效地连接起来。这包括明确每个动作的结束点和下一个动作的起始点，以及如何通过身体姿态和动量的调整，使一个动作顺畅地过渡到下一个动作。例如，在教授助跑和起跳的动作组合时，教师需要指导学生如何在跑步的最后一步中积蓄力量，并顺利转化为起跳的起始动作。

（2）衔接与过渡。衔接和过渡是形成连贯动作组合的关键。教师需要强调学生在执行动作时保持身体的平衡和稳定，以便顺利地进行下一个动作。同时，教师还要教授学生如何通过调整呼吸和节奏，使动作之间的过渡更加自然和流畅。例如，在教授舞蹈动作时，教师可以引导学生通过深呼吸跟随音乐的节奏来连接不同的舞步。

（3）实践与应用。为了让学生更好地掌握动作组合的串联技巧，教师需要提供大量的实践机会。这可以通过组织各种练习活动、游戏和比赛来实现。在实践中，教师需要密切观察学生的表现，并及时给予反馈和指导，以帮助学生纠正错误并提高技能水平。

3. 多样化练习方法

为了使学生更好地掌握和应用组合动作，教师可以采用多种练习方法，增加练习的趣味性和实用性。

（1）变换节奏。在体育教学中，为使学生更好地掌握组合动作，教师可采取分段与连贯结合及变换节奏练习的教学方法。先分段练习，再连贯组合，逐步掌握动作要领，实现动作流畅协调。同时，通过变换动作速度和节奏，从慢速分解到正常速度，再到快速执行，以深化学生对动作细节的理解，提升反应速度和协调性。这种方法既有助于学生技能的逐步提升，又能增强其在实际应用中的灵活性和适应性，是体育教学中实用且高效的教学策略。

（2）分段与连贯结合。在体育教学中，为了使学生更好地掌握组合动作，教师可以采用分段与连贯结合的教学方法。具体来说，就是将整个组合动作分成若干个段落或部分，先让学生进行分段练习，逐一掌握每个动作的要领和技巧。在这个过程中，教师可以针对每个动作进行详细的讲解和示范，确保学生能够准确地理解并执行每个动作。

当学生逐渐熟悉了各个分段动作后，教师再开始将这些动作逐渐串联起来，形成完整的组合。在串联的过程中，教师需要重点关注动作之间的衔接和过渡，确保学生能够顺畅地完成整个组合动作。同时，教师可以通过持续的练习与及时的反馈，助力学生逐步提升动作的精准度和协调性。

（3）目标导向。目标导向练习是体育教学中一种高效且实用的教学策略。教师为学生设定明确、可量化的目标，如规定时间内完成一定数量的组合动作，或达到特定的动作质量标准。这种练习方式使学生练习时更具针对性和动力，有助于激发他们的学习潜能和竞争意识。通过持续努力达成目标，学生不仅能提升体育技能，还能培养坚持不懈和自律的品质。

（4）情景模拟。通过模拟实际比赛或应用场景，学生能够在一个相对安全的环境中体验并应对真实场景的压力和要求。在模拟情境中练习组合动作，不仅有助于学生将所学技能与实际运用相结合，提升其动作的实用性和适应性，还能培养他们的自信心和应对能力。教师可根据学生的技能水平和模拟情境的难度，逐步调整模拟条件，以确保挑战与技能增长相匹配。这种方法让学生在模拟中学习，为未来的实际比赛或应用做好充分准备。

（5）合作与竞争。在体育教学实践中，合作与竞争被证明是一种相互补充、相得益彰的教学方法。通过小组合作练习的方式，学生有机会互相学习、交流心得，从而共同提升技术动作水平，同时也有助于培养他们的团队协作意识和沟通能力。另一方面，小组之间的竞争活动则为学生搭建了一个展现个人才华的舞台，能够有效激发他们的竞争意识和上进心。这种竞争环境不仅有助于提升学生的运动竞技水平，还能锻炼他们在紧张情境下保持冷静、迅速做出决断的能力。

三、动作运用阶段的教学建议

1. 模拟实战场景

在体育教学中，为了使学生能够将所学动作真正应用于实践，教师可以创设模拟实战场景。这种场景设计旨在模仿真实比赛或活动的环境，让学生在接近真实的情境中练习和应用所学动作，从而有效提高其实用性和应变能力。

（1）真实性。在体育教学环节中，营造逼真的模拟环境具有举足轻重的意义。为实现此目标，教师必须精心设计并准备模拟情境，力求最大程度地还原真实竞技或活动的场景、规则及要求。这样的教学方法不仅有助于学生深刻理解并切身感受实际运用的场景，进而增强其应变能力和竞技实力，而且通过高度仿真的模拟练习，使学生能更深入地领悟并掌握复杂动作的组合要领与技巧，为即将到来的真实竞技或活动奠定坚实基础。

（2）针对性。在体育教学当中，有针对性地设计模拟场景对于提高学生的动作技能具有至关重要的作用。教师应当依据所教授动作的特性及其在现实中的运用场合，细心地构建模拟环境，以保证学生在进行练习时能够直面并攻克这些动作在现实运用中的核心难点与重点。这样的设计思路不仅有助于学生更深刻地领悟动作的关键点，同时也能够使他们在实际的操作过程中不断锤炼自身的技巧，最终实现技能的娴熟掌握与灵活应用。

（3）变化性。在体育教学过程中，利用模拟场景的多变性与不可预测性，对于增强学生的应变能力和适应力具有重要意义。教师可以通过适时改变模拟环境中的各种因素，诸如对手的行为模式、周围环境条件等，来为学生营造一个充满挑战性和复杂多变的练习环境。这样的环境变换，不仅检验了学生对技术动作的熟练程度，同时也要求学生能够在动态变化的环境中进行快速的反应与调整。经过这样的模拟练习，学生将能够更好地为未来真实的竞技活动做好准备，进而提升在多变且不确定的情境下的竞技表现。

2. 培养战术意识

在体育教学中，除了教授基本动作技能外，培养学生的战术意识和决策能力同样至关重要。具备良好战术意识的学生能够根据不同情况灵活选择动作和策略，从而在比赛中占据优势。

（1）讲解与示范相结合。教师可以通过讲解和示范的方式，向学生介绍各种战术概念、原则和应用场景。通过具体的案例，帮助学生理解战术的重要性和实用性。同时，教师还可以利用多媒体教学资源，如视频、动画等，更直观地展示战术的应用和效果。

（2）实战演练强化理解。在学生对战术有了一定了解后，教师可以组织实战演练活动，让学生在实践中运用所学战术。通过模拟比赛场景，设置不同的情况和难题，引导学生运用战术思维进行决策和行动。在演练过程中，教师要密切关注学生的表现，及时给予指导和反馈，帮助他们纠正错误并提高战术应用能力。

（3）培养分析与总结能力。实战演练后，教师可以组织学生进行战术分析和总结。通过回顾演练过程，分析双方的表现和策略运用，帮助学生总结经验教训，提炼出有效的战术方法。同时，教师还可以引导学生对不同类型的对手和场景进行针对性分析，制定出更加合理的战术方案。

（4）持续练习与实践。战术意识和决策能力的培养是一个长期的过程。教师需要制定系统的教学计划，将战术训练融入日常教学中。通过不断的练习和实践，学生可以逐渐形成良好的战术思维习惯，提高在比赛中运用战术的自觉性和准确性。

3. 鼓励创新与探索

在动作技能的运用阶段，教师应积极鼓励学生尝试新的组合与变化，以此培养他们的创新精神和探索能力。这种鼓励不仅有助于提升学生的动作技能水平，更能培养他们的自信心和解决问题的能力。

（1）设置创新挑战任务。在体育教学中，设置创新挑战任务是一种非常有效的教学方法，能够极大地激发学生的好奇心和求知欲。通过为学生布置如"创造一个新的动作组合"或"对现有动作进行创意改编"等任务，教师鼓励学生主动探索新的动作可能性，发挥他们的创造力和想象力。这种教学方式不仅能够帮助学生巩固已学技能，还能培养他们的创新意识和自主学习能力。在完成创新挑战任务的过程中，学生需要独立思考、勇于尝试，并与同学交流合作，这些经历都将对他们的全面发展产生积极影响。

（2）提供变化性练习环境。为了更有效地培养学生的创新思维和应变能力，教师可以构建一个多变且富有挑战性的练习环境。通过灵活调整练习条件、规则和难度，为学生提供持续适应新情境的机会。在此环境下，学生需灵活运用所学的动作技能，同时培养在面对新情境时的快速反应和调整能力。这种创新的教学方式不仅激发学生的创新思维，鼓励他们勇于探索新的动作组合和解决方案，而且在不断适应多变环境的过程中，显著提升其应变能力。

（3）鼓励自由实践与分享。在体育教学过程中，倡导学生自由实践与成果共享是至关重要的教学策略。教师应给予学生充分的自由实践空间，让他们自由探索各种动作组合与变化，这样不仅能巩固技术，还能激发创新思维。同时，鼓励学生分享个人创新发现和经验，营造积极互动的学习氛围，加强沟通与协作。通过相互启发与共同进步，全面提升学生的运动技能和综合素养。因此，体育教师应营造一个开放、包容的学习环境，确保每位学生在体育学习中不断成长与进步。

（4）培养风险意识与抗挫能力。在体育教学中，教师既要传授技能和加强体能训练，更要重视学生风险意识和抗挫能力的培养。在鼓励学生勇于创新的同时，要让他们认识到尝试新事物伴随的风险，并学会在失败和挫折中保持冷静，理性分析问题，汲取经验教训。为此，教师可以通过模拟多变场景和练习，帮助学生识别和应对风险，掌握风险评估和策略制定的方法。同时，面对失败和挫折，教师要引导学生积极寻求解决方案，培养坚韧品格，为未来生活和职业发展奠定坚实基础。

通过实施以上教学策略，教师能够有效地激发学生的兴趣和勇气，促使他们在动作运用中积极尝试新颖的动作组合与变化，进而培育其创新思维和探索能力。这种教学方法将使学生在未来的学习与生活中，以更自信和勇敢的心态面对各种挑战，不断磨炼并追求卓越的体育品质。

第四章 | 体育教材
分析的应用

本章深入探讨了体育教材分析在教学中的核心作用。确立明确的教学目标为教学成功奠定基础，同时明确教学重难点，确保学生有效掌握关键内容。选择合适的教学方法能激发学生兴趣，提升教学效果。教材分析在教学评价中扮演重要角色，提供科学评估工具，使教学反馈更精准。教学反思则有助于教师总结经验，优化策略。这些环节共同构成体育教材分析的完整应用，旨在提高教学质量，促进学生全面发展。

第一节 | 确立学习目标

确立学习目标是体育教学活动的核心环节，对于指导教师的教学行为和学生的学习活动至关重要。为了制定具有针对性、系统性和连贯性的教学目标，教师需要深入分析体育教材，并结合课程标准、教材内容和学生实际情况进行综合考虑。以下是经过整合和优化后的关键步骤及建议。

一、仔细研读课程标准

体育与健康课程标准是体育教学的重要指导文件，它为教师制定学习目标提供了明确的方向和依据。为了确保学习目标与课程要求高度一致，教师必须深入解读课程标准，充分理解其内涵和要求。在解读课程标准时，教师需要关注学科核心素养的全面达成。这包括运动能力、健康行为和体育品德三个方面。运动能力是学生在体育活动中表现出来的综合能力，包括体能状况、运动认知与技战术运用、体育展示或比赛三个维度；健康行为是学生增进身心健康和积极适应外部环境的综合表现，包括养成良好的体育锻炼意识和习惯、健康知识的掌握和运用、情绪调控和环境适应等；体育品德是学生在体育活动中应当遵循的行为规范和体育伦理，以及形成的价值追求和精神风貌，包括体育精神、体育道德和体育品格三个维度。

因此，在制定学习目标时，教师需要将这三个方面的要求融入具体的学习目标中。例如，对于某一运动技能的教学，除了要求学生掌握技能本身外，还需要关注学生在运动过程中的体能状况及健康行为习惯的养成。同时，教师还需要通过教学活动的设计和组织，培养学生的团队合作精神、坚韧不拔的意志品质等体育品德。

总之，深入解读课程标准是制定科学、合理学习目标的基础。教师只有充分理解课程标准的内涵和要求，才能确保学习目标与课程要求高度一致，从而实现学科核心素养的全面达成。

二、充分分析教材内容

教材作为教师教学活动的重要参考资料，承载着丰富的教育内容和教学资源。在体育教学中，教师应充分发挥体育教材的作用，通过仔细研读、深入理解，将教材内容有效转化为具体、明确的学习目标。

首先，教师需要全面熟悉教材，掌握各章节的主题、结构以及涵盖的知识点。这有助于教师从整体上把握教材内容，为后续的学习目标制定提供坚实的依据。

其次，在深入理解教材的基础上，教师应将教材内容细化为具体、可操作的学习目标。这些目标不仅要涵盖教材中的关键知识点和技能要点，还要根据学生的实际情况和需求进行适当调整和优化。

此外，教师在利用教材资源时，还需要注意对内容进行筛选和调整。由于不同学生的年龄、认知水平、技能基础等存在差异，因此教师需要结合学生的实际情况，对教材内容进行适当增减、调整顺序或改变呈现方式，以确保教学内容适合学生的需求和特点。

三、考虑学生实际情况

在体育教学活动中，学生是学习的主体，他们的年龄、认知水平、技能基础、兴趣爱好以及身体条件等实际情况，都会对学习目标的制定和实施产生直接影响。因此，教师在制定教学习目标时，必须充分考虑学生的实际情况，确保目标具有针对性和可行性。

首先，教师要了解学生的年龄特征。不同年龄段的学生在身体发育、心理特征和学习能力等方面都存在差异。例如，低年级的学生可能更注重游戏的趣味性和活动性，而高年级的学生则可能更注重技能的学习和比赛的竞争性。因此，教师需要针对不同年龄段的学生制定相应的学习目标。

其次，教师要关注学生的认知水平。学生的认知水平决定了他们能够接受和理解的知识和技能的程度。对于认知水平较低的学生，教师需要制定更为基础的学习目标，帮助他们打好基础；而对于认知水平较高的学生，教师可以制定更高层次的学习目标，引导他们进行深入学习。

此外，学生的技能基础和身体条件也是制定学习目标时需要考虑的因素。对于技能基础薄弱的学生，教师需要从基础技能入手，逐步提高他们的技能水平；而对于身体条件较差的学生，教师需要制定适合他们的学习目标和锻炼计划，确保他们在体育活动中能够安全、有效地参与。

最后，教师还需要关注学生的兴趣爱好。兴趣是最好的老师，只有当学生对体育活动感兴趣时，他们才会积极参与其中。因此，教师需要了解学生的兴趣爱好，尽可能地将学习目标与学生的兴趣相结合，激发学生的学习兴趣和积极性。

四、制定具体、可衡量的教学目标

在制定体育学习目标时，教师需要综合考虑课程标准、教材内容以及学生的实际情况，以确保目标既有针对性也具备实效性。通过研读课程标准和深入剖析教材内容，教师可以明确教学的基本要求，把握学习的重点和难点，并结合学生的年龄特征、认知水平、兴趣爱好和运动能力，制定出既符合课程标准和教材内容、又能切实提升学生体育素养的教学目标。同时，注重目标的可衡量性，设定具体的评价指标和标准，以便实时跟踪和评估学生的学习情况，及时调整学习策略，确保教学目标的实现。这种制定学习目标的方法不仅体现了因材施教的教育理念，而且是体育学习的关键步骤，有助于教师科学、有效地开展学习活动，进而提升学生的学习效果。

五、持续优化与调整学习目标

在教学过程中，教师应密切关注学生的反馈和学习情况，这是调整和完善学习目标的重要依据。通过实时观察和评估，一旦发现学生的学习进度与既定目标有所偏差，或者学生在学习过程中遇到难以克服的困难，教师应立即对学习目标进行相应的调整。这种灵活性有助于确保学习活动始终与学生的学习需求保持同步，最大限度地提升学习效果。

同时，教师还需要定期反思学习目标的合理性和有效性。这包括对学习目标的设定是否恰当、是否真正符合学生的发展需要、是否有助于提升学生的体育技能和综合素养等方面进行深入的审视。通过反思，教师可以及时发现问题，对学习目标进行必要的优化和改进，从而确保学习活动始终沿着正确的方向前进。

第二节 ｜ 确立教学内容

体育教材分析在确立教学内容方面，起着至关重要的作用。通过深入分析教材，教师能够准确地把握教学的核心知识和技能点，从而确立适合学生的教学内容。这不仅有助于教师制定学习目标和教学计划，更能确保教学内容的针对性和实效性，提高学生的学习兴趣和学习效果。因此，体育教材分析是确立教学内容不可或缺的环节，对于提升体育教学的整体质量具有重要意义。

一、理解课程标准与教材内容

在体育教材分析中，确立教学内容需要两个关键步骤。首先，教师要仔细研读体育课程标准，这是确立教学内容的基础。通过明确各学段的学习要求和目标，教师可以确保所选择的教学内容符合教育部门和学科发展的要求，与学生的发展阶段相匹配。其次，教师需要深入分析教材内容，全面了解教材的知识体系和技能要求。这一步骤有助于教师准确把握教学的重点和难点，确保所教授的内容既不过于简单，缺乏挑战性，也不过于复杂，导致学生难以理解和接受。通过这一分析过程，教师可以根据学生的实际情况，有针对性地选择和安排教学内容，从而提高教学效果，促进学生的全面发展。

二、结合学生实际情况

在体育教学中，选择适合的教学内容是至关重要的。为了确保教学内容的针对性和有效性，教师需要综合考虑学生的多个方面。首先，学生的年龄是一个重要因素，不同年龄段的学生在身体发育、心理特点和学习能力上都存在差异，因此教学内容应与其年龄相适应。其次，学生的认知水平也要考虑在内，教学内容的难度应与学生的理解能力相匹配，避免过于复杂或过于简单。此外，学生的兴趣爱好对于激发他们的学习动力至关重要，选择学生感兴趣的教学内容能够增加他们的投入度和参与度。最后，学生的运动能力也是一个不可忽视的因素，教学内容应考虑到学生的体能状况和技能水平，以便在挑战和提升之间找到平衡。通过综合这些因素来选择教学内容，教师不仅能确保教学活动符合课程标准，还能更好地满足学生的发展需求，促进他们的全面成长。

三、确立具体的教学内容

在制定体育教学内容时，教师应遵循课程标准的要求，深入分析教材内容，并充分考虑学生的实际情况。教学内容的选择必须具有针对性，要针对学生的年龄、体能、技能水平和兴趣特点，以满足不同学生的需求。同时，教学内容还应具有系统性和连贯性，保证学生在学习过程中能够循序渐进地掌握体育知识和技能，从基础到高级，形成完整的学习体系。这样，不仅能有效提高学生的学习效率，还能帮助他们在体育学习中取得持续的进步和成长。

四、注重教学内容的更新与优化

在体育教学过程中，教师应该密切关注学生的反馈和学习情况。通过观察和与学生的互动交流，教师可以及时了解学生的学习进展和遇到的困难。根据学生的实际需求和学习效果，教师需要灵活调整教学内容，以确保教学活动能够真正满足学生的学习需求。此外，教师还应定期反思所教授的教学内容。这包括对教学内容的难度、顺序、教学方法等进行全面评估。通过反思，教师可以发现教学中存在的问题和不足，进而对教学内容进行合理的优化和改进。这种定期的反思和调整，有助于保持教学内容的时效性和针对性，确保体育教学始终与时俱进，符合学生的发展需求。

第三节 ｜ 明确教学重点与难点

通过对体育教材和学情的分析，教师可以明确教学中的重点和难点，从而在教学过程中有针对性地进行强化和突破。重点通常是教材中最基本、最重要的知识和技能，是学生必须掌握的核心内容；而难点则是学生在学习过程中容易遇到困难和障碍的部分。明确教学重点和难点，有助于教师更好地把握教学进度和节奏，提高教学效率和质量。

一、确定教学重点

确定体育教学重点是一个综合性的过程，它涉及对教材内容的深入分析、对学生学情的准确把握以及对教学资源的合理配置。

（一）教材内容分析

1. 关键技术动作和基本概念

在体育教学过程中，深入剖析教材内容至关重要，尤其是关键技术动作与核心概念的辨析。这些内容构成了学生运动技能的基础和教学的核心。关键技术动作从基础到高级，相互衔接，形成完整的技能体系；而基本概念则提供理论指导，指引学生实践应用。

为有效传授这些关键技术动作和基本概念，教师需详尽分析、精准把握教学重点，并科学规划教学顺序。通过由浅入深、层层递进的教学方法，教师可系统地引导学生逐步掌握核心运动技能。精心设计的教学环节能显著提升教学质量，帮助学生打下坚实的运动基础，为其未来终身体育活动奠定良好开端。

综上所述，深入分析和有效传授关键技术动作与基本概念，在体育教学中举足轻重，能保障教学效果，提升学生运动技能水平。教师应充分重视并切实融入教学实践。

2. 教材的结构和逻辑关系

为了实现高效教学，教师需要深入理解体育教材的组织结构和教学逻辑。首先，教师应全面审视教材布局，从宏观角度掌握其整体架构。其次，要深入挖掘各教学单元与课时之间的内在联系，以及知识点和运动技能之间的衔接与发展顺序，确保教学内容的连贯性和逻辑性。确定核心教学内容是提升教学效果的关键，因为这些核心内容对学生技能提升和体能发展至关重要。通过深入分析教材，教师可以精准把握教学重点，制定出科学合理的教学计划，从而在一个系统连贯的教学环境中帮助学生全面深入地掌握体育技能和知识，为其未来的体育活动和全面发展奠定坚实基础。

3. 教材的价值导向

教材在教学活动中扮演着至关重要的角色，其蕴含的价值观念对教育教学工作具有深远的引领作用。在体育课程中，教材的价值导向同样占据举足轻重的地位，它为教师的教学提供明确的指引，并对学生的综合素养发展产生深远影响。当教师在分析体育教材时，应着重关注那些对学生运动能力、健康行为以及体育品德培养具有显著价值的内容。

（二）学生学情分析

学生学情分析是教学设计中不可或缺的一环，它要求教师对学生的年龄和认知水平有深入的了解和把握。不同年龄段的学生确实具有独特的认知特点和学习需求，这对教师确定合适的教学重点至关重要。

1. 学生的年龄和认知水平

对于年龄较小的学生，他们的注意力集中时间较短，抽象思维能力尚未完全发展，因此教学重点应放在基础技能的掌握和游戏化、趣味化的活动上，以激发他们的学习兴趣和积极性。教师可以通过设计富有创意的游戏和活动，让学生在轻松愉快的氛围中学习体育技能，同时培养他们的团队合作精神和规则意识。

而对于年龄较大的学生，他们的抽象思维能力和自主学习能力较强，教学重点可以转向对技术动作的深入理解和自主练习上。教师可以引导学生分析技术动作的原理和要点，鼓励他们通过自主学习和反复练习来提高技能水平。同时，教师还可以设置一些具有挑战性的任务和比赛，激发学生的竞争意识和求胜欲望，进一步提升他们的运动技能和体能水平。

此外，教师还需要关注学生的个体差异，包括他们的体能状况、技能基础和学习态度等。每个学生都是独一无二的个体，他们的学习需求和进度可能会有所不同。因此，教师在确定教学重点时，应充分考虑学生的实际情况，制定差异化的教学方案，确保每个学生都能在体育教学中取得成长和进步。

2. 学生的体能和技能水平

学生在体能和运动技能上的差异是体育教学中必须重视的一个方面。这些差异可能源于学生的年龄、性别、日常活动量、体育锻炼习惯、先天条件等多种因素。因此，教师在进行教学设计之前，深入了解学生的现有水平至关重要。

教师可以通过观察学生的日常活动、进行体能测试、技能评估或者与学生直接交流等方式，来全面了解学生在体能和运动技能方面的实际情况。例如，通过体能测试，教师可以掌握学生的耐力、力量、柔韧性、协调性等体能指标；通过技能评估，教师可以了解学生在不同运动项目上的技能掌握程度和动作规范性。

在了解了学生的现有水平后，教师需要制定针对性的教学重点。对于体能较差的学生，教学重点可以放在提升基础体能和增强体育锻炼兴趣上，通过设计多样化的体能训练和趣味性强的体育活动，逐步提高他们的体能水平；对于技能掌握不足的学生，教学重点则应放在技术动作的纠正和提高上，通过分解动作、慢动作示范、辅助器材练习等方法，帮助他们逐步掌握正确的技术动作。

3. 学生的兴趣和动机

学生的兴趣和动机是体育教学中不可忽视的重要因素，它们直接影响着学生的学习效果和参与度。每个学生都有自己独特的兴趣点和动机，这些因素往往与他们的个人经历、文化背景和性格特点密切相关。因此，教师在体育教学中应密切关注学生的兴趣和动机，并巧妙地将其与教学内容相结合。

首先，教师可以通过问卷调查、观察学生课间活动、与学生交流等方式，了解学生的兴趣点。例如，发现学生对篮球、足球等球类运动特别感兴趣，或者对舞蹈、瑜伽等轻柔运动有独特偏好。这些信息对于教师调整教学内容和方式至关重要。

其次，教师应将学生的兴趣点与教学内容紧密结合。例如，在教授低年级学生篮球技能时，可以引入学生喜爱的篮球明星的故事，或者设计有趣的篮球游戏和比赛，让学生在轻松愉快的氛围中掌握技能。这样的教学方式不仅能激发学生的学习兴趣，还能提高他们的学习积极性和参与度。

同时，教师还应关注学生的动机。有些学生可能希望通过体育学习锻炼身体、提高运动技能，而有些学生则可能更注重体育带来的乐趣和社交机会。因此，教师在制定教学重点时，应充分考虑学生的不同动机，确保教学内容能满足他们的多样化需求。

（三）教学资源考虑

1. 场地设施

在制定体育教学重点时，考虑学校现有的体育场地和设施是至关重要的。这些硬件资源不仅直接影响着教学计划的可行性，还关系到学生的学习体验和运动安全。

首先，教师应全面了解和评估学校现有的体育场地。这包括场地的类型、面积、平整度以及是否满足特定运动项目的需求。例如，对于需要大面积跑动的足球教学，一个宽敞平整的足球场是必不可少的；而对于需要弹跳和缓冲的篮球教学，则要求场地具有良好的弹性和防滑性能。

其次，设施的状况和数量也是教师需要重点关注的。这包括体育器材、设备以及辅助工具等。教师应检查这些设施是否完好、安全，并确保其数量能够满足学生的使用需求。

例如，在进行体操教学时，需要确保有足够的体操垫等设施供学生使用。

在了解了场地和设施的情况后，教师应结合这些实际条件来确定教学重点。一方面，要确保所选择的教学内容能够在现有场地和设施的支持下得到有效实施；另一方面，也要考虑如何充分利用现有资源，发挥其最大效用。例如，在场地有限的情况下，可以通过调整教学顺序、合理安排课程时间等方式来优化教学安排。

此外，教师还应关注场地和设施的维护与更新。随着时间的推移和使用频率的增加，场地和设施可能会出现磨损和老化等问题。因此，教师应定期向学校相关部门反馈场地和设施的使用情况，并提出必要的维护和更新建议，以确保体育教学的顺利进行。

2. 体育器材和辅助工具

体育器材和辅助工具在体育教学中扮演着举足轻重的角色，它们能够极大地丰富教学手段，增添课堂的生动性和趣味性，进而显著提升教学效果，助力学生更好地掌握运动技能，增强体能。

在选择教学重点时，教师需要全面考虑学校现有的器材资源。首先，应对学校的体育器材进行全面的盘点和了解，涵盖各类球类、器械、护具及标志物等，以便明确现有资源的情况。其次，根据具体的教学内容和目标，选择恰当的器材和工具，因为不同的运动项目和教学重点对器材的需求各异。例如，田径教学可能需用到起跑器、跨栏，而篮球教学则离不开篮球和篮球架等。通过科学合理的选择，教师可以确保器材充分满足教学需求，从而最大限度地发挥器材和工具在提升教学效果方面的积极作用。

（四）综合确定教学重点

在深入分析了教材内容、学生学情以及教学资源之后，教师需综合考量，以确保所确定的体育教学重点具备基础性、重要性、适切性和可操作性。这些特点不仅是教学重点的核心要素，也是确保教学质量和效果的关键所在。

首先，基础性指的是教学重点必须包含学生必须掌握的基础知识和基本技能。在体育教学中，这通常涉及基本的运动技能、体育规则和原理等。这些基础内容是学生学习更高级技能和参与更复杂体育活动的基础，因此必须作为教学的重点。

其次，体育教学的重要性不仅在于技能的传授，更在于通过体育活动促进学生的全面发展。因此，确定教学重点时，我们应着重考虑那些对学生的运动能力、健康行为和体育品德培养具有重要价值的内容。这些教学重点不仅关乎技能的习得，更关乎学生长远的发展和综合素养的提升。

再次，适切性要求教学重点必须符合学生的实际情况和学习需求。不同年龄、性别和体能状况的学生有不同的学习需求和兴趣点。因此，教师在确定教学重点时，应充分考虑学生的实际情况，确保教学内容既不过于简单也不过于复杂，能够激发学生的学习兴趣和积极性。

最后，一个好的教学重点除了强调内容的重要性，还应具备高度的可操作性。这意味着教学重点必须配备明确的学习目标和具体的实施步骤。为此，教师需要设计明晰的教学方案，包括采用哪些有效的教学方法和策略，并确立相应的评估标准。这样的设计可以确保教师在教学过程中能够有条不紊地执行和监控，进而保障学习目标的顺利达成。通过整合这些要素，教学重点不仅在理论上站得住脚，更能在实践中展现出高效和实用的价值。

综上所述，教师在确定体育教学重点时，应综合考虑教材内容、学生学情和教学资源等多方面因素，确保教学重点具备基础性、重要性、适切性和可操作性。这样，才能确保体育教学的质量和效果，为学生的全面发展奠定坚实的基础。

二、确定教学难点

在确定体育教学难点时，教师需要综合考虑学生的实际情况、技术动作的复杂性以及可能产生的心理障碍等因素。以下是确定教学难点时应考虑的三个方面。

（一）学生的实际情况

1. 知识与技能基础

学生在进入新的学习阶段时，其已掌握的知识和技能将成为学习新内容的基础。在体育教学中，这一点尤为明显。例如，当学生学习篮球运球时，他们之前是否接触过篮球、是否了解篮球的基本规则、是否掌握了一些基本的运球技巧等，都会直接影响他们学习新运球技术的难易程度。

2. 体能水平

体育教学活动往往对学生的体能有一定要求。学生的力量、耐力、灵敏性、协调性等体能指标，将直接影响到他们能够完成的技术动作的难度和准确度。体能较差的学生可能在完成一些高强度的技术动作时感到困难，而体能好的学生则可能更容易掌握这些技术。

3. 学习态度与动机

学生的学习态度积极与否、动机强弱，会直接影响到他们对技术动作的理解和掌握速度。对于那些学习态度消极、动机不足的学生，教师应将相关教学内容视为教学难点，并针对性地设计教学策略，以激发他们的学习兴趣，转变其学习态度，增强学习动机，从而帮助他们更好地突破这些难点，实现技能的全面提升。

（二）技术动作的复杂性

技术动作的复杂性是体育教学中另一个重要的难点，主要涉及技术难度和技术细节两个方面。

1. 技术难度

在体育教学中，有些技术动作由于其固有的复杂性，对学生提出了较高的要求。这些动作可能需要学生具备较高的身体协调性、灵活性、反应速度或力量等。例如，在体操中的滚翻、篮球中的跳投或足球中的花式过人等，都属于高难度的技术动作。这些动作的学习过程往往较长，需要学生反复练习和揣摩，才能达到一定的熟练水平。

2. 技术细节

在体育教学中，即使是看似简单的技术动作，也往往包含着诸多关键细节和要点。例如，跑步中的摆臂姿势、脚步着地方式及呼吸节奏等，均对跑步效率和速度产生深远影响。忽视这些细节可能导致技术掌握不完整，影响运动表现。

为应对技术动作的复杂性，体育教师需采取精细化的教学策略。首先，根据学生的实际情况，将复杂动作分解为若干简单步骤，便于学生逐步掌握。其次，要详细讲解并示范每个步骤和细节，确保学生清晰理解并准确模仿。最后，通过多样化的练习方法，帮助学生巩固和提高技术动作的熟练度。这样，不仅能提升学生的运动技能，还能培养他们的专注力和观察力，为终身体育锻炼奠定坚实基础。

（三）心理障碍

心理障碍在体育教学中是不可忽视的一个因素。以下是关于学生可能面临的两种主要心理障碍及其对教学影响的详细分析。

1. 恐惧心理

在某些体育项目中，尤其是那些涉及高度、速度或身体接触的，学生可能会因为害怕受伤或对未知的挑战感到恐惧而产生恐惧心理。例如，跳箱、背越式跳高或滑冰等项目需要学生克服对高度或速度的恐惧。当恐惧心理占据主导地位时，学生可能会表现出犹豫、回避或无法集中注意力的行为，这些都极大地影响了他们对技术动作的掌握和表现。为了帮助学生克服这种恐惧，教师可以采用渐进式的教学方法，逐渐增加难度，并提供充足的安全措施和心理支持。

2. 紧张情绪

在体育学习或比赛中，学生可能会因为对成绩的期望、担心失败、在意他人评价等原因而感到紧张。这种紧张情绪可能会导致学生动作僵硬、不协调，甚至忘记之前已经掌握的技术要领。为了缓解学生的紧张情绪，教师可以创造一个轻松、积极的学习环境，强调学习和进步的过程而不是结果，同时提供足够的练习机会来增强学生的自信心。

体育教师在面对学生的心理障碍时，应首先识别和理解这些障碍的根源，然后采取适当的教学策略和方法来帮助学生克服它们。通过建立一个积极、安全和支持性的学习环境，教师可以帮助学生克服心理障碍，更好地享受体育活动的乐趣并提高自己的运动技能。

综合以上因素，教师在确定体育教学难点时，需要对学生的实际情况、技术动作的复杂性以及可能产生的心理障碍进行全面的分析和评估。同时，教师还需要在教学过程中采取针对性的措施，帮助学生克服这些难点，提高他们的学习效果和运动技能水平。例如，可以通过分解技术动作、降低难度要求、增加辅助练习等方式来帮助学生逐步掌握复杂的技术动作；可以通过心理训练、鼓励与激励等方式来帮助学生克服恐惧和紧张情绪；还可以通过个性化教学、小组合作等方式来满足不同学生的学习需求和提高他们的学习积极性。

第四节 | 甄选教学方法

选择教学方法是一个复杂的过程，教师需要考虑体育教材的内容、结构和特点，以及学生的需求和实际教学环境，灵活运用讲解、示范、练习、游戏等多种教学方法和手段，提高教学的趣味性和互动性。同时，还要积极利用现代教育技术手段，如多媒体教学、网络教学等，丰富教学资源，拓展教学空间。

一、理解教材内容

深入理解教材内容是体育教学的基础，它涉及对教材的全面和细致分析，以确保教学内容的准确把握。教师需要详细阅读教材，全面了解其主题、目标和内容，包括理论知识、实践技能、运动规则和战术策略等。在此过程中，教师应特别关注并明确教材中的重点和难点。

为了更有效地理解教材，教师可以通过多种方法进行分析，如对比不同版本的教材、与同事讨论、参考课程标准等。同时，结合自身的教学经验和学生实际情况，教师可以更准确地识别出那些学生难以掌握的内容作为教学难点，以及对学生未来发展至关重要的知识和技能作为教学重点。

通过深入理解教材并明确重难点，教师能为后续的教学方法选择提供有力依据，从而确保学生能够有效掌握体育知识和技能，实现最佳的教学效果。这种全面而深入的理解，不仅有助于教师制定出更具针对性和实效性的教学方案，也是提升体育教学质量、促进学生全面发展的关键一步。

二、分析学生特点

1. 评估学习基础

在体育教学中，全面评估学生的学习基础至关重要。这不仅包括对学生的体育基础知识和技能的考量，还涉及他们体能的各个方面。为此，我们进行体能测试和技能评估，以深入了解学生的力量、速度、耐力和柔韧性，以及他们在具体体育项目中的技能水平。通过这样的评估，我们能够准确把握每个学生的实际情况和个体差异，从而制定出更为精准、个性化的教学计划。这不仅确保了教学内容的适宜性，也为提升学生的体育技能和体能水平奠定了坚实基础。

2. 培养学习兴趣

体育教学应以学生为中心，深入了解学生对不同体育项目的兴趣和偏好，这是提升教学效果的关键。通过综合运用问卷调查、实地观察和学生交流等方式，教师可以全面把握学生的兴趣点。基于这些信息，教师能够设计出更具吸引力的教学内容，从而有效提高学生的学习积极性，实现更佳的教学效果。

（1）兴趣的项目设置。根据学生的兴趣和偏好，教师可以在教学计划中增加学生感兴趣的体育项目，如足球、篮球、乒乓球等。同时，也可以适当调整不同项目的比重，以满足更多学生的需求。

（2）多样化的教学方法。教师可以采用多样化的教学方法，如游戏化教学、竞赛式教学等，以增加课堂的趣味性和互动性。这些方法可以激发学生的学习兴趣，提高他们的学习积极性和参与度。

（3）个性化教学安排。针对学生的个体差异，教师可以制定个性化的教学安排。例如，对于基础较差的学生，可以提供更多的辅导和练习机会；对于基础较好的学生，可以给予更高难度的挑战和拓展。这样的教学安排可以更好地满足学生的需求，提高他们的学习效果。

3.明确学习目标

在体育教学中，教师应首先明确学生通过本课程希望达到的目标，并选择与目标相一致的教学方法。通过讲解、示范、练习、游戏等多种方式，设计针对性的教学活动，以帮助学生逐步实现学习目标。同时，教师应密切关注学生的学习情况，根据反馈及时调整教学策略，确保教学方法始终与学习目标保持一致，从而有效提升体育教学的效果。

三、选择教学方法

在体育教学中，教师需要精心选择教学方法以确保教学效果。常用的教学方法包括语言法、直观法、完整法与分解法、游戏法与竞赛法以及情境教学法等。为了达到最佳的教学效果，教师应根据教材内容、学习目标和学生特点来选择恰当的教学方法。例如，对于理论知识，可以采用生动的讲解、讨论或案例分析等方法来加深学生的理解；对于实践技能，则可以通过直观的示范、模仿、有针对性的练习以及有趣的游戏等方法来提升学生的技能水平。同时，教师还应注重教学方法的多样性和趣味性，以激发学生的学习兴趣，提高他们的学习积极性，从而达到更好的教学效果。

四、制定教学步骤

在制定体育教学步骤时，教师应根据所选教法，设计连贯的教学环节，包括教学准备、实施和评估。准备阶段要备好器材、场地，让学生了解教学内容。教学实施中，运用语言法讲解，直观法展示动作，完整与分解法教复杂技能，游戏与竞赛法提兴趣。教师要注重互动，鼓励学生参与，及时指导。教学评估要全面，不仅考技能，还要评态度。整个设计要严谨灵活，确保环节连贯有效，也要考虑实际变化，以便调整。通过这样的教学步骤，教师能更有效地引导学生掌握知识，提升技能，培养良好学习态度，促进全面发展。

五、反思与调整

在体育教学过程中，教师必须密切关注学生的学习进展和实时反馈。通过观察学生的动作技能掌握情况、体能状况以及他们在课堂上的表现和情绪，教师可以了解教学方法是否得当。若学生表现出困惑、挫败或缺乏兴趣，这可能是教学方法需要改进的信号。此时，教师应及时反思和调整教学策略，比如改变讲解方式、增加实战演练、调整练习强度等，以适应不同学生的需求和特点。

综上所述，根据体育教材分析制定教学方法需要深入理解教材内容、确定学习目标、分析学生特点、选择教学方法、制定教学步骤以及反思与调整等步骤，以制定科学合理的教学计划，提高教学效果。

第五节 ｜ 助力教学评价

在体育教学中，教学评价是一个至关重要的环节。它不仅可以检验学生的学习成果，还可以为教师提供反馈，以便调整教学策略和方法。而教材分析在教学评价中扮演着举足轻重的角色。

一、明确教学目标与评价标准

在体育教学中，确保明确的教学目标和与之对应的评价标准是至关重要的。这不仅为教学指明了清晰的方向，还有助于确保学生的学习效果得到准确评估。

1. 教学目标的分析与设定

通过对体育教材的深入剖析，教师应明确教学的核心目标和要求，确保它们既符合课程标准，又适应学生的实际需求。这些目标应具有明确性、可衡量性，以便为教学实施和评价提供坚实的基础。

2. 评价标准的制定

与教学目标紧密相连的是评价标准的制定。教师应确保这些标准能够真实、客观地反映学生的学习成效，避免主观偏见，确保对所有学生的公正性。此外，评价标准还应具有实际操作性，便于在教学过程中实施。

3. 教学与评价的整合性

在明确了教学目标和评价标准后，教师应有计划地展开教学活动。在教学过程中，教师需要灵活调整教学策略，确保学生能够紧跟教学步伐，逐步达成预定目标。同时，通过定期的评价和反馈，教师可以及时了解学生的学习进度和存在的问题，为后续教学提供有力支持。

二、制定科学的评价方案

体育教学评价是确保学生学习成效得到精确反馈的不可或缺的一环。通过深入分析教材，教师不仅能够更好地掌握教学要点，而且能够为设计一套科学、全面且适应性强的教学评价方案奠定坚实的基础。

在设计评价方案时，明确评价内容是至关重要的。评价内容应该全面覆盖学生对知识技能的掌握情况、体能的发展状况、学习态度以及学习进步的幅度等多个层面，从而确保能够全面且准确地反映学生的学习成果。

在选择评价方法时，教师应综合运用定量分析和定性分析的手段，例如通过测试来量化学生的学习成果，通过观察记录来了解学生的具体表现，以及通过口头反馈来直接获取学生的感受和想法。这种多元化的评价方法有助于教师从多个角度和维度来全面把握学生的学习状况。

此外，设定评价标准也是一个关键环节。评价标准应该既客观又公正，同时要充分考虑到学生之间的个体差异。通过制定详细的等级划分和明确的评价标准，评价过程将变得更加规范和透明，从而确保每位学生的学习成果都能得到应有的认可和评价。

三、提升评价的客观性和有效性

在体育教学过程中，教材分析对于教师精准地把握学生的学习起点和潜在发展空间具有至关重要的作用。通过详尽地剖析教材的结构框架、知识内容以及学习要求，教师可以更深入地理解学生在体育课程中的当前水平以及他们可能触及的发展高度。

这种深入的理解为教师进行学生评价时提供了宝贵的参考依据。它使教师能够更客观地衡量学生的进步和成绩，不仅聚焦于他们当前的表现水平，而且更加注重他们从起始点到现阶段所取得的进步。这种评价方式更为公正且全面，能够真实地映射出学生的付出和成长轨迹。

此外，教材分析还赋予教师预见学生在学习过程中可能遭遇的挑战和障碍的能力。通过精确识别教材中的难点和关键点，教师可以有针对性地设计辅助性的练习和教学方法，以协助学生有效地克服这些困难。这种精准的指导不仅提升了学生的学习效率，同时也强化了评价体系的实际效用。

四、反馈与验证教材分析的准确性

在体育教学实践中，教学评价扮演着至关重要的角色。它不仅全面反映了学生的学习状况和掌握程度，更是对教材分析准确性的有效验证。通过评价结果，教师可以清晰地看到学生对教材内容的理解和应用情况，进而反观教材分析的准确性和深度。

　　通过细致分析评价结果，教师可以发现教材分析中的盲点和不足。例如，学生技术动作的普遍不足可能暗示教师对难点把握不准或教学方法不当。这种反馈促使教师调整教学策略，完善教材分析。这种评价与教材分析的相互反馈形成了良性循环，推动教师不断提升教材分析能力，更精准地满足学生学习需求。这也为后续教学提供了坚实基础，有助于提升教学质量。

　　综上所述，教材分析在体育教学评价中发挥着重要作用。它可以帮助教师明确教学目标和评价标准，制定科学的评价方案，提升评价的客观性和有效性，并为教材分析的准确性和有效性提供反馈和验证。

第六节 | 促进教学反思

　　体育教材分析在促进教学反思方面发挥着重要作用。它可以帮助教师回顾和总结自己的教学实践，发现问题并寻求解决方案，优化和改进教学策略，同时为教学评价提供重要依据。因此，在体育教学过程中，教师应充分利用教材分析这一工具，不断提升自己的教学反思能力和教学质量。

一、回顾与总结教材分析

　　在教学活动结束后，对教材分析的反思与归纳对教师专业成长至关重要。这不仅是对教学工作的简单回顾，更是对教师理解和执行教学能力的深度评估。教师应深入反思是否真正把握了教材的重点与难点，是否充分挖掘了其中的教育意义，并审视教学手段与计划的实效性。通过这样的自我剖析，教师能够明确自己在教材分析中的优势与不足，为今后的教学实践积累宝贵经验。同时，这也是一个提升和改进的契机，教师需要针对发现的问题进行深入分析，及时调整教学策略，以确保未来的教学更加精准高效。

二、反思教学行为与学习效果

　　在教材分析结束后，教师应紧密结合教学成效，深刻反思教学实践。重点是考量教学是否真正促进了学生的素养提升。教师需要自我审视：是否有效攻克了教学中的重难点？对于学生的疑惑和难题，我的阐释与引导是否明晰有力？同时，要反思是否充分挖掘并融合了教材的核心内容，以帮助学生深化理解和提高素养。

此外，教师必须对学生的学习效果进行全面评估，涵盖运动能力、健康行为及体育道德等多个层面，以此判断学习目标是否达成。若学生表现不佳，则需深入分析原因，可能是教法有待改进或学生的学习方法需要调整等。

通过这一系列反思，教师能够更精准地识别教学中的短板，为未来的教学改进提供明确方向，这是教师专业成长的重要一环。

三、积极应对教学挑战与问题

在进行深入的教材分析和教学反思后，教师可能会揭示出之前未曾注意到的教学难题，如特定技术动作的掌握障碍，或教学方法与学生特性之间的不匹配。对此，教师需要展现出积极的问题解决态度，迅速调整教学策略，设计有针对性的辅助练习以强化关键技能，或者尝试更多元化、与学生实际需求更贴切的教学手段。同时，提供个性化的学习指导也是关键，确保每位学生都能在适合自己的学习道路上稳步前行。

四、持续优化与创新教学策略

教材分析不仅是教学准备的核心环节，更是教师不断优化和创新教学策略的基础。通过对教材的深入挖掘，教师能够预见潜在的教学难点，并据此调整和完善教学方法，从而提升教学效果。这一过程不仅有助于教师发现并解决问题，更能激发他们的教学创新精神，探索更加贴近学生、能引发学生兴趣的教学方式。这种创新涵盖教学方法、教学组织和教学语言等多个维度，是教师专业成长和提升教学水平的关键途径。通过不断的教学反思以及策略优化，教师将逐渐形成自己独特的教学风格。

五、为教学评价提供依据

教材分析在教学工作中具有举足轻重的地位。课前，它为教师提供了明确的教学指南，使得教学更具针对性和系统性；课后，教材分析的结果则成为教学评价的重要参考，帮助教师全面、客观地评估学生的学习效果以及自身的教学质量。

通过教材分析的反思与总结，教师能够结合学生的具体表现，准确判断学生已掌握的知识点和存在的疑惑。这种基于实际教学内容和学生学习情况的评价，比仅凭经验或直觉更能准确、客观、真实反映出学生的学习水平，同时也揭示了教师在教学中可能存在的问题。

因此，以教材分析为基础的教学评价更具针对性和说服力，不仅有助于教师更精确地把握学生的学习状况，还为教学改进提供了有力的数据支持。在这种评价体系的指导下，教师的教学决策将更加科学、合理，从而显著提升教学质量。

第五章

提高教师教材分析能力的方法和途径

本章介绍了六种提升教师教材分析能力的途径：从巩固专业基础出发，到对教材进行创新性解读；以学生需求为导向，深入实战应用；再到持续自我学习与知识更新，最后融入区域与学校的教研共同体。这些方法旨在深化教师对教材的理解，挖掘其潜在价值，并使之与学生需求紧密结合，最终提升教学效果。

第一节 ｜ 夯实专业基础

一、深化运动技术理解

熟练掌握各项体育运动的基本技术，深入了解技术动作的细节和要点，为教材分析打下坚实基础。

1. 系统学习与实践

教师应积极参与由专业教研单位组织的体育技能培训，以全面掌握最新教学理念，并建立扎实的技术、技能基础。实践是提升技术水平的关键，教师应在理论学习的基础上，通过反复练习来熟练掌握技术动作。这样，教师不仅能更准确地把握技术要点，还能在教学中更加自信从容，为后续的教材分析和教学实践提供有力支撑。

2. 深入研究技术细节

教师需要深入探究技术细节，这包括观察高水平运动员的技术动作，向专业人士咨询以了解技术关键和潜在问题，以及反思教学实践以发现不足并改进。这种深入探究不仅有助于教师更精准地把握技术精髓，还能提升教学中的敏锐度，及时发现学生需求和问题。通过这些方式，教师可以持续优化教学策略，从而提升教学效果和质量。

3. 自我评估与反思

在体育教学专业成长的道路上，自我评估与反思以及多渠道获取信息对于体育教师来说至关重要。自我评估作为教师成长的基础，它促使教师客观地审视自身的运动技能，找到存在的问题与不足。针对这些不足，教师应制定具体可行的改进计划，以推动自身技能水平的持续提升。而反思与总结则是教师专业成长的加速器，它使教师在教学实践后能够及时调整技术细节，不断创新教学理念和方法。通过自我评估与反思的有机结合，教师能够不断地积累宝贵的教学经验，实现自我能力的持续提升和专业发展的进步。

4. 多渠道获取信息

在信息化时代，体育教师需通过多渠道获取信息来推动自身的专业成长。阅读专业书籍和期刊成为教师获取专业知识的重要途径，有助于了解最新教学理念和研究成果，为教学实践提供理论支撑和创新灵感。同时，充分利用网络资源也至关重要，如通过专业论坛、教学视频等学习他人经验，丰富专业知识库，并搭建与同行交流互动的平台。这些途径共同促进教师教学能力的提高，实现专业素养的全面提升。

二、拓宽理论知识面

1. 系统学习基础理论知识

要构建体育教师的完备知识体系，系统学习运动生物力学、运动生理学及体育心理学等相关课程不可或缺。这些专业课程深入阐释了体育运动的基础理论和知识，助力教师更透彻地理解运动技能的形成过程、学生体能的动态变化以及在体育学习过程中的心理活动。

此外，选择权威的专业书籍进行深入阅读，对构建全面的知识框架具有举足轻重的作用。通过阅读这些权威著作，教师可以及时掌握各领域的最新研究进展和前沿理论，从而为自身的教学实践奠定坚实的理论基础。这种深入的学习不仅能够提升教师的专业素养，还能使他们在应对多变的教学环境时更加得心应手。

2. 关注前沿研究成果

体育教师应当与时俱进，紧密追踪学术前沿。通过定期浏览体育类学术期刊，教师能够实时掌握最新的研究进展和动态，从而保持对前沿知识的敏锐洞察力。同时，教师应主动参加相关学术研讨会和教研活动，与业内专家和学者进行深入探讨，以此拓宽知识领域并激发创新思维。将这些前沿知识和先进理念融入教学实践，有助于教师持续改进教学方法，进而提升体育教学的整体质量。

3. 跨学科学习与应用

体育教学应积极探索跨学科融合，打破学科壁垒，与其他领域知识进行巧妙结合。鼓励教师开展跨学科学习，将物理、地理、信息科技等多元知识融入体育教学，创造出富有新意的跨学科主题学习项目。这不仅能有效激发学生的学习兴趣，还能全面提升他们的综合素养和创新思维能力。

4. 自我提升与反思

体育教师的专业成长是一个持续不断的过程，需要制定合理的学习计划并定期进行反思和总结。根据自己的实际情况和需求，制定明确的学习目标和时间安排，是确保学习效果的关键。同时，定期对自己的学习成果进行反思，找出不足之处并制定改进策略，有助于持续有效地拓宽知识面。通过这种持续自我提升与反思的方式，体育教师能够不断提升自己的专业素养和教学能力，为学生的全面发展提供更有力的支持。

第二节 ｜ 读懂细研教材

一、创造性分解教材

创造性分解教材是体育教学创新的重要手段，有助于提升学生兴趣和教学效果。在实施过程中，教师应打破传统分解模式的束缚，采用更富创新和想象力的方法。

1. 创新教材分解方式

传统教材分解方法可能显得过于刻板，不利于学生理解和记忆。因此，体育教师应当尝试打破常规，采用更富创新和想象力的教材分解方式。以小学体育教学为例，可以将技术动作以故事化或游戏化的形式呈现，融入趣味情境之中，从而有效激发学生的学习热情和积极性。这种方法有助于提升学生的学习兴趣，使其更好地掌握技术动作。

2. 多元化教学手段的运用

为了更有效地助力学生理解和掌握技术动作，体育教师应运用多种教学方法进行创新性分解。以初中体育教学为例，教师可以利用多媒体教学资源、实物模型及挂图等教学辅助工具，生动直观地展示技术动作的细节与核心要点；同时，结合慢动作演示和局部放大的方式，强调关键技术的重点与难点。

3. 鼓励学生参与分解过程

创造性分解教材不仅是教师的任务，也可以鼓励学生积极参与。教师可以引导学生一起探讨和尝试不同的分解方式，充分发挥学生的主动性和创造性。通过学生的参与和反馈，教师可以及时了解学生的需求和困难，进一步优化分解方案和教学策略。

4. 持续反思与改进

创造性分解教材是一个持续的过程，需要体育教师不断反思和改进。教师可以定期回顾自己的分解方案和教学策略，总结成功和失败的经验教训，及时调整和优化。同时，也可以积极向其他教师请教和学习，借鉴他人的成功经验和做法，不断提高自己的创造性分解教材的能力。

二、灵活调整教学顺序

为了优化体育教学，教师需要采取一系列策略来改进教学质量，更好地满足学生的学习需求。以下是对前述策略的进一步优化建议。

1. 深入了解环境与需求

为了确保教学内容与学校实际条件相符并贴合学生的兴趣与能力，教师需要全面分析教学环境。这包括对学校的场地设施、器材配备进行详尽的考察，以便根据现有条件设计合适的教学内容。同时，教师可以通过课前测评、问卷调查等手段，对学生的体能状况、技术水平和学习兴趣进行全面评估。这些数据将为教师制定和调整教学方案提供有力的支持，确保教学更加精准和有针对性。

2. 灵活调整教材内容

为了更有效地促进学生的学习，教师应根据学生的实际情况和学习进度，灵活调整教材内容的顺序。教师需要密切关注学生的学习状态，评估他们的接受能力和学习进度，然后按照由易到难的原则，逐步推进教材内容的学习。此外，采用大单元教学的方式也是一个有效的策略。通过将教材内容划分为相对独立的单元，教师可以根据教学需要和学生兴趣进行灵活的组合和调整。这不仅能更好地满足学生的学习需求，还能让学生真正掌握一项运动技能。

3. 实时反馈与动态调整

在教学过程中，教师应密切关注学生的反馈，通过观察学生的课堂表现以及收集他们的意见和建议，及时了解教学效果和学生的学习需求。同时，教师需要具备动态调整的能力，根据学生的实际反馈和教学效果，灵活调整教材内容的呈现顺序，旨在更好地满足学生的学习需求，并有效提升教学效果。这种以学生为中心，注重实时反馈与调整的教学方式，对于提高学生的学习积极性和教学效果具有重要意义。

4. 创新教学方法和手段

教师应结合教材内容和学生特点，采用多样化的教学方法，如讲解、示范、练习和比赛等，激发学生的学习兴趣。同时，利用多媒体、互联网等现代教学技术，以图文、视频等丰富形式呈现教材内容，提升教学效果，优化学习体验。

第三节 | 学生需求为本

一、深入了解学生情况

在体育教学中，对学生情况的深入了解是至关重要的。这不仅能够帮助教师更好地设计教学计划，还能确保教学活动与学生的实际需求和能力相匹配。通过问卷调查、课堂观察等多种方式，教师可以收集到关于学生体能、技术水平和学习需求等方面的宝贵信息。

（1）问卷调查。设计一份涵盖学生体能状况、技术掌握程度以及学习兴趣等方面的问卷，并向全体学生发放。通过对问卷数据的分析，教师可以掌握学生的整体情况，识别出他们在体育方面的优势和不足。

（2）课堂观察。在体育课上，教师需要细心观察学生的表现。通过观察学生的运动技能展示、体能状况以及参与活动的积极性等方面，教师可以进一步了解学生的个体差异和特殊需求。

（3）建立档案。结合问卷调查和课堂观察的结果，教师可以为每个学生建立一份详细的档案。这些档案将为后续的教材分析和教学计划的制定提供准确的依据。例如，对于体能较差的学生，教师可以设计一些针对性的体能练习；对于技术水平较高的学生，教师可以提供更高难度的技术挑战。

二、注重学生的个体差异

在体育教学中，学生之间的个体差异是不可忽视的重要因素。由于每个学生的体能、技能水平和学习能力都不尽相同，因此，教师在教学过程中必须注重因材施教，以满足不同学生的需求。

首先，对于基础较差的学生，教师应给予更多的关注和指导。这些学生可能在体能或技能上存在一定的短板，需要额外的帮助和支持。教师可以通过使用辅助器材、提供详细的讲解和示范，或者安排同学之间进行互助学习等方式，帮助他们逐步克服困难，提升技能水平。

其次，对于基础较好的学生，教师应提出更高的要求和挑战。这些学生通常具有较强的学习能力和技能水平，如果教学内容过于简单或重复，可能会让他们感到无聊或缺乏挑战。因此，教师可以为他们设计更具难度和挑战性的任务，如增加技术难度、提高动作要求等，以激发他们的学习潜力和创造力。同时，教师还可以鼓励他们担任小组长，以提升他们的领导能力和团队协作精神。

总之，注重学生的个体差异是体育教学中的重要原则之一。教师只有充分了解每个学生的特点和需求，才能制定出更加贴合实际的教学方案，让每个学生都能在课堂中获得成长和进步。

三、及时反馈与调整

在体育教学过程中，教师的及时反馈与调整是确保教学质量的关键环节。通过密切关注学生的表现和反馈，教师不仅能够实时掌握学生的学习情况，还能针对性地优化教学策略，从而提升教学效果。

首先，教师在教学过程中应时刻观察学生的动作表现、技能掌握情况以及学习情绪等。当发现学生在掌握重点和难点时存在问题或困难时，教师要迅速而准确地识别问题的根源，并据此调整教学策略。例如，如果发现多数学生在某个技术动作上存在普遍误区，教师应立即进行集中讲解和示范，帮助学生纠正错误动作。

其次，教师应鼓励学生主动反馈自己的学习情况和感受。这可以通过课后的简单交流或定期的教学评价等方式实现。学生的直接反馈能让教师更准确地了解教学效果，从而针对性地调整教学计划。例如，如果学生反映某些教学内容过于枯燥或难以理解，教师可以考虑增加互动环节或采用更生动有趣的教学方式来激发学生的学习兴趣。

最后，教师之间的定期交流和研讨也是提升教学质量的有效途径。通过分享各自的教学经验和遇到的问题，教师可以相互借鉴、取长补短，共同探索更高效的教学方法。

第四节 | 善于实践总结

一、融入实战案例分析

在体育教学中，可以将实战案例引入教材分析中，帮助学生更好地理解技术在实际比赛中的运用。

1. 选择合适的实战案例

在选择实战案例时，教师应确保所选案例与教材内容紧密相关，并能直接展示所学技术在实际比赛中的应用，同时注重案例的多样性，涵盖不同类型的比赛和场景，以帮助学生全面了解技术的多样性应用。

2. 案例分析与讲解

在教学过程中，教师可以通过案例分析与讲解的方式，使学生更深入地理解并掌握所学内容。具体来说，教师可以通过播放比赛视频片段，让学生直观地观察到技术在实际比赛场景中的运用情况。同时，利用慢动作回放对关键技术动作进行深入剖析和详细讲解，帮助学生更好地理解技术细节。此外，结合比赛实例，分析技术的最佳运用时机、战术配合及其产生的实际效果，有助于提升学生的战术意识和实战应用能力。

3. 引导学生参与讨论

在教学过程中，教师可以通过设置与案例紧密相关的讨论问题，积极引导学生参与课堂讨论，激发他们的思考和分析能力。鼓励学生分组进行深入探讨，不仅能促进他们之间的交流和合作，还能培养批判性思维能力；通过全班分享的环节，各小组可以展示并汇总不同的观点，进一步拓展学生的视野和思路，形成更为全面的认识和理解。

4. 将案例与练习相结合

教师可以设计模拟比赛场景，让学生在接近真实的环境中体验并实践所学技术。在练习过程中，教师应及时给予反馈和指导，帮助学生发现并纠正错误，从而提高他们的技术水平。对于高年级的学生，教师还可以要求他们撰写案例分析报告，这不仅能总结所学知识和经验，还能深化对技术的理解，进一步提升学生的专业素养。

通过以上步骤，将实战案例引入教材分析中可以帮助学生更好地理解技术在实际比赛中的运用，提升他们的学习兴趣和实际应用能力。这种教学方法不仅丰富了教学内容，还促进了学生的主动学习和思考，有助于培养他们的综合素养。

二、挖掘非技术性要素

在体育教学中，除了技术动作的传授，运动习惯、战术意识、团队协作、心理素质等非技术性要素的培养同样重要。这些要素对于学生综合体育素养的提升具有至关重要的作用。以下是一些建议，以帮助教师在教材分析中全面关注这些非技术性要素。

1. 运动习惯的培养

在体育教学中，教师可以通过定期的课堂活动、课后作业以及鼓励学生参与课外体育活动等方式，帮助学生逐渐养成定期锻炼的习惯。同时，教师还可以教授学生如何制定个性化的运动计划，以满足学生的需求和兴趣。

2. 战术意识的培养

为了有效培养学生的战术意识，教师需要综合运用多种教学方法。例如，结合教材内容，详尽地阐释篮球战术原则，如快攻、策应、协防及轮转换位等，帮助学生建立正确的战术认知基础。然后，通过剖析实际比赛案例，让学生直观地感受到战术在比赛中的实际运用，从而加深他们对战术的理解与把握。最后，设计针对性的战术模拟练习，让学生在实战环境中亲身体验并熟练掌握战术的运用，进而全面强化他们的战术意识和实战能力。这种层层递进、理论与实践相结合的教学方法，将有助于学生系统地提升战术素养。

3. 团队协作的训练

为了培养学生的团队协作精神，教师需要明确团队目标，并帮助学生深入理解他们在团队中的角色和责任。通过组织团队合作游戏和练习，加强有效沟通与信任，进而提升学生的团队协作能力。同时，定期评估团队在各类比赛和日常练习中的表现，以便及时发现并共同解决问题，推动团队不断成长和进步。

4. 心理素质的锻炼

教师可以通过鼓励学生积极参与体育活动，并及时给予正面的反馈和评价，帮助学生建立自信心。同时，还可以设置具有一定挑战性的任务和情境，让学生直面压力与挫折，并引导他们学会以积极的心态去应对。此外，通过专门的练习和活动，教师还可以帮助学生提高专注力，使他们能更好地应对比赛和学习的各种挑战。这些措施共同促进学生的心理素质提升，为他们的全面发展打下坚实基础。

5. 技术与非技术性要素的整合

在教材分析中，教师应巧妙地整合教材内容与非技术性要素，如战术意识、团队协作和心理素质等。具体来说，当讲解技术动作时，教师可以结合相关的战术应用，让学生了解这些技术在实战中的价值和用途。同时，教师还应强调团队协作的重要性，让学生明白每个技术动作不仅关乎个人表现，还直接影响到整个团队的协作效果。此外，在设计练习活动时，教师可以巧妙地融入心理素质锻炼的元素，帮助学生在提升技术的同时，也增强他们的抗压能力、自信心和意志力。

第五节 ｜ 持续学习求新

一、关注体育教学动态与前沿

为了保持与体育领域的最新动态和前沿成果同步，定期阅读专业期刊和参加教研等活动是至关重要的。这些活动不仅有助于教师更新知识、提升专业素养，还能为体育教学带来创新元素，提高教学质量。

1. 阅读专业期刊的重要性及实施方法

阅读专业期刊对于体育教师来说至关重要，因为它是获取体育领域最新研究成果、教学方法和理论观点的主要途径。通过阅读权威的专业期刊，教师可以及时了解并掌握新技术、新方法和新观点，从而为教学注入新的思路和灵感。为了确保阅读的效果和收益，教师可以采取以下实施方法：首先，订阅国内外知名的体育期刊，以保证所获取信息的权威性和前沿性；其次，设定固定的阅读时间，如每周或每月阅读一定数量的文章，并整理阅读笔记，以便日后能够方便地查阅和应用；最后，鼓励教师之间定期交流阅读心得，分享各自的收获，以达到共同学习和进步的目的。通过这种综合的阅读与交流方式，教师可以不断提升自身的专业素养和教学水平。

2. 参加学术研讨会的意义及参与策略

学术研讨会是体育教师不可或缺的专业交流平台。在这里，教师可以与体育领域的专家、学者和同行直接交流，共同探讨最新的研究成果和教学问题，从而极大地拓展自己的专业视野。为了最大化地利用这一平台，教师应采取以下策略：

首先，通过多种渠道，如上级主管部门、学术网站和社交媒体，密切关注体育领域的研讨会信息，确保自己能够第一时间了解并报名参加。其次，在研讨会上，教师应把握机会积极参与讨论，不仅限于听讲，更要主动发言、提问和分享自己的教学经验，以此与与会者建立深入的学术交流和联系。最后，研讨会结束后，及时整理会议资料、笔记以及新建立的联系方式，为后续的学习和合作打下坚实的基础。

3. 将最新动态和前沿成果应用于教学

为了保持体育教学的活力和时效性，教师应积极将体育领域的最新动态和前沿成果融入教学中。首先，教师需要定期更新教学内容，包括教材内容、教学案例及教学方法，保证所教内容与时代同步。其次，通过借鉴并实践新颖的教学方法，例如结合线上线下的融合式教学、同侪互助的课堂模式，或是运用虚拟现实等先进技术，创造出更加生动和高效的体育课堂，从而激发学生的学习热情和提升他们的学习效果。

总之，定期阅读专业期刊和参加学术研讨会是教师了解体育领域最新动态和前沿成果的重要途径。通过这些活动，教师可以不断更新知识、提升专业素养，并将最新信息和成果应用于教学实践中，提高教学质量和效果。

二、勇于尝试新方法

在教学过程中，勇于尝试新的教学方法和手段是提升教学质量、激发学生学习兴趣的有效手段。通过不断总结经验教训，教师可以优化教学策略，更好地满足学生的学习需求。

1. 尝试新的教学方法和手段

为了不断提升教学质量，体育教师应保持开放的心态，积极关注并学习教育领域的前沿动态和新兴技术。通过借鉴他人的成功经验，参加各类教学研讨，观摩并学习先进的教学理念和方法。同时，教师更应勇于在实际教学中尝试新的教学手段，如利用信息化工具、采用项目式学习或翻转课堂等模式，旨在更有效地激发学生的学习兴趣和主动性。这样的探索和创新，不仅有助于教师的专业成长，更能为学生的全面发展提供有力支持。

2. 深入反思与持续改进

体育教学后，教师应进行深入的教学反思，及时回顾并分析自己的教学过程，总结其中的成功经验和存在的不足。同时，积极收集学生的反馈意见，定期与学生沟通交流，认真倾听他们对教学方法和内容的看法与建议，从而更好地满足学生的学习需求。此外，撰写教学日志也是不可或缺的一环，通过记录教学过程中的心得体会、感悟以及困惑，为教师日后的回顾、总结与提升提供宝贵的资料。这一系列措施将有助于教师不断优化教学方法，提升教学质量，为学生的全面发展奠定坚实基础。

3. 优化教学策略

为了更有效地促进学生全面发展，教师需要不断优化教学策略。首先，教师应根据学生的具体情况——包括学习基础、兴趣和需求——进行针对性调整，确保教学内容、方法和进度既贴切又实效。其次，结合新兴技术和现代教育理念，教师应勇于创新教学模式，如尝试线上线下相结合的混合式教学，以适应新时代学生的学习要求。最后，必须强调学生在教学过程中的主体地位，鼓励他们积极参与、主动探究，从而培养他们的自主学习能力和创新精神。通过这些综合措施，教师不仅能提升教学质量，更能激发学生的学习兴趣和主动性，为他们的长远发展奠定坚实基础。

第六节 ｜ 区校教研共进

区校教研共进为体育教师提供了一个共享资源、交流经验的平台。在这个平台上，体育教师可以共同探讨教材分析的方法和技巧，分享各自的教学经验和心得。这种集体研讨和互相学习的过程，不仅能够帮助教师更深入地理解教材，还能激发他们的创新思维，提升教材分析能力。

一、集智解读，助推体育教师精准把握教材

开展定期的教材研讨活动，对于提升体育教师的教材分析能力至关重要。这样的活动不仅为教师们提供了一个集思广益、相互学习的平台，更能深化他们对教材的理解，从而更好地指导教学实践。

在研讨活动中，体育教师共同探讨教材的特点、重点和难点，分享各自对教材内容的独特见解和分析方法。这种互动与交流不仅有助于教师发现自己在教材分析中的不足，还能从同事的分享中汲取灵感和经验。同时，这也是一个分享教材分析经验的平台，让经验丰富的教师有机会传授自己的分析技巧，帮助新教师更快地掌握教材分析的精髓。

定期的教材研讨活动不仅能汇集众智，更能激发教师的学习热情和创新思维。通过交流和研讨，体育教师的教材分析能力将得到实质性的提升，使他们能够更精准地把握教材，更有针对性地设计教学方案，从而有效提高教学质量，促进学生的全面发展。因此，这样的活动应成为区、校教研工作的重要组成部分，为体育教师的专业成长提供有力支持。

二、专家领航，助力体育教师提升教材分析能力

为了更有效地提升体育教师的教材分析能力，组织专家讲座或培训成为一项重要举措。通过邀请体育教育领域的专家或资深教师，为体育教师提供有针对性的教材分析指导和培训，可以显著增强他们对教材的理解和运用能力。

在专家讲座或培训中，专家们会深入剖析体育教材的特点、结构和使用方法，同时结合实际教学案例，为教师们展示如何进行全面而深入的教材分析。这样的活动不仅能够帮助教师们掌握更多的教材分析技巧和方法，还能让他们在实际教学中更加有针对性。

此外，通过与专家的互动交流，体育教师能够及时解决在教材分析过程中遇到的疑难问题，进而持续完善和提升自身的教材分析能力。这种专家引领的方式不仅确保了教材分析的精准与深入，同时可以点燃教师们的学习热情，激发他们的创新思维，为其专业成长提供了坚实的支撑。

因此，邀请体育教育领域的专家进行教材分析的指导和培训，是提升体育教师教材分析能力的重要途径之一。学校和教育部门应该积极搭建这样的学习平台，为教师们提供更多的学习机会和资源，共同推动体育教育事业的持续发展。

三、实践检验，优化教材分析方法

教学实践是体育教师提升教材分析能力的关键环节。将教材分析的成果应用于实际教学中，不仅能检验教材分析方法的有效性，更是教师专业成长的重要途径。教师应积极将理论知识融入课堂教学，并细心观察学生的学习反应，记录教学效果。课后，通过深入的教学反思，评估教材分析方法的实用性，并从中总结经验教训。

这种实践与反思相结合的方法，有助于教师发现教材分析中的不足，进而优化和完善分析方法。它不仅能让教材分析更贴近教学实际，还能助力教师形成独特的教学风格。因此，鼓励教师进行教学实践，并通过反思不断完善教材分析方法，对于提升其教材分析能力和整体教学水平至关重要。

总的来说，区校教研共进为体育教师提供了一个宝贵的平台，它是提升教材分析能力的重要途径。通过这一平台，体育教师应充分利用各种资源和方法，不断提高自己的教材分析能力，从而有效推动体育教学的质量迈上新台阶。这种共进的方式，不仅强化了教师的专业素养，更为学生提供了更高质量的体育教育，实现了教与学的双赢。

第二部分

体育教材分析案例

体育教材分析在中小学体育教育中占据
着举足轻重的地位，对于提高教学质量和发展学生
的学科核心素养有重要的作用。为了确保教学内容的科学性
和适宜性，笔者严格遵循了最新修订的《义务教育体育与健康课程
标准》（2022 版）以及《普通高中体育与健康课程标准》（2017 版，2020
年修订）的指导原则，同时紧密结合课程教材内容的指引。在此基础上，根据
学生水平的具体要求，精心选择了涵盖球类、田径等六大类运动的共 60 个实践案
例，旨在确保教学内容的科学性。

"水平"这一概念，是基于学生身心发展特点与教育原则，对体育课程目标和内容进
行科学划分的一个核心概念。为了更有效地指导和规划体育教学，本案例根据课程标准精
神，按照水平一（小学一二年级）、水平二（小学三四年级）、水平三（五六年级）、水平四
（七八九年级）、水平五（高中），呈现不同运动项目的分析案例，供体育教师选用或借鉴。

在教学实施方面，本书给出了一系列针对性的教学建议。对于小学生，强调在生活化和
游戏化的情境中开展体育教学活动，旨在让学生在轻松愉快的环境中体验运动的快乐，从而
培养他们对体育的兴趣；对于初中生，通过设计富有挑战性的运动场景来激发他们的学习
兴趣，并着重培养他们的技能综合运用能力；对于高中学生，通过模拟真实的比赛场景
来提升学生的技术水平和战术意识，同时注重培养他们的综合素养。此外，本书积极
探索数字化和信息化教学手段，利用多媒体教学资源丰富课堂内容，引入智能教学
辅助软件帮助学生进行个性化学练，以提升体育教学的科学性。

综上所述，本案例集旨在为中小学体育教师提供一套全面且实用的
教材分析参考资料，以推动体育教学的不断创新与进步。希望这
些举措能为学生的身心健康和全面发展奠定坚实的基础，
并助力他们在体育领域实现更大的发展。

第六章 球类运动

第一节 | 篮 球 运 动

一、变向换手运球（水平三）

变向换手运球是篮球运球技术之一。当运球前进路线被对手堵截时，突然改变运球方向，以便摆脱防守的运球方法。动作方法：右手运球向左侧变向突破时，推压球的右侧后上方，使球反弹于身体的左侧前方，顺势压右肩降低重心，这时右脚向左前方跨出，脚尖向前，上体稍前倾，右肩前压朝向左前方，换左手继续运球前进。换手时球要压低，动作要快，用身体保护球。左手运球向右侧突破时，动作方向相反。

（一）教材价值

（1）学习和实践变向换手运球，学生不仅能够提升自身的篮球技能，更重要的是，它培养了学生的身体协调性、反应速度和战术意识。在练习过程中，学生需要不断思考如何更有效地运用技术，从而锻炼了他们的思维能力。此外，篮球运动中的规则学习和遵守，也有助于培养学生的纪律性和公平竞争精神。

（2）变向换手运球是一项全身性的运动，它要求学生在快速移动中保持对球的控制，并做出敏捷的变向动作。这种高强度的运动能够全面锻炼学生的心肺功能、肌肉力量和耐力。同时，由于变向换手运球需要频繁的急停和加速，它还能够有效提升学生的身体灵活性和协调性。长期坚持练习，不仅能够帮助学生塑造健美的体形，还能增强学生的体质和免疫力，为终身健康奠定坚实基础。

（3）掌握变向换手运球技术对于青少年的未来发展具有重要意义。它不仅是一项实用的运动技能，可以为他们在体育领域的进一步发展打下基础。同时，篮球运动中的竞争与合作也能锻炼他们的意志品质，培养他们面对挑战时的坚韧和毅力，这些品质对于他们未来的学习和生活都将产生积极的影响。

（二）教材的动作分析

1.动作特点

篮球变向换手运球是一种灵活多变的技巧，其动作特点鲜明。在执行这一动作时，学生需要迅速将球从一只手换到另一只手，同时改变运球的方向，以此迷惑对手，制造突破机会。在此过程中，运球的节奏和手对球控制至关重要，它们决定了换手的流畅度和变向的突然性。此外，这一动作还要求学生保持身体平衡，以便在变向后能突然加速摆脱防守。总的来说，篮球变向换手运球的动作特点在于其快速、灵活且具有一定的欺骗性，是学生在场上创造进攻机会、摆脱防守的重要技巧。这种技巧的运用，不仅需要学生具备良好的身体素质和控球能力，还需要他们具备敏锐的判断力和反应速度。

动作要领：篮球变向换手运球的动作要领在于保持低重心以维持身体平衡，同时控制好球的弹跳高度和速度。在变向时，要迅速将球从一侧经过前方地面反弹到另一只手，注意身体对球的控制以确保球的稳定。在换手接球的瞬间，要加速推进以迷惑防守者并创造突破机会。在整个过程中，要保持眼神和动作的欺骗性，通过探肩等假动作来误导对手。

2.动作结构

（1）准备动作：学生需要降低身体重心，两脚前后开立，维持稳定性和平衡，让自己处于一个随时可以做出快速反应的状态。背部挺直，这既增强了身体控制，又保持了清晰的视线，便于洞察场上动态。

（2）变向动作：以右手变向至左手为例。当学生运球前进时，右手会先推压球的右后上方，顺势压右肩降低重心。通过精确控制拍球的力度和方向，让球从体前右侧反弹到左侧前方。

（3）换手接球：在球反弹的同时，右脚蹬地发力，帮助身体向前跨出一步，增加与防守者的距离。与此同时，上体压肩向左转，以更好地迎接反弹过来的球。紧接着，用左手准确地接住这个反弹的球，并迅速调整手对球的控制，以确保球稳稳地在手掌与地面之间弹跳，从而立即进入运球状态。

（4）加速推进：成功的变向换手运球后，学生会利用新换手的运球手，即左手，来加速推进。这一加速不仅是为了保持运球的连贯性，更是为了迅速摆脱紧贴的防守者。通过突然变向和加速，能够打乱防守者的节奏，制造出进攻的空间和时间。

（三）动作原理

篮球变向换手运球的动作原理主要涉及力学、动力学、运动学等方面的知识。这些原理相互作用，共同影响着篮球变向运球的效果。

（1）在准备动作阶段主要涉及力学平衡的原理。学生通过调整站姿、双脚的位置和身体的重心，确保自己处于稳定的力学平衡状态。这种平衡状态为接下来的快速变向和换手运球提供了稳固的基础。

（2）变向动作阶段主要涉及牛顿第二定律和动力学原理。学生在变向时，需要快速且有力地推动篮球，使其改变原有的运动轨迹。这符合牛顿第二定律，即力等于质量乘以加速度。学生施加的力越大，球的加速度就越大，方向改变也就越迅速。同时，动力学原理也在此起作用，学生通过手臂和手腕的发力，将力量有效地传递到球上，从而实现球的快速变向。

（3）换手接球阶段主要涉及摩擦力和入射角与出射角相等的原理。在换手接球时，学生需要确保球能够平稳且准确地从一只手转移到另一只手。这要求学生利用手指和手掌与球之间的摩擦力来稳定控制球的转移。同时，学生还需要准确判断球的入射角和出射角，以确保球能够按照预期的轨迹转移到另一只手中。

（4）加速推进阶段主要涉及弹性力学原理。在加速推进过程中，学生利用篮球的弹性，在球触地后弹起的瞬间施加力量，使球获得更大的动能。这体现了弹性力学的原理，即篮球因材质弹性在触地后会形变并积蓄弹性势能，随后转化为动能弹起。

（四）负荷特点

从运动负荷方面来看，篮球变向换手运球对学生的身体提出了较高要求。在执行这一技术动作时，学生需要快速而准确地改变运球方向，这要求他们具备出色的身体协调性和灵活性。同时，腿部和核心肌群的爆发力也是完成变向运球所必需的。因此，在练习过程中，学生的肌肉、关节和韧带都会承受较大的负荷，这种负荷有助于提高他们的身体素质和技术水平。

从心理负荷方面来看，学生需要密切关注对手的动作和位置，以便在合适的时机进行变向运球。这需要他们具备高度的专注力和反应速度，以应对不断变化的场上情况。此外，学生还需要在极短的时间内做出决策，选择最佳的变向时机和路线，这无疑增加了他们的心理压力。因此，在练习过程中，教师需要注重培养学生的心理素质，帮助他们提高自信心和抗压能力，以更好地应对比赛中的挑战。

（五）学情分析

从学生的基础来看，水平三的学生在篮球运球方面已有一定的基础，能够完成基本的直线运球。然而，当涉及变向换手运球时，学生的表现可能呈现出明显的差异。部分学生已经能够初步掌握变向技巧，但运球时仍显得不够流畅和稳定；另一部分学生则在变向时遇到较大困难，难以有效改变运球方向。这表明，在水平三阶段，学生在篮球变向换手运球方面仍需进一步加强练习和指导。

从学生的需求来看，水平三的学生对提升篮球技能有着较高的期望，他们渴望能够更好地掌握变向运球技巧。在练习过程中，学生希望得到具体的指导和反馈，以便能够及时发现并纠正自己的错误动作。同时，他们也希望通过多样化的练习方法和实战模拟，提升自己的运球突破能力。因此，在教学过程中，应重点关注学生的个体差异和需求，制定有针对性的教学计划和练习方法，以帮助学生更好地掌握篮球变向换手运球技巧。

（六）教法建议

1. 基础技术练习

（1）"反应球"游戏：教师或一名学生随机指向一个方向，其他学生需要迅速反应，向该方向进行变向运球。

（2）干扰运球：每人一球，在规定的区域内，运球破坏对方的运球，同时利用身体保护好自己的球。

（3）"运球接力"游戏：将学生分为若干小组，每组学生依次运球通过预设的障碍物路线，并进行变向换手运球，然后将球传给下一个队员，直到全队完成。

2. 动作组合技术练习

（1）"运球穿越障碍赛"：在场地上设置多个障碍物（如标志物、桶等）。学生需要运用变向换手运球技术快速穿越这些障碍物，并尽量靠近障碍物但不碰到它们。

（2）"变向换手运球 + 传球"练习：学生在完成一系列变向换手运球后，双手胸前传球给另一侧同伴。

（3）"变向换手运球 + 行进间投篮"练习：学生在完成一系列变向换手运球后，进行行进间投篮。

（4）"变向换手运球 + 急停单手肩上投篮"练习：学生在完成一系列变向换手运球，接近球篮位置时，做急停单手肩上投篮。

3. 动作运用练习

（1）一对一攻防比赛：学生两人一组，一人持球进攻，另一人防守。进攻方需运用变向换手运球技巧摆脱防守，提高实战中的运球突破能力。

（2）多人一组配合进攻：多名学生一组，模拟实战中的快攻或配合进攻场景，要求学生在运球过程中适时变向，创造进攻机会。

（3）小场地比赛：在缩小的场地内进行比赛，鼓励学生运用所学的变向换手运球技巧，提高在实战中的运用能力。

4. 数字化信息化手段的运用

（1）视频教学：录制优秀学生的示范动作或专业学生的教学视频，供学生观看和学习。教师可以结合视频进行详细讲解和点评，帮助学生更好地理解动作要领和技术细节。

（2）运动捕捉与分析：利用运动捕捉技术对学生的变向换手运球动作进行捕捉和分析，为学生提供精确的动作反馈和改进建议。

（3）互动式教学平台：利用互动式教学平台，如在线课堂、教学 APP 等，实现师生之间的实时互动和交流。教师可以发布练习任务、答疑解惑，学生可以上传练习视频、互相评价，提高教学效果和学生的学习体验。

（七）课时建议

（1）单个技术动作学练：学生应专注于掌握变向换手运球的基本技术。主要任务是熟悉球的弹跳性能和手感，通过反复练习，使学生能够准确控制球的力度和方向。建议安排2～3个课时进行基础技术的磨练，确保学生能够熟练掌握右手换左手、左手换右手的单一变向动作，为后续的组合练习打下基础。

（2）动作组合技术练习：本阶段的目标是将变向换手运球与其他技术动作相结合，如传球、投篮等。学生需要通过组合练习，提高在复杂情况下的控球能力。建议安排2～3个课时的组合技术练习，让学生在模拟比赛场景中练习，以培养实战中的应变能力和技术转换的流畅性。

（3）动作运用练习：此阶段的任务是在真实的比赛或对抗性练习中运用变向换手运球技术，以检验和提高技术的实用性。建议安排2～3个课时，让学生在对抗中学习和适应如何有效地运用这项技术。

二、行进间低手投篮（水平四）

行进间低手投篮是篮球行进间投篮技术之一，是在快速跑动中超越对手后切入篮下将球投出的方法。动作方法（以右手投篮为例）：右脚跨出一大步时接球，左脚接着跨出一小步并用力蹬地起跳，右腿屈膝向上抬起，双手向前上方持球。当身体接近最高点时，左手离球，右手外旋，掌心向上托球并充分向篮筐方向伸直，随即屈腕，食、中指用力拨球，通过指端将球投出。

（一）教材价值

（1）行进间低手投篮是提升学生篮球技能和身体协调能力的重要手段。通过反复练习，学生不仅能够掌握篮球的基本技巧，还能在运动中学会团队协作和策略规划，提高反应速度和决策能力。这一过程不仅锻炼了身体，更在潜移默化中培养了学生的团队精神和竞争意识，对他们的全面发展大有裨益。

（2）行进间低手投篮是一种全身性的运动，它需要调动身体的多个部位协调作业，包括腿部、腰部、手臂和手指等。这样的运动方式能够有效提高心肺功能，增强肌肉力量和耐力，对提升个人的整体健康水平有显著效果。

（3）行进间低手投篮技能的掌握，学生不仅增强了自信心，也培养了坚韧不拔的意志品质。在篮球场上，面对挑战和失败，学会调整心态、不断尝试，这种经历对个人性格的塑造和未来的生活态度都有着积极的影响。

（二）教材的动作分析

1. 动作特点

篮球行进间低手投篮的动作特点主要体现在：学生在跑动中接球，随后跨步起跳，身体尽量向球篮方向伸展；在持球的情况下，掌心向上托住球的下部，向球篮方向伸臂；当起跳至最高点时，通过前臂外旋和屈腕、拨指的动作，使球通过指端向前旋转飞出，投向球篮。这一技术要求学生具有清晰的跨步节奏、柔和的出手用力，以及良好的身体协调性。

行进间低手投篮的动作要领在于步伐与手部动作的协调配合。首先，学生需要调整好步伐，通常是以一大步接一小步的方式接近篮筐，以保持身体平衡和投篮节奏。在接近篮筐的过程中，学生应将球控制在身体侧方，并稍微弯曲膝盖和腰部来积蓄力量。当踏出最后一步时，双手将球从下方挑起，同时身体向上伸展，手指柔软地将球拨向篮筐。整个过程需要流畅自然，确保球能够柔顺地进入篮筐。掌握这些要领，学生就能在比赛中灵活运用行进间低手投篮，提高得分效率。

2. 动作结构

篮球行进间低手投篮的基本动作结构包括准备动作、接球与跨步、起跳与投篮和出手与落地缓冲等环节。

（1）准备动作：在投篮前，需要做好充分的准备工作。这包括调整身体姿势，确保身体平衡，同时眼睛注视篮筐，判断好投篮的距离和角度。

（2）接球与跨步：在行进间低手投篮中，接球与跨步两个动作紧密相连且至关重要。接球时，需要准确判断球的飞行路线，并迅速用双手或单手稳定地接住球。与此同时，为接下来的起跳和投篮做好准备，通常会迅速且有力地用一只脚（如右脚）向前跨出一大步，以保持身体的平衡并积聚向前的动量，这两个动作的紧密配合为后续的投篮过程奠定了坚实的基础。

（3）起跳与投篮：在跨出一步后，紧接着用另一只脚（如左脚）用力蹬地起跳。起跳时要保持身体的协调性和平衡感，以确保投篮的稳定性。在起跳的同时，开始进行投篮动作。对于低手投篮来说，通常是将球置于身体一侧（如右侧），然后用手臂和手腕的力量将球向篮筐投出。投篮时要保持手指的柔软和手腕的灵活性，以确保球的飞行轨迹和准确性。

（4）出手与落地缓冲：当身体接近最高点时，通过手腕和手指的协调动作将球投出。出手时要保持手臂的伸展和手指的拨球动作，以确保球的旋转和飞行稳定性。投篮完成后，身体开始下落。在落地时，要注意保持身体的平衡并做好缓冲动作，以减少对关节的冲击和损伤风险。

（三）动作原理

篮球行进间低手投篮体现了多个物理学原理的综合运用，包括力学、动力学、运动学和能量转化与守恒原理等。这些原理共同作用，使得投篮者能够准确地将篮球投入篮筐。

（1）准备动作：在准备动作中，学生通过调整身体姿势和重心，为接下来的动作积聚力量。这涉及动力学中的力的作用和力的传递性原理，即力是改变物体运动状态的原因，而力的传递性则确保学生能够有效地将力量传递到篮球上。

（2）接球与跨步：在跨步与起跳阶段，学生通过加速移动获得动量。根据动量定理，学生可以利用这些动量在第三步起跳时更容易接近篮筐。在起跳过程中，弹性力学原理得到体现。腿部肌肉先压缩后伸展，这一过程中储存并迅速释放能量，助力学生跃起。

（3）起跳与投篮：在起跳阶段，学生蹬地做功，将部分水平动能转化为竖直方向的动能与重力势能，使身体腾空。投篮时，手臂向前上方伸展送球，腕指柔和上挑，赋予篮球后旋。依据角动量守恒，后旋确保了球体飞行的稳定性；同时，借助马格努斯效应，球体触碰到篮筐或篮板时能产生向上的作用力，使投篮轨迹更平顺，显著提升投篮的命中率。

（4）出手与落地缓冲：出手时，学生通过手腕和手指的协调动作将篮球投出。这涉及力学中的力矩和力的传递性原理，即学生通过手腕的翻转和手指的拨动来产生使篮球旋转的力矩，从而提高投篮的准确性。在落地缓冲过程中，学生需要将下落时的重力势能转化为其他形式的能量（如热能），以减少对关节的冲击。这体现了能量转化与守恒的原理，即能量在转化过程中总量保持不变。

（四）负荷特点

1.运动负荷方面

在运动负荷上，行进间低手投篮是一项要求身体多方面能力的技术动作。首先，它需要学生有良好的爆发力，以实现在快速行进中的突然起跳。其次，该动作还要求学生有出色的协调性，以确保在行进、起跳和投篮这一系列动作中的连贯与准确。此外，行进间低手投篮还考验着学生的平衡感，尤其是在快速移动和空中调整身体以完成投篮时。

2.心理负荷方面

从心理负荷来看，行进间低手投篮要求学生在快速行进中做出准确的判断和决策。学生需要观察场上形势，判断防守者的位置和动作，选择最佳的进攻路线和投篮时机。同时，学生还需要具备坚定的信心和决心，才能在比赛中克服困难，发挥出自己的技术水平。这种心理负荷对于学生的心理素质和意志力都是一种挑战。

（五）学情分析

从学生的基础方面来看，水平四的学生在篮球基本技术上已有一定的积累，但对于行进间低手投篮这一技巧，掌握程度不一。部分学生能够较为流畅地完成动作，并能在实际比赛中应用；而另一些学生在节奏控制、步法与手部动作的协调配合上存在明显不足，难以保证投篮的稳定性和准确性。这反映出学生在行进间低手投篮的技术细节和动作连贯性上还需要进一步的提高。

从需求角度来看，学生们对提升篮球技术水平有着强烈的愿望。他们希望通过学习和练习，能够更好地掌握行进间低手投篮的技巧，以提高在比赛中的得分能力。同时，学生也期望能够得到教师具体的指导和及时的反馈，帮助他们找出技术动作中的不足之处，从而有针对性地加以改进，更快地提升个人的篮球实力。

（六）教法建议

1.基础技术练习

（1）步伐练习：在无球状态下，先让学生掌握正确的行进间步伐。从慢走到小跑，重点强调"一大二小三高跳"的节奏感。可以使用节拍器或音乐来帮助学生把握节奏。

（2）手部动作模拟：学生原地站立，模拟低手投篮时的手部动作，包括接球、护球、拨球入框等，确保手部动作流畅且准确。

（3）结合球的步伐与手部动作：学生持球进行步伐与手部动作的配合练习，向前跨一步投篮、跨两步投篮，先慢速再逐渐加速，确保动作之间的协调与连贯。

（4）标志物练习：在场地上设置标志物，指示学生行进的路线和跨步与起跳的点，这有助于他们形成正确的空间感和投篮节奏。

2. 动作组合技术练习

（1）"运球绕障碍＋行进间低手投篮"：在行进路线上设置障碍物，学生需绕行障碍物后进行行进间低手投篮，提高学生在复杂情况下的应变能力。

（2）"行进间运球突破＋行进间低手投篮"：学生从三分线外开始运球到标志点，利用变向或变速突破后进行行进间低手投篮，重点强调运球节奏与投篮动作的衔接。

（3）"接传球＋行进间低手投篮"：两人一组，一人传球，另一人接球后进行行进间低手投篮，练习接球与投篮的连贯性。

（4）"行进间接传球＋行进间低手投篮"：两人一组，完成一次或多次行进间传接球后，篮球外侧的一人接球后进行行进间低手投篮，练习移动中传接球与投篮的连贯性。

3. 动作运用练习

（1）一对一攻防练习：一名学生持球进攻，另一名学生可以进行消极和积极防守。进攻方需运用行进间低手投篮技巧摆脱防守并得分。

（2）追防情况下行进间低手投篮：两人一组，一人运用行进间低手投篮技术，另一位同学进行追防，目的要求持球队员快速完成低手投篮。

（3）半场3打2：5人一组，半场3打2比赛，要求在比赛中尽量运用行进间低手投篮得分。

4. 数字化信息化技术运用

（1）视频教学：录制优秀运动员的示范动作，供学生观看和学习。教师可以结合视频进行详细讲解和点评，帮助学生更好地理解动作要领和技术细节。

（2）运动捕捉与分析：利用运动捕捉技术对学生的投篮动作进行捕捉和分析，为学生提供精确的动作反馈和改进建议。这有助于学生更好地掌握投篮技巧和提高命中率。

（3）虚拟现实模拟练习：利用VR技术创建虚拟篮球场景，让学生在虚拟环境中进行低手投篮练习。这有助于学生更好地适应比赛节奏和压力，提高实战应用能力。

（七）课时建议

（1）单个技术动作学练：在此阶段，主要任务是让学生掌握篮球行进间低手投篮的各个技术要点。学生需要熟悉接球、跨步、起跳、投篮和落地缓冲等基本动作，并通过反复练习来确保每个动作准确无误。这个阶段大约需要1～2个课时。

（2）动作组合技术练习：在这一阶段，学生需要将接球、跨步起跳和投篮等动作流畅地串联起来，形成完整的行进间低手投篮动作。教师应着重练习学生的动作连贯性和协调性，帮助他们建立正确的动作节奏和感觉。在此基础上，可以结合运球、传球等技术进行组合练习。此阶段预计需要3~4个课时。

（3）动作运用练习：这个阶段的任务是让学生在实战中运用行进间低手投篮技术。通过设置防守和进行小组对抗练习，让学生在接近实战的环境中体验和完善低手投篮技术，提高他们的实战应用能力。这个阶段大约需要2~3个课时，并且需要教师提供及时的指导和反馈。

三、传切配合（水平五）

传切，篮球运动进攻战术基础配合之一，指进攻队员之间利用传球和切入所组成的配合方法。动作方法：当持球队员传球后，即利用虚晃、变向等假动作摆脱防守队员然后从有球一侧向篮下切入；同伴接球后，根据切入队员的距离、移动速度和方向，用不同力量和方式传球，做到切入队员人到即球到，使之接球后能及时完成突破、投篮等动作。

（一）教材价值

（1）传切配合要求学生具备精准的传球、快速的切入和敏锐的空间感知。这种技巧不仅强化了学生的体能，还提高了反应和判断能力。经过反复练习，学生在运动技能上有显著提升，同时也学会了在紧张比赛中保持冷静。此外，这一过程也锻炼了学生的学习、观察和问题解决能力，对其未来成长至关重要。

（2）在传切配合中，学生需要频繁跑动和传接球，这些动作能够有效锻炼心肺功能，提高身体的代谢水平。同时，传切配合要求学生快速反应和灵活移动，这有助于增强身体的灵敏素质和协调能力。因此，传切配合不仅是一项篮球战术，更是一种具有全面健身价值的运动方式。

（3）通过练习传切配合，学生能够提升团队协作能力，学会在瞬息万变的比赛中做出快速决策。此外，传切配合还锻炼了学生的反应速度和战术执行能力，为其未来在更高水平的比赛中脱颖而出奠定基础。更重要的是，这种配合培养了学生的团队合作意识，对其个人成长和社交能力的提升也大有裨益。

（二）教材的动作分析

1.动作特点

篮球中的传切配合是一种重要的战术手段，其动作特点在于快速的传球与突然切入相结合。在执行传切配合时，学生之间需要精准的传球和及时的跑位，通过快速的传球制造进攻空间，然后利用切入学生的速度和灵活性突破对方的防线。这种配合要求学生之间默契无间，能够准确判断传球时机和切入位置，以达到制造进攻机会和得分的目的。

传切配合的动作要领主要包括隐蔽快速的传球、快速的切入和默契的配合。首先，传球者需要准确判断接球者的位置和移动路线，将球传到合适的位置。切入者要善于掌握切入的时机，利用假动作或突然改变跑动方向、速度来摆脱防守，快速切入空位；在整个过程中，学生之间需要保持密切的沟通和默契的配合，以确保传球的准确性和切入的时机。

2. 动作结构

篮球中的传切配合，其基本动作结构主要包括传球和切入两个关键环节。传球是这一配合的起始动作，它要求传球者具备准确的传球技巧和良好的视野，能够迅速判断场上队友和对手的位置，将球精准地传到切入者能够接球的位置。这一过程中，传球者需要注意传球的力度、速度和准确性，确保球能够顺利到达切入者的手中。

切入是传切配合的第二个环节，它要求切入者具备敏锐的观察力和快速的反应能力。切入者需要在接到传球的瞬间，迅速摆脱防守者，切入到有利位置，准备接球进攻。这一过程中，切入者需要注意切入的时机、路线和速度，以及与传球者的默契配合。

在传切配合中，传球与切入是相互衔接、密不可分的。传球者需要根据切入者的位置和速度，准确地将球传出；而切入者则需要根据传球者的意图和球的轨迹，快速做出反应，切入到最佳位置。这种配合需要学生之间的默契和团队协作，才能在比赛中发挥出最大的作用。

（三）战术原理

篮球传切配合的基本战术原理主要体现在团队协作与默契、战术理解与执行、空间与时间感知以及防守分析与应对等方面。

（1）团队协作与默契：在传切配合中，团队协作意识至关重要。切入队员需要意识到传球队员的位置和可能的传球路线，而传球队员也需要时刻关注切入队员的动态，以便在合适的时机送出精准的传球。

（2）战术理解与执行：队员需要对传切配合战术有深入的理解，包括切入的时机、路线、速度以及传球的力度、角度等。这种理解来自对篮球战术的学习和实践，以及对场上形势的敏锐洞察。在执行战术时，队员需要保持高度的专注，随时准备根据场上形势的变化做出调整。

（3）空间与时间感知：切入队员需要准确判断自己与篮筐、防守队员以及传球队员之间的位置和距离，以便选择最佳的切入时机和路线。传球队员则需要准确判断切入队员的移动速度和方向，以及防守队员的反应和位置，以便在合适的时间送出传球。

（4）防守分析与应对：在进行传切配合时，队员需要快速分析防守队员的站位、移动路线和防守重点。通过观察防守队员的动作和眼神，队员可以判断其可能的防守意图和反应，并选择最合适的切入时机和路线，以避开防守队员的封堵和干扰。

（5）传球时机与方式选择：传球队员需要准确判断切入队员的位置和状态，以及防守队员的反应和位置。在切入队员已摆脱防守并处于有利位置时，传球队员应及时、准确地将球传出。同时，传球队员还需要根据场上形势和防守压力选择合适的传球方式，以确保传球的安全性和隐蔽性。

（四）负荷特点

1.运动负荷方面

篮球传切配合要求学生在场上进行快速、准确的传球和切入动作，这对学生的体能提出了较高要求。具体来说，传切配合需要学生具备良好的速度、灵敏性和协调性，以便在比赛中迅速做出反应并完成配合动作。同时，由于传切配合需要学生在短时间内进行多次快速移动和变向，因此学生的耐力和力量体能也面临一定的挑战。总的来说，传切配合的运动负荷相对较大，需要学生具备全面的体能。

2.心理负荷方面

篮球传切配合要求学生在比赛中保持高度的注意力和专注度，以便准确判断场上形势并做出正确的决策。在传切配合过程中，学生需要密切观察队友和对手的位置和动作，预测球的运动轨迹和落点，这需要学生具备敏锐的观察力和判断力。同时，与队友的默契与信任也是传切配合成功的关键，这需要学生在心理层面建立深厚的联系。

（五）学情分析

从学生的基础来看，水平四的学生在篮球传切配合方面已经有了一定的认知和技能积累。他们掌握了基本的传球和移动技巧，能够在简单的配合下完成一些进攻动作。然而，对于更加复杂和多变的传切配合，学生的掌握程度还不够熟练，需要进一步提高配合默契和战术执行能力。

从学生的需求来看，水平四的学生对提升篮球传切配合技能有着强烈的愿望。他们渴望通过学习，更好地掌握传球的准确性和时机，以及切入的时机和路线。同时，学生也期望能够在比赛中灵活运用传切配合，打破对方的防守，创造出更多的进攻机会。因此，在教学过程中，需要重点加强学生的实战模拟和配合默契练习，帮助他们更好地掌握篮球传切配合的技巧和精髓。通过多样化的练习方法和战术指导，满足学生在技能和比赛应用上的需求，提升他们的篮球水平和团队合作能力。

（六）教法建议

1.基础技术练习

（1）两人一组传球练习：两名学生相距一定距离，面对面站立，进行连续的传球练习。要求传球准确、有力，接球稳定。逐渐增加传球距离和传球速度，提高传球的难度。

（2）移动中传球练习：两名学生在移动中进行传球，如一人向前跑动，另一人传球给跑动的学生。要求传球者根据跑动者的速度和方向调整传球力度和准确性。

（3）多点传切配合进攻：多名队员通过多次传球和切入制造空位和进攻机会。要求学生根据比赛情况不断调整自己的位置和移动路线，制造出更好的进攻和传球机会。

（4）正切、反切练习：持球队员传球给队友，随后观察信号灯，绿灯正切，红灯反切，与队友进行快速、准确的配合。

2. 动作组合技术练习

（1）"传切配合＋投篮（脚步）"组合：两人一组完成传切，切入队员接到球要根据篮框的距离选择投篮的方式。如距离远用行进间高低手上篮，距离近用并步双脚起跳的投篮动作，以获得更好的命中率。

（2）三人无防守综合传切配合演练：A 传球给 B 后，C 迅速切入接到 B 的传球后投篮。熟练后可变换传球顺序、切入时机和路线，提升配合灵活性。

（3）"传切配合＋移动（补位）"组合：三名球员一组在三分线外成三角型落位，持球人将球传给任一侧队员后做摆脱切入篮下动作，这时无球的队员顺着切入队员的原来位子移动（补位）接应球。如球从两侧传向中间位子，两侧队员在切入篮下后急停快速回到原来位置接应球，循环进行。（本练习可最多五人同时进行，多人练习时要根据传球的方向，遵循顺时针和逆时针移动的原则）

（4）"传切配合＋传球"组合：三人一组，A 传球给 B 后虚晃摆脱防守切入篮下，A 接到 B 的传球后吸引弱侧补位的防守，迅速将球传给无人防守的 C。

3. 动作运用练习

（1）半场 3 对 2 练习：在半场内进行 3 对 2 的小型比赛，重点练习传切配合。教师可以设定一些规则，如必须通过至少两次传球后才能投篮，以鼓励学生多进行传球和切入。

（2）全场 5 对 5 比赛：在全场进行 5 对 5 的模拟比赛，让学生在实际比赛中运用传切配合。教师可以在场边进行指导和点评，帮助学生改进技术。

4. 数字化信息化手段运用

（1）战术板演练：利用战术板或图示，让球员了解并练习不同的传切配合战术。

（2）虚拟现实：利用 VR 技术创建篮球比赛场景，让学生在虚拟环境中扮演不同角色进行传切配合练习。这种方式既安全又有趣，能够激发学生的学习兴趣和积极性。

（3）个性化练习计划：根据学生的技能水平和进步情况，制定个性化的练习计划。利用智能教练系统或运动 APP 提供的数据分析功能，为每个学生量身定制最合适的传切配合练习方案。

（七）课时建议

（1）单个技术动作学练：在这一阶段，主要任务是让学生掌握准确的传球、接球、切入等基本动作，通过反复练习形成肌肉记忆。建议安排 1~2 个课时，重点强调动作的标准性和准确性，确保学生在无人防守的情况下能熟练完成各个技术动作。

（2）动作组合技术练习：建议安排 2~3 个课时。重点应放在传球与切入动作的连贯性和协调性上。球员需要通过两人或多人一组的配合练习，提高传切动作的流畅度和准确性。

（3）动作运用练习：在这一阶段，学生需要在真实的对抗环境中运用传切配合技术。建议安排 2~3 个课时进行实战模拟，通过分组对抗赛等形式，让学生在比赛中锻炼传切配合的实际应用能力，同时教师应根据学生在比赛中的表现给予及时的指导和反馈，帮助他们更好地掌握和运用传切配合技术。

第二节 ｜ 足 球 运 动

一、脚背正面运球（水平二）

脚背正面运球，是足球运动技术的一种，指用脚背正面推拨足球，使之与在跑动中的人一起行进并牢牢控制住球的动作。动作方法：准备运球时，身体保持自然放松并略微前倾，两臂随步伐自然摆动。在运球过程中，提起运球脚，膝关节微弯，脚跟提起，脚尖朝下，脚背紧绷。触球时，使用脚背正面或稍外侧部位接触球的后中部，控制球的运行轨迹和速度。运球期间，保持头部抬起，利用余光观察球的位置和场上动态。如需调整球的方向，可通过改变脚背触球的位置，如使用脚背外侧或内侧，来实现球的灵活转向。

（一）教材价值

（1）脚背正面运球作为足球运动中的基础技术动作，不仅能够帮助学生掌握正确的运球姿势和技巧，还能通过反复练习培养学生的耐心、毅力和专注力。在这一过程中，学生学会了如何在动态环境中控制球，提高了空间感知和决策能力，为未来的足球比赛乃至日常生活打下了坚实的基础。

（2）脚背正面运球是一项全身性的运动，它能够有效锻炼学生的下肢力量、核心稳定性和全身协调性。在运球过程中，学生需要不断跑动、转身和变换方向，这有助于增强心肺功能，提高耐力和爆发力。此外，通过持续的练习，学生的身体柔韧性、敏捷性和反应速度也会得到显著提升。

（3）脚背正面运球作为足球运动中的重要技术环节，对于培养学生的体育兴趣、终身体育意识以及全面发展具有积极意义。掌握这一技术能够使学生在足球比赛中更加自信地展现自我，享受运动的乐趣。同时，通过参与足球学习和比赛，学生能够结交朋友，拓宽视野，积累经验，为未来的体育学习奠定坚实基础。

（二）教材的动作分析

1. 动作特点

足球脚背正面运球以直线推拨的方式使球快速前进，是足球运球技巧中的一种。由于脚背正面接触球面积大，力量传递更为直接，因此这种运球方式速度快，适合在前方有较大纵深距离需要快速推进时运用。然而，其路线相对单一，缺乏变化，容易被对手预判，所以在实际比赛中需与其他技巧结合使用，以增加进攻的多样性和不可预测性。

　　脚背正面运球的动作要领在于保持身体平衡，稍微降低重心以维持稳定。在运球时，尽量使用脚背正面或脚背正面稍外侧接触球后中部，通过适度的力量将球向前推进。要注意控制好脚的力度和方向，确保球的弹跳高度和速度适中，以便于继续控制球或传递给队友。同时，步伐要协调，随着球的弹跳节奏调整自己的步伐，以保持与球的合适距离。

　　2.动作结构

　　足球脚背正面运球动作可以分为以下几个阶段：准备阶段、支撑脚踏地蹬送阶段、运球脚前摆触球阶段、运球脚踏地支撑阶段。

　　（1）准备阶段：身体自然放松，上体稍前倾，两臂自然摆动，步幅稍小，以保持身体平衡和准备进行运球动作。

　　（2）支撑脚踏地蹬送阶段：支撑脚积极着地，为运球脚的前摆触球提供稳定的支撑。蹬送动作有助于推动身体重心前移，维持运球过程中的身体平衡。

　　（3）运球脚前摆触球阶段：运球脚在提起时，膝关节微屈，脚跟提起，脚背绷紧，脚尖向下。在迈步前伸着地前，用脚背正面推拨球，给予球推动力，控制球的滚动速度和方向。

　　（4）运球脚踏地支撑阶段：运球脚在完成推拨动作后，立即踏地支撑，以保持身体平衡。这一阶段为运球动作的连续性提供了重要保障，确保学生能够稳定地控制球并准备进行下一次运球动作。

（三）动作原理

　　足球脚背正面运球动作涉及多个物理学原理，包括牛顿第三定律、动量定理、能量守恒、稳定性与平衡等。这些原理共同作用，使得学生能够精确地控制球的速度、方向和弹跳高度，从而完成高效的运球动作。

　　（1）准备阶段：学生调整身体姿势，保持身体平衡，这是为了在接下来的动作中能够稳定地发力。同时，通过稍微前倾的上体，有助于积累一定的势能，为后续的蹬地和运球动作提供动力基础。

　　（2）支撑脚踏地蹬送阶段：在支撑脚踏地蹬送的过程中，脚对地面施加向后的力，根据牛顿第三定律，地面会产生一个等大反向的向前的反作用力。这个反作用力不仅推动学生的身体重心前移，还是维持运球中身体平衡的重要因素。同时，蹬送动作有效地将腿部肌肉的力量通过地面反作用力转化为学生和球的动能，从而驱动他们共同向前移动。

　　（3）运球脚前摆触球阶段：运球脚前摆并触球时，通过施加冲量（力与作用时间的乘积）改变球的动量，使其获得速度和方向。在脚背正面运球时，由于力的方向主要向前，球会沿着直线轨迹快速前进。

　　（4）运球脚踏地支撑阶段：在运球脚踏地支撑阶段，学生的部分身体动能转化为势能，为接下来的蹬地和运球动作积蓄力量。同时，这一踏地支撑动作也有助于学生维持身体平衡与稳定，从而确保在连续运球过程中能精准掌控球的方向和速度。

（四）负荷特点

1.运动负荷

足球脚背正面运球在运动负荷上具有独特的特点。这一技术动作要求学生在跑动中保持身体自然放松，上体稍前倾，步幅稍小，同时运用脚背正面连续推拨球。此动作不仅考验学生的协调性和灵活性，还对其心肺功能和肌肉耐力提出了较高要求。在高速运球过程中，学生的心率会显著上升，接近最大心率的85%～95%，血乳酸浓度也会明显增加，显示出高强度的有氧与无氧混合运动负荷。

2.心理负荷

在心理负荷方面，足球脚背正面运球要求学生具备较高的专注度和自信心。在比赛中，学生需要密切关注球场情况，迅速做出决策，并准确地执行脚背正面运球动作。这需要他们具备良好的心理素质和抗压能力，以应对紧张激烈的比赛环境。通过反复练习和比赛经验的积累，学生可以逐渐提高自己的心理适应能力，更好地应对各种挑战。

（五）学情分析

水平二的学生在足球运球技能上已有一定的基础，他们通常能够完成简单的运球动作，但对于脚背正面运球技术的掌握可能还不够熟练。在运球过程中可能会出现触球部位不准确、运球节奏不稳定等问题。此外，他们的身体协调性和平衡感也在发展阶段，需要进一步的练习和引导来提高运球的稳定性和效率。

从学生的需求来看，水平二的学生对足球脚背正面运球的学习有着较高的兴趣和需求。他们渴望提高自己的运球技术，以更好地参与足球比赛和活动。同时，他们也希望通过学习运球技术，提高自己的身体素质和协调能力。因此，在教学过程中，教师应注重激发学生的学习兴趣和积极性，采用游戏和比赛的教学方法和手段，激发学生的学习兴趣，以满足学生的学习需求，帮助他们更好地掌握足球脚背正面运球技术。

（六）教法建议

1.基础技术练习

（1）脚背正面推拨球：用脚背正面连续推拨球，在短距离内带球，低速状态下体会触球部位和力量控制，逐渐增加推拨的速度和频率。

（2）"足球接力"游戏：将学生分成若干小组，每组站成一列。每个学生用脚背正面运球前进一段距离后，将球传给下一个同学，依次进行，直到最后一人。

（3）"定点射门"练习：在场地上设置多个目标点，每个点放置一个小球门。学生需用脚背正面运球，然后尝试将球射入目标点的小球门。

2.动作组合技术练习

（1）"运球变向接力"游戏：设置一系列标志物，形成S形路线。学生需按照路线，用脚背正面运球并用脚背内侧或外侧快速变向通过每个标志物。

（2）"脚背正面运球＋传球"：两名学生一组，一名学生用脚背正面运球前进，另一名学生站在前方接应。运球学生在适当时候用脚背正面将球传给接应学生，然后两人交换角色。要求传球准确，接球稳定。

（3）"多技能组合挑战"：创建一个包含运球、传球、射门等多个技能的挑战路线。学生在规定时间内，按顺序完成所有技能挑战。

3.动作运用练习

（1）模拟比赛：进行足球教学比赛，鼓励学生运用脚背正面运球技术，提高实战应用能力。

（2）技能挑战赛：设置运球速度、准确度等挑战项目，学生通过完成挑战来检验和提高自己的运球技能。

4.数字化信息化手段

（1）视频教学：录制优秀运动员运球脚背正面运球的视频，通过回放和慢动作展示，帮助学生了解动作过程和动作要领。

（2）动作捕捉与分析：教师可以利用智能手机、平板电脑等设备，录制学生的运球动作并进行回放分析，指出存在的问题和改进方向。

（3）虚拟现实技术：利用 VR 技术创建虚拟足球场景，让学生进行模拟实战练习，提升脚背正面运球的实际应用能力。

（七）课时建议

（1）单个技术动作学练：安排 1～2 个课时进行单个技术动作学练，主要让学生掌握正确的脚背正面触球方式和运球的姿势。通过简单的直线运球、变向运球等练习，帮助学生熟悉球性，提高控球的稳定性和准确性。

（2）动作组合技术练习：重点是将脚背正面运球与其他技术动作相结合，如传球、射门等，以提升学生的综合运用能力。此阶段的任务是让学生能够流畅地转换不同的技术动作，并培养场上的应变能力和战术意识。建议安排 2～3 个课时，通过设计各种组合练习和小组对抗活动，让学生在实践中学习和提高。

（3）动作运用练习：在动作运用练习时，学生需要在真实的比赛环境中实践脚背正面运球技术。建议安排 2～3 个课时进行实战模拟和小型对抗赛，让学生在紧张激烈的比赛中检验并提升自己的运球技术，同时培养学生的场上意识和团队协作能力。通过这样的阶段性练习，学生的脚背正面运球技术将得到全面提升。

二、拉球与转身组合（水平四）

足球的拉球与转身组合技术，是学生在控球时通过用脚底将球拉向自己的侧面或后面，并迅速转身摆脱防守的动作。动作方法：在准备拉球时，身体保持自然放松并略微前倾，两臂自然摆动以维持平衡，同时提起运球脚，膝关节微屈，脚跟抬起，脚背紧绷且脚尖朝下；在拉球过程中，保持稳定重心，用脚掌踩住球的顶部向侧面或向后拉球，并准确地将球挡推到预定位置。紧接着，可以紧密衔接转身动作，如采用V形拉球转身，即脚置球上拉回后打开身体，用脚内侧反向推出完成转身；或者L形拉球转身，将脚放在球上拉回，再用脚内侧将球推向支撑脚后方，同时完成转身；还可以选择反向油炸丸子转身，即用脚内侧将球推向另一只脚后，迅速将球推向身后以实现快速转身。

（一）教材价值

（1）拉球与转身组合技术的学习能够提升学生的足球技能和战术意识。通过反复练习，学生不仅可以掌握这一实用技术，还可以在练习过程中培养耐心、专注力和团队协作能力。此外，这一技术的学习也有助于学生理解足球运动的规则与策略，从而更全面地认识这项运动。

（2）拉球与转身组合技术的练习对于学生的身体素质提升有着积极作用。在练习过程中，学生需要进行多次的拉球和转身动作，这些动作可以有效锻炼他们的灵活性、协调性和平衡感。同时，这种技术练习还能提高学生的心肺功能，增强他们的体质。

（3）掌握拉球与转身组合技术为学生将来在足球领域的发展打下坚实基础。这一技术是足球比赛中常用的突破和摆脱对手的手段，能够帮助学生在比赛中获得更多进攻机会。此外，随着学生技能的不断提升，他们还可以将这一技术与其他足球技术相结合，创造出更多具有个人特色的进攻方式，提升自身的竞技水平。

（二）教材的动作分析

1. 动作特点

拉球与转身组合动作，特点在于其灵活多变和欺骗性强。这种技术要求学生在狭小空间内快速改变球的方向，同时调整自己的位置，常常让防守者措手不及。通过拉球，学生可以巧妙地摆脱对手，创造出进攻机会或为自己争取更多的控球时间。而紧接着的转身动作，则能迅速面向进攻方向，为下一步动作做好准备。

拉球与转身组合的动作要领在于保持拉球与转身动作的连贯性，确保中间无停顿；同时，要准确控制触球的力度和方向，以保持对球的稳定操控；此外，还需根据场上实际情况灵活应用各种拉球和转身技术，从而有效摆脱防守并创造有利的进攻机会。

2. 动作结构

拉球与转身组合的基本动作结构是一个连贯且协调的过程，包含准备姿势、拉球动作、转身动作和加速摆脱四个核心部分。

在准备姿势阶段，学生应保持身体平衡，双脚分开与肩同宽，微弯膝盖以保持稳定，并时刻观察前方，预判防守者的动态。紧接着是拉球动作，学生需运用脚的内侧或外侧技巧性地将球迅速拉向身体一侧，确保力度适中，使球能随动作改变方向。

随后，转身动作紧随拉球之后，学生以支撑脚为轴心，迅速且流畅地转动身体，改变面向。在转身过程中，保持上半身的稳定至关重要，同时观察球的位置，确保对球的精准控制。

最后是加速摆脱阶段，学生转身完成后，应立即加速，利用新创造的空间和方向迅速摆脱防守者，继续推进进攻或寻找传球给队友的机会。

这四个部分紧密相连，共同构成了拉球与转身组合的基本动作框架。学生在实际运用时，应根据比赛情境和对手的反应灵活调整动作细节，以确保技术的有效性和实战性。

（三）动作原理

（1）准备姿势：保持身体微微前倾，两腿打开与肩同宽或略宽，以保持稳定的支撑基础。这种姿势有利于快速改变方向和执行接下来的技术动作。在物理学上，稳定的支撑基础可以更有效地传递力量，减少不必要的能量损失，为后续动作奠定基础。

（2）拉球动作：拉球是组合动作的核心部分之一。学生用脚底将球快速拉向身体，这涉及力学中的摩擦力原理。脚与球之间的摩擦力使得学生可以控制球的轨迹和速度，确保球能够顺利地拉到预期位置。

（3）转身动作：转身动作要求学生快速且平稳地改变身体方向。这涉及动力学原理，即身体在转身过程中的角动量和动量守恒。学生通过调整身体的转动惯量和施加力矩，实现快速且稳定的转身，以应对场上的变化。

（4）加速摆脱阶段：完成转身之后，学生通常会加速摆脱对手。这一阶段利用了牛顿第二定律，即通过施加更大的力来产生更快的加速度。学生通过腿部肌肉的快速收缩，产生足够的推力，使自己能够快速摆脱对手，创造进攻或防守的机会。

（四）负荷特点

1.运动负荷

从运动负荷角度来看，拉球与转身组合具有较高的要求。执行这一技术时，学生需要快速而准确地完成拉球和转身动作，这需要身体的协调性、爆发力和灵活性。因此，这一组合对学生的肌肉力量、耐力和柔韧性都提出了较高的挑战。在练习中，学生需要通过反复练习和逐渐增加负荷的方式来提高身体的适应能力。

2.心理负荷

从心理负荷方面分析，拉球与转身组合同样具有一定的挑战性。学生在执行这一技术时需要集中注意力，准确判断防守者的位置和动作，并迅速做出反应。这需要学生具备良好的反应速度、决策能力和自信心。在比赛中，学生还需要承受来自对手的压力和干扰，保持冷静和专注。

（五）学情分析

水平四的学生在足球技术方面已有一定的积累，对于基本的控球、传球等技能掌握得相对熟练。然而，拉球与转身组合对他们来说可能还是一个新的挑战。这个阶段的学生身体协调性、反应速度和技术水平都在发展中，但对于复杂的动作组合，如拉球与转身，可能还存在一些困难。他们可能会在转身时失去对球的控制，或者在拉球过程中无法准确判断球的速度和方向。因此，需要针对这些具体问题进行有针对性的练习和指导。

水平四的学生渴望提升自己的足球技术，尤其是像拉球与转身这样的高难度动作，以增强在比赛中的竞争力。他们需要通过系统的练习来掌握这一技巧，并理解其背后的动作原理。此外，学生也希望在练习过程中得到及时的反馈和指导，以便更快地纠正错误并提高技术水平。因此，教师应提供多样化的练习方法和实时的技术指导，以满足学生的需求并促进他们的技能发展。

（六）教法建议

1. 基础技术练习

（1）踩球练习：膝关节弯曲，重心降低，用前脚掌轻触球的正上方，双脚交替进行。熟练之后可以双脚跳着交替进行，并可以控制球向前、后、左、右移动，或借助标志点做"8"字等更复杂路线的移动，提升球感，为拉球打下扎实基础。

（2）慢动作模拟练习：教师示范拉球与转身的慢动作，学生跟随模仿，逐步掌握动作要领。

（3）原地拉球练习：学生原地进行拉球动作的练习，重点练习用脚底拉球向身体一侧的技巧。可以设置标志物，要求学生将球拉过标志物，做V字拉球练习，以提高练习的准确性和目标感。

（4）运动中拉球练习：设置Z线路标志障碍，运球到标志物前做拉球转身动作。

2. 动作组合技术练习

（1）消极防守的拉球与转身练习：学生两人一组，一人进行拉球与转身的组合动作，另一人作为防守者进行逼抢。通过反复练习，提高学生在对抗中运用技术的能力。

（2）变向障碍练习：设置多个标志物作为障碍，学生需运用拉球与转身组合动作绕过障碍，提高在复杂环境下的应变能力。

（3）技术串联练习：将拉球与转身组合与其他技术（如射门、传球等）串联起来练习。例如，在完成拉球与转身组合后紧接着进行射门或传球给队友。

3. 动作运用练习

（1）角色扮演游戏：设定特定场景，如"1V1""2V2"等，让学生扮演进攻者或防守者角色，专门练习使用拉球与转身组合突破或防守。通过角色扮演，学生能更深入地理解技术在实际比赛中的应用。

（2）比赛模拟：在小场地内进行模拟比赛，鼓励学生运用拉球与转身组合技术突破防守、创造进攻机会。

4. 数字化信息化手段

（1）视频教学：利用数字化信息化手段，如运动分析软件，对学生的拉球与转身组合动作进行录制和分析。通过回放和慢动作展示，帮助学生更直观地了解自己的技术表现和需要改进的地方。

（2）虚拟现实：借助虚拟现实技术，让学生在虚拟环境中进行拉球与转身组合的练习和比赛模拟。这种新颖的教学方式能够激发学生的学习兴趣和积极性，提高教学效果。

（七）课时建议

（1）单个技术动作学练：主要任务是让学生熟练掌握拉球和转身的基本技巧。学生应通过反复练习，体会动作要领，逐步做到准确、流畅。此阶段建议安排2～3个课时，重点练习拉球技巧、转身动作及拉球与转身的衔接动作。

（2）动作组合技术练习：此阶段需要2～3个课时，让学生通过反复的练习，逐渐掌握拉球与转身的连贯性和协调性。在基本掌握的基础上，和传球等其他动作进行组合练习。

（3）动作运用练习：通过模拟比赛场景，让学生在实践中运用拉球与转身组合技巧。安排2～3个课时，进行小组对抗练习或小型比赛，让学生在真实的竞技环境中感受该技术的实用性。教师需在此阶段提供针对性的战术指导和反馈，帮助学生更好地将技术运用到实际比赛中。

三、斜传直插"二过一"（水平五）

"二过一"是足球运动战术术语，指两名进攻队员在局部地区通过传切配合突破一名防守队员的配合方法。多用于对方半场，是集体进攻配合的基础。常用方法有斜传直插、直传斜插、踢墙式、回传反切和交叉掩护等。斜传直插"二过一"动作方法：控球队员与接应队员保持一定的距离，以确保在场上留有足够的操作空间来执行斜传直插"二过一"战术配合。控球队员带球逼近防守者，并不断观察场上的动态。一旦发现防守方露出破绽或防线出现可利用的空当，立即把握机会，将球斜传给处于有利位置的接应队员。传球的同时，控球队员迅速启动，直插接应队员前方的空白区域。接应队员在接住球后，迅速观察控球队员的跑动位置以及场上其他队友和对手的分布情况，以便选择最佳的传球或突破时机。

（一）教材价值

（1）通过这一战术的学习与实践，培养了学生的团队协作精神和战术意识。在练习过程中，学生需要紧密配合，默契传球与跑位，这有助于提升他们的沟通能力、信任感和责任感。同时，面对防守时的快速决策和应变，也锻炼了学生的思维敏捷性和问题解决能力。

（2）斜传直插"二过一"战术要求学生在短时间内进行快速跑动、变向和传球，这对提高学生的速度、灵敏性、耐力和力量等身体素质具有显著效果。通过反复练习，学生的心肺功能得到增强，肌肉力量得到提升，身体协调性得到改善，从而全面促进学生的身体健康。

（3）斜传直插"二过一"战术的学习为学生提供了展示自我、挑战自我的平台。在比赛中成功运用这一战术，不仅能够提升学生的自信心和成就感，还能激发他们对足球运动的热爱和兴趣。此外，随着对战术的深入理解和运用，学生的足球技能水平将得到不断提高，为他们未来的足球发展奠定坚实的基础。

（二）教材的动作分析

1. 动作特点

斜传直插"二过一"是足球中一种高效、实用的战术配合，其特点在于其快速、突然且具有极强的穿透力及隐蔽性。这种战术动作通过精准的斜线传球和快速的直线跑位，打破了对方的防守平衡，制造了进攻方直接威胁对方球门的机会，从而取得进球机会。

动作要领：传球者需用斜线传球，确保传球的准确性和突然性；接球者（即插入的队员）应迅速直线跑位，摆脱防守者，接到传球后根据实际情况选择直接射门或再次传控球；最后，传球者在传球后应立即向前跑位，以制造进攻人数优势。在整个过程中，传球者和接球者的默契配合至关重要，需要精准的传球时机、快速的跑位以及合理的接控球。

2. 动作结构

足球斜传直插"二过一"的基本动作结构需要学生之间精确的传球、快速的跑位和准确的判断，这些要素缺一不可。

（1）斜线传球：这是"二过一"配合的开始，进攻队员 A 首先需要做一个斜线传球给队友 B。这个传球需要准确地越过防守队员，同时保证传球的速度和弧度适中，以便队友 B 能够顺利接球。

（2）直线跑位：在传球的同时，进攻队员 A 需要迅速启动，沿直线向防守队员的身后空当跑位。这个跑位需要判断接应队员的传球时机，避免提前跑位造成的越位，跑动时要快速且突然，以摆脱防守队员的盯防，并准备接应队友 B 的回传球。

（3）传接球配合时机与能力：队友 B 在接到 A 的斜传球后，需要准确判断场上的形势，并掌握好传球的时机。他可以选择直接向前突破，或者在吸引到防守队员的注意后，将球回传给已经跑到空当位置的 A。在这个过程中，传球的准确性和接球的反应速度都至关重要。

（4）突破防守：通过以上的配合，进攻队员 A 和 B 能够制造出突破防守的机会。最终，通过斜传直插"二过一"的配合，球队能够打乱对方的防守节奏，制造出进攻方人数多于防守方的局面，从而取得进球的机会。

（5）在整个配合过程中，队员之间的默契和信任至关重要。传球者和接球者需要通过眼神、呼喊、手势等动作与方式进行良好的沟通和呼应，确保传球的准确性和接球的顺利性。此外，队员还需要具备良好的空间感和时间感，能够准确判断传球和跑位的时机，以及对方的防守方式和场上形势。

（三）战术原理

斜传直插"二过一"的战术原理是一个综合性的体系，它要求球员在团队协作、战术理解、空间与时间感知以及防守分析与应对等方面都具备出色的能力和素养。

（1）团队协作与默契：斜传直插"二过一"战术的核心在于两名进攻球员之间的高度默契与协作。这种默契不仅体现在传球队员斜向传球时，切入队员能够准确预判传球路线和时机，迅速插入到对方防守的空当位置，还体现在传球后的跑位调整上。切入队员接球后，传球队员需迅速调整自己的位置，准备接应下一次传球或制造新的进攻机会，从而形成连续性的进攻威胁。

（2）战术理解与执行：球员需要对斜传直插"二过一"战术有深入的理解，包括传球的力度、角度、时机，以及切入队员的跑动路线、速度和时机等。在执行战术时，队员需要保持高度的专注力，随时准备根据场上形势的变化做出调整。

（3）防守分析与应对：在执行斜传直插"二过一"战术时，进攻球员需要快速分析对方防守球员的站位、移动路线和防守重点。通过观察防守球员的动作和眼神等细微变化，判断其可能的防守意图和反应。基于这种判断，进攻球员可以选择最合适的直插时机和路线，以避开防守球员的封堵和干扰。

（4）空间与时间感知：传球队员需要判断直插队员与防守球员之间的空间距离，以及直插队员接球后的推进空间，从而选择最佳的传球时机和路线。同时，直插队员也需要准确判断自己与防守球员之间的时间差，即在防守球员做出反应之前迅速插入空当位置并接球。

（四）负荷特点

1. 运动负荷

斜传直插"二过一"在运动负荷方面表现出显著的特点。由于该动作要求学生在短时间内完成传球、跑位和接球等一系列复杂动作，因此对身体的协调性、灵敏性和爆发力要求较高。这种高强度的运动负荷有助于提升学生的身体素质和足球专项能力，特别是在速度、耐力和力量方面。然而，这也意味着学生在进行此类配合时需要具备良好的体能基础，以应对高强度的运动需求。

2. 心理负荷

在心理负荷方面，斜传直插"二过一"同样具有挑战性。学生在执行这一战术配合时，需要高度集中注意力，准确判断传球和跑位的时机。同时，他们还必须具备坚定的信心和果断的决策能力，以应对比赛中的压力和不确定性。这种心理负荷对于提升学生的比赛心态和抗压能力具有重要意义，但也需要通过练习和比赛来逐步适应和克服。

（五）学情分析

从学生的基础来看，高中的学生在足球技能和战术理解上已经有了一定的积累。他们大多能够熟练地完成基本的传球和接球动作，对足球比赛的基本规则也有了清晰的认识。

然而，对于斜传直插"二过一"这样的复杂配合，他们可能还缺乏深入的了解和实践经验。因此，在教学时，需要重点强化他们对这一战术配合的理解和执行能力。

从需求方面来看，高中的学生渴望学习更高级的足球技能和战术，以提升自己在比赛中的表现。斜传直插"二过一"作为一种实用且有效的进攻配合，能够满足他们对于提升进攻能力和团队合作能力的需求。在教学过程中，应该注重激发学生的学习兴趣和积极性，通过丰富的练习方法和实战模拟，帮助他们更好地掌握和运用这一战术配合。同时，还需要关注学生的个体差异，根据不同学生的基础和特点，提供个性化的指导和帮助。

（六）教法建议

1. 基础技术练习

（1）跑动中传球练习：两人一组，一人持球跑动，另一人迎球跑动并接球，随后立即传球回去。

（2）变换方向的练习：在基本配合的基础上，增加变向的练习。例如，传球者可以先向左传，然后突然改变方向向右传，以此锻炼接球者的反应速度和变向能力。

（3）四角位传跑练习：方形区域，分成四个组，分列四个角，传球后跑下一位置，依次轮换，可以根据学生情况，提出不同的要求，比如跑中接应，回传接应等。

（4）限制空间内的配合练习：在小区域内设置两名防守者，进攻者两人一组进行斜传直插"二过一"配合，尝试突破防守。

2. 动作组合技术练习

（1）斜传直插后射门练习：学生 A 斜传给学生 B，学生 B 接球后直插到目标区域，并尝试射门。

（2）防守压力下的斜传直插与射门：在防守学生的干扰下，学生 A 斜传给学生 B，学生 B 需要摆脱防守并直插到射门位置，完成射门。

3. 动作运用练习

（1）小场地比赛：在缩小场地上进行"2 对 1""2 对 1 对 1（守门员）""3 对 2 或 5 对 4"比赛，鼓励学生运用斜传直插"二过一"配合进攻。

（2）情境模拟练习：设置具体比赛情境（如角球、边路进攻等），学生在情境中尝试运用斜传直插"二过一"配合创造进攻机会。

4. 数字化信息化手段

（1）视频分析：使用专业软件记录和分析学生在练习中的运动轨迹、速度、加速度等数据，为教师提供客观评估依据。

（2）虚拟现实：借助 VR 技术，让学生在虚拟环境中进行斜传直插"二过一"的练习和比赛模拟。

（七）课时建议

（1）单个技术动作学练：此阶段建议安排 1～2 个课时。重点练习斜传球的方法与传球力度，并熟练掌握直线跑位的技巧与节奏。让学生通过静态和动态的传球练习，熟练掌握斜传的技巧，并培养与队友之间的默契。同时，加强学生的跑动接球练习，提高其在移动中准确接球的能力。

（2）动作组合技术练习：进入动作组合技术练习阶段，学生需将斜传球与直插跑位紧密结合，形成连贯的组合动作。此阶段建议安排2～3个课时，通过反复的组合练习，提高学生之间传跑配合的默契度。教师可设置不同的练习场景，模拟实战环境，帮助学生更好地适应比赛节奏。

（3）动作运用练习：在实战模拟中运用斜传直插"二过一"技巧，通过小组对抗或全场比赛的形式进行实践。安排2～3个课时，让学生在真实的比赛场景中体验并优化该技术，从而达到熟练运用的目的。教师需观察学生表现，针对问题提出改进意见，帮助学生在实战中不断完善技术动作。

第三节　排球运动

一、正面双手垫球（水平三）

正面双手垫球是排球运动中一项最基本、运用最多的垫球技术。动作方法：移动对正来球，身体呈半蹲姿势，两脚左右开立稍有前后，身体重心略前移；当球接近腹前时，两臂自然伸直相靠，两手相夹，虎口向上，使手腕和前臂形成一个平面，蹬腿、抬臂迎击来球，击球点保持在腹前，用腕关节以上10厘米处击球的后中下部，身体重心随击球动作前移。

（一）教材价值

（1）排球正面双手垫球作为排球运动中的基础技术，不仅帮助学生掌握垫球的基本动作要领，还通过反复练习培养学生的耐心、专注力和协调性。在学习过程中，学生需要理解垫球的时机、位置和力度，这有助于提升他们的空间感知和决策能力。同时，排球运动强调团队协作，正面双手垫球的练习也促进了学生之间的沟通与配合，培养了他们的集体主义精神。

（2）在垫球时，学生需要调动全身肌肉，特别是上肢、腰部和下肢的力量，这有助于增强肌肉力量和耐力。同时，垫球过程中的快速移动和反应也提高了学生的灵敏性和协调性。此外，排球运动还能促进学生心肺功能的发展，增强心血管系统的功能，对预防心血管疾病具有积极作用。

（3）排球正面双手垫球的学习为学生的全面发展提供了有力支持。掌握垫球技术不仅有助于学生在排球比赛中发挥更好的水平，还能培养他们的体育兴趣和终身锻炼的习惯。同时，排球运动作为一项集体项目，需要学生具备团队协作和沟通能力，这有助于学生在未来的社会生活中更好地与他人合作和交流。

（二）教材的动作分析

1. 动作特点

排球正面双手垫球以其稳定性和控制性为特点。学生正面迎球，双手并拢，通过协调的手臂和手腕动作将球稳稳垫起，再精准传给队友或直接将球垫到对方场地。此动作简单易学，特别适合初学者接速度快、弧度低的球。在比赛中，垫球主要用于接发球、扣球、拦回球等，虽然准确性稍逊于双手传球，但其灵活性和实用性使其成为排球比赛中不可或缺的技术。

垫球的动作要领：插是指及时移动取位，降低重心，两臂前伸插至球下，使两前臂的垫击面对准来球，并初步取好手臂的角度；夹是指两手掌根紧靠，手臂夹紧，手腕下压，用平整而稳定的击球面去迎击球；提是指由下肢蹬地，提肩、顶肘、压腕的动作去迎击来球，身体重心要随球前移，两臂在全身协调动作的配合下伴送球。

2. 动作结构

正面双手垫球的动作结构主要包括准备姿势、垫球手型、击球点、最后用力四个部分。这四个部分紧密相连，缺一不可，共同构成了正面双手垫球的动作结构。

（1）准备姿势：对正来球，身体呈半蹲姿势，两脚左右开立，两脚间的距离稍宽于两肩并略有前后，上体稍前倾；两臂微屈置于腹前，两肘稍内收，两眼注视来球。

（2）垫球手型：两手手指上下相叠，两拇指对齐平行相靠压在上面一手的中指第二指节上，掌根紧靠，两臂伸直相夹。注意手掌部分不能相叠。当球接近腹前时，两臂并拢，两手互握前伸插到球下，手腕下压，两臂外旋形成平面。

（3）击球点：一般应尽量保持在腹前、离腹部约一臂距离的位置，用腕上10厘米左右的两小臂挠骨内侧所构成的平面击球的后中下部。

（4）最后用力：蹬腿、抬臂协调用力垫击来球，身体随击球动作前移。

（三）动作原理

对垫球的动作原理，从力学角度进行分析。在垫一般球时（也叫垫轻球），由于来球的速度较慢，此时便会失去一部分动能，假如仅仅依靠球与手臂的反弹力，反弹后的速度将会逐渐减小，排球也就无法向预定目标处飞行。因此，在垫击球的过程中，手臂随着球的反弹方向主动用力，球会得到一个冲量，从动量定理的角度分析，排球就会获得一个与它反弹方向、速度一致的增量（mv），由公式 $Ft=mv$ 可知，球体和手臂主动用力就能够使排球的速度变大。

在接扣球的过程中，手臂与球发生接触时处于被动受力状态，此时来球的速度较快，力量也较大，球与手臂接触的时间较短，假如手臂直接迎接球体发力，那么来球就会以更快的速度弹起，无法有效控制球体。为了有效控制球体向预期方向飞去，手臂就必须运用屈肘、翘腕的动作对来球进行合理的缓冲，这个缓冲过程就是手臂对球产生的用力过程。如此便能使球与手臂接触时间延长，减小了球的力量，反弹的速度自然也会下降，能够帮助学生更好地控制球飞行的方向。

在接发球的过程中，其动作原理基本同垫一般球的动作原理。但需学生对来球的速度、方向与位置的变化进行判断，调整用力方向，以此来控制球飞行的方向。

（四）负荷特点

1. 运动负荷

从运动负荷角度看，正面双手垫球具有中等强度的负荷特点。垫球动作需要全身协调，包括下肢的蹬地、躯干的转动以及上肢的挥臂等，这些动作组合在一起，形成了全身性的运动负荷。同时，垫球的节奏和速度也会随着比赛的进行而不断变化，这就要求学生具备良好的耐力和灵敏性，以适应不断变化的运动负荷。

2. 心理负荷

从心理负荷角度看，正面双手垫球同样具有一定的负荷。在练习和比赛中，学生需要时刻保持高度的注意力和集中力，准确判断来球的路线和速度，并迅速做出反应。这种快速的决策和反应过程会对学生的心理产生一定的压力，形成心理负荷。此外，比赛中的紧张气氛和对抗性也会增加学生的心理负荷。因此，学生在练习正面双手垫球时，不仅需要注重技术和体能的练习，还需要加强心理素质的培养和锻炼。

（五）学情分析

从学生的基础来看，水平三的学生处于排球技能的初学阶段，他们对正面双手垫球这一基本技术的掌握可能还不够熟练。部分学生可能在之前的学习中已经接触了一些排球基础知识，但对于垫球的稳定性、准确性和时机把握还有待提高。此外，这一阶段的学生在身体素质和协调性上也有所不同，需要有针对性的教学和练习。

从学生的需求来看，水平三学生对于学习新的排球技能有着较高的渴望和动力。他们希望通过学习正面双手垫球，进一步提升自己在排球比赛中的表现水平。同时，他们也渴望在团队合作中展现自己的价值，增强自信心和归属感。因此，在教学过程中，应注重技能练习的实战应用，以满足学生的需求和期望。

（六）教法建议

1. 基础技术练习

（1）球感游戏：通过多样化的触球游戏，如"你追我赶""小球不落地"等，让学生在轻松愉快的氛围中熟悉球的弹性和手感，培养对球的敏感度。

（2）"看谁垫球准"：设置不同距离的垫球目标区，让学生尝试用不同力度将球垫到指定区域，通过反馈和调整，逐步掌握力度控制技巧。

（3）"接力垫球"：学生分成若干小组，进行接力垫球比赛，看哪个小组能够连续垫球次数最多，不失误。

2.动作组合技术练习

（1）"多变的垫球节奏"：教师或一名学生控制节奏，其余学生根据节奏变化进行垫球，快慢结合，增加垫球的趣味性。

（2）"你抛我垫"：学生两人一组，一人抛球，一人垫球，抛球者可以变换抛球的角度、高度和速度，垫球者需要灵活应对。

（3）"垫球＋移动＋再垫球"：模拟比赛场景，学生先垫球，然后移动到合适位置再垫球，提高反应和连贯性。

（4）多人一组轮流垫球：3～4人一组，围成一个圈，轮流垫球，练习团队协作和垫球稳定性。

3.动作运用练习

（1）"垫球接力赛"：将学生分成几个小组，进行垫球接力比赛，每个队员必须连续垫球一定次数后才能将球传给下一个队员，最先完成接力的小组获胜。

（2）"目标垫球"：设置不同的目标区域，要求学生将球垫到指定区域，提高垫球的准确性和目的性。

（3）隔网垫球比赛：运用排球或羽毛球场地，学生分两组，每组4～6人采用垫球的方式进行隔网垫球比赛。

4.数字化信息化手段

（1）互动教学软件：使用平板电脑或交互式白板展示正确的垫球动作，并让学生通过软件模拟垫球动作，获得即时的动作评估和建议。

（2）动作捕捉与分析：使用动作捕捉设备记录学生在进行垫球练习时的手型、击球点、力度等关键指标的全身动作，帮助学生找出动作衔接中的不足。

（七）课时建议

（1）单个技术动作学练：在基础技术练习，主要任务是让学生掌握垫球的基本姿势和手型。建议安排2～3个课时，通过反复练习和教师指导，确保学生能够准确做出正面双手垫球的基本动作，为后续复杂练习打下基础。

（2）动作组合技术练习：学生需要学会将垫球与其他技术动作相结合。此阶段可安排3～4个课时，让学生通过练习不同的动作组合，如垫球与移动、垫球与传球等，提升技术的连贯性和协调性。

（3）动作运用练习：重点是让学生在模拟比赛场景中运用正面双手垫球技术。建议安排2～3个课时进行小组对抗或实战演练，通过实践让学生深刻体会垫球在比赛中的作用，并培养他们的实战意识和团队协作能力。这样的课时安排有助于水平三学生系统地学习和掌握正面双手垫球技术。

二、垫球、传球和扣球组合（水平四）

排球中的垫球、传球和扣球组合是比赛中的核心技术。动作方法：垫球通常由后排队员或自由人完成，他们凭借精准的判断和灵活移动，用双臂或单手稳定接住对方发球、扣球或拦回球。在垫球过程中，调整手臂与球的角度，控制球弹出的力度和方向，确保球平稳飞向预定目标，即队伍中的二传手。随后，二传手运用传球技术，如正面双手传球或跳传，精确地将球传给主攻手或副攻手。二传手在接球时迅速判断，通过手指和手腕的细腻控制，确保球传到攻手的最佳扣球位置。最后，主攻手或副攻手接到传球后，进行连贯的助跑、起跳和扣球动作，通过强有力的挥臂和准确的击球点选择，将球以极快的速度扣向对方场地，力求得分或打乱对方防守。

（一）教材价值

（1）垫球、传球和扣球的技术组合练习能够培养人的协调性与反应能力。学习者在反复练习中，不仅技术得到提升，还能学会如何在压力下保持冷静，以及如何与队友沟通协作，这对于个人意志品质和团队协作能力的培养至关重要。

（2）这三种技术的组合练习能够全面锻炼学生的身体素质。垫球增强了下肢的稳定性和反应能力，传球则强化了上肢和核心肌群的力量与协调性，而扣球更是对全身爆发力和灵活性的挑战。综合来看，这些技术动作的组合练习有助于提升学生的整体身体素质。

（3）垫球、传球和扣球组合是学生提升技术水平和竞技能力的重要途径。通过不断练习和精进这一组合，学生能够熟练掌握排球运动的基本功，为更高级别的技术和战术训练打下坚实基础。同时，这一组合练习还能够培养学生的反应速度、判断能力和心理素质，使他们在比赛中更加从容应对各种情况，发挥出自己的最佳水平。

（二）教材的动作分析

1. 动作特点

排球中的垫球、传球和扣球组合展现了技术的多样性与协调性。垫球以稳定和控制为主，要求选手准确判断球路，用双手将球平稳垫起。传球则注重准确性和远度，通过手指和手腕的精细控制，将球传到预定位置。扣球则强调力量和速度，需要选手起跳后，在空中用全力将球扣向对方场地，以突破对方防守。

这组动作的要领在于身体的协调与技术的转换。垫球时要保持身体平衡，双手协同工作，确保球稳定弹出。传球时，手指要放松，利用手指的弹性和手腕的转动来控制球的弹跳高度和方向。扣球时，则需充分准备，找准起跳点，利用全身力量将球迅猛扣出。三种技术间的转换要流畅自然，根据比赛情况灵活应用，这是提升排球技术水平和比赛能力的关键。

2. 动作结构

（1）垫球：作为防守的起点，其动作结构包括准备姿势、迎球动作和击球动作。准备时，学生需保持低重心，双脚分开与肩同宽，便于快速移动。迎球时，双臂并拢前伸，形成稳定的击球平台。击球时，则通过手臂和手腕的协调用力，将球稳稳垫起。

（2）传球：在组合中起到承上启下的作用，其动作结构包括准备姿势、迎球和传球动作。准备时，学生需保持身体平衡，双眼注视来球。迎球时，通过脚步调整位置，确保身体正对来球。传球时，则利用双手的协调用力和手指的弹性，将球准确传给队友。

（3）扣球：动作结构包括助跑、起跳、空中击球和落地。助跑时，学生需选择合适的路线和节奏，为起跳创造有利条件。起跳时，通过腿部肌肉的爆发力，使身体高高跃起。空中击球时，则利用全身力量和手臂的鞭打动作，将球狠狠扣下。最后，落地时需保持身体平衡，以便迅速投入下一轮防守。

根据不同的情景，垫球、传球和扣球有多种组合运用方法，它们共同构成了排球比赛的基本进攻和防守体系。通过熟练掌握这些技术动作，并灵活组合运用，可以显著提高球队在比赛中的攻防能力。

（4）"垫球＋传球"：在接发球或防守时，首先通过垫球将球稳稳地接起，然后迅速调整位置，通过传球将球准确地传给队友，发起进攻。

（5）"传球＋扣球"：在进攻组织中，如果球传得较高且位置合适，传球者将球准确地传给扣球手，扣球手通过跳跃和扣杀动作，将球有力地击入对方场地，形成得分机会。

（6）"垫球＋传球＋扣球"：这是一个完整的攻防转换过程。首先，防守学生使用垫球技术接起对方的进攻球，然后通过传球将球送到二传手手中，最后由二传手组织起有效的进攻，通过扣球完成得分。

（三）动作原理

垫球是排球中的基础动作，其动作原理主要体现在牛顿第三定律和动量守恒上。当学生用双臂垫击球体时，球体对双臂施加一个向下的力，而双臂则对球体产生一个大小相等、方向相反的反作用力，使球体反弹向上。在这个过程中，学生需要精确控制垫击的力度和方向，以确保球体能够按照预定的轨迹运动。同时，垫球过程中也涉及动量的转化和守恒，学生通过调整自身的姿势和力量，实现球体动量的有效传递和控制。

传球则主要体现了力的传递和能量转化的物理学原理。在传球过程中，学生通过手臂和手指的协调运动，将身体的力量通过球体传递出去，使其按照预定的轨迹飞行。在这个过程中，力的传递是连续的，能量的转化也是高效的。学生需要精确控制传球的力度和角度，以确保球体能够准确到达预定位置。

扣球是排球中最具攻击性的技术，其物理学原理主要涉及动力学和运动学。学生在起跳后，通过全力挥臂给予球体极大的初速度和旋转，使其在空中形成有力的弧线飞行。在这个过程中，学生需要充分利用身体的力量和速度，以及精确的击球技巧，来实现最大的攻击效果。同时，扣球过程中也涉及空气动力学原理，球体在空气中的飞行受到阻力和重力的影响，学生需要充分考虑这些因素来确保球体的准确落点。

（四）负荷特点

1.运动负荷

在排球练习中，垫球、传球和扣球组合呈现出独特的负荷特点。从运动负荷角度看，这一系列动作要求身体各部分协同工作，包括腿部的快速移动、躯干的稳定支撑以及手臂的精确控制。垫球需要灵活的脚步和稳定的重心来维持身体平衡；传球则要求手臂和手腕的精细调节，以确保球的准确传递；扣球则是全身力量的爆发性释放，对肌肉力量和协调性有较高要求。因此，这组动作对身体的肌肉力量、耐力和协调性构成了显著的运动负荷。

2.心理负荷

在心理负荷方面，垫球、传球和扣球组合要求学生具备高度的专注力、反应能力和决策能力。学生必须迅速判断球的路线和速度，作出准确的动作选择，并在紧张的比赛环境中保持冷静和自信。这种对认知、情感和意志的多重挑战，构成了这组动作显著的心理负荷特点。因此，这组动作不仅是对学生身体能力的考验，更是对其心理素质的全面锻炼。

（五）学情分析

在基础方面，水平四的学生已经具备了一定的排球基础技能，能够完成基本的垫球、传球动作，但对扣球技术的掌握可能还不够熟练和稳定。他们在动作的执行和连贯性上仍需进一步提高，尤其是在复杂和多变的比赛情境中。

在需求方面，这些学生对于提高垫球、传球和扣球组合的技术水平有着迫切的愿望。他们渴望在比赛中能够更好地运用这些技术，为团队赢得胜利。同时，他们也希望在练习过程中能够得到更多的指导和反馈，以便更快地纠正错误动作并形成正确的动力定型。

综上所述，对于水平四学生的垫球、传球和扣球组合教学，教师应重点加强技术的连贯性和运用能力练习，同时给予学生足够的指导和反馈，以满足他们在技术和比赛表现上的双重需求。

（六）教法建议

1.基础技术练习

（1）垫球基础练习：采用自垫、对垫和多人一组垫球的方式，重点练习学生的手臂稳定性和对球的控制能力。可以设置目标区域，要求学生将球垫入指定范围内，提高垫球的准确性。

（2）传球基础练习：从两人一组传球开始，逐渐增加传球的距离和难度，如加入移动传球、多人一组传球等。强调传球的稳定性，练习学生双手的协调用力和手指手腕的弹性。

（3）扣球基础练习：先进行原地扣球练习，让学生掌握正确的扣球姿势和手臂鞭打动作。然后逐渐过渡到助跑起跳扣球，重点练习学生的起跳时机和空中控制能力。

2. 动作组合技术练习

（1）两人一组垫传练习：一人负责垫球，一人负责传球，两人连续进行垫传配合，逐渐增加垫传次数和距离。

（2）两人一组传扣练习：将多人分成两组，一组负责传球，另一组负责扣球，两组之间进行配合练习。

（3）垫、传、扣循环练习：三人一组，网前放竖立的高海绵垫。一位队员先垫球给队友，第二位队员传球给扣球队员，最后扣球队员扣球到竖立的海绵垫，垫球队员接反弹球进行垫球。如此反复。

3. 动作运用练习

（1）小组赛配合进攻：在小组内进行配合进攻练习，结合垫球、传球和扣球技术，形成连贯的进攻动作。

（2）模拟比赛练习：创设模拟比赛情境，让学生在实际比赛中运用所学的垫球、传球和扣球组合技术。例如：进行"2V2"或"3V3"攻防练习，在每一个回合中每一位队员都触及一次球。在攻防转换过程中，队员必须积极移动、选位，合理地运用垫、传、扣技术。

4. 数字化信息化手段

（1）视频教学：录制练习过程，然后利用视频编辑和分析软件，对动作进行逐帧分析，找出技术上的不足，并给予精确的指导。学生也可以观看自己的练习视频，与标准动作进行对比，自我调整和改进。

（2）虚拟现实和增强现实（AR）：通过 VR 和 AR 技术，模拟真实的排球比赛环境，让学生在虚拟空间中进行垫球、传球和扣球的实战练习。这种沉浸式的学习体验不仅能提高学生的参与度，还能帮助他们更好地理解和掌握技术动作。

（七）课时建议

针对水平四学生，垫球、传球和扣球组合教学可分为三个阶段，共安排 18 个课时。

（1）单个技术动作学练：重点练习学生垫球的稳定性和传球的准确性，以及扣球的基本姿势和力量控制。通过反复练习和逐步增加难度，确保学生熟练掌握各项基本技术。建议安排 4 个课时，让学生通过反复练习，熟悉并掌握每个动作的要领和技巧。

（2）动作组合技术练习：进入动作组合技术练习阶段，学生需要将垫球、传球和扣球三个动作有机结合。此阶段建议安排 8 个课时，先分别进行垫球与传球的组合、传球与扣球的组合练习，各占 3 个课时，然后再进行整体的组合练习，占 2 个课时。通过这样的安排，学生能够逐渐适应并掌握技术动作之间的转换。

（3）动作运用练习：组织学生进行实战模拟和教学比赛，建议安排 6 个课时，让学生在真实场景中运用所学技术，培养比赛意识和应变能力。在整个教学过程中，教师应根据学生的技术掌握情况和教学进度灵活调整课时安排，确保每个阶段的任务得到有效完成，为学生的排球技能提升奠定坚实基础。

三、"中一二"进攻战术（水平五）

"中一二"进攻是排球运动中常用的一种进攻战术。动作方法：前排 3 号位的队员担任二传手的角色，负责接应一传并将球传给攻手进行进攻。而 2 号位和 4 号位的队员则作为攻手，他们负责在接到二传的传球后进行扣杀或轻打等进攻动作。当二传队员由于轮转而到达 2 号位或 4 号位时，为了保证"中一二"进攻战术的继续进行，该队员可以与原本在 3 号位的队员进行位置交换，从而回到 3 号位继续担任二传手的职责。

（一）教材价值

（1）"中一二"战术的教学过程能够培养学生的团队合作精神和集体荣誉感。通过学习和实践这一战术，学生不仅提高了排球技能，更学会了如何在团队中发挥自己的作用，与队友协同作战。这种教育方式对于学生的社会适应能力和团队协作能力的培养具有重要意义。

（2）该战术的练习对学生的身体素质有显著的提升作用。快速移动、准确跳跃和扣球等动作，不仅强化了学生的肌肉力量，还增强了身体的灵活性。学生通过练习，更加认识到运动对健康的重要性，促使他们在日常生活中注重身体锻炼，养成健康的生活习惯。

（3）"中一二"进攻战术作为排球运动中的基础战术，对于提高学生的排球竞技水平和战术理解能力至关重要。掌握这一战术有助于学生更好地理解排球运动的本质和规律，为他们在排球运动中的长远发展打下坚实的基础。

（二）教材的动作分析

1. 动作特点

排球"中一二"进攻战术的特点在于其快速、简洁且高效。在这种战术中，二传手位于球场中央，负责接应一传并将球传给主攻手或副攻手进行进攻。由于二传手位置居中，可以更快地观察到整个场上的情况，从而做出更精准的传球选择。此外，"中一二"战术还能有效地利用网前的空间，制造出更多的进攻机会。

"中一二"进攻战术的优势在于其稳定性和可预测性。由于二传手和攻手的位置相对固定，队员们可以更容易地形成默契，提高进攻效率。同时，这种战术也便于教师进行战术布置和人员调配。然而，这种战术也可能被对手熟悉并针对性地防守，因此在高水平比赛中需要与其他战术结合使用，以增加进攻的多样性和不可预测性。

动作要领主要包括精准的传球、快速的移动和默契的配合。二传手需要准确判断一传的球路和速度，然后迅速移动到合适的位置进行传球。主攻手和副攻手则需根据二传手的传球方向和高度，做出准确的进攻动作。在整个过程中，学生之间需要保持密切的沟通和默契的配合，以确保传球的准确性和进攻的效率。

2. 动作结构

"中一二"进攻战术的基本动作结构主要包括一传、二传和扣球三个环节。

　　首先是一传环节。这一环节的关键是稳定和准确。当对方发球过来，一般由后排队员接球，将球稳稳地传给位于前排中间的 3 号位二传手。这个传球过程需要保证球的轨迹平稳，速度适中，以便二传手能够轻松接住并调整。

　　接下来是二传环节。3 号位二传手在接到一传球后，需要迅速观察场上情况，判断对方的防守布局，然后决定将球传给 4 号位或 2 号位的攻手。这个过程需要二传手具备良好的控球能力和敏锐的场上洞察力。

　　最后是扣球环节。当二传手将球传到位后，4 号位或 2 号位的攻手需要准确把握时机，起跳并扣球。扣球的动作要迅猛且准确，以突破对方的防守。

　　整个"中一二"进攻战术的动作结构简洁明了，各环节之间衔接紧密，要求团队成员之间默契配合，以确保战术的成功执行。

（三）战术原理

　　"中一二"进攻战术的成功执行离不开球员的团队协作意识、空间意识、时机意识以及对手防守判断和战术变化判断的能力。这些意识和判断能力的综合运用，构成了"中一二"进攻战术的核心原理。

　　（1）团队协作意识："中一二"战术要求队员具备高度的团队协作意识。每个队员都需要明确自己的角色和职责，无论是接发球、传球还是扣球，都需要紧密配合，形成整体攻势。

　　（2）空间意识：在"中一二"战术中，二传手位于 3 号位，主攻手则在 4 号位或 2 号位。这种站位要求球员具备良好的空间意识，能够准确判断球场上各个位置的空间关系，从而选择合适的进攻路线和角度。

　　（3）时机意识："中一二"战术的成功还取决于球员对进攻时机的准确把握。二传手需要判断对方防守的漏洞和空隙，选择最佳的传球时机；主攻手则需要根据二传的传球速度和位置，迅速调整自己的扣球动作和节奏，确保在最佳时机发起进攻。

　　（4）对手防守判断：在"中一二"战术中，球员需要不断观察和分析对手的防守布局和变化，从而做出准确的判断。这种判断包括防守队员的位置、移动速度和防守习惯等。通过对对手防守的准确判断，球员可以选择更加有效的进攻方式和路线，提高进攻的突然性和成功率。

　　（5）战术变化判断："中一二"战术虽然基础且经典，但在实际比赛中往往需要根据具体情况进行变化和调整。球员需要具备敏锐的战术变化判断能力，根据对手的防守变化和自身队伍的技术特点，灵活调整战术布局和进攻方式。

（四）负荷特点

1.运动负荷

　　从运动负荷角度来看，"中一二"进攻战术要求队员在短时间内完成快速而准确的动作，包括传球、助跑起跳、扣球等，这些动作都需要身体各部位的协调配合和爆发力的发挥。因此，这种战术对队员的身体体能要求较高，特别是力量、速度和灵敏性方面。在比赛中，队员需要不断重复这些高强度的动作，承受较大的运动负荷，以保持进攻的连续性和有效性。

2. 心理负荷

从心理负荷方面分析，"中一二"进攻战术要求队员具备高度的专注力和应变能力。在快速变化的比赛环境中，队员需要迅速做出决策，并与队友保持默契配合。这要求队员具备良好的心理素质和抗压能力，能够在紧张激烈的比赛中保持冷静和自信。同时，面对对手的防守压力和可能的失误情况，队员还需要具备积极的心态和调整能力，以保持进攻的稳定性和持续性。

（五）学情分析

从学生的基础来看，高中的学生在排球技术和战术方面已经有了一定的积累。他们基本掌握了传球、扣球等关键技术，对"中一二"进攻战术也有初步的了解和实践。然而，在技术的运用和战术的理解上，学生之间还存在差异，部分学生可能缺乏实战经验和应变能力。因此，在教学时需要针对不同学生的实际情况，进行个性化的指导和帮助。

从学生的需求来看，高中的学生渴望在排球比赛中取得更好的成绩，提升个人的技术水平和团队协作能力。他们希望通过学习"中一二"进攻战术，能够更加熟练地运用技术，提高进攻的成功率。同时，学生也关注战术的变化和灵活性，希望能够在比赛中根据对手的不同情况做出相应的调整。因此，在教学时需要注重实战模拟和对抗练习，帮助学生更好地理解和运用"中一二"进攻战术，满足他们在比赛中的实际需求。

（六）教法建议

1. 基础技术练习

（1）传固定目标：设置固定传球目标点，从各个角度将球传入目标区域。

（2）双人传球：两人一组，相距一定距离，互相传球，要求控制球的弧度和速度，逐渐增加传球距离和难度。

（3）扣球技巧练习：在不同高度设置标志物，指导学生掌握正确的起跳时机和扣球角度。

（4）自抛自扣：学生自行抛球后起跳扣球，重点练习起跳时机和扣球力量的控制。

（5）扣固定球：教练或队友手持球在网前适当高度，学生助跑起跳扣固定球，练习扣球的准确性和力量。

2. 动作组合技术练习

（1）二人传球扣球配合：一人传球给另一人扣球，模拟"中一二"进攻战术中的配合，重点练习传球的准确性和扣球的连贯性。

（2）多人传球扣球配合：多人一组站在进攻线后，依次传球给最后一名队员扣球，要求传球准确、扣球有力。

（3）变换进攻策略练习：教授学生多种进攻策略，如快攻、背飞等，并指导学生根据比赛情况灵活变换进攻策略。

3. 动作运用练习

（1）模拟比赛场景练习：要求学生在比赛中运用"中一二"进攻战术，重点观察学生的战术运用能力和应变能力。

（2）结合其他战术进行练习：教练教授学生其他排球战术，并指导学生在比赛中根据对手情况灵活选择运用"中一二"进攻战术或其他战术。

（3）战术演练与反思：在练习结束后，组织学生进行战术演练的反思与讨论，分析成功和失败的原因，提出改进措施。

4. 数字化信息化手段

（1）视频教学：录制练习过程，然后利用视频编辑和分析软件，对动作进行逐帧分析，找出技术上的不足，并给予精确的指导。学生也可以观看自己的练习视频，与标准动作进行对比，自我调整和改进。

（2）虚拟现实和增强现实技术：通过 VR 和 AR 技术，模拟真实的排球比赛环境，让学生在虚拟空间中进行垫球、传球和扣球的实战练习。这种沉浸式的学习体验不仅能提高学生的参与度，还能帮助他们更好地理解和掌握技术动作。

（七）课时建议

（1）单个技术动作学练：在单个技术动作学练阶段，重点是让学生精通传球、扣球等关键技术。建议分配 3 个课时，让学生分别针对这些技术进行专门练习，通过大量的重复练习，形成肌肉记忆，确保技术动作的准确性和稳定性。

（2）动作组合技术练习：关键在于培养学生之间的配合与默契。建议安排 4 个课时，让学生在模拟的"中一二"战术场景中进行传球与扣球的组合练习。通过不断的磨合，学生能够流畅地完成从接一传到二传，再到扣球进攻的整个过程。

（3）动作运用练习：主要是让学生在更接近实战的条件下进行"中一二"战术演练。建议安排 5 个课时，通过模拟比赛场景，让学生在压力下运用"中一二"战术，培养学生的战术意识和应变能力。这样，学生不仅能熟练掌握技术动作，还能在比赛中灵活运用"中一二"战术，提高球队的进攻效率和胜率。

第四节 乒乓球运动

一、反手推拨（水平三）

反手推拨是乒乓球的反手基本技术之一，具有站位近、动作小、球速快、线路灵活等特点，是横拍选手连续相持和防守的一项基本技术。动作方法是：近台站位，两脚平行开立，上身前倾，收腹含胸以降低重心。两手臂自然弯曲置于腹部前，左手握拳，右手腕自然弯曲并作外旋使拍面稍前倾。引拍时，右前臂内收，向左后下方引拍至左腹部前，球拍不低于台面。此时，身体重心移至左脚；在来球跳至上升期时，右肘关节向前平移，之后以右肘关节为轴，前臂、手腕、手指加速外旋，向右前上方挥动。拍面稍前倾，击球的中上部，触球瞬间手腕外展。右前臂、手腕、手指继续向右前上方随势挥拍，身体重心随之移至右脚。击球后迅速还原。

（一）教材价值

（1）反手推拨作为乒乓球的基本技术之一，具有站位近、动作小、球速快、稳定性较高等特点。学习者在掌握这一技术的过程中，需要不断调整身体姿态和击球时机，这不仅锻炼了身体，更训练了大脑的快速决策和资源调配能力，对青少年的全面发展尤为重要。

（2）反手推拨技术能有效提升上肢力量和灵活性。在练习过程中，手臂、手腕和手指的精细动作不断得到强化，有助于增强肌肉力量和耐力。同时，快速的反应和移动也促进了心肺功能的提高，为身体健康打下坚实基础。

（3）反手推拨技术的学练不仅有益于技能提升，还促进学生的全面发展。在练习过程中，学生不断克服困难，培养了自我挑战和解决问题的能力。同时，乒乓球运动强调团队合作，学生在与他人沟通和协作中，增强了团队合作精神和集体荣誉感。这些品质和能力对学生当前的成长和未来的职业发展都具有重要意义。

（二）教材的动作分析

1. 动作特点

乒乓球反手推拨的动作特点主要体现在其灵活性和突然性上。在执行这一动作时，学生需运用前臂和手腕的灵活转动，以控制球的轨迹；运用脚步的移动，达到稳定的击球时机，使其以较低的高度快速穿越球网，从而达到出其不意的效果。这种技术适用于应对上旋球或弧圈球，是乒乓球比赛中常用的防守或相持阶段手段之一。

动作要领包括正确的拍面角度、适度的手腕转动和精准的击球时机。学生应保持拍面与球路垂直，通过手腕的快速内旋或外旋来调整球的弹跳高度和速度。在击球时，要掌握好击球的时机，在来球的上升后期或高点期击球的中上部，以保证推拨的准确性和突然性。同时，学生还需根据对手的反应速度和站位来选择合适的推拨路线，以最大化地利用这一技术的优势。

2. 动作结构

反手推拨是乒乓球的基本技术，其动作结构由准备姿势、引拍、击球和还原四个主要环节构成。准备时，身体放松，双脚分开与肩同宽，膝盖微弯，上身前倾，紧盯来球。引拍时，迅速调整站位，以肘关节为支点，前臂带动手腕向内侧引拍，拍面稍前倾。击球时间在来球的上升期或高点期，以撞击方式用球拍中上部击球，前臂和手腕协同发力，将球快速拨回。最后，迅速还原身体和手臂到准备姿势，为下一轮击球做准备。这四个环节紧密相扣，构成了反手推拨的基本框架。通过不断练习和实践，可以逐步提升技术水平。这个动作的重点在于准确的击球时机、适度的力量和快速的还原，以确保击球的稳定性和连续性。

（三）动作原理

乒乓球反手推拨主要体现了力学原理、动量定理、能量守恒等物理学原理。

在准备阶段，学生通过调整身体平衡和重心位置，确保自己处于最佳启动状态，这背后涉及力学原理的应用，要求学生在静止或匀速运动时保持重心位于支持面内以维持身体平衡。同时，学生的肌肉会轻微预紧张，这种预紧张状态类似于弹簧被轻微压缩，为即将到来的动作储备肌肉弹性势能，准备迅速释放能量以应对比赛需求。

在引拍过程中，前臂、肘关节、大臂和手腕共同构成反手拨球的平面，其中肘关节会稍微支撑，以确保动作的稳定性和准备性。这一过程中，相关肌肉进行离心收缩，即在伸长时产生张力，从而储存弹性势能，为接下来的击球动作中的向心收缩做好充分准备，这体现了静力学原理和肌肉收缩机制在乒乓球技术中的运用。

在击球阶段，力量从身体各部分迅速传递到球拍上，使球瞬间获得速度，这符合动量定理的原理。同时，手腕快速翻转，释放之前储存的弹性势能，将这股力量转化为球的动能，使其获得更快的速度。

还原阶段，身体需要迅速且协调地回到准备姿势，为下一次击球做好准备，这一过程中身体各部分的高度配合旨在以最小的能量消耗完成动作，符合能量守恒的原理。

（四）负荷特点

1. 运动负荷

从运动负荷来看，反手推拨在乒乓球技术中属于中低强度的动作。它主要依赖前臂和手腕的协同发力，相较于正手进攻或大力扣杀，其肌肉用力和能量消耗较小。然而，由于该技术常用于快速反击和过渡，因此要求学生具备较高的反应速度和击球频率，这在一定程度上增加了运动负荷。此外，连续的反手推拨练习也能有效提升学生的耐力和协调性。

2. 心理负荷

在心理负荷方面，反手推拨同样具有一定的挑战性。学生在击球过程中需要保持高度集中，准确判断来球的旋转、速度和落点，并迅速做出反应。这种对精确度和反应速度的要求，使学生在心理上承受一定的压力。同时，由于反手推拨常用于被动防守或相持阶段，结合落点变化来调动对方，起到积极防守和变相持为主动的作用。学生还需具备良好的心理调节能力，以应对比赛中的紧张情绪和不利局面。

（五）学情分析

从学生的基础来看，水平三的学生在乒乓球技能上已有一定的积累，掌握了基本的击球姿势和动作。然而，对于反手推拨这一技术细节，许多学生可能仍显得生疏，缺乏足够的练习和深入理解。因此，在教学时，需要重点加强学生对反手推拨动作要领的掌握，通过反复练习和反馈，帮助学生熟悉并巩固该技术。

在需求方面，水平三的学生渴望在乒乓球技能上取得进一步的突破，提升比赛中的竞争力。反手推拨作为一种实用且高效的防守和相持技术，对于提升学生的整体技能水平具有重要意义。因此，学生普遍对学习反手推拨技术表现出浓厚的兴趣。在教学过程中，应结合实战场景和兴趣化练习方法，激发学生的学习动力，帮助他们更好地掌握和运用反手推拨技术。

（六）教法建议

1. 基础技术练习

（1）"靶心挑战"：在球台一侧设置不同大小的圆形目标区域，类似射箭的靶心。学生需使用反手推拨将球击入不同区域得分，击中中心区域得分更高。

（2）"节奏大师"：教师或同伴使用不同节奏供球，学生需用反手推拨跟随节奏击球。逐渐加快供球节奏，练习学生的反应速度和击球节奏感。

（3）两点推拨：在反手位 1/2 台内循环进行反手两点推拨，培养学生步法移动和连续击球的能力。

（4）"技能升级赛"：设定不同难度的反手推拨任务，如连续推拨 10 次不失误、推拨到指定区域等。完成任务可获得积分，积分可用于"升级"到更高难度的挑战。

2. 动作组合技术练习

（1）"正反转换接力"：将学生分成小组，站在球台两侧。第一个同学使用反手推拨，第二个同学使用"推挡+侧身攻"，在小组完成后，由第二个同学替换第一个同学进行反手推挡并依次类推。此练习可强化正反手转换的流畅性。

（2）"推拨变向挑战"：学生需用反手推拨将球击向指定的角落，然后迅速移动到球台另一侧准备下一次击球。此练习可提高学生的移动速度和击球控制能力。

（3）"推拨+防守转换"组合：模拟比赛中的攻防转换场景，先推拨防守，再伺机反攻或变线。

3. 动作运用练习

（1）"迷你比赛"：缩小球台尺寸或缩短比赛时间，让学生在紧张刺激的环境中运用反手推拨技术。这有助于学生在压力下保持技术稳定性。

（2）"音乐节拍推拨"：播放不同节奏的音乐，学生需根据音乐节拍使用反手推拨击球。这种跨学科的练习方法既能提高技能，又能增加趣味性。

4. 数字化信息化手段

（1）智能乒乓球台：学生在智能乒乓球台上进行反手推拨练习。球台能够检测球的弹跳高度、速度和旋转，并通过显示屏给出反馈。

（2）智能传感器和动作捕捉技术：这些设备可以实时监测学生的动作姿态、运动轨迹和力度等参数，并通过数据分析和可视化展示来帮助学生了解自己的技术表现。

（七）课时建议

（1）单个技术动作学练：重点是让学生掌握正确的反手推拨姿势和击球感觉。建议安排2个课时，专注于反手推拨的基本动作练习，如前臂和手腕动作、拍面角度和击球时机的把握。通过反复练习，学生能够熟练掌握反手推拨的关键技术要素，确保动作规范、准确。

（2）动作组合技术练习：学生需要将反手推拨与其他技术动作结合起来，形成连贯的击球序列。如与正手攻球、搓球等配合。建议安排2～3个课时，进行多样化的组合练习，提升学生在各种情况下的应变能力，加强技术之间的转换流畅性。

（3）动作运用练习：学生需要在模拟比赛场景中进行反手推拨的实战应用。建议安排3～4个课时，通过组织对抗性练习和小型比赛，让学生在压力下运用反手推拨技术，提高其在实际比赛中的运用能力和自信心。

二、左推右攻（水平四）

左推右攻是乒乓球快攻型打法的一项基本技术，常用于比赛相持阶段，是一种攻防转换的技术。动作方法：左推时，两脚应平行开立，与肩同宽，膝盖微弯，身体前倾，重心下沉，站在反手位近台，距离球台端线大约30～40厘米。根据来球位置，完成推拨动作后迅速还原。移动时，根据回球位置，进行步伐调整，同时手腕外展开，将反手动作转化为正手动作。右攻时，在球落台弹起到上升前期时，蹬腿转腰，手臂向前上方挥出，完成一次攻球动作。

（一）教材价值

（1）左推右攻技术强调正反手转换的连贯性和手脚的协调配合，这有助于培养学生的专注力、反应速度和策略思维。通过反复练习，学生不仅能够掌握乒乓球的基本技术，还能在团队合作中学会沟通与协作，提升综合素质。

（2）左推右攻技术组合要求练习者在短时间内快速移动脚步、调整身体姿势，并进行精准的回击，因此能够全面锻炼身体的灵活性、协调性和反应速度。通过长期的练习，学生的心肺功能也能得到有效提升，为今后的体育锻炼和健康生活奠定坚实的基础。

（3）在练习过程中，不断克服困难、挑战自我，不仅锻炼了学生的意志力，更培养了他们积极向上、不畏艰难的生活态度。对于青少年来说，掌握左推右攻技术是他们掌握高水平技术的重要一步。而对于整个乒乓球运动来说，左推右攻技术的发展和传承，也是推动乒乓球运动不断向前发展的重要动力之一。

（二）教材的动作分析

1. 动作特点
乒乓球左推右攻的动作特点在于其灵活多变与快速进攻的完美结合。在比赛中，选手以反手推挡稳健防守，并灵活调整节奏，不断寻找对手的破绽。一旦发现机会，便迅速转换为正手攻球，以迅猛的攻势压迫对手。这种打法要求选手具备出色的反应速度和协调性，能够在短时间内做出准确的判断和反应。同时，灵活的步法移动也是关键，它能帮助选手快速调整位置，抢占最佳击球点。

左推右攻的动作要领在于灵活转换正反手技术，并保持身体平衡。在反手推挡时，要注意拍面角度和控制力度，确保球稳稳回击；转换到正手攻球时，需迅速调整站位和拍面，以迅猛的发力攻击对方空当。在整个过程中，要保持身体协调、步法灵活，以便随时调整位置，确保每次击球都处于最佳状态。左推右攻不仅要求技术娴熟，更需反应迅速和战术灵活，这样才能在比赛中占据主动、掌控局势。

2. 动作结构

乒乓球左推右攻的基本动作结构包括五个关键组成部分。

（1）准备姿势与站位：站位时，选择靠近反手一侧，即在近台偏左 1/3 处，此位置既便于快速回应反手球，也有利于转换为正手进攻。准备姿势要求两脚平行开立，宽度稍宽于肩，以保持身体稳定。重心放在两腿之间，稍微提踵，前脚掌内侧用力踩地，确保能快速启动。同时，两膝微微弯曲内扣，含胸收腹，上体微前倾，这样的姿势为接下来的迅速移动和精准击球奠定了坚实基础。

（2）握拍与手臂准备：握拍方式根据学生个人习惯选择直握或横握，直握时肘部可略向外张、手腕放松，而横握时则肘部自然下垂、前臂平举准备。无论哪种握法，手臂都应保持自然弯曲、放松状态，以便随时进行正手攻球或反手推挡。

（3）判断与移动步法：准确判断来球的方向、速度和旋转，以便做出及时且正确的反应；同时，根据来球的不同情况，他们需要灵活采用单步、换步、并步、跨步或跳步等移动方法，特别是当来球距离身体较远时，可迅速采用跨步接近球，以确保能够抢占到合理的击球位置。

（4）击球手法与协调：在击球手法与协调方面，正手攻球时学生需利用腰腿力量与手臂挥动相配合，确保球拍接触球的瞬间力量集中且角度恰当；反手推挡时，则需精确控制拍形和击球力度，以实现有效的防守与助攻。而步法与手法的紧密协调是这种打法的核心所在，学生需在快速移动中保持身体平衡，同时确保每次击球的稳定性和准确性。

（5）还原与准备：每次击球后，学生都需要迅速还原到准备姿势，以便为下一次击球做好准备；同时，在还原的过程中，他们还需密切观察对手的动作和来球的情况，从而对接下来的击球做出准确的预判和充分的准备。

（三）动作原理

乒乓球左推右攻主要体现了动量定理、力矩原理、角动量原理、能量守恒等物理学原理。

（1）准备姿势与站位：站位选择靠近反手一侧，即近台偏左 1/3 处，便于利用身体动力学原理快速转换正反手的击球动作。同时，两脚平行开立且宽度略宽于肩，不仅提供了更大的支撑面积以增强站立的稳定性，还有利于后续击球动作的发力与控制。

（2）握拍与手臂准备：正确的握拍法不仅使手腕更加灵活，还有利于力量的有效传递和精确控制。在球拍与球接触时，通过灵活的手腕动作，学生能更准确地调整球的飞行方向和力度。同时，手臂的预置位置和姿势对击球时的力量传递效率和击球准确性至关重要，合理的手臂准备姿势能最大限度地减少能量损失，从而提升击球效果。

（3）判断与移动步法：快速准确地判断来球并移动到合适位置击球，需要学生具备良好的反应速度；根据动量定理，反应越快，越能及时改变自身运动状态以适应击球需求。同时，学生还需通过合理的步法移动，高效地转换动能，确保以最小的能量消耗快速到达最佳击球位置。

（4）击球手法与协调：学生需要将腰腿的力量顺畅地通过手臂传递到球拍上，再精准地作用于球，这涉及力的有效传递和转化，要求身体各部分高度协调配合。同时，通过巧妙地调整球拍的角度和击球点，学生可以控制球的旋转速度和飞行轨迹，这背后蕴含着力学中的力矩和角动量原理。

（5）还原与准备：击球后，学生需要迅速还原到准备姿势，这个过程中动能与势能的转换起着关键作用；合理的还原动作能减少能量损失，从而提升下一次击球的效率。同时，在还原过程中保持身体的平衡和稳定至关重要，这需要学生充分利用物理学中的平衡原理和稳定性分析来确保每一次击球的准备都达到最佳状态。

（四）负荷特点

1. 运动负荷

在运动负荷方面，左推右攻要求学生在短时间内完成连续的推挡和进攻动作，这无疑对学生的身体素质提出了较高要求。快速而准确的动作转换不仅考验着学生的肌肉力量和耐力，还对其协调性和灵敏性提出了严峻挑战。因此，左推右攻的运动负荷相对较大，需要学生具备较高的身体能力和技术水平。

2. 心理负荷

在心理负荷方面，左推右攻作为一种攻防转换的技术，要求学生在比赛中保持高度的专注力和反应速度。学生需要准确判断来球的路线和旋转，迅速做出决策并执行相应的动作。这种紧张而快速的比赛节奏往往会给学生带来较大的心理压力和负荷。因此，左推右攻对学生的心理素质也提出了较高要求，需要他们具备坚定的意志和出色的自我调节能力。

（五）学情分析

在基础方面，水平四学生通常已经具备了一定的乒乓球基本技术和动作基础，包括正确的握拍、站位和击球姿势等。他们可能已经掌握了基本的推挡和进攻技术，但对于左推右攻这种相对复杂的技术动作，仍需进一步的学习和练习。因此，在教学过程中，教师需要针对学生的基础情况，合理安排教学内容和进度，确保学生能够顺利掌握左推右攻技术。

在需求方面，水平四学生对于提高乒乓球技能和比赛成绩有着强烈的需求。他们渴望通过学习左推右攻技术，提升自己在比赛中的攻防转换能力和得分能力。同时，他们也希望在教学过程中能够获得更多的实战机会和反馈，以便更好地调整和改进自己的技术动作。因此，教师需要关注学生的需求，积极创造实战场景和及时提供反馈，帮助学生更好地掌握和运用左推右攻技术。

（六）教法建议

1. 基础技术练习

（1）定点推挡练习：让学生在固定的位置上反复进行左推右挡的练习，以巩固基本动作和手感。通过调节发球机出球的速度、旋转、高度和落点等参数，进行相对固定的练习，有利于学生形成正确的动力定型。

（2）多球练习：通过连续供给多个球，迫使学生快速做出反应，提高推挡和进攻的转换速度。

2. 动作组合技术练习

（1）"推挡 + 正手攻球"组合：让学生在推挡后迅速转换至正手攻球，以模拟实战中的攻防转换。

（2）移动中左推右攻练习：要求学生在移动中完成左推右攻的动作，以提高步法和身体的协调性。

（3）随机转换练习：发球机随机发出推挡或正手攻的球，学生根据来球情况选择推挡或正手攻球。

（4）两人一组对抗练习：一方左推，另一方右攻，模拟比赛情境，提高反应速度和技术转换能力。

3. 动作运用练习

（1）变化节奏与力量练习：发球机发出不同力量、不同节奏的球，学生根据来球力量和节奏调整自己的击球力度和角度。

（2）模拟战术练习：设定不同的战术情境，如对手擅长正手进攻，则练习学生以左推右攻应对。

（3）实战模拟练习：组织学生进行模拟比赛，让他们在实战中运用左推右攻技术。

4. 数字化信息化手段

（1）交互式智能练习系统：使用智慧乒乓球台，根据学生的实时表现调整练习难度和战术设置，提供个性化的练习方案。

（2）动作捕捉与分析：通过对学生的左推右攻动作进行捕捉和分析，教师可以发现学生在动作执行过程中的不足之处，并针对性地给出改进建议，从而帮助学生更加高效地提升技术水平。

（七）课时建议

（1）单个技术动作学练：主要任务是让学生掌握左推右攻的基本动作要领，建议安排2~3个课时进行反手推挡和正手攻球的专门练习。重点强调拍形、击球时间和力度的把握。通过不断的重复练习，学生能够熟练掌握这两个基本动作。

（2）动作组合技术练习：学生需要将左推和右攻动作结合起来，形成连贯的击球序列。此阶段可安排2~3个课时，通过连贯的动作组合练习，学生体会两个动作之间的转换，提高技术的流畅性和协调性。可以逐步增加组合的难度，如加入步伐的移动和变化。

（3）动作运用练习：重点是让学生在实战中运用左推右攻技术。建议安排3~4个课时进行对抗性练习或模拟比赛场景，让学生在真实竞技环境中体验左推右攻的实战应用，提升其技术运用能力。

三、发球抢攻（水平五）

发球抢攻是乒乓球运动中的一项重要战术，它是指运动员通过发球质量来迫使对手处于被动防守状态后，利用对方接发球回球质量不高的机会，迅速发起进攻，以争取主动得分。一般分为长短球结合发球抢攻、发近身球抢攻和旋转落点变化的抢攻战术。动作方法：在发球阶段，学生选择侧身或反手等多种发球方式，通过控制旋转、速度和落点来破坏对方接发球的节奏，使其难以接发球抢攻，出现回球质量不高的情况。发球后，迅速还原，重心下压，维持稳定的准备姿势以随时快速移动。在抢攻阶段，判断对方回球的落点和旋转，并快速移动到最佳击球点，采用相应的进攻手段进行抢攻。抢攻时可以通过提高击球力量、增加击球速度和旋转以及落点的变化等方式，从而在整个过程中占据主动，力求直接得分或迫使对方失误。

（一）教材价值

（1）发球抢攻是乒乓球中的高效进攻策略，其实战运用对学生的技术提升有显著效果。学生在掌握这一技术时，不仅学习控制乒乓球的旋转、速度与力量，更在比赛中提高了击球的精准度和攻击性。同时，发球抢攻要求学生具备敏锐的反应和准确的判断力，这无形中培养了学生的思维灵活性和快速决策能力，对他们的综合素养发展具有深远的教育意义。

（2）发球抢攻要求学生在短时间内迅速完成发球和进攻动作，这不仅锻炼了下肢的爆发力和移动能力，还加强了上肢的力量和协调性。同时，乒乓球运动本身对心肺功能的提高和免疫力的增强就有显著效果，发球抢攻的练习无疑加强了这一健康益处。

（3）发球抢攻技术已成为衡量球员实力的重要标志之一。掌握这一技术不仅能在比赛中占据先机，更能激发学生对更高技术水平的追求。同时，在比赛中遵守规则、尊重对手，有助于学生树立正确的价值观和道德观，更好地适应未来社会。

（二）教材的动作分析

1. 动作特点

乒乓球发球抢攻的动作特点在于快速、突然且具有极强的攻击性。在发球时，选手通过精准控制球的旋转、速度和落点，为接下来的抢攻创造机会。一旦对手回球质量稍逊，发球方会立即转为进攻，利用快速有力的正手或反手击球，直击对方空当，力求一击制胜。这种战术要求选手具备高超的发球技术和敏锐的反应能力，能在发球后迅速转入进攻状态，打乱对方的节奏，从而掌握比赛的主动权。

发球抢攻的动作要领包括精准的发球、快速的反应和有力的进攻。发球时，要控制好球的旋转、速度和落点，使对方难以适应。发球后，要迅速判断对方的反应，做好抢攻的准备。在抢攻时，要保持身体平衡，运用合适的技术和力量，打出具有威胁的进攻。

2. 动作结构

（1）发球阶段：保持稳定的准备姿势，双脚分开，膝盖微弯，以确保灵活与稳定。在发球时，学生根据所选的发球类型，精准调整拍面角度和发球力度，同时运用手腕的灵活转动来制造出相应的旋转。

（2）观察与判断阶段：发球后，观察对手的回球反应，判断其可能的回球路线和弱点，从而为自己接下来的抢攻做好准备。

（3）抢攻阶段：根据对方的反应迅速调整自己的站位，保持拍面与球路垂直，准备发力击球。一旦球到达最佳击球点，学生用恰当的力量和角度进行抢攻，力求球能精准快速地攻击到对方的空当。

（4）随挥与回位阶段：抢攻完成后，学生要进行随挥，以确保击球的稳定性，并迅速回位到准备姿势，随时准备应对对方的反击。

这四个阶段紧密相连，要求学生具备高超的技术和敏锐的反应，才能在比赛中成功执行发球抢攻战术。

（三）动作原理

发球抢攻动作的物理学原理主要包括动力学、运动学以及伯努利原理和马格努斯效应等。

（1）发球阶段：在乒乓球发球过程中，肘关节作为速度杠杆，在力量的传递中起到了关键作用。根据动力学原理，学生爆发出的力量越大，球飞出的速度就越快，同时旋转也会随之增加。而在击球的一瞬间，球拍给予球一个冲量，这个冲量直接改变了球的动量。冲量的大小与挥拍的速度和球与拍面的接触时间密切相关，挥拍速度越快，接触时间越短，传递给球的冲量就越大，从而使得球的速度和旋转更为迅速。学生通过控制球的旋转来影响球的飞行轨迹，产生马格努斯效应，从而增加对手的回球难度。

（2）观察与判断阶段：学生通过观察对手的发球动作和球的飞行轨迹，利用视觉感知系统，快速判断球的旋转、速度和落点。乒乓球发球的旋转使其周围的空气流动受到伯努利原理的影响，不同的旋转造成不同的空气流动模式，影响球的轨迹和对手的判断。

（3）抢攻阶段：在乒乓球的抢攻阶段，当快速挥拍增加击球力量时，根据动力学原理，乒乓球将获得更高的速度和更大的旋转幅度。同时，在击球瞬间，球拍给予乒乓球的冲量将改变其动量，冲量的大小直接取决于挥拍速度和球与拍面的接触时间。因此，挥拍速度越快且接触时间越短，根据动量定理，传递给球的冲量就越大。

（4）随挥与回位阶段：在随挥过程中，学生通过身体的转动和手臂的挥动，将动量从身体转移到球拍上，再传递给乒乓球。这个过程遵循动量守恒定律，即在没有外力作用的情况下，系统的总动量保持不变。而在击球后的回位阶段，学生则需要迅速调整身体姿势和位置，以便为下一次击球做好充分准备。

（四）负荷特点

1. 运动负荷

在运动负荷方面，发球抢攻要求学生在短时间内爆发出较强的力量，同时还需要快速而准确地移动脚步和调整身体姿势。这种高强度的运动负荷对学生的身体素质提出了较高要求，特别是力量、速度和灵敏性。通过长期的系统练习，学生可以逐渐适应并提高对这种运动负荷的承受能力。

2. 心理负荷

在心理负荷方面，发球抢攻需要学生在紧张的比赛环境中迅速做出决策和行动。学生必须保持高度的专注力和自信心，才能准确判断对方的回球并果断进行抢攻。这种心理负荷对学生的心理素质和抗压能力提出了挑战。通过心理练习和比赛经验的积累，学生可以逐渐提高在这种压力下的表现水平。

（五）学情分析

在基础方面，高中学生已经具备了一定的乒乓球技术和战术意识，对发球抢攻的基本概念和动作结构有所了解。然而，由于技术水平和体能的差异，学生在发球的力量、旋转和准确性以及抢攻的时机和力度上还存在不足。因此，在教学时需要针对不同学生的实际情况，制定个性化的练习计划，帮助他们巩固基础并提高技术水平。

在需求方面，高中学生渴望在比赛中取得好成绩，提升个人技能和团队协作能力。发球抢攻作为一种有效的进攻手段，对于提高学生的比赛成绩具有重要意义。因此，学生对发球抢攻的学习和应用具有较高的积极性和需求。在教学过程中，应结合实战场景进行模拟练习，让学生更好地掌握发球抢攻的技巧和战术运用，满足他们的学习需求。

（六）教法建议

1. 基础技术练习

（1）发球练习：要求学生将球发至指定区域。结合数字化设备，如智能乒乓球台，实时反馈发球落点，帮助学生调整发球力度和角度。

（2）抢攻练习：快速发球至学生正手或反手位，学生立即进行抢攻。使用反应球练习器，记录学生的反应时间，逐步提高反应速度。

（3）反应球练习：使用反应球进行练习，可以锻炼学生的快速反应和抢攻能力。这种练习方法能够模拟比赛中的实际情况，帮助学生更好地适应比赛节奏。

2. 动作组合技术练习

（1）定点抢攻：学生发球后迅速调整站位，抢攻同伴回至固定点的球。

（2）多变发球抢攻：运用发球机变化发球的旋转、速度和落点，学生根据来球调整抢攻策略。

3. 动作运用练习

（1）发球抢攻专项赛：制定比赛规则，每次得分必须从发球抢攻开始。

（2）模拟比赛场景：教师可以设定不同的比赛场景，让学生在模拟环境中运用发球抢攻技术，培养学生的实战意识。

4. 数字化信息化手段

（1）发球机模拟：利用发球机设置不同的发球速度、旋转和落点，模拟实战中的发球情况。

（2）智慧乒乓球台：使用带有落点分析功能的智慧乒乓球台，分析学生发球和攻球的落点分布。学生根据反馈调整发球力度和角度，以提高发球和攻球的准确性和变化性。

（七）课时建议

（1）单个技术动作学练：在基础技术练习阶段，建议安排1～2个课时，让学生专注于掌握发球和抢攻基础动作。通过发球和抢攻练习，逐渐提高学生的发球准确性和抢攻反应速度。

（2）动作组合技术练习：学生需要将发球与抢攻技术相结合，形成连贯的动作组合。建议安排2～3个课时，进行多种发球与抢攻的组合练习，如发侧旋球后抢攻、发长球后抢攻等。通过多样化的组合练习，提升学生的技术转换能力和反应速度。

（3）动作运用练习：学生需要在模拟比赛场景中进行发球抢攻的实战应用。建议安排3～4个课时，通过组织对抗性练习和小型比赛，让学生在压力下运用发球抢攻技术，提高其在实际比赛中的运用能力和自信心。这样的练习安排旨在帮助学生从基础到实战，全面提升发球抢攻技术水平。

第五节 │ 羽毛球运动

一、正手击高远球（水平三）

高远球是羽毛球运动击高球的一种。击出的球以高弧度飞行到对方端线处后垂直落下。特点是弧线高，滞空时间长，可逼迫对方退到底线去接球。主要用于调动对方站位，或试探对方的战术意图；也能在自己处于被动的情况下有较多的时间调整站位，摆脱被动局面。动作方法：准备时，双脚分开与肩同宽，膝盖微屈以保持身体平衡。握拍稳，手臂放松。击球时，先通过蹬地、转体和扭腰来积蓄力量，然后瞬间将力量传递到手臂和手腕。球拍从身体一侧扬起，在与球接触的一瞬间，利用手腕的快速旋内翻转，以正拍面击打球头，给予球足够的上旋和力量，使其以较高的弧线飞过网的上部，深入对方场地后方。击球后，球拍顺势向前方挥出，完成随挥动作。

（一）教材价值

（1）正手击高远球的教学，不仅传授了一项运动技能，更在无形中全面提升了学生的认知能力。在反复练习与实战中，学生的空间感知、快速反应以及身体的协调性得到了有效锻炼。此外，通过精准判断球的练习，学生的空间智能和反应速度得到了极大的提高，对他们的全面发展具有重要意义。

（2）正手击高远球动作需要调动全身多个肌肉群，特别是上肢和躯干的肌肉。练习这一动作可以增强肌肉力量和耐力，提高身体的协调性和灵活性。此外，频繁的跑动和跳跃也有助于提升心肺功能，促进身体健康。

（3）正手击高远球作为羽毛球运动中的核心技术，掌握它将为学习者在未来的羽毛球道路上奠定坚实基础。无论是业余爱好还是专业发展，正手击高远球都是必须掌握的基本功。通过不断精进这一技术，学生可以在比赛中占据优势，享受羽毛球运动带来的快乐和挑战。

（二）教材的动作分析

1. 动作特点

羽毛球正手击高远球的动作特点主要体现在以下几个方面：首先，击球点高，确保球能够以较高的弧线飞过网的上部；其次，球飞行弧度高、远，使得对方难以接球；最后，击球力量大，通过协调身体各部分力量，特别是大臂带动小臂的发力方式，产生强有力的击球效果。

羽毛球正手击高远球的动作要领包括：保持正确的准备姿势，侧身对网，重心在后脚；握拍要放松，引拍时大臂带动小臂，通过手腕的"闪动"发力击球；击球点应选择在右肩侧直臂挥拍最高点，以发挥最大力量；注意拍面角度的调整，保证球以高弧度飞过网的上部；击球后，球拍顺势挥至左肩上方，然后自然收回至体前，为下一次击球做好准备。整个动作需流畅协调，确保力量传递的连贯性，使球能够稳定且高远地飞向对方后场。

2. 动作结构

正手击高远球是羽毛球运动中的一项核心技术，其动作结构主要由准备姿势、引拍、挥拍击球和随挥四个基本环节构成。

（1）准备姿势：双脚分开与肩同宽，身体微微前倾，双眼紧盯来球方向，持拍手自然放在身体前方，做好随时击球的准备。

（2）引拍：当对方将球击来时，持拍手迅速后引，球拍指向后方，非持拍手则作为辅助，保持身体平衡，并引导眼睛跟随球路，判断最佳击球点。

（3）挥拍击球：随着脚步的微小调整和身体的转动，持拍手快速向前上方挥动，击球时，手腕快速内旋发力，确保球能够以高远的弧线飞向对方场地后场。

（4）随挥：击球后，手臂顺势向对侧下方随挥，以保持身体平衡，并有利于快速回位准备下一拍。随挥的结束标志着整个击球动作的完成。

这四个环节相互衔接，构成了正手击高远球的完整动作结构。在实践中，学生需要通过不断练习，熟练掌握各环节的技术要点，以提高击球的准确性和质量。

（三）动作原理

羽毛球正手击高远球的准备姿势是双脚分开与肩同宽，这遵循了物理学的稳定性原理，宽站距能提供更好的支撑，有助于快速调整身体姿势以达到最佳的击球准备，同时防止因力量传递而产生的自身晃动。

引拍阶段，学生用大臂将球拍引到头部后侧，形成一个较大的加速空间。这种处理方式利用了牛顿第二定律，即力是改变物体运动状态的原因。在这个阶段，学生的肌肉收缩产生力量，为后续的击球动作储存能量。

在击球时，学生的后腿积极地蹬地，同时进行转体。这种运动方式利用了圆周运动的原理，将人体作为一个圆周运动的模型。根据线速度计算式 $v=\omega r$，在转动整体时，距离轴心最远的位置（即外侧球拍上的触球点）的 r 为最大值，因此会使击球速度达到最大化。

在击球后，学生继续挥拍至身体另一侧，形成随挥动作。这个过程遵循动量守恒定律，即在没有外力作用的情况下，系统的总动量保持不变。随挥动作有助于保持身体的平衡和稳定，同时也有助于学生更好地控制球的落点。

（四）负荷特点

1.运动负荷

正手击高远球的运动负荷特点主要体现在对身体的全面锻炼上。在挥拍击球的过程中，身体的多个肌群协同工作，特别是上肢、核心肌群和腿部肌肉，需要产生足够的爆发力来确保球的高远飞行。这种全身性的运动负荷有助于提高学生的力量、耐力和协调性。同时，正手击高远球还要求学生在场上不断移动和调整位置，这进一步增加了有氧运动的成分，对提升心肺功能也有积极作用。

2.心理负荷

从心理负荷角度来看，正手击高远球要求学生在击球瞬间做出准确的判断和快速的反应。学生需要集中注意力，分析来球的路线、速度和落点，并在极短的时间内做出最佳击球决策。这种高度的认知负荷有助于培养学生的反应能力、专注力和决策能力。同时，在比赛中成功击出高远球也能给学生带来成就感和自信心，对提升比赛心理状态有正面影响。

（五）学情分析

在学生基础方面，水平三的学生通常已经具备了一定的羽毛球运动基础，掌握了基本的握拍、站位和击球姿势。然而，在正手击高远球技术上，学生可能存在击球力量不足、准确性不够或动作不协调等问题。这些问题往往源于对技术细节的掌握不够深入或缺乏足够的练习。

在学生需求方面，水平三的学生渴望提高正手击高远球的技术水平，以在比赛中更好地发挥。他们需要进一步理解正手击高远球的动作原理和技巧，通过系统的练习和反馈来纠正错误动作，并逐渐形成正确的肌肉记忆。同时，学生也希望在练习过程中能够获得更多的成功体验，以增强自信心和保持对羽毛球运动的兴趣。

综上所述，针对水平三学生的正手击高远球教学，应重点关注技术细节的掌握和实践能力的提升，同时注重学生的情感体验和兴趣培养。

（六）教法建议

1. 基础技术练习

（1）目标射击游戏：设置一个大型目标区域，可以是墙面上的一个大圆圈或者使用标志杆围成的区域。学生站在球场一端，用正手击高远球的方式将球击向目标区域。击中目标区域得分，未击中则不得分。

（2）穿越障碍游戏：在球场上设置一些障碍物，如绳子、标志杆等。学生用正手击高远球的方式将球击过障碍物，并尽量让球落在对面场地的指定区域内。

2. 动作组合技术练习

（1）固定点击球组合：设置固定击球点，让学生练习从准备姿势到引拍、挥拍击球和随挥的完整动作流程，在熟练掌握后可增加步伐移动后的击固定球练习。

（2）移动击球组合：运用发球机在后场正手半区发球，要求学生移动到位后完成正手击高远球，提高脚步移动与击球动作的协调能力。

（3）多球路击球组合：运用发球机进行前后场不固定球路喂球，要求学生在前场击球完成后快速移动、调整身体姿态，进行正手高远球技术的使用，初步形成多拍击球的球路意识。

3. 动作运用练习

（1）限时击球比赛：运用发球机发球，设置一定的时间限制，如1分钟，学生用正手击高远球的方式尽可能多地击球过网，落在对方场地的有效区域内。比较哪个学生在规定时间内落点最准确。

（2）区域击球比赛：在对方场地划分不同的得分区域，每个区域的得分不同。学生用正手击高远球的方式将球击入对方场地的不同区域得分。比较哪个学生或小组在比赛结束时得分最高。

（3）固定球路击球比赛：固定前几拍的球路，多以正手高远球为主，第四或第五拍起可以主动变换球路，按比赛规则进行记分。可以根据学生掌握情况限制半场或全场进行。

4. 数字化信息化手段

（1）运动分析软件：将学生的比赛或练习视频导入运动分析软件，对其正手击高远球的动作运用进行详细分析，找出改进点并提供个性化指导建议。同时，也可以利用这些软件进行远程教学或在线辅导，提高教学效率和学生的学习体验。

（2）虚拟现实技术：通过 VR 技术，学生在虚拟环境中进行正手击高远球的练习。这种沉浸式的练习方式可以帮助学生更快地掌握技术要领。

（七）课时建议

（1）单个技术动作学练：在这一阶段的任务是让学习者掌握正确的握拍方法和击球姿势。学习者需要通过反复练习，逐步熟悉如何调整身体姿势、握拍方式和击球点，以确保每次击球都能准确、稳定地将球击出。建议安排 2～3 个课时进行基础动作的学习和巩固。

（2）动作组合技术练习：在动作组合技术练习阶段，任务是让学习者能够将正手击高远球与其他技术动作，如步伐移动、网前小球等相结合，形成连贯的击球序列。这一阶段需要学习者在掌握单个技术动作的基础上，通过多样化的练习方法，提高技术动作的组合运用能力。建议安排 3～4 个课时，通过组合练习，提升技术的整体性和实战性。

（3）动作运用练习：主要任务是培养学习者在正式比赛中灵活运用正手击高远球的技能。此时，应通过模拟比赛场景，加强学习者对来球方向和力度的预判，以及在不同情况下的应对策略。建议安排至少 3 个课时进行实战模拟练习，使学习者能够在真实的竞技环境中自如运用正手击高远球技术，从而达到提升整体羽毛球技术水平的目的。

二、杀球与吊球组合（水平四）

羽毛球杀球与吊球组合是一种重要的战术手段。杀球也称"扣杀"，指学生重力回击对方的来球，是威胁最大的进攻技术和得分手段，有劈杀、点杀等数种。吊球指使球从本方的后场击到对方场地近网区向下坠落的球。按球的飞行弧度和击球动作的不同，分为轻吊和劈吊两种。与高球配合运用，是调动对方位置、组织进攻的主要技术。

杀球与吊球组合动作方法：保持适当的站位和准备姿势，密切观察对方的击球动作和球路，准确判断来球的方向、速度和高度。当判断对方来球适合杀球时，迅速调整身体姿势，侧身对网，将重心转移到后脚。握紧球拍并调整拍面角度，通过腿部和腰部的协调发力，迅猛挥拍击球，使球高速飞向对方场地。若判断适合吊球，调整拍面以一定的角度轻轻切削球托的侧面，使球以较慢的速度和较平的弧线飞过网的上部，然后突然下坠。

（一）教材价值

（1）通过学习和实践杀球与吊球组合，可以提高学生的羽毛球技能和战术意识。这两种技术的结合使用，要求学生在瞬间做出判断并选择最佳的击球方式，这不仅锻炼了反应速度，还培养了策略性思考的能力。同时，在团队或集体练习中，学生通过与队友的配合，还能增强团队协作和沟通能力。

（2）杀球与吊球组合动作能够全面锻炼身体。杀球需要瞬间的爆发力和准确性，而吊球则更注重技巧和控制。这两种技术的交替使用，可以有效提高身体的协调性、灵敏度和力量。持续练习还能增强心肺功能，促进身体健康。

（3）杀球与吊球组合动作的掌握为学生提供了向更高水平迈进的机会。这种技术组合是羽毛球比赛中得分的重要手段，能够帮助学习者在竞技场上获得更好的成绩。同时，羽毛球运动中的团队协作也培养了学生的沟通能力和团队精神，对个人全面发展影响深远。

（二）教材的动作分析

1. 动作特点

羽毛球杀球与吊球组合的动作特点在于巧妙地融合了力量与技巧。学生首先以杀球发起攻击，借助全身力量将球重重扣杀至对方场地，展现出色的力量和速度。紧接着，选手转换为吊球，通过精细的手腕控制，将球轻轻吊至对方网前，让对方措手不及。这种组合不仅体现了羽毛球运动的力量与速度，更彰显了其精湛的技巧和灵活的战术思维，是比赛中夺取主动权、制造得分机会的重要策略。

羽毛球杀球与吊球组合的动作要领在于准确判断与快速转换。对于杀球，要领在于充分利用身体力量，通过腰腹、肩臂及手腕的协同发力，将球迅速扣杀至对方后场。而对于吊球，关键在于细腻的手腕控制和精准的落点预判，以轻柔的手法将球吊至对方网前，使其下坠。在两种技术间快速而流畅地转换是此组合的核心，要求学生具备良好的身体素质、准确的判断力和灵活的应变能力，以在比赛中占据优势。此外，羽毛球杀球与吊球组合的动作强调动作的一致性，杀球与吊球在动作结构上具有很大的相似性特点，这就要求在使用这两项技术动作的前期具有较强的隐蔽性，是杀球与吊球组合能否达到实效的重要影响因素。

2. 动作结构

羽毛球杀球与吊球组合的动作主要包括准备阶段、杀球动作、吊球动作、随挥与回位等基本环节。

（1）准备阶段。

站位与姿势：准确地判断对手的来球路线和速度，并适时调整自己的站位。同时，保持双脚分开与肩同宽，膝盖微屈以确保身体的稳定性，身体重心略向前倾，以便随时准备起跳或迅速移动，从而有效应对来球。

（2）杀球动作。

起跳：在准备杀球时，通常需要通过起跳来获得更高的击球点。起跳时，双腿用力蹬地，身体向上腾起。

挥拍与击球：在身体腾起的过程中，通过流畅的转体和挥臂，将球拍高举过头顶。在最高点，利用手腕的快速翻转和爆发力，以最大力量向下扣杀，确保球拍正面迎球。

（3）吊球动作。

挥拍：杀球后如果选择进行吊球，需要迅速调整球拍的角度和使用的力量。在这个过程中，挥拍动作应该相对放松，以便更好地控制球的弹跳力，实现吊球的效果。

击球：在球下落的过程中，需要精准地找准击球点，并利用手腕的轻柔和切削动作来击球。这种技巧性的击球方式可以使球以较平的弧线、相对较慢的速度过网，并实现垂直下坠，从而有效地控制球的落点和节奏。

（4）随挥与回位。

随挥：击球后，球拍会自然向前下方挥动，完成随挥动作，随后身体逐渐转正，重新面向球网，为迎接下一个来球做好准备。

回位：击球后迅速调整步伐，回位到中心位置或预判的下一个击球点。保持身体平衡，准备迎接下一个来球。

（三）动作原理

羽毛球杀球与吊球组合涉及动量定理、碰撞原理、空气阻力、运动的合成与分解等物理学原理。

（1）准备阶段：学生通过判断对手的来球路线和速度，调整自己的站位和姿势。这个过程涉及运动学中的预判和反应时间原理。学生需要根据来球的速度和方向，预估其到达自己场地的时间，并据此做出反应，以确保能够在最佳位置接球。

（2）杀球动作：杀球动作主要体现了动量定理与冲量、速度与力量、运动轨迹与角度等物理学原理。在杀球过程中，学生利用动量定理，通过迅速且有力的挥拍，在极短的时间内给球施加巨大的冲击力，从而使球获得显著的动量变化。这一动作要求学生不仅要有强大的爆发力，还需精准把握击球的时机。此外，学生还可以运用不同的扣杀角度，以此来改变球的飞行轨迹，使得球的落点更加难以预测，进一步增加了对手的防守难度。

（3）吊球动作：吊球主要体现了运动的合成与分解、陀螺效应与阻力等物理学原理。在吊球技术中，学生必须精确操控球的水平和竖直方向速度分量，通过调整挥拍的角度和速度来掌控球的飞行轨迹和落点。同时，球拍对球的侧面摩擦产生的旋转会形成陀螺效应，这不仅增加了球在空中的稳定性，而且使球的飞行路线更加复杂难测，加大了对手的预判难度。此外，由于旋转导致的空气阻力增加，球的水平分速度会迅速衰减，进一步提升了接球的挑战性。

（4）随挥与回位：随挥动作有助于将击球后的剩余动能转化为势能，帮助学生保持身体平衡并顺利回位。在回位过程中，学生需要调整步伐和重心，以准备迎接下一个来球。这涉及动能与势能的转换以及身体力学的应用。

（四）负荷特点

1. 运动负荷

从运动负荷角度来看，杀球与吊球组合在羽毛球运动中属于高强度的技术动作。杀球时，学生需要快速收缩全身肌肉，爆发出强大的力量将球击出，这对身体的爆发力和协调性要求较高。吊球虽然看似轻巧，但也需要精确控制拍面角度和击球力度，以保证球的落点准确。因此，连续进行杀球与吊球组合练习时，学生的心率会显著上升，身体的能量消耗也较大。

2. 心理负荷

从心理负荷角度来看，杀球与吊球组合要求学生在极短的时间内做出准确的判断和反应。在比赛中，学生需要根据对手的站位、反应和球路变化来灵活选择使用杀球还是吊球，这需要高度的专注力和应变能力。同时，由于这两种技术动作在比赛中往往扮演着得分或转守为攻的关键角色，因此学生在使用时也承受着较大的心理压力。

（五）学情分析

在基础方面，水平四的学生通常已经掌握了羽毛球的基本技术，如正手和反手握拍、基本的步法和击球技巧。他们对于杀球和吊球的基本概念和动作也有所了解，但在技术的熟练度和精准度上可能存在不足。特别是吊球技术，由于其需要更细腻的手法和更准确的判断，往往是学生技术掌握中的薄弱环节。

在需求方面，水平四的学生渴望提高自己的比赛能力，对杀球与吊球组合的运用有浓厚的兴趣。他们希望通过学习这一组合技术，能在比赛中制造更多变化，增加对手的回球难度，从而掌握比赛的主动权。同时，他们也需要在实践中不断提高自己的战术意识和团队协作能力，以适应更高级别的比赛要求。因此，针对水平四学生的教学，应重点加强吊球技术的练习，提高组合技术的运用能力和实战效果。

（六）教法建议

1. 基础技术练习

（1）定点击球练习：设置固定点，让学生练习从各个角度击球到该点，先练习杀球，再练习吊球，逐渐提高击球的准确性和力度。

（2）多球练习：运用发球机连续喂球，学生依次进行杀球和吊球的击打，提高反应速度和击球连贯性。

2. 动作组合技术练习

（1）杀吊转换练习：学生站在场地一侧，发球机在对面发球，要求学生根据来球的高低和速度，灵活选择杀球或吊球进行回击。

（2）预设模式练习：设定特定的杀球与吊球组合模式，如"杀上网""吊上网"等，让学生在练习中熟悉并掌握这些组合。

（3）两人一组对练：两人一组站在场地两侧，互相进行杀球与吊球的组合练习，提高实战中的应变能力和技术运用能力。

3.动作运用练习

（1）模拟比赛场景：设置模拟比赛场景，让学生在实战中运用杀球与吊球组合技术，提高比赛的实战能力。

（2）战术配合练习：结合其他技术动作和战术配合，进行多人一组的协作练习，培养团队协作能力和战术意识。

4.数字化信息化手段

（1）视频分析：利用摄像机录制学生的练习过程，通过回放和分析视频，找出技术动作上的不足并进行针对性改进。

（2）虚拟仿真软件：利用虚拟仿真软件模拟实战场景，让学生在虚拟环境中进行杀球与吊球组合的练习，提高实战经验和技能水平。

（七）课时建议

（1）单个技术动作学练：在基础技术练习阶段，建议安排2～3个课时，主要让学生掌握正确的杀球和吊球技术动作。通过反复的空挥练习和定点击球练习，帮助学生熟悉技术要领，确保动作规范、发力顺畅。同时，加强手腕灵活性和力量控制的练习，为后续的动作组合练习打下基础。

（2）动作组合技术练习：进入动作组合技术练习，可安排3～4个课时。此阶段的任务是让学生能够流畅地在杀球和吊球之间转换，学会根据实际情况选择使用哪种技术。通过教师的示范和指导，学生在掌握单个技术的基础上，逐渐过渡到两个技术的组合运用。加强反应速度和击球准确性的练习，提高学生的技术转换能力。

（3）动作运用练习：在动作运用练习阶段，建议安排3～4个课时。重点在于提升学生的策略性思考和快速反应能力。学生需要在快速变化的比赛场景中，灵活选择使用杀球或吊球，以达到最佳效果。建议通过组织小型对抗赛或教学比赛，让学生在实战中锻炼技术运用和战术布局的能力。

三、对角线战术（水平五）

羽毛球的对角线战术，是学生在比赛中常用的一种策略。它旨在通过对角线的长线路增加对手的跑动距离，从而消耗对手的体力并制造进攻机会。羽毛球的对角线战术的动作方法主要包括网前勾对角、推对角、挑对角，以及平抽对角线和接杀分/抽对角线等。

（1）正手勾对角动作方法：击球前，将握拍调整为正手放松握拍，同时以肩肘为轴，前臂略外旋，带动手腕伸展，做适量的小弧回环引拍。击球时，前臂内旋，带动肘部稍有回拉，手腕展腕、食指拨转拍柄发力切击球托的右后侧部位，将球勾向对角线网前。

（2）反手勾对角动作方法：击球前，侧身，反手握拍，前脚掌着地，提高身体重心，前臂向前上方伸，斜对球网。击球时，肘部突然下沉，同时前臂稍外旋，手腕由稍屈至上伸，通过拍面的变化，勾击球托的左侧面，使球沿着对角线方向飞行。

（3）推对角和挑对角动作方法：当对方在网前时，优先选择快推对角线；如果对手在向网前跑动，可以推挑打向他最远的对角线方向。推挑对角线时要注意球拍的前伸准备位置需稍稍超前于来球的下落路线，以获得回拉手臂击球的空间。

（4）平抽对角线动作方法：平抽对角线多数打向对角线空当的位置，尤其是在单打和双打的前后站位时。通过快速而准确的平抽对角线，可以调动对手，消耗其体力。

（5）接杀分 / 抽对角线动作方法：当对方全力杀球时，重心会短时间失控，对角线就会出现空当，此时可以接杀分对角线充分调动对手。如果对手杀球质量太差，还可以直接抽杀。

（一）教材价值

（1）对角线战术要求学生具备高度的策略思维与快速应变能力，这有助于培养学生的逻辑思维和决策能力。在比赛中，学生需根据对手站位和场上形势迅速做出判断，选择最佳的对角线路进行回球，这一过程锻炼了学生的即时反应和预判能力。同时，团队比赛中的对角线配合还能增强学生的团队合作意识和沟通能力，共同为胜利而努力。

（2）对角线战术的实施涉及全身协调运动，特别是手腕、手臂和腰腹的灵活转动，这对于提高身体灵活性、增强肌肉力量和耐力具有重要作用。频繁的移动和击球动作有助于促进血液循环，增强心肺功能，达到全面健身的效果。

（3）对角线战术的运用在学生的心理成长培养上也起着重要作用。比赛中的高度专注和自我控制，以及灵活应对挑战的能力，都是对学生意志品质和竞争意识的有益锻炼。在双打比赛中，这一战术能增强学生的团队意识，提升他们的沟通能力和集体荣誉感，对于学生的全面发展和社会融入具有深远意义。

（二）教材的动作分析

1. 动作特点

羽毛球对角线战术不仅能够有效调动对手，打乱其比赛节奏，同时也对学生的技术和判断能力提出了较高要求。这种战术通过球路的快速变化来制造进攻契机，如在网前施展勾对角、推对角、挑对角等技巧，能迅速改变球的飞行方向，令对手难以迅速做出预判和反应。对角线球路因其相对较长的飞行轨迹，还能迫使对手在场地上不断跑动，从而大量消耗其体力。此外，对角线球路对于那些习惯于直线球路的对手而言，能有效干扰其防守节奏，进而为本方创造出有利的进攻时机。然而，这种战术也伴随着一定风险，因为对角线球路的飞行距离较长，导致球速相对较慢，容易被对手拦截。因此，学生在使用这一战术时，必须谨慎判断时机，并密切关注对手的站位。

对角线战术的动作要领包括准确的判断、灵活的步伐和精准的击球。学生需要具备敏锐的观察力和预判能力，准确判断对方的站位和反应速度，以便选择合适的对角线线路。

同时，灵活的步伐也是关键，学生需要快速而准确地移动到击球位置，确保能够在最佳的时间和位置打出对角线球。在击球时，要控制好拍面的角度和击球的力度，使球能够以最佳的角度和速度穿越场地。此外，学生还需结合对手的情况灵活调整战术，不断变换对角线球路，以保持战术的多样性和有效性。

2. 动作结构

对角线战术在羽毛球中是一种重要的进攻和防守转换手段，其基本动作结构包括准备姿势、判断与移动、击球动作以及回位准备四个主要环节。这四个环节相互衔接、密切配合，共同构成了对角线战术的完整动作体系。

（1）准备姿势：学生需保持稳定的准备姿势，身体平衡，双脚分开与肩同宽，膝盖微屈，持拍手置于身前，随时准备迎接来球。

（2）判断与移动：判断与移动是执行对角线战术的关键环节。学生必须敏锐地观察对方的击球动作和球的飞行轨迹，迅速判断球的落点，并采用相应的移动步法，确保自己能够准确到达最佳击球位置。

（3）击球动作：作为对角线战术的核心，要求学生根据球的落点和高度，选择合适的击球方式。学生通过精准地控制拍面角度和击球力量，使球沿着对角线方向飞行，有效地制造对方的移动困难。

（4）回位准备：击球后，学生需要迅速调整自己的站位和姿势，做好迎接对方下一拍球的准备，以便能够持续运用对角线战术进行攻防转换。

（三）动作原理

羽毛球对角线战术主要体现了动量守恒原理、碰撞原理、旋转动力学、牛顿第二定律等物理学原理。

（1）准备姿势：在此阶段，选手需要保持身体平衡，准备随时启动。这涉及重心的控制和稳定性的问题。学生通过微屈膝盖、调整重心位置，使自己处于一个动态平衡的状态，以便迅速反应。

（2）判断与移动：学生需要快速准确地判断对手的回球方向和落点，这是对角线战术成功的前提。在判断过程中，学生会根据对手的动作、球的速度和旋转等因素进行综合分析。移动的过程涉及动量守恒定律和牛顿第二定律。学生通过腿部肌肉的快速收缩和伸展，产生足够的力量来驱动身体移动。同时，他们还需要保持身体的平衡和稳定，以便更好地完成后续的击球动作。

（3）击球动作：击球前的引拍为球拍提供了加速空间，确保击球时产生强大力量。击球时，需要运用力学原理，包括动量守恒、力的分解与合成等。通过调整拍面角度、击球力度和方向，来控制球的弹跳高度、速度和方向。

（4）回位准备：完成击球后，学生需要迅速回到中心位置或下一个准备位置，以便应对对手的回球。这个过程同样涉及动量守恒定律和牛顿第二定律。学生需要通过腿部肌肉的快速收缩和伸展来驱动身体移动，并保持身体的平衡和稳定。

（四）负荷特点

1. 运动负荷

从运动负荷角度来看，对角线战术在羽毛球比赛中具有显著特点。由于需要频繁地变向移动和挥拍击球，学生的身体承受了较大的力量和耐力挑战。这种战术要求学生具备出色的爆发力和协调性，以快速移动到最佳击球位置并完成精准击球。因此，对角线战术对学生的体能提出了较高要求。

2. 心理负荷

在心理负荷方面，对角线战术同样具有一定的挑战性。学生在比赛中需要时刻保持注意力高度集中，准确判断对方的击球意图和球的飞行路线。这种持续的心理紧张状态对学生的注意力和反应速度构成了考验。同时，由于对角线战术往往涉及比赛的关键时刻，如破发点、赛点等，学生还需要承受较大的比赛压力，这对他们的心理素质和情绪控制能力也提出了更高的要求。

（五）学情分析

从学生的基础来看，高中学生在羽毛球学习中已经掌握了一定的基本技术和战术知识，但对于对角线战术这种高级技术，大部分学生可能还停留在初步了解或尝试阶段。由于对角线战术需要较高的身体协调性和反应速度，以及精准的击球技巧，许多学生在实际运用中可能会感到困难。

在需求方面，高中学生正处于技能提升和竞技意识增强的关键时期，他们渴望在羽毛球比赛中取得更好的成绩。因此，对于对角线战术这种能够有效提升比赛表现的技术，学生们有着强烈的学习愿望。他们希望通过系统学习和实践练习，能够熟练掌握对角线战术，并在比赛中灵活运用，以此提高自己的竞技水平。

（六）教法建议

1. 基础技术练习

（1）定点击球：在场地上设置标记点，要求学生站在固定位置击球到对角线的标记点，逐步提高击球的准确性和深度。

（2）多球练习：发球机连续送球到学生的对角线方向，迫使学生不断调整身体位置和击球动作，以适应来球的变化。

2. 动作组合技术练习

（1）前后场移动击球：结合步法，让学生在前后场之间移动并进行对角线击球，提高移动中的击球稳定性。

（2）上网与对角线击球结合：学生先进行一次网前截击，然后迅速移动到对角线位置进行一次底线击球，以培养学生在不同位置灵活转换的能力。

（3）连续对角线击球：两人一组，分别站在场地的对角线位置，连续进行对角线击球练习，要求球路清晰、落点准确。

（4）动作组合练习：对角高远球后接对角吊球，或对角平抽后接对角杀球等。

3. 动作运用练习

（1）实战模拟：模拟比赛场景，要求学生在比赛中尝试运用对角线战术，观察其实际效果并给予反馈和指导。

（2）战术结合：教授学生如何在对角线战术的基础上融入其他战术，如快攻、网前小球等，以丰富进攻手段和提高得分能力。

（3）比赛与战术分析：组织学生进行全场对抗赛，并在比赛过程中记录学生运用对角线战术的次数和效果。赛后进行战术分析，总结成功经验和不足之处，为后续的针对性练习提供依据。

4. 数字化信息化手段

（1）视频分析：拍摄学生的击球动作，通过慢动作回放进行详细分析，找出动作中存在的问题并加以纠正。

（2）虚拟仿真软件：利用虚拟仿真软件模拟实战场景，让学生在虚拟环境中进行对角线战术的练习，提高实战经验和技能水平。

（七）课时建议

（1）单个技术动作学练：在羽毛球对角线战术的学习中，首先要从单个技术动作入手。重点练习对角线方向的准确击球，如对角高远球、对角吊球等。学生需通过反复挥拍，掌握正确的击球姿势和力量控制，确保球能够精准地打到对角线位置。此阶段建议安排充足的课时，建议2～3个课时，以确保学生打下坚实的基础。

（2）动作组合技术练习：学员需学习如何将不同的对角线击球技术流畅组合，如对角高远球后接对角吊球，或对角平抽后接对角杀球等。此阶段的任务是提升技术转换的流畅性和准确性。建议2～3个课时，以便学生有足够的时间进行组合技术的学练。

（3）动作运用练习：在动作运用练习阶段，建议安排3～4个课时。学生需在对抗中实际应用对角线战术。通过模拟比赛场景，让学生学会在何时使用对角线击球以打乱对方节奏，制造进攻机会。此阶段还需培养学生的战术意识和反应速度。

第六节 ｜ 网 球 运 动

一、正手击球（水平三）

正手击球是网球运动中的基本技术之一，指使用身体持拍手一侧向前挥拍击球。动作方法：准备时，双脚自然开立与肩同宽，双膝微屈，双肘微屈，非持拍手扶拍颈。转体引拍时，判断来球，快速移动到位，身体向持拍手一侧旋转 90 度，在来球即将落地前，自然向后引拍，肘部弯曲，将拍头指向场地后方，非持拍手指向来球，重心移至后脚。挥拍击球时，蹬地转体将身体重心移至前脚，带动持拍手臂向斜前方挥拍，在膝与腰间的高度击球，击球瞬间手腕紧固，用拍面"甜区"位置击球的后中部。随挥时应随拍形固定随击球方向向前上方送出，充分伸展后随惯性将持拍手置于异侧肩上，动作完整，以确保球的稳定性和深度。整个过程需要保持身体平衡，击球后迅速回位，准备下一次击球。

（一）教材价值

（1）在学习过程中，学生不仅需要掌握正确的姿势、握拍方式和挥拍轨迹，还需培养耐心、专注力和坚持不懈的精神。通过反复学练，学生能够学会自我反思和调整，提升解决问题的能力。此外，当学生成功掌握并运用正手击球技术时，他们会获得成就感和自信心，这对他们的个人成长和发展具有积极影响。

（2）在击球过程中，大肌肉群和小肌肉群协同工作，有助于增强力量、速度和耐力。同时，网球运动中的快速移动和转身动作还能提高身体的灵活性和协调性。长期坚持网球正手击球的练习，不仅能增强心肺功能，还能缓解压力、放松心情，对于促进心理健康同样具有积极作用。

（3）网球正手击球有助于培养学生的自信心和自我挑战精神，在掌握技术的过程中，学生会遇到困难和挑战，通过不断努力和克服，自信心得以提升。另外，网球运动还为学生提供了展示自我、结交朋友的平台，有助于提升人际交往能力。

（二）教材的动作分析

1. 动作特点

网球正手击球是网球运动中的核心技术之一，其动作特点在于准备姿势稳定，通过腿部和腰部的协同转动来积蓄力量。在击球瞬间，手臂和手腕快速前挥，球拍以高速通过击球点，产生强烈的旋转和力量，使球以弧线的轨迹快速穿越球场。正手击球不仅要求准确的力量和角度控制，还需要灵活的脚步移动和准确的预判，以确保每次击球都能达到理想的效果。

动作要领则要求选手首先保持稳定的准备姿势，双脚分开与肩同宽，膝盖微屈以维持身体平衡。在击球时，需通过转体和引拍来积蓄力量，然后在球到达合适击球位置时迅速挥拍，确保球拍与球的接触点正好在拍面的"甜区"。击球后，要有一个自然的随挥动作，这既有助于保持身体平衡，也能增加击球的稳定性。掌握这些要领是打出高质量正手击球的关键。

2. 动作结构

网球正手击球的基本动作结构包括准备姿势、引拍、挥拍击球和随挥四个主要环节。这四个环节相互衔接、协调配合，构成了网球正手击球的基本动作结构。

（1）准备姿势：学生需站在球场适当位置面对球网，双脚自然分开，略宽于肩，身体微向前倾，重心放在前脚掌上，持拍手握住拍柄，非持拍手则用于扶住球拍以保持身体平衡，球拍置于肚脐与胸的高度之间，目光注视来球，根据来球迅速作出反应，判断是正拍或反拍，并能随时进行分腿垫步动作。

（2）引拍：当判断来球方向后，学生转动身体带动球拍后摆，形成一定的引拍角度，为击球储备力量。引拍过程中，握拍微用力，其余动作应做到轻松协调，为向前挥拍提供充分的收缩条件，避免过度用力。

（3）挥拍击球：当球来到合适位置时，学生通过转体、手臂伸展和手腕固定等动作协调发力，将来球击出。击球时，要确保拍面与球接触时垂直于地面，以获得最佳的击球效果。

（4）随挥：击球后手臂随惯性自然向前上方挥动，直至另一侧身体前方。随挥有助于控制球的路线和增加击球的力量，同时使整个击球动作协调、连贯和舒展，为下一拍做好准备。

（三）动作原理

（1）准备姿势：准备姿势是击球的基础，它遵循了平衡的原理。双脚分开与肩同宽，保持身体重心稳定，为接下来的动作做好准备。

（2）引拍：在引拍阶段，学生通过转身和拉拍来积蓄力量，这涉及了转动惯量的原理。拉拍时，拍头向后，增加了转动半径，从而增大了转动惯量，为接下来的挥拍击球积蓄了更多的力量。

（3）挥拍击球：挥拍击球时，学生利用之前积蓄的力量，通过减小转动半径来减小转动惯量，同时增大转动速度，从而打出有力的击球。这体现了动量的原理，即质量乘以速度。学生通过调整挥拍的速度和角度，可以控制球的弹跳力、方向和旋转。

（4）随挥：挥拍动作遵循了惯性的原理。由于物体具有保持原有运动状态的性质，所以随挥动作可以帮助学生保持击球的稳定性和方向性，确保球能够按照预期的方向飞行。

（四）负荷特点

1. 运动负荷

从运动负荷角度来看，网球正手击球要求学生在短时间内爆发出较大的力量，完成从准备到击球的整个动作流程。这种爆发性用力对肌肉的收缩速度和力量要求较高，因此运动负荷相对较大。同时，正手击球还需要学生具备良好的协调性和稳定性，以确保击球准确性和效果。这些要求都增加了正手击球的运动负荷，对学生的身体素质提出了较高挑战。

2. 心理负荷

从心理负荷角度来看，网球正手击球同样具有一定的负荷特点。在比赛中，学生需要迅速判断来球的方向、速度和旋转等要素，并作出相应的击球决策。这种快速决策过程对学生的反应速度和心理素质要求较高，增加了心理负荷。此外，正手击球作为网球比赛中的主要得分手段之一，其成功与否往往直接关系到比赛的胜负，因此学生在击球时还需要承受一定的心理压力。

（五）学情分析

从学生的基础来看，水平三的学生在正手击球方面已经具备了一定的基础知识和技能。他们了解基本的网球规则和正手击球的动作要领，能够完成简单的击球动作。然而，在技术的运用和击球效果上，学生之间存在差异，部分学生可能还存在一些技术上的不足和动作上的不规范。

从学生的需求来看，水平三的学生对正手击球技术有着较高的学习热情和提升需求。他们渴望通过系统的学习，进一步提高自己的击球准确性和力量，增强在比赛中的竞争力。同时，学生也希望在学习过程中能够得到及时的反馈和指导，以便更好地纠正错误动作和巩固正确技术。因此，在教学过程中，教师应结合学生的实际情况，制定针对性的教学计划和练习方案，以满足学生的学习需求并促进他们的全面发展。

（六）教法建议

1. 基础技术练习

（1）"击球入圈"游戏：在球场上设置一个大圈，学生站在圈外使用正手击球，目标是将球击入圈内。击中圈内得分，未击中则不得分。

（2）"击球接力"游戏：将学生分成若干小组，站在球场的两端，使用正手击球将球传给另一端的同伴，然后迅速跑到另一端接住同伴传来的球，再传回去。

2. 动作组合技术练习

（1）"穿越障碍"游戏：在球场上设置一些障碍物，如绳子、标志旗等，学生需要使用正手击球和移动步伐组合，穿越这些障碍物并将球击入目标区域。

（2）"正反手击球接力"游戏：将学生分成两组，站在球场两端。每组学生依次使用正手和反手击球，将球传给对方组的同伴。

3. 动作运用练习

（1）"击球入洞"游戏：在球场上设置一些模拟"洞"的目标区域，如小圆圈、小方框等。学生需要使用正手击球将球准确地击入这些"洞"中。

（2）"击球穿越障碍"游戏：在球场上设置障碍，如绳网、小栏杆等，学生需要运用正手击球技术将球击过障碍并落入指定区域。击中得分，触碰障碍或未击中则扣分。

（3）击牵珑球比赛：两人一组，运用牵珑球进行比赛。击球时，控制球的方向和力量，脚步移动快。

4. 数字化信息化手段

（1）视频教学：让学生观看自己击球动作的慢动作回放，以便更清晰地发现动作上的不足并进行改进。

（2）智能教学系统：借助现代科技手段，如智能网球教学系统，对学生的击球动作进行实时分析和反馈，提高教学效率和学生的学习效果。

（七）课时建议

（1）单个技术动作学练：初学者需要逐步掌握正确的握拍方式、准备姿势、脚步移动以及击球的动作流程。在这一阶段，建议安排 2 个课时，让学习者通过反复的挥拍练习和定点击球，逐步熟悉正手击球的基本要领，确保每个动作都准确无误。

（2）动作组合技术练习：重点是将正手击球与其他技术动作相结合，如与步伐、反手击球、发球等技术进行衔接。此阶段的目的是提高学习者在实战中灵活运用正手击球的能力。建议安排 2～3 个课时，通过设置多样化的练习场景，让学习者在各种情况下都能熟练运用正手击球。

（3）动作运用练习：学习者需要在接近真实的比赛环境中，运用正手击球技术来应对不同速度和旋转的来球。这一阶段建议 3～4 个课时，通过大量的实战练习和对抗，不断提升学习者对正手击球技术的掌握程度和运用能力。同时，教师应针对每个人的技术特点和问题，给予个性化的指导和反馈，帮助学习者更好地掌握网球正手击球技术。

二、发球与正手击球组合（水平四）

网球发球与正手击球组合是网球比赛中非常重要的技术组合之一。动作方法：发球时，以大陆式握拍为主，准备姿势为侧身站于底线处，保持身体姿势的平衡与稳定。随后将球抛至适当高度，这个高度既要保证学生有足够的时间调整自己的挥拍动作，又要确保球在落下时能够被准确地击出。在抛球的同时进行引拍动作，随即通过流畅而有力的动作将球准确地击出。发球完成后，需要迅速完成挥拍的后续动作，并立即回位到场地的中央位置，为接下来的正手击球做好准备。当对方回球时，需快速调整位置，通过转肩引拍准备正手击球。两脚与肩同宽站立，微屈双膝，上体前倾，保持稳定重心；判断来球方向后，左脚跨出，身体侧身，右手平稳后拉球拍。随后左脚踏出，重心前移，对准球迅速挥拍，绷紧手腕，确保击球点在右前方，击球后球拍顺势前挥，最后及时回位准备迎接下一个球。

（一）教材价值

（1）网球发球与正手击球组合的教学不仅提升了学生的网球技能，更深化了他们对身心协调发展的理解。通过不断练习和调整技术细节，学生学会了如何精准控制力度和角度，这一过程也锻炼了他们的思维能力和解决问题的能力。此外，通过参与网球运动，学生能够学会在规则框架内公平竞争，尊重对手和裁判，这对于他们未来的社会生活和职业生涯都具有积极的影响。

（2）网球发球与正手击球的练习能够显著提高身体协调性和反应速度，增强心肺功能，对提升学生的整体身体素质大有裨益。这种锻炼方式不仅有助于学生在网球领域取得进步，还能为他们未来的健康生活和体育活动奠定坚实的基础。

（3）网球发球与正手击球组合的学练对学生个体具有深远影响。首先，它能显著提升学生的自信心和自我挑战精神，使学生在面对困难和挑战时能够坚持不懈、努力克服。其次，网球运动中的团队合作和对抗性练习能培养学生的团队协作能力和竞争意识，为未来的学习和工作打下坚实基础。

（二）教材的动作分析

1. 动作特点

网球发球与正手击球组合的动作特点主要表现在发球和正手击球两个环节。发球时，学生需保持平衡站立，通过平稳准确的抛球和全身力量的协调运用，以适当的拍面角度挥拍击球，随后迅速挥拍并回位。而正手击球则需要学生在来球时通过转肩拉拍调整身体姿势，绷紧手腕以适当的力度挥拍击球，击球后球拍继续前挥，增加球的旋转和速度，最后及时回位准备下一次击球。整个组合动作要求学生具备准确的判断能力、协调的身体动作和合理的力量运用，以确保击球的准确性和力量，并在击球后能够迅速回位，为接下来的比赛做好准备。

网球发球与正手击球组合的动作要领包括：发球时要保持稳定姿势，准确抛球至适当高度，利用全身力量协调挥拍将球击出，注意拍面角度和击球点；在正手击球时，还需快速判断来球方向，转肩拉拍，协同腿部和腰部的力量挥拍击球，保持对球的力量和角度的准确控制，并根据对手情况灵活调整策略，而灵活的脚步移动和准确的预判也是不可或缺的环节。

2. 动作结构

网球发球与正手击球组合的基本动作结构涉及发球的准备姿势、抛球引拍、挥拍击球、随挥动作、回位、正手击球等关键环节。

（1）准备姿势：以大陆式握拍为主，侧身站于底线处，左肩（右手持拍为例）对着击球方向，左脚与底线呈 45 度站立，右脚与底线平行站立，两脚与肩同宽，重心位于两脚间。左手拇指、食指、中指托球，掌心向上并轻托在球拍的拍颈。

（2）抛球引拍：抛球时手臂由下向上抬起至最高点，在面向场地的身体右斜方将球垂直向上抛出，左手抛球时右手从右侧或体前向上举起球拍，身体继续向右侧旋转，肩部展开，双膝弯曲，重心下降并移至左脚，动作结束时左手指球，右手举拍，拍头指向天空。当球开始下降时，右前臂弯曲，放松手腕，拍头自然下垂，直指向地面，身体形成背弓形。

（3）挥拍击球：当球接近击球位置时，双脚蹬地，转髋转体，身体向上充分伸展，肘部迅速抬起、伸展，前臂外翻，向上、向前挥拍，上臂以极快的速度内旋，随之转腕使拍头最后挥出，形成鞭打动作，击打球的后中部。

（4）随挥动作：击球后球拍保持连续、完整的向上、向前伸展的随挥动作，并经体前结束于身体的左下方。身体继续向左旋转，正对场地，重心前移至场内，保持身体的平衡。

（5）回位：回位则是为了准备迎接对方的回球，需及时调整站位和姿势，迅速回到正手击球时的准备动作。

（6）正手击球：学生根据对方的回球情况调整站位和姿势，做好正手击球的准备。挥拍击球时要保持稳定的手腕和手臂动作，通过身体转动和重心转移来产生力量，使球以期望的轨迹飞过球网。

这一系列动作结构紧密相连，构成了网球发球与正手击球组合的基本框架，学生需通过反复练习和揣摩来掌握其精髓和技巧。

（三）动作原理

网球发球与正手击球组合的物理学原理主要涉及冲量与动量定理、能量守恒定律和角动量守恒定律等。

1. 发球的物理学原理

（1）动量定理：发球时，球拍对球施加一个冲量，使球获得一定的动量。根据动量定理，动量的改变量等于作用力与时间的乘积。由于发球时作用时间较短，因此主要通过调整作用力的大小来改变球的动量，从而使球以较高的速度飞出。

（2）能量守恒定律：在发球过程中，学生通过施加力量将身体内的化学能转化为球的动能。学生在挥拍时对球做功，使球获得足够的动能以飞过网并落入对方场地。

2. 正手击球的物理学原理

（1）冲量与动量定理：在正手击球时，学生通过快速挥拍对球施加一个短暂的冲量，使球的动量发生显著变化，从而改变球的运动状态。增加挥拍的冲量（如通过加大挥拍力度或延长挥拍时间），可以增加球的动量变化，使球飞得更远。

（2）转动惯量与角动量：在正手击球时，学生通过调整身体姿势和挥拍方式，可以改变拍头的转动惯量和角速度。例如，屈臂击球时转动速度快但转动惯量小，而直臂击球时转动惯量大但转动速度小。学生需要找到一个平衡点，既要利用转动惯量也要利用转动速度，以产生最大的击球力量。

（四）负荷特点

1. 运动负荷

发球与正手击球组合在网球运动中，对学生产生的运动负荷是显著的。从肌肉用力来看，发球时的爆发性用力和正手击球的动态稳定用力，都需要学生具备良好的力量基础和协调性。这种连续的技术动作要求学生在短时间内完成力量的积累和释放，对肌肉耐力和爆发力提出了较高要求。此外，频繁的移动和击球还加重了下肢的负担，特别是在多回合的对抗中，学生需要不断地调整站位和移动脚步，这进一步增加了运动负荷的强度和持续时间。

2. 心理负荷

发球与正手击球组合不仅考验学生的身体素质，还对其心理负荷产生了较大影响。在比赛中，发球往往承载着打破僵局、掌握主动的重任，因此学生在发球时通常会感受到较大的心理压力。同时，正手击球作为主要的进攻和防守手段，其执行的好坏直接关系到比赛的走势，这也给学生带来了不小的心理负担。因此，这一组合技术在实施过程中，要求学生具备较高的心理承受能力和自我调节能力。

（五）学情分析

水平四的学生在发球与正手击球组合方面已经有了一定的基础，他们大多能熟练掌握单独的发球和正手击球技术，但对两者组合起来的运用还不够熟练。在实际操作中，学生的发球力量控制和准确性有待提高，正手击球的时机把握和击球点选择也需要更加精准。

对于水平四的学生，他们急需通过系统练习和实战模拟来提升发球与正手击球的组合能力。他们渴望在比赛中能够更加自如地运用这一技术组合，增加比赛的进攻性和得分效率。因此，在教学过程中，教师应重点关注学生的发球力量和准确性，以及正手击球时机与击球点的判断，同时结合实战场景进行模拟练习，帮助学生在实践中不断提高，逐步掌握发球与正手击球组合的精髓，为他们在未来的比赛中取得优异成绩打下坚实的基础。

（六）教法建议

1. 基础技术练习

（1）发球准确性练习：设置不同区域的目标，让学生尝试将球发入指定区域，逐步提高发球的准确性。

（2）正手击球线路控制练习：摆放直线和斜线的分区，利用较多数量的球进行练习，学生需将球击打入指定的直线或斜线区域。

2. 动作组合技术练习

（1）发球后跟进正手击球：球员站在底线后发球区，完成一次发球后，迅速调整位置到正手击球区，迎接由教师或同伴抛送的回球，进行正手击球。

（2）发球与正手深球、浅球组合：教师或同伴在球员发球后，根据教学计划抛送不同深度和路线的回球，学生需根据来球情况选择合适的正手击球方式（如深球重击、浅球轻推等）。

（3）发球与正手变线组合：学生在发球后，根据对手站位和回球路线预判，选择合适的正手变线击球方式（如直线变斜线、斜线变直线等）。

3. 动作运用练习

（1）模拟比赛：设置模拟比赛场景，让学生在实战中运用发球与正手击球组合，提高技术的实战应用能力。

（2）变换对手练习：让学生与不同水平的对手进行对抗，学会根据对手的变化调整自己的发球与正手击球组合。

4. 数字化信息化手段

（1）视频教学：录制学生的发球与正手击球组合练习过程，通过视频分析软件找出技术上的不足，进行针对性改进。

（2）互动教学平台：利用互动教学平台发布练习任务、分享技术视频和讲解要点，让学生在课外也能自主进行发球与正手击球组合的练习。

（七）课时建议

（1）单个技术动作学练：建议安排3～4个课时，学生应首先分别掌握发球和正手击球的基本动作要领。对于发球，重点练习抛球、引拍、击球和随挥等关键步骤，确保动作流畅且力量传递有效。对于正手击球，则需注意握拍、准备姿势、转体和挥拍等细节。

（2）动作组合技术练习：进入动作组合技术练习，可安排2～3个课时。此阶段着重练习学生从发球到正手击球的流畅转换。通过模拟实战场景，让学生在实践中逐步掌握组合技术的运用时机和节奏，提高技术的连贯性和实战性。

（3）动作运用练习：在动作运用练习阶段，建议安排2～3个课时。学生将在多变的实战环境中灵活运用发球与正手击球组合。通过反应球练习和多变线路练习，提升学生的判断能力和应变能力，使他们在比赛中能够更加自如地运用所学技术组合。

三、接发球上网（水平五）

网球接发球上网是一种重要的战术，它要求学生在接发球后迅速上网，以占据优势位置并尝试截击对方的回球。动作方法：接发球时，保持身体平衡，紧盯对手发球以准确预判球路，为接下来的接球做好准备。在判断出来球落点后，迅速调整与球的距离，保持身体前迎的姿态，并控制引拍的动作幅度，以便借助身体及球的反弹力进行压上高点击球。击球后，根据球的飞行落点，迅速随球上网进行截击。在接球过程中，确保球拍与球的接触点精确，用适中的力量将球稳定地击回。接发球后，立即从防守转为进攻，利用对手回球的机会迅速上网，这个过程中保持灵活的步伐和稳定的身体重心。到达网前后，应紧握球拍，随时准备进行截击或高压。

（一）教材价值

（1）接发球上网技术的学习要求学生具备高度的专注力和快速反应能力。在极短的时间内，学生需要对来球进行准确预判，并迅速做出反应，这一过程不仅锻炼了学生的身体反应能力，还培养了他们的思维敏捷性和决策能力。

（2）长期练习接发球上网技术，可以有效提升学生的身体素质和体能水平。接发球过程中，学生需要快速移动脚步，调整身体重心，这有助于增强下肢力量和灵活性。同时，上网击球时还需要上肢的协调配合，挥拍击球的动作能够锻炼上肢的肌肉群，提高上肢的力量和耐力。

（3）接发球上网技术的学习和发展能够培养学生的自信心和勇气，让他们在比赛中敢于挑战自我，感受成功的喜悦。同时，这项技术也为学生提供了一个展示自我、结交朋友的平台，有助于他们提升人际交往能力。

（二）教材的动作分析

1. 动作特点

接发球上网是网球中的一项重要战术，它要求学生具备极快的反应速度和准确的预判，以便在对方发球后能迅速做出判断和处理。在接发球前，学生会选择合适的站位以便快速反应，接球后则通过有效的步法迅速向网前移动。同时，根据发球的类型和速度，学生需灵活选择抽击、推切或削球等接发球方式，并准备好上网截击。在快速移动和击球过程中，保持身体平衡和力量控制是关键，这不仅能提高击球的准确性，还能增加威胁性。此外，接发球上网也考验学生的战术意识，需要根据比赛情况灵活调整战术，选择合适的上网时机，并准确判断对方的反应。

网球接发球上网的动作要领在于精准的预判、稳定的击球和灵活的移动。预判对方的发球路线和力量是关键，这需要学生具备敏锐的观察力和丰富的比赛经验。在接球时，要确保击球的准确性和稳定性，将球稳稳地击回对方的场地。接发球后，学生应迅速调整站位，灵活移动，为接下来的上网截击或高压做好准备。

2. 动作结构

网球接发球上网的基本动作结构主要包括准备姿势、判断与反应、移动与调整以及击球与随挥四个部分。

（1）准备姿势：保持身体平衡，双脚分开与肩同宽，膝盖微屈，手持球拍置于身前，双眼紧盯对方发球动作，做好随时启动的准备。

（2）判断与反应：判断对方发球的路线、速度和旋转，并迅速做出反应，选择最佳的回球路线和方式。

（3）移动与调整：根据对方发球的情况，快速移动脚步，调整身体位置，确保自己处于最佳的击球位置。在移动过程中，要保持身体平衡和稳定，以便更好地控制击球力度和方向。

（4）击球与随挥：运用正确的击球动作，将球击回对方场地，并随挥球拍，保持身体平衡，做好下一拍的准备。击球时要注意力量、速度和旋转的控制，以及拍面的角度和击球点的选择。随挥动作要自然流畅，有助于身体平衡和力量的传递。

（三）动作原理

网球接发球上网的动作原理主要涉及力学与动力学、能量转换、动量定理以及流体动力学等方面。

（1）准备姿势：学生通过调整脚的位置和身体的倾斜度，将重心分布在双脚之间或略微偏向一侧，以在接发球时实现迅速而精准的重心转移，从而更有效地应对对手的发球。

（2）判断与反应：学生需要快速准确地判断对手的发球方向和速度，这主要依赖于视觉感知系统。大脑在接收到信息后，会迅速发出指令给肌肉，使学生能够迅速做出反应。

（3）移动与调整：在网球接发球时，学生的移动与调整策略是基于动量守恒和动力学原理的。通过调整步伐和身体的倾斜度，学生能够高效地利用动量原理，迅速移动到最佳的接发球位置。

（4）击球与随挥：在击球瞬间，球拍与球之间发生碰撞，根据动量定理原理，球拍的速度和力量会传递给球，使球以一定的速度和方向飞出。击球后，学生会继续进行随挥动作，以保持身体的平衡和稳定，同时也有助于更好地控制球的飞行轨迹和速度。这一随挥动作体现了物理学中的惯性原理和动量守恒原理，即在随挥过程中，学生的身体和球拍会继续保持一定的速度和方向，直到受到外部力的作用（如空气阻力或地面摩擦力）而逐渐停止。

（四）负荷特点

1.运动负荷

在运动负荷方面，接发球上网这一动作在网球等运动中属于高强度活动。执行此动作时，学生需要快速反应，从静止或移动状态迅速转为冲刺，以接近网的另一侧。这要求学生具备良好的爆发力和速度耐力。同时，频繁的起跑、转身和侧移等动作，对下肢力量、核心稳定性和关节灵活性都是极大的考验。长时间进行此类活动，会导致肌肉疲劳和能量消耗加剧，因此，合理的体能分配和恢复策略对于维持高水平表现至关重要。

2.心理负荷

在心理负荷方面，接发球上网不仅是对身体的挑战，也是对心理的考验。学生在比赛中需要时刻保持注意力高度集中，准确预判对手的动作和意图，同时快速做出决策。这种持续的精神压力和紧张状态，容易导致心理疲劳和注意力分散。因此，学生需要具备强大的心理承受能力和自我调节能力，以保持冷静、自信和专注，从而在关键时刻发挥出最佳水平。

（五）学情分析

从学生的基础来看，高中的学生在接发球上网技术方面已经有了一定的积累。他们通常掌握了基本的接发球技巧，能够在大多数情况下稳定地接住对方的发球，并有能力在接球后迅速上网展开进攻或防守。然而，这一水平的学生在技术的精细度和应对复杂局面的能力上还有提升空间，例如，对接发球的预判、反应速度以及上网后的战术运用等方面仍需加强。

从学生的需求来看，高中的学生渴望在接发球上网这一关键技术上取得突破。他们期望通过专业的指导和练习，提升自己在比赛中的实战能力，特别是增强在关键时刻的稳定性和制胜能力。同时，他们也需要更多的实战机会来巩固技术、磨炼意志，从而在心理上更加成熟自信，以应对更高水平的竞争挑战。因此，针对这一水平的学生，教学重点应放在技术细节的雕琢和实战应用能力的提升上。

（六）教法建议

1.基础技术练习

（1）接发球练习：进行大量的定点接发球练习，以稳定基本动作，并逐渐提高发球的速度与变化。

（2）步伐练习：专门设计步伐练习，如侧向移动、前后移动等，以增强学生的身体协调性和灵活性，为接发球上网打下坚实基础。

2. 动作组合技术练习

（1）"接发球＋上网步伐"练习：在接发球后，立即进行上网步伐的练习，确保学生能够流畅地转换防守和进攻状态。

（2）变化球路练习：运用发球机发出不同方向、高度和速度的球，让学生根据球路变化灵活调整接发球和上网的策略。

（3）接发球上网与高压球组合练习：学生在接发球后上网，教师或学生随即抛出一个高球，学生用高压球技术将球击回。

3. 动作运用练习

（1）模拟比赛：设定特定的比赛场景，如接发球上网后的快速反击、防守转换等，让学生在接近真实的比赛环境中锻炼技术运用和反应能力。

（2）变换对手练习：让学生与不同水平的对手进行对抗，学会根据对手的变化调整自己的接发球上网。

4. 数字化信息化手段

（1）视频教学：录制学生的接发球上网动作，通过慢动作回放和对比分析，帮助学生找出技术上的不足并加以改进。

（2）智能教学系统：借助智能教学系统，为学生提供科学化的练习计划和实时数据反馈，帮助他们更有效地提升接发球上网技术。

（七）课时建议

（1）单个技术动作学练：在单个技术动作学练阶段，建议安排3～4个课时，学生应专注于分别掌握发球和正手击球的基本技术。对于发球，要重点练习抛球的准确性、挥拍的流畅性和击球的力度控制。对于正手击球，则需注重转肩拉拍的协调性、挥拍的速度和击球的准确性。

（2）动作组合技术练习：进入动作组合技术练习阶段，可安排3～4个课时。重点是让学生学会在发球后迅速回位，准备迎接对方的回球，并能够流畅地转换到正手击球。练习时应注重动作的连贯性和反应速度的提升。建议在此阶段安排适量的对抗性练习，模拟比赛场景，帮助学生更好地适应组合动作的运用。

（3）动作运用练习：动作运用练习，建议安排4～5个课时。学生需要在真实的比赛环境中应用发球与正手击球的组合技术，通过实战演练来提高技术的实战性和应变能力。此阶段应增加对抗性更强的练习和模拟比赛，帮助学生在压力下保持技术动作的准确性和稳定性。

第七章　田径类运动

第一节　跑 的 运 动

一、50 米（水平二）

50 米快速跑是一项以无氧供能方式为主的极限强度运动。由起跑、起跑后的加速跑、途中跑和冲刺跑四个技术部分构成。动作方法（站立式起跑为例）：预备时双脚前后站立，有力腿前置，保持一个脚的距离，屈膝降重心，身体前倾，手臂摆放准备好起跑姿势；听到口令后，两脚同时蹬地，手臂快速摆动，迅速进入加速跑阶段。加速跑时，后蹬有力，摆动腿积极前摆下压，前脚掌着地，两臂与双腿紧密配合快速摆动，同时上体保持前倾并逐渐抬起。进入途中跑后，充分蹬伸后蹬腿的髋、膝、踝关节，并积极送髋，摆动腿积极向前上方摆动，保持重心稳定，上体稍前倾。最后冲刺跑时，以最快速度冲过终点线，然后随惯性自然减速，完成整个 50 米快速跑过程。

（一）项目价值

（1）50 米快速跑不仅能锻炼学生的身体素质，还能培养其坚韧不拔的意志和顽强的拼搏精神。通过反复练习和技术提升，学生可以学会如何面对挑战，培养自我超越的意识。此外，快速跑教学还可以增强学生的合作与竞争意识，促进同学间的交流与团结。

（2）50 米快速跑是一项全身性的运动，对于提高学生的速度、力量、灵敏和协调性具有显著效果。通过短距离的高强度跑动，可以有效提升学生的心肺功能，增强腿部肌肉的爆发力。同时，快速跑还有助于塑造身体线条，对学生的整体健康水平有着积极的促进作用。

（3）50 米快速跑为学生提供了一个展现自我、挑战极限的平台。通过不断的练习和比赛，学生可以发掘自己的潜能，提升个人运动水平。此外，快速跑作为一项基础运动技能，也为学生今后参与更高级别的体育运动打下了坚实的基础，促进了其全面发展。

（二）动作技术

1. 动作特点

50米跑的动作特点主要体现在起跑、加速、途中跑和冲刺等环节上。起跑时，水平二的学生通常采用站立式起跑姿势，两脚前后开立，身体适度前倾，重心移至前脚。起跑时两腿用力蹬地，两臂配合作积极有力的向前向后摆动。加速阶段，通过快速摆臂和腿部推进，使速度迅速提升，步频加快，步幅逐渐增大。途中跑时，做到蹬摆配合，积极有力，全身协调，同时保持良好的身体姿势以减小阻力。冲刺阶段，通过增加摆臂幅度和腿部推进力度，以最短时间冲过终点。

50米跑的动作要领，关键在于起跑、加速、途中跑和冲刺的技术配合。起跑时，反应必须迅速，发力要准确，确保在最短时间内达到最快速度。进入加速阶段，身体应适度前倾，双臂大幅度且快速地摆动，助力身体加速前进。在途中跑时，身体维持微倾，双臂的摆动既能维持平衡也能保持速度，同时大腿要高抬，确保步伐大而有力。在接近终点时进行全力冲刺，加大身体前倾角度，进一步加快步频和加大步幅，以确保以最佳状态冲过终点线。

2. 动作结构

50米快速跑的基本动作结构主要包括起跑、加速跑、途中跑和终点冲刺四个部分。

（1）起跑阶段是整个跑步过程的开始，需要学生快速地从静止过渡到动态。这个阶段的关键是学生的反应速度和起跑技术的运用，通常采用站立式起跑，要求两脚前后开立，身体重心前移，听到口令后迅速蹬地起跑。

（2）加速跑是紧接着起跑的阶段，学生需要在这个阶段内尽快达到自己的最快速度。动作上，要求后蹬充分，摆动腿积极前摆下压，两臂配合双腿快速摆动，以迅速提升速度。

（3）途中跑是保持高速奔跑的阶段，学生需要在这个阶段保持稳定的步频和步幅，以及正确的身体姿势，以最大限度地减少阻力并维持速度。

（4）终点冲刺阶段，学生需要竭尽全力冲向终点。这个阶段的关键是学生的速度耐力和爆发力，以及正确的冲刺技术，如身体逐渐前倾，最后一步加大前倾，用胸部或肩部做冲刺动作。

（三）动作原理

50米快速跑涉及牛顿运动定律、动量定理以及能量守恒等物理学原理。

（1）起跑阶段：在起跑时，学生需要从静止状态克服静摩擦力这一阻碍物体运动的力。他们通过腿部肌肉的收缩产生向前的推力。在这一过程中，牛顿第二定律起着关键作用，学生在起跑瞬间施加较大的力，根据 $F=ma$ 的原理，这样能够获得更大的加速度，使他们从静止状态迅速加速前进。

（2）加速跑阶段：在加速跑过程中，学生通过不断交替抬腿和放腿的动作，利用地面反作用力推动自己前进。这种反作用力是学生加速的关键。

（3）途中跑阶段：在途中跑阶段，学生需要保持稳定的步伐和节奏，以确保速度的最大化。这涉及周期性运动和能量守恒的原理，即学生需要调整步伐和节奏以最大化每一步的效率。

（4）终点冲刺阶段：在冲刺阶段，学生的动能达到最大，他们需要将这种动能尽可能地转化为通过终点的速度，以获得最佳成绩。

（四）负荷特点

1.运动负荷

从运动负荷的角度来看，50米快速跑是一项高强度的无氧运动。在极短的时间内，学生需要发挥出最大的力量和速度，这使得肌肉在短时间内承受较大的负荷。由于距离短、速度快，学生的心率会迅速上升，达到或接近最大心率，对于肌肉的爆发力和耐力都是一次严峻的考验。因此，50米快速跑的运动负荷特点主要表现为高强度、短时间内的极大负荷。

2.心理负荷

从心理负荷的角度来看，50米快速跑因其比赛时间短，要求学生必须在极短的时间内做出最快的反应和付出最大的努力。这种要求导致学生需要具备高度的集中力、自我调控能力和抗压能力。在比赛中，学生的心理状态会对其表现和成绩产生直接影响。因此，50米快速跑的心理负荷特点主要表现为高度紧张、高度集中和快速的心理应激反应。

（五）学情分析

从学生的基础来看，水平二的学生在50米跑项目中通常已具备了一定的跑步能力和基础动作知识。他们大多数能够完成起跑、加速和冲刺等基本动作，但在技术细节和体能分配上可能存在不足。部分学生可能因缺乏系统的练习，导致起跑反应不够迅速，途中跑步伐不够稳定，或冲刺阶段速度下降等问题。

从学生的需求来看，水平二的学生在50米跑中不仅追求成绩的提升，更注重技能的提高和运动乐趣的体验。他们渴望通过有效的练习和指导，改进自己的跑步技巧，提高奔跑速度。同时，他们也希望在轻松愉快的氛围中参与运动，减轻学习压力，增强身体素质。因此，教师在教授50米跑时，应兼顾学生的技能提升和兴趣培养，制定针对性的教学计划，让学生在快乐中提升跑的能力。

（六）学练方法建议

1.基础技术练习

（1）起跑反应游戏：设计起跑信号，如哨声、拍手等，让学生在听到信号后迅速起跑。可以通过多次练习，逐渐缩短信号与起跑之间的时间间隔，提高学生的反应速度和起跑技巧。

（2）摸线起跑：在起跑线前设置一条线或标志物，让学生听到信号后迅速起跑并触摸到线或标志物。这有助于锻炼学生的起跑爆发力和反应速度。

2. 动作组合技术练习

（1）"接力加速"游戏：将学生分成小组，进行接力比赛。每个学生跑完自己的路程后，将接力棒传给下一个学生。这个游戏可以帮助学生练习起跑、加速和交接棒的动作组合。

（2）追逐跑游戏：选择一名学生作为"追逐者"，其他学生作为"被追逐者"。追逐者在一定距离内追逐被追逐者，被追逐者需要全力奔跑以避免被抓住。可以设置不同的追逐距离和规则，如"三步一回头"等，增加游戏的挑战性。

3. 动作运用练习

（1）"折返跑"比赛：25米距离划两条横线，听口令站立式起跑，手触及对面的线后折返跑回，跑过起跑线。可多人同时进行。锻炼学生的灵敏性和爆发力。

（2）"追逐游戏"：选定一个学生为"追捕者"，其他学生为"逃脱者"。在规定的场地内，"逃脱者"需要尽力奔跑以避免被"追捕者"抓到。这个游戏可以锻炼学生的反应速度和持续奔跑能力。

4. 数字化信息化手段运用

（1）视频教学：教师可以录制学生跑步的视频，并在课堂上进行慢动作回放和分析。通过视频分析，学生可以更清楚地看到自己的动作细节，从而进行纠正和提高。

（2）个性化方案制定：利用智能教练系统或运动 APP 提供的数据分析功能，为每个学生量身定制最合适的练习方案。

（七）课时建议

（1）单个技术动作学练：在这一阶段，主要任务是让学生掌握正确的起跑姿势、加速技巧和冲刺方法。可以通过多次重复的起跑练习，让学生熟悉如何迅速反应并发力；通过短跑和爆发力练习，提高学生的加速能力；再通过模拟冲刺练习，让学生学会如何在接近终点时发力冲刺。这一阶段建议安排 2 个课时，确保学生熟练掌握每个基本动作。

（2）动作组合技术练习：在动作组合技术练习阶段，建议安排 2 个课时。任务是将之前分解练习的各个动作有机地组合起来。通过连续的起跑、加速、途中跑、冲刺练习，学生能够在整个 50 米跑程中保持高效的速度和节奏。这一阶段需要适当增加练习的难度和强度，模拟比赛场景，帮助学生适应真实的竞技环境。

（3）动作运用练习：在动作运用练习阶段，建议安排 2～3 个课时。这一阶段主要是让学生通过模拟比赛场景等实际运用，提升他们在真实环境中的跑步技能。教师可以通过设置速度与激情挑战、追逐游戏等活动，让学生在轻松愉快的氛围中提升跑步技能，同时培养他们的竞技意识和自信心。

二、800米（水平四，女）

800米跑是一项耐力与速度并重的田径项目，要求学生在较长的距离内保持较快的速度和稳定的节奏。动作方法：采用站立式起跑，前脚接近起跑线位置，另一只脚自然放置于距起跑线两脚左右的地方。前面的脚支撑体重，两臂处于与双腿动作紧密同步的姿势。起跑时身体前倾，前支撑脚用力蹬伸，力求快速占据有利位置。途中跑后蹬用力比短跑小，后蹬角度比短跑大（50～55度），脚着地时要柔和而有弹性，手臂自然放松，手掌半握拳协调摆臂，以维持身体平衡。保持稳定的呼吸节奏，一般采用口和鼻同时呼吸，两步一呼、两步一吸，或三步一呼、三步一吸。进入冲刺阶段，调整呼吸为"一步一呼吸"，加大摆臂幅度，手脚配合快速发力，以最快速度冲过终点。

（一）教材价值

（1）800米跑能够锻炼学生的意志品质和毅力。长距离跑步要求学生保持耐心和坚韧，面对困难和挑战不退缩，这对学生性格的塑造和心理素质的提升具有重要意义。同时，通过参与练习和比赛，学生还能学习到公平竞争和尊重规则的体育精神。

（2）800米跑是一项全身性、持续性的有氧运动，对于增强学生的心肺功能、提高耐力和体力有显著效果。跑步过程中，学生的呼吸系统和循环系统得到锻炼，有助于提升健康水平，减少疾病的发生。

（3）800米跑为学生提供了一个挑战自我、实现自我突破的平台。通过不断的练习和比赛，学生们可以提高自己的运动表现，发掘潜在的运动能力。此外，中长跑项目也为学生提供了更多参与体育运动的机会，为未来更广泛的社会参与和体育发展打下坚实基础。

（二）教材的动作分析

1. 动作特点

800米跑的动作特点主要体现在速度与耐力的结合上。在起跑阶段，运动员需迅速响应，采用站立式起跑方式，以获取最佳出发优势。途中跑时，身体保持正直或稍前倾，摆臂与腿部动作协调配合，注重呼吸与步伐的节奏。弯道跑时，身体重心向内倾斜，利用摆臂和脚步的调整克服向心力，保持平衡。冲刺跑阶段，则要求学生全力加速，以最快速度冲过终点。整个过程中，学生需要合理分配体力，保持稳定的节奏和正确的技术动作，以应对800米跑带来的心理与生理负荷。

动作要领：保持上身稍微前倾，双臂自然摆动以维持身体平衡；大腿积极前抬，小腿迅速折叠前摆，以提高跑步效率；落地时用前脚掌柔和着地，减少身体冲击；呼吸要深沉且有规律，以供应足够的氧气。在整个过程中，要根据自身体力情况灵活调整步频和步幅，合理分配体力，避免过早消耗，确保全程保持稳定的节奏和速度，从而取得更好的成绩。

2.动作结构

800 米跑的基本动作结构可划分为起跑、途中跑、弯道跑和终点冲刺四个主要阶段。

（1）起跑阶段：学生一般采取站立式起跑方式，迅速将身体从静止状态带入运动状态。此时，双臂的有力摆动和身体的前倾都是为了能在最短时间内达到最大速度。

（2）途中跑阶段：学生应保持稳定的步频和步幅，上体保持正直或稍前倾，两臂以肩关节为轴自然摆动，以保持身体平衡并助力前进。这一阶段，学生需要控制好呼吸，确保氧气供应能够满足肌肉工作的需求。

（3）弯道跑阶段：弯道跑是 800 米跑中不可或缺的一部分。在弯道跑时，学生应使身体适当向内倾斜，右臂摆动幅度稍大于左臂，同时右脚前脚掌内侧着地，左脚前脚掌外侧着地，以提供必要的向心力，确保顺利通过弯道。

（4）终点冲刺阶段：学生应全力加速，增加摆臂频率和步幅，冲向终点线。这一阶段，学生需要展现出极强的爆发力和意志力，以最短的时间冲过终点线。

（三）动作原理

800 米跑动作原理主要体现了牛顿第一定律、牛顿第二定律及向心力的应用。

（1）起跑阶段：学生从静止状态过渡到动态，这主要依赖于牛顿第二定律。学生通过脚部对地面施加一个向后的力，地面则反作用一个向前的力，使学生获得加速度，从而开始运动。

（2）途中跑阶段：途中跑主要是匀速直线运动，这符合牛顿第一定律，即物体将保持其运动状态，除非受到外部力的作用。学生需要保持稳定的步伐和节奏，以维持恒定的速度。

（3）弯道跑阶段：在弯道跑阶段，关键要素是向心力的应用。根据公式 $F=\dfrac{mv^2}{r}$，向心力的大小与学生的速度和弯道半径紧密相关。为了适应这一物理需求，学生在跑弯道时会增大右臂的摆动力量和幅度，同时身体向内倾斜，这些动作都是为了产生足够的向心力，保证学生能稳定、流畅地沿弯道跑。

（4）终点冲刺阶段：学生通常会加速冲刺，这同样可以用牛顿第二定律来解释。学生通过增加腿部推地的力量，即增加作用力，从而获得更大的加速度，提高速度冲刺过终点。

（四）负荷特点

1.运动负荷

800 米跑对学生的运动负荷要求极高。在全程中，学生需要持续进行高强度的有氧运动，这要求他们具备良好的心肺功能和肌肉耐力。由于距离较长，学生的腿部肌肉、关节和韧带承受着持续且较大的冲击，容易导致疲劳和损伤。因此，合理的体能分配和步频步幅的调整是减少运动负荷的关键。此外，800米跑还包含弯道跑，这对学生的技术和协调性提出了更高要求，增加了额外的身体负荷。

2. 心理负荷

800米跑不仅考验学生的身体素质，还对其心理承受能力提出了严峻挑战。学生在比赛中需要长时间保持高度集中，对抗疲劳和焦虑情绪。特别是在比赛的后半段，当身体达到极限时，坚定的意志力和顽强的拼搏精神成为支撑学生继续前进的动力。因此，800米跑不仅是一场身体的较量，更是一场心理的考验。

（五）学情分析

从学生的基础来看，水平四的女生在800米跑方面已经具备了一定的体能基础和跑步技能。她们可能已经在之前的体育课程中接触过中长跑，对呼吸配合、步频和步幅调整有了一定的感知。然而，对于800米跑所需的耐力、速度和节奏控制等具体要求，她们可能还缺乏深入的了解和实践经验。尤其是在面对体能极限时，如何克服极点和调整心态，是她们需要进一步提升的方面。

从需求方面来说，水平四的女生对800米跑的学习往往希望能够在提高成绩的同时，也增强自身的身体素质和意志力。她们渴望通过系统的练习和科学的指导，突破个人的极限，达到更好的运动表现。同时，她们也关注运动过程中的健康与安全，希望在锻炼中避免受伤。因此，在教学过程中，教师应结合女生的生理和心理特点，制定针对性的练习计划和教学方法，以满足她们在800米跑方面的学习需求。

（六）教法建议

1. 基础技术练习

（1）途中跑技术：进行中长距离的持续跑练习，强调步频与步幅的均匀分配；进行呼吸节奏的训练，如三步一呼、三步一吸或两步一呼、两步一吸等。

（2）弯道跑技术：在弯道上进行专门练习，注意身体重心向内侧转移，右手摆臂幅度略大于左手，左脚前脚掌外侧着地，右脚前脚掌内侧着地。

2. 动作组合技术练习

（1）变速跑组合：指导学生进行快慢相间的变速跑，如在每200米后加速冲刺30米，然后恢复匀速跑，以此提高学生的速度耐力和节奏感。

（2）弯道跑与直道跑组合：在跑道上设置多个弯道与直道的切换点，让学生练习在弯道与直道之间的平稳过渡。

（3）间歇性组合训练：进行多组短距离的高强度冲刺练习，每组之间安排适当的休息时间；如4组每组150米的冲刺跑，每组之间休息2分钟。

3. 动作运用练习

模拟比赛：进行模拟比赛练习，根据比赛情况调整起跑速度、途中跑节奏和冲刺时机；学会在比赛中观察对手情况并做出相应调整。

4.数字化信息化手段

（1）动作捕捉与分析：利用运动摄像机或动作捕捉系统，对学生的跑步动作进行录制和分析，通过视频回放和动作对比，帮助学生纠正错误动作。

（2）数字化监控：利用智能手环、运动 APP 等数字化工具，实时监控学生的心率、步频、步幅等数据，为个性化教学提供依据。

（七）课时建议

（1）单个技术动作学练：在 800 米跑的初始阶段，应专注于单个技术动作的精细学习与练习。主要任务包括掌握正确的起跑姿势、途中跑的腿部动作与呼吸配合，以及终点冲刺的技术要点。建议安排约 2 个课时，每个课时针对 1～2 个具体动作进行深入练习，如起跑姿势的专项练习、腿部动作与呼吸的配合练习等。

（2）动作组合技术练习：此阶段建议 2～3 个课时，专注技术转换与衔接练习，如起跑加速到途中跑，再逐渐冲刺。通过多样练习如间歇练习、重复跑，提升学生速度与耐力，并增强其心肺功能和腿部肌肉力量。

（3）动作运用练习：动作运用练习应安排 2～3 个课时。在这一阶段，学生将通过模拟比赛场景进行实战演练，提升在真实比赛中的技战术应对策略和心理素质。

三、110 米栏（水平五，男）

110 米栏是跨栏跑项目之一，属于男子径赛项目。全程 110 米，设置 10 个栏架，栏高 1.067 米。起跑至第一栏 13.72 米，栏间距为 9.14 米，最后一栏至终点 14.02 米。动作方法：学生从起跑线出发，采用蹲踞式起跑迅速启动，并通过 7～9 步的加速跑向第一个栏。接近栏架时，约在 2.00～2.20 米距离开始起跨动作，前脚掌快速触地形成"短步"，为跨越栏架蓄势。跨栏时保持身体平稳不碰栏，过栏后迅速调整步伐，继续跑向下一个栏架。栏间跑动时，需保持高重心、快频率，维持直线跑动和稳定节奏。当跨越最后一个栏架后，全力以赴冲刺过终点线，争取最佳成绩。

（一）教材价值

（1）110 米栏项目要求学生在奔跑中快速、准确地跨越一定高度的栏架，这不仅能锻炼学生的速度、力量、柔韧性和协调性，还能培养他们的专注力、判断力和应变能力。更重要的是，跨栏过程中的挑战与突破，有助于培养学生勇敢、顽强和果断的意志品质。

（2）110 米栏是一项高强度的全身运动，对提升身体素质具有显著效果。它能够有效锻炼心肺功能，增强心血管系统的效率。同时，跨栏动作需要腿部、腰部和上肢的协调配合，有助于塑造健美的体型和增强肌肉力量。此外，跨栏练习还能提高身体的灵敏性和反应速度，使人在日常生活中更加敏捷和灵活。

（3）跨栏跑要求学生具备良好的节奏感和空间感，锻炼了学生的神经系统和反应能力。同时，跨栏跑的竞技性也激发了学生的竞争意识和求胜心理，通过不断的努力与进步，学生的自信心和自尊心得到了极大的提升，为他们的未来发展奠定了坚实的基础。

（二）教材的动作分析

1. 动作特点

110米栏的动作特点集速度、技巧与爆发力于一体。学生在起跑后迅速加速，以稳定的节奏冲向第一个栏架。过栏时，起跨腿与摆动腿协调配合，形成高效的"攻栏姿势"，确保以足够的高度和水平距离跃过栏架。腾空过栏后，身体重心前移，下栏着地时迅速过渡到栏间跑，保持连贯性和速度。整个过程中，学生需精准控制步伐，平衡速度与稳定性，展现出高超的技术水平和竞技状态。

110米栏的动作要领主要包括：起跑与加速时，采用蹲踞式起跑，迅速加速并保持稳定的节奏和步幅，直至接近第一个栏架。起跨攻栏时，起跨腿积极蹬地，摆动腿屈膝高抬，形成有效的"攻栏姿势"，同时上体前倾，异侧臂前伸，以助于身体平衡和增强攻栏力量。腾空过栏时，身体重心沿着起跨所形成的轨迹向前运动，摆动腿继续高抬并前伸，越过栏架后积极下压，起跨腿则迅速提拉过栏，两腿在空中完成剪绞动作。下栏着地后，迅速过渡到栏间跑，保持速度和步频，栏间跑每步步幅和支撑、腾空时间关系需精准控制，以维持栏间跑的节奏和速度。

2. 动作结构

110米栏的基本动作结构包括起跑、跨栏步、栏间跑和冲刺等关键部分。起跑通常采用蹲踞式，学生在听到起跑信号后迅速启动，力求在短时间内达到最快速度。紧接着是跨栏步，这是跨栏跑中的核心技术环节，它包括起跨攻栏和腾空过栏两个阶段。在起跨攻栏时，学生需要准确判断起跨点，用力蹬地并将起跨腿迅速提拉过栏；腾空过栏时，摆动腿积极前摆，配合上肢动作以维持身体平衡。栏间跑则要求学生在跨过每个栏架后迅速调整步伐和节奏，为下一个跨栏步做好准备。最后是冲刺阶段，学生在跨过最后一个栏架后，应全力冲刺，充分利用身体力量冲向终点。整个过程中，学生需保持稳定的节奏和正确的姿势，合理分配体力，以确保在每个阶段都能发挥出最佳水平。

（三）动作原理

110米栏体现了力学、运动学、能量转化以及流体力学等多个物理学原理。

（1）起跑阶段：学生通过迅速蹬地获得初速度，体现了动能与势能的快速转化。这一过程也遵循牛顿第二定律，即力等于质量与加速度的乘积，学生通过腿部力量推动地面，产生向前的加速度。

（2）跨栏步阶段：学生需要精确计算起跨点和跨栏高度，以确保身体能够按照预定的抛物线轨迹飞跃栏架，这涉及抛物线运动的物理学原理。同时，学生还需通过合理的动作减少空气阻力的影响，以提高速度。

（3）栏间跑阶段：在110米栏的栏间跑阶段，学生需依靠牛顿第二定律施加力量以获得加速度，维持高速运动，同时保持和优化速度与加速度来提高平均速度。此过程中，动能与势能的不断转化帮助他们保持稳定节奏，这体现了力学、运动学和能量守恒与转化等物理学原理的共同作用，确保学生能高效、稳定地完成栏间跑。

（4）冲刺阶段：学生通过对地面施加蹬力获得反作用力，推动自己快速前进，这体现了牛顿第三定律的应用。此外，在冲刺过程中，学生还需精确调整身体姿态，以减少空气阻力的作用，从而更有效地利用动能，确保以最快速度冲过终点。

（四）负荷特点

1.运动负荷

110米跨栏跑要求学生在短时间内爆发出极强的力量，并以极快的速度完成全程。这使得该项目对学生的肌肉力量、爆发力和速度耐力都提出了极高的要求。在跨栏过程中，学生需要频繁地进行起跑、冲刺、跳跃等高强度动作，这些动作不仅极大地增加了肌肉和关节的负荷，还可能导致学生出现疲劳和损伤。因此，110米跨栏跑在运动负荷上具有显著的高强度和高风险特点。

2.心理负荷

110米跨栏跑同样给学生带来了巨大的心理挑战。在比赛中，学生需要面对紧张激烈的竞争环境，承受巨大的压力。同时，他们还需要在极短的时间内做出准确的判断和反应，这对学生的心理素质和抗压能力提出了极高的要求。

（五）学情分析

从学生的基础来看，高中的男生在身体发育和运动能力上已相对成熟，对于110米跨栏跑这样的技术性较强的项目，他们虽然已具备一定的速度和爆发力基础。然而，跨栏跑不仅要求速度，更强调技术的准确性和身体的协调性。很多男生可能在起跑、攻栏、过栏及栏间节奏等关键技术环节上还存在不足，需要通过系统的练习来加以提高。

从需求方面来说，高中的男生对110米跨栏跑往往抱有较高的兴趣和挑战欲望。他们希望通过学习，能够掌握跨栏跑的技术要领，提高自己的运动成绩。同时，他们也希望通过这一项目的练习，能够进一步提升自己的身体素质和意志力。因此，在教学过程中，教师应结合高中男生的身心特点和技术水平，制定针对性的教学计划和练习方法，以满足他们在110米跨栏跑方面的学习需求。

（六）教法建议

1.基础技术练习

（1）摆动腿、起跨腿专门练习：利用肋木、墙壁或树木做摆动腿攻栏与起跨腿提拉动作。

（2）行进间摆动腿栏侧过栏练习：走动或者慢跑中做摆动腿栏侧过栏练习。

（3）行进间起跨腿栏侧过栏练习：走动或者慢跑中做起跨腿栏侧过栏练习。

（4）完整跨栏步技术练习：摆放4～5个栏架，栏间跑分别采用小步频跑或3步或5步节奏跑。强调摆动腿和起跨腿过栏动作的正确性。

2．动作组合技术练习

（1）起跑过第一栏：重点练习起跑后的加速和与第一栏的衔接技术。

（2）3～5栏连续过栏练习：根据学生掌握情况，逐渐增加连续过栏的数量，提高过栏的连贯性和节奏感。利用摄像机拍摄学生的过栏动作，进行动作分析和对比。

（3）完整技术练习：根据学生的实际情况逐渐升高栏架高度，让学生体验完整的110米跨栏跑过程。

3．动作运用练习

（1）低栏完整练习：设置较低栏架（76.2厘米，91.4厘米），学生在保持栏间节奏的基础上，逐步提高跑动速度。

（2）全程跨栏跑练习：在完整的110米跑道上设置栏架，要求学生进行全程跨栏跑练习，重点练习全程节奏控制和速度分配。

（3）比赛模拟与心理练习：模拟比赛环境，设置裁判、计时器等元素，让学生体验比赛氛围，提高心理素质和比赛应对能力。

4．数字化信息化手段

（1）动作捕捉与分析：利用动作捕捉技术对学生的跨栏动作进行捕捉和分析，提供精确的动作反馈和改进建议，帮助学生更好地掌握跨栏技巧。

（2）智能监测：使用运动手环或智能跑鞋等传感器设备监测学生的跑步速度和跨栏节奏，通过数据反馈调整练习内容和难度，提高练习的针对性和实效性。

（3）虚拟现实：利用VR技术创建虚拟跨栏跑道场景，让学生在虚拟环境中进行跨栏跑练习。通过模拟比赛场景和角色扮演，提高学生的实战应用能力和自信心。

（七）课时建议

（1）单个技术动作学练：基础技术练习应安排4～5个课时。这一阶段的任务是让学生掌握跨栏跑的基本技术，包括正确的起跨腿和摆动腿过栏等动作。通过反复练习和教师的指导，学生能够熟练掌握这些基础动作，为后续的动作组合和实战应用打下基础。

（2）动作组合技术练习：动作组合技术练习，建议安排7～8个课时。此阶段的目标是让学生将基础动作流畅地组合起来，形成完整的跨栏跑技术链。通过模拟比赛场景和多样化的练习方式，学生在实战中逐步掌握跨栏跑的节奏和速度变化，提高技术的运用能力。

（3）动作运用练习：动作运用练习应安排6～7个课时。此阶段的任务是模拟比赛场景，加强学生在压力下运用技术的能力。课时安排应包括模拟比赛、对抗练习等内容，帮助学生在实战中不断完善技术，并提升比赛时的心理素质和应变能力。

第二节 ｜ 跳 跃 运 动

一、跨越式跳高（水平三）

跨越式跳高是急行跳高姿式之一。动作方法：助跑采用5～9步，与横杆成30～45度角直线跑进。起跳点离横杆投影线60～80厘米，用远离横杆的腿起跳，靠近横杆的腿摆动。腾空后，当身体重心升至最高点时，摆动腿先越过横杆后内旋下压，两臂稍后摆，使臀部迅速移过横杆，同时上体前倾并向横杆方向扭转，接着起跳腿高抬外旋，完成过杆动作。过杆后身体侧对横杆，用摆动腿先着地。

（一）教材价值

（1）跨越式跳高教会学生勇于面对挑战，通过不断的尝试和练习，培养学生坚韧不拔和持之以恒的精神。此外，跨越式跳高要求高度的专注力和协调性，这有助于学生在学习和生活中更加专注和有条理。

（2）跨越式跳高是一项全身性的运动，对提升学生的爆发力、协调性和柔韧性有显著效果。起跳、腾空和落地的过程，能够锻炼到腿部、腹部、背部等多处肌肉群，有助于增强身体的力量和稳定性。

（3）跨越式跳高对学生的个人成长具有重要影响。在挑战和困难面前，学生学会了坚持与努力，锻炼了意志品质和抗挫能力。同时，跳高比赛中的公平竞争培养了学生的竞争意识。参与这样的集体活动，不仅提升了学生的人际交往能力，还增强了他们的社会责任感，为未来的发展奠定了坚实的基础。

（二）教材的动作分析

1. 动作特点

跨越式跳高的动作特点主要体现在其技术简洁、实效性强。在跨越式跳高中，学生通过直线助跑积累起跳动能，起跳瞬间双腿协同发力，使身体快速腾起。空中阶段，学生需精准掌控身体姿态，通过合理的腿部摆动和躯干的适度扭转，实现流畅过杆。这一过程中，学生的爆发力、身体协调性和空中平衡感至关重要，它们共同构成了跨越式跳高动作的核心特点。

跨越式跳高要领在于首先进行直线助跑，保持节奏并逐渐加速，为起跳做好准备。起跳腿以大腿带动小腿迅速向前伸出，用脚跟先着地并迅速过渡到全脚掌，然后蹬伸起跳。同时，摆动腿积极向前上方摆起。两臂配合摆动，使身体腾起。当摆动腿的脚、小腿、大腿依次过杆后，内旋下压。同时，起跳腿积极向上抬起，膝盖靠近胸部，然后上体抬起，完成过杆动作。过杆后，身体侧对横杆，先以摆动腿着地，接着起跳腿落地，并稍微屈膝以缓冲冲击力。

2.动作结构

跨越式跳高的基本动作结构包括助跑、起跳、腾空过杆和落地四个主要环节。助跑阶段，学生通过直线加速为起跳积累动力，这是确保起跳高度和远度的关键。起跳时，双腿协同发力，使身体迅速腾起，同时双臂也配合摆动以增强起跳效果。在腾空过程中，学生需要精准控制身体姿态，通过合理的腿部摆动和身体扭转，确保身体各部分能够顺利越过横杆。最后，落地阶段同样重要，学生需保持稳定，以减轻对身体的冲击。这四个环节相互衔接，共同构成了跨越式跳高的基本动作结构，要求学生具备良好的身体素质和技术水平，以确保整个动作的流畅性和稳定性。

（三）动作原理

跨越式跳高涉及了动量定理、动能与势能的转化、抛物线运动、身体平衡控制以及冲量定理等多个物理学原理。

（1）助跑阶段：学生通过加速跑动来积累动能。物理学原理主要包括牛顿第二定律和动能定理。学生通过逐渐增加速度和加速度，提高动能，为起跳阶段储备足够的能量。

（2）起跳阶段：在起跳阶段，学生通过腿部肌肉对地面施加向下的力，而地面则依据牛顿第三定律产生相等的反作用力，将学生推向空中。此过程中，学生将助跑阶段积累的动能逐渐转化为重力势能和弹性势能，随着身体的上升，动能减少而势能增加，从而完成起跳动作。

（3）腾空过杆阶段：在腾空过杆阶段，学生需精确控制身体姿势以成功越过横杆，这背后涉及抛物线运动和身体平衡控制的物理学原理。学生起跳后，其身体重心会沿抛物线轨迹运动，轨迹的高度和远度由起跳速度和角度决定。在空中，主要涉及力矩平衡和转动力学的原理。学生需要通过调整身体姿势（如收腹、抬腿等）来控制重心的高度和位置，以确保能够顺利越过横杆而不触碰它。

（4）落地阶段：落地时，学生通过弯曲腿部和腰部来延长身体与地面的接触时间。根据冲量定理，这样做可以在相同的冲量下，由于时间的延长而减小受到的冲击力。同时，在落地过程中，学生的身体将重力势能转化为内能，并通过肌肉的收缩和松弛来吸收这部分能量，从而进一步减少对身体的冲击，保护自身安全。

（四）负荷特点

1.运动负荷

在起跳、腾空和过杆的过程中，学生需要发挥强大的腿部力量和核心稳定性，这对肌肉力量、爆发力和身体协调性构成了显著挑战。同时，连续的起跳和落地动作对下肢关节的冲击较大，要求学生具备良好的关节稳定性和柔韧性。因此，跨越式跳高的运动负荷主要集中在下肢和核心肌群，需要学生具备较高的身体素质。

2. 心理负荷

学生在面对横杆时，需要克服恐惧和紧张情绪，保持冷静和专注。在比赛中，每一次试跳都是对学生心理承受能力的考验，尤其是在面对失败和挫折时。因此，跨越式跳高要求学生不仅具备出色的身体素质，还需要拥有坚韧不拔的意志品质和良好的心理调适能力。

（五）学情分析

从学生的基础来看，水平三的学生在跨越式跳高方面通常已经具备了一定的身体素质和基本运动技能。他们可能已经在体育课程中接触过类似的跳跃活动，对起跳、腾空和落地等动作有了一定的感知和理解。然而，对于跨越式跳高所需的具体技术和细节，如助跑的节奏、起跳点的选择以及过杆时的身体控制等，学生往往还缺乏深入的了解和实践经验。

从需求方面来说，水平三的学生对跨越式跳高的学习往往充满好奇和挑战欲望。他们希望通过学练，掌握这一技术动作，提高自己的跳高成绩。同时，他们也渴望在体育活动中获得更多的成功体验和乐趣。因此，在教学过程中，教师应结合学生的实际情况，制定针对性的教学计划和练习方法，以满足学生的学习需求，并帮助他们在跨越式跳高方面取得进步。

（六）教法建议

1. 基础技术练习

（1）"步步高升"：在高架上设置一定高度的气球，让学生尝试助跑几步单脚起跳头顶气球，每次成功后逐步增加高度，激发学生的挑战欲望。

（2）障碍跳跃赛：设置连续的障碍（小垫子），学生用单脚跳的方式连续跳过障碍物。看谁在不碰到障碍的情况下，最先完成比赛。

2. 动作组合技术练习

（1）小悟空学本领：利用体操棒等道具设置不同高度，让学生尝试上一步或上三步进行跳跃，模拟跨越式跳高的动作，增加练习的趣味性和挑战性。

（2）腾空过杆练习：在无杆状态下进行模仿练习，注意摆动腿的内旋下压和起跳腿的外旋上提动作。可以设置悬挂物（如橡皮筋）作为横杆替代品进行练习。

3. 动作运用练习

（1）步步高游戏：学生分组进行，每组学生轮流尝试跳过不同高度的横杆（或橡皮筋）。横杆的高度逐渐升高，学生成功跳过当前高度后，可以继续挑战下一个更高的高度。

（2）"模拟比赛"：模拟真实的跳高比赛场景，设置跳高架和落地垫（沙坑），让学生体验完整的跨越式跳高过程。

4. 数字化信息化手段

（1）视频教学：录制学生的跳高动作，并利用视频分析软件进行动作分解和评估，帮助学生更直观地了解自己的动作表现，找出需要改进的地方。

（2）虚拟现实模拟练习：利用 VR 技术创建虚拟跳高场景，让学生在虚拟环境中进行跨越式跳高练习。通过模拟比赛场景和角色扮演，提高学生的实战应用能力和自信心。

（七）课时建议

（1）基础技术练习：主要任务是让学生掌握起跳和助跑的基本技巧，培养身体协调性和平衡感。安排 1～2 个课时进行助跑起跳基础练习，确保学生打下坚实的基础。

（2）动作组合技术练习：重点是将助跑、起跳、腾空和落地等动作有机结合起来，形成连贯的跳高技术。分配 1～2 个课时进行分解动作和渐进难度的组合练习，帮助学生逐步掌握完整动作要领。

（3）动作运用练习：通过模拟比赛和合作竞争等形式，让学生在游戏和实战中运用所学技术，提升跳高成绩。安排 2～3 个课时进行模拟比赛和小组合作等练习，培养学生的竞技意识和团队合作能力。

二、蹲踞式跳远（水平四）

蹲踞式跳远是急行跳远姿式之一。动作方法：学生采用逐渐加速的助跑方式，保持稳定的步幅和节奏，双臂与腿部协调摆动。助跑最后一步，步幅稍小，起跳腿以"趴地式"技术积极着地，随后全脚掌迅速蹬地起跳，同时摆动腿和双臂也快速向前上方摆动。起跳后，摆动腿大腿高抬，身体达到最高点时，起跳腿屈膝与摆动腿靠拢，形成蹲踞姿势。准备落地时，两小腿向前伸出，两臂后摆，保持身体稳定。最终，落地时迅速屈膝缓冲并前摆双臂，以确保平稳安全着陆并防止受伤。

（一）教材价值

（1）蹲踞式跳远培养了学生的勇气和决心。面对起跳板，每一次的助跑和起跳都需要极大的自信和果敢。这不仅仅是对身体的挑战，更是对心理的挑战。通过这样的练习，学生学会了如何面对困难，从而培养出坚韧不拔的性格。

（2）蹲踞式跳远是一项全身性的运动。在助跑、起跳、腾空和落地的过程中，身体的各个部位都得到了有效的锻炼，特别是腿部和核心肌群。这样的锻炼不仅增强了学生的肌肉力量，还提高了他们的协调性和灵活性。

（3）蹲踞式跳远不仅是一项运动技能的学习，更是学生个人成长的重要阶梯。在练习和比赛中，学生学会了如何面对竞争、如何调整心态，以及如何与他人合作与沟通。这些技能对学生未来的社会生活和职业发展都至关重要。

（二）教材的动作分析

1. 动作特点

蹲踞式跳远是一种经典的急行跳远姿势，其动作特点主要体现在助跑、起跳、腾空和落地等各个环节。助跑阶段，运动员采用逐渐加速的方式，保持稳定的步幅和节奏，为起跳做好充分准备。起跳时，起跳腿以"趴地式"技术积极着地，全脚掌迅速蹬地，同时摆动腿和双臂快速向前上方摆动，形成强大的起跳力量。腾空阶段，摆动腿大腿高抬，身体形成蹲踞姿势，有利于延长滞空时间和增加落地距离。落地时，运动员迅速屈膝缓冲并前摆双臂，保持身体稳定，确保平稳安全着陆，有效防止受伤。

蹲踞式跳远的动作要领主要包括稳定的助跑、有力的起跳、平衡的腾空和安全的落地。在助跑阶段，要保持节奏并逐渐加速，为起跳积累动力；起跳时，起跳脚用力蹬地以获得向上的力量，同时双臂和双腿协调配合，增加起跳稳定性；腾空后，身体要保持平衡，形成蹲踞姿势；落地时，要迅速屈膝缓冲，以减少地面对身体的冲击。整个过程中，要保持身体各部分的协调配合，确保动作流畅且安全。

2. 动作结构

蹲踞式跳远的基本动作结构包括助跑、起跳、腾空和落地四个紧密相连的环节。

（1）助跑是蹲踞式跳远的起始动作，它为起跳提供了必要的动力和节奏。学生在助跑过程中应逐渐加速，保持步频和步幅的稳定，以确保在起跳前达到最佳速度。

（2）起跳是蹲踞式跳远的关键环节，它要求学生在极短的时间内完成蹬地、摆腿、展体等一系列复杂动作。起跳时，学生应迅速而有力地蹬伸起跳腿，同时摆动腿和双臂积极配合上摆，形成向上的合力，使身体腾空而起。

（3）腾空阶段，学生应保持身体的平衡和稳定，采用蹲踞姿势以减小空气阻力。起跳腿和摆动腿逐渐靠拢，形成团身姿势，为落地做好准备。

（4）落地是蹲踞式跳远的结束动作。学生在落地前应向前伸展双腿，脚跟着地后迅速过渡到前脚掌，同时双臂向后摆动以保持身体平衡。

这四个环节相互衔接、相互影响，共同构成了蹲踞式跳远的基本动作结构。学生在练习过程中应不断调整和优化动作细节，以提高跳远成绩。

（三）动作原理

（1）助跑阶段：这一阶段利用了动能定理。学生通过逐渐加速积累动能，速度越快，积累的动能就越大，为接下来的起跳储备了足够的能量。

（2）起跳阶段：学生利用腿部力量迅速蹬地，产生向上的力。这里涉及力的相互作用原理，即牛顿第三定律，地面对脚的反作用力推动学生向上跳起，实现动能到重力势能的转换。合适的起跳角度有助于学生在保持水平速度的同时，获得足够的垂直高度，从而优化跳远成绩。

（3）腾空阶段：学生采取蹲踞姿势，这是为了通过调整身体姿态来减少空气阻力，使身体在空中保持更长时间的飞行。这一阶段体现了流体动力学原理，优化身体形状可以减小阻力，从而提高跳远成绩。

（4）落地阶段：学生通过屈膝缓冲来减少落地时的冲击，这是动量定理的实际应用。通过延长着地时的作用时间，学生能够有效地减少地面对身体的平均冲击力，从而保护自身免受伤害。

（四）负荷特点

1. 运动负荷

从运动负荷来看，蹲踞式跳远要求学生在短时间内完成一系列高强度、高难度的动作，包括快速助跑、有力起跳、稳定腾空和准确落地等，这对学生的下肢力量、爆发力和协调性提出了很高的要求。同时，由于起跳和落地时身体要承受较大的冲击力，因此蹲踞式跳远对学生的关节和肌肉也具有一定的负荷。

2. 心理负荷

从心理负荷来看，蹲踞式跳远是一项技术性和竞技性都很强的项目，学生在练习和比赛中需要保持高度的专注力和自信心。起跳和腾空阶段的瞬间决策、落地时的平衡控制等都对学生的心理素质提出了挑战。此外，蹲踞式跳远还要求学生具备坚韧不拔的意志品质和勇于进取的精神风貌，以应对练习和比赛中的困难和挑战。

（五）学情分析

从学生的基础来看，水平四的学生在体能和运动技能上已有一定的积累，对于蹲踞式跳远这样的技术性项目，他们可能已初步掌握了助跑和起跳的基本要领。然而，在腾空姿势的控制、落地时的平衡与缓冲等方面，很多学生可能还存在不足，需要通过系统的练习加以提高。

从需求方面来说，水平四的学生对蹲踞式跳远往往怀有浓厚的兴趣，他们希望通过学习，能够熟练掌握这项技术，并在比赛中取得好成绩。同时，他们也希望通过蹲踞式跳远的练习，能够进一步提升自己的身体素质和心理素质，培养坚韧不拔的意志品质和勇于挑战的精神。

（六）教法建议

1. 基础技术练习

（1）单脚跳练习：学生先以右脚起跳，连续单脚向前跳跃，再换左脚练习。教师强调单脚跳时保持身体平衡，落地时膝关节微屈缓冲。

（2）助跑起跳练习：引导学生在短距离助跑后进行起跳，帮助他们找到适合自己的助跑节奏和起跳点。

2. 动作组合技术练习

（1）助跑与起跳组合练习：学生按照教师设定的助跑距离进行助跑，到达起跳点时完成起跳动作。教师强调助跑速度与节奏的控制，以及起跳时的蹬地角度和力量。

（2）连续三步一跳练习：学生助跑三步后起跳，空中保持腾空步姿势，以摆动腿先着地。要保持身体的协调性，确保助跑、起跳和落地三个环节的流畅进行。

（3）腾空与落地组合练习：学生在起跳后保持身体平衡，完成腾空动作后落地。教师指导学生在腾空时保持身体姿势稳定，落地时注意膝关节弯曲缓冲。

（4）完整动作练习：学生进行 8～10 步助跑起跳完整动作练习，教师可以利用视频回放或动作分析软件，分析学生的助跑速度、起跳角度等数据，指导学生调整动作。

3. 动作运用练习

（1）模拟比赛：学生分组进行跳远比赛模拟练习，按照正式比赛规则进行。教师担任裁判，记录学生的跳远成绩，并进行技术分析和点评。

（2）技能挑战游戏：设计跳远技能挑战游戏，如"跳远接力赛"或"目标跳远"，增加练习的趣味性和竞争性。

4. 数字化信息化手段

（1）运动捕捉与分析：利用运动捕捉技术，分析学生的助跑和起跳动作，提供个性化反馈。

（2）实时数据监测：使用传感器设备监测学生的助跑速度、起跳高度、跳远距离等数据，通过实时反馈帮助学生调整动作和策略。教师可以根据数据变化，及时调整练习内容和难度。

（七）课时建议

（1）基础技术练习：在基础技术练习阶段，应重点安排 1～2 个课时，让学生掌握蹲踞式跳远的基本技术。这一阶段的任务包括正确的助跑姿势、起跳技术和腾空蹲踞姿势的练习。通过反复的基础练习，帮助学生打下坚实的基础，为后续的动作组合和实战应用做好准备。

（2）动作组合技术练习：动作组合技术练习，建议安排 2～3 个课时。任务是让学生在保持每个动作标准的同时，实现动作之间的流畅转换。例如，学生需要练习从助跑到起跳，再到腾空形成蹲踞姿势，最后安全落地的完整动作链。

（3）动作运用练习：在动作运用练习阶段，应安排 2～3 个课时。学生将在此阶段通过模拟真实的比赛环境进行练习，提升在比赛中的应对能力和心理素质，以达到最佳的跳远表现。

三、三级跳远（水平五）

三级跳远是田赛项目之一。动作方法：学生采用逐渐加速的助跑方式，保持稳定的步幅和节奏。第一跳"单足跳"阶段，借助助跑速度，单脚起跳，起跳腿弯曲并全力蹬地，以获得充足的起跳力量。紧接着进入第二跳"跨步跳"，学生需用力摆臂以提升身体高度，同时腰腹部发力，维持身体稳定性和跳跃节奏，为最后一跳做好充分准备。在最后的"跳跃"中，学生需调整起跳角度，双臂前摆以增加起跳力量，身体在空中呈 C 形展开，双腿尽量前伸，以延长腾空时间。落地时，学生需精细控制身体姿态，适当收腹，两臂后摆，保持上体前倾，确保稳定着陆。

（一）教材价值

（1）三级跳远教会了学生如何面对挑战与困难。每一次的起跳与落地，都需要精确的技术和坚定的意志。通过这样的练习，学生不仅提升了技能，更在挑战中培养了耐心、专注和自律的品质。三级跳远不仅是一项运动技能的学习，更是一次性格的磨砺和自我挑战的过程。

（2）三级跳远是一项全身性的运动，对提升学生的身体素质有显著效果。连续的跳跃动作能够锻炼学生的腿部肌肉，提高爆发力和弹跳力。同时，为了保持跳跃过程中的身体平衡，学生的核心肌群也会得到强化。此外，三级跳远还需要学生有良好的灵活性和协调性，长期的练习能够促进学生身体的全面发展，提高健康水平。

（3）在技能学习和练习过程中，学生不仅提升了自身的运动能力，还培养了坚持不懈、勇于挑战的精神。面对起跳、跨步和跳跃的技术难题，学生需要不断调整和优化自己的动作，这种持续改进的态度将使他们在未来的生活和工作中更加适应变化，不断进步。

（二）教材的动作分析

1. 动作特点

三级跳远的动作特点主要体现在连续的三次跳跃中，每次跳跃都有其独特的技术要求。快速的助跑和合理的节奏是成功的关键，为起跳积累足够的动力。在第一跳（单足跳）时，需快速有力地起跳，同时在空中完成自然平衡的交换腿动作；第二跳（跨步跳）时，需要支撑阶段有弹性的缓冲并加快身体重心的前移；最后的第三跳（跳跃）则强调双腿高抬向前远伸，以达到最远的跳跃距离。整个过程中，保持自然平衡的交换腿动作至关重要。

三级跳远的动作要领在于起跑、三跳和落地三个关键环节的协调配合。助跑时要保持身体重心平稳、动作协调、节奏一致，为起跳做好充分准备。在三跳过程中，第一跳要求"低""平"，为后续跳跃奠定良好基础；第二跳注重"屈膝""送腿"，增加跳跃高度和距离；第三跳则强调腾空后保持姿势，力求最远落地。落地时要保持身体平衡，采用合理的缓冲动作。整个过程要求学生具备强大的腿部力量、快速的反应能力、良好的身体协调性。

2. 动作结构

三级跳远是一项复杂的田径项目，其基本动作结构可概括为助跑、第一跳（单足跳）、第二跳（跨步跳）和第三跳（跳跃）四个主要环节。

（1）助跑阶段，学生需快速而稳定地积累动力，确保在起跳前达到最佳速度，为后续的跳跃奠定坚实基础。

（2）第一跳（单足跳）是三级跳远中的关键一跳。学生使用起跳腿用力蹬地，起跳角度为60～65度，同时身体重心腾起角度为16～18度。起跳后，学生会形成一个腾空步，并维持一段腾空时间。在腾空的后半段进行空中交换腿的动作。随后，起跳腿继续前摆至大腿与地面平行的位置，紧接着大腿积极下压，以"刨地式"的方式落地，为第二跳的起跳做好充分的准备。

（3）第二跳（跨步跳）是三级跳远中承上启下的一跳。学生以单足跳的落地腿作为起跳腿，摆动腿从后向前积极屈膝上摆，同时两臂协调配合从后侧向前上方摆动。起跳腿则快速有力地蹬地，并积极送髋，以完成这一跳的起跳动作。在第二跳腾空的后半段，摆动腿继续向上摆动，直至大腿与地面平行或稍高的位置，而起跳腿则保持在身后弯曲的状态。随后，摆动腿开始迅速而积极地做出"刨地式"的落地动作，为即将到来的第三跳做好充分的准备。

（4）第三跳（跳跃）是三级跳远中的最后一跳，也是决定最终成绩的关键一跳。学生在起跳后，可采用蹲踞式、挺身式或走步式等多种跳跃姿势，以最大限度地发挥身体力量。在落地前，学生两腿高抬并尽力伸展，以延长跳跃距离。最后，通过屈膝前倒和两臂向前的摆动，稳定身体，减少冲击力，确保安全落地。

（三）动作原理

三级跳远的动作主要涉及动量定理、能量守恒、力学和平衡等物理学原理的应用。

（1）在助跑过程中，学生通过不断加速来积累动量。根据动量守恒定律，他们通过快速的助跑，使起跳时的动量增大，这有助于他们在起跳后获得更远的跳跃距离。

（2）在第一跳（单足跳）中，学生起跳时利用惯性原理使身体保持向前的运动状态，从而尽可能地增加跳跃距离。同时，根据牛顿第三定律，学生在起跳时对地面施加一个向下的力，地面随即产生一个向上的反作用力，这个反作用力成为学生起跳的关键动力。此外，起跳过程中学生的动量发生变化，根据动量定理，这一变化正是地面反作用力与时间的乘积，为学生提供了起跳所需的动量。

（3）在第二跳（跨步跳）中，学生运用动量守恒原理，通过调整身体姿势和腿部动作，保持或增加动量，以确保能够实现更远的跳跃距离。同时，他们也遵循能量守恒定律，有效地将第一跳中获得的能量转化为第二跳的动能和势能，为接下来的跳跃提供持续的动力。

（4）在第三跳（跳跃）中，学生通过身体的协调运动来保持平衡，确保跳跃轨迹的稳定性和准确性。最后，学生需要最大限度地利用在助跑和前两跳中积累的能量，以充分发挥其潜力，实现最远的跳跃距离。

（四）负荷特点

1.运动负荷

在运动负荷方面，三级跳远要求学生在短时间内完成高速助跑和连续三次跳跃，这对学生的下肢力量、爆发力和协调性提出了极高的要求。每一次起跳和落地，都需要腿部肌肉产生巨大的力量来支撑身体的重量和维持平衡。因此，三级跳远的运动负荷相对较大，需要学生具备出色的身体素质和专项练习基础。

2. 心理负荷

在心理负荷方面，三级跳远同样具有挑战性。学生在比赛中需要面对起跳点的选择、跳跃节奏的掌控以及落地稳定性的保持等多重压力。这些都需要学生具备高度的专注力、自信心。特别是在连续跳跃过程中，任何一次失误都可能导致整个比赛的失败，因此学生必须保持冷静、沉着的心态，才能在比赛中发挥出自己的最佳水平。

（五）学情分析

从学生的基础来看，高中的学生在体能上已经有了一定的积累，但三级跳远作为一项技术性较强的田径项目，对学生的协调性和爆发力要求较高。在之前的学习中，学生可能已经掌握了一些基本的跳跃技巧，但对于三级跳远这种连续跳跃的动作结构和节奏把握可能还存在不足。此外，学生在空中的平衡感和着地时的稳定性也需要进一步加强。

从需求方面来说，高中的学生正处于身体素质和技术能力快速发展的关键时期，他们对提升三级跳远成绩有着强烈的需求。在练习中，学生需要更加系统地掌握三级跳远的基本动作原理和技巧，提高连续跳跃的能力和节奏感。同时，针对自身存在的技术问题，学生也需要有针对性的指导和练习，以实现个性化的发展和提升。

（六）教法建议

1. 基础技术练习

（1）单足跳：分别进行左、右脚的单足跳练习，重点练习学生的单脚支撑能力和平衡感。可以在直线上进行单足跳，也可以设置障碍物增加难度。

（2）跨步跳：进行连续的跨步跳练习，重点练习学生的腿部力量和协调性。要求学生每次跳跃时尽量将腿向前摆动，并保持身体的平衡。逐渐增加跨步跳的距离和速度，提高学生的跳跃效果。

（3）单足跳和跨步跳组合练习：可以先进行一段距离的单足跳，然后紧接着进行跨步跳。也可以交替进行单足跳和跨步跳，以增加练习的多样性和挑战性。

2. 动作组合技术练习

（1）标志练习：通过设置标志进行三级跳远练习，限制第一跳的远度和高度，加大第二跳的远度，增大第三跳的高度，以帮助掌握合理的三跳比例。

（2）3～5步助跑三级跳远：3～5步助跑后进行三级跳远，第一跳平，第二跳远，第三跳高，要求三跳节奏连贯，以掌握跳跃的节奏和技术。

（3）思维表象练习：练习前，先在脑中进行动作的思维表象，然后再进行试跳，以帮助加深对技术动作的理解和掌握。

3.动作运用练习

（1）中程助跑三级跳远：要求助跑速度达到最快时起跳，最后一步略小于倒数第二步，重心稍下降，各跳动作正确，节奏明显，第三跳要有一定的高度和远度。

（2）三级跳远的节奏练习：学生根据自己的身体素质，通过小组探究学习的方式，找到适合自己的三跳比例和节奏。

（3）模拟比赛：设置模拟比赛场景，让学生在接近真实的比赛环境中进行三级跳远练习，提高他们的比赛适应能力和心理素质。

4.数字化信息化手段

（1）动作捕捉与分析：利用运动捕捉技术对学生的三级跳远动作进行捕捉和分析，为学生提供精确的动作反馈和改进建议。这有助于学生更好地掌握技术细节和提高跳远成绩。

（2）实时数据监测与反馈：使用传感器设备监测学生的助跑速度、起跳角度、跳跃距离等数据，并通过实时反馈系统向学生展示这些数据。这有助于学生了解自己的表现并及时调整动作和策略。教师可以根据数据变化给予针对性的指导和建议。

（七）课时建议

（1）基础技术练习：重点进行单足跳、跨步跳的专项练习，确保每个动作标准且稳定。课时安排上，建议前2～3个课时专注于单个动作的分解练习，通过反复练习，学生能够熟练掌握每个跳跃的技术要领，为后续的组合练习打下基础。

（2）动作组合技术练习：此阶段需要3～4个课时，逐渐将单足跳、跨步跳和跳跃三个动作连贯起来。教师应着重指导学生在保持速度的同时，确保每个跳跃阶段的平稳过渡，以达到最佳的三级跳远效果。

（3）动作运用练习：这一阶段要注重三级跳远技术在实战中的运用，包括起跑、加速、起跳时机、三跳比例和节奏的把握等，同时要加强学生的心理调适和比赛策略的指导。建议安排2～3个课时进行模拟比赛场景的练习和心理素质的锻炼。

第三节 | 投 掷 运 动

一、双手头上前掷实心球（水平二）

双手头上前掷实心球是一项常见的体育运动项目，它要求学生将一定重量的实心球从头上方向前掷出，以尽可能远的距离为目标。动作方法：面对投掷方向，学生两脚前后或左右开立，力量较大的腿在后，重心落在后腿，两膝微屈以保持投掷前的稳定。双手持球举至头后上方，手指包球、两手心空出。投掷时，两腿用力蹬地、送髋收腹，挥臂将球向斜上方掷出，随后后脚向前迈步缓冲，维持身体平衡。

（一）教材价值

（1）双手头上前掷实心球能够培养学生的协调能力和技术精准度。通过反复练习，学生不仅学会了如何掌握力量和角度，以达到最佳的投掷效果，还在这个过程中锻炼了手眼协调和空间感知能力。更重要的是，他们学会了如何通过反复尝试和修正来达到目标，这是一种宝贵的学习经验，有助于培养解决问题的能力。

（2）双手头上前掷实心球是一项全身性的运动，对身体的锻炼效果显著。在投掷过程中，学生需要调动上肢、下肢以及腰腹等肌肉群的力量，完成连贯的蹬地、收腹、挥臂、拨球动作。这一过程能够全面锻炼身体的肌肉力量，提高身体的柔韧性和协调性。

（3）双手头上前掷实心球对学生个体的发展具有积极的促进作用。它能够提升学生的自信心和自我挑战精神，使学生在面对困难时能够坚持不懈、努力克服。同时，这项运动还能培养学生的专注力和耐心，对动作的稳定性和准确性的追求以及反复练习的过程，对学生未来的学习和工作都大有裨益。

（二）教材的动作分析

1. 动作特点

双手头上前掷实心球的动作特点主要体现在全身协调性和爆发力的结合上。在进行投掷时，需要充分利用身体各部分的力量，尤其是腰腹和上肢的爆发力，通过连贯的动作将实心球投掷出去。这一过程中，双手协同工作，确保投掷的准确性和力量。

动作要领：面对投掷方向，两脚前后或左右开立，重心落在后腿，两膝微屈，双手持球于头的后上方，两臂自然伸直。持球时，两手十指自然分开，手心空出，以大拇指交叉或并排放在球底，其余手指对称托球。进行一至二次预摆，最后一次预摆时，球从前下方经过胸前至头后上方，同时上体后仰，形成反弓形，并吸气准备。掷球时，由下往上用力，先是两腿蹬地，送髋收腹，然后两臂挥出掷球，出手速度要快，用力要猛，注意合理的出手角度。手腕发力，手指拨球，确保掷出准确有力。

2. 动作结构

双手头上前掷实心球的基本动作结构包括持球、准备姿势、预摆、最后用力以及掷球后的缓冲几个阶段。

首先，持球阶段需要双手五指自然分开，指根紧贴球面，用拇指、食指和中指放在球面两侧以保持球的稳定性，两手拇指相对成"八"字形，手腕、手指自然放松。

接着是准备姿势，双脚前后或左右开立，与肩同宽或略宽，身体重心落在两脚之间，两膝微屈以保持平衡和准备发力。

然后是预摆阶段，通过预摆可以提高实心球的出手初速度，为最后的用力投掷创造良好条件。预摆时，实心球从前下方经过胸前至头后上方，再向前摆动，此时身体后仰，形成反弓形，为接下来的投掷积蓄力量。

紧接着是最后用力阶段，这是决定投掷距离的关键环节。在预摆结束后，利用支撑脚蹬地、收腹、挥臂的力量将球用力由头后向前上方掷出，此时应蹬腿、送髋、腰腹急震用力，两臂快速前摆并向前拨指和腕，旨在提高手臂的鞭打速度。

最后是掷球后的缓冲阶段，掷球后应注意降低身体重心，维持身体平衡，避免犯规和保证后续动作的稳定。

（三）动作原理

双手头上前掷实心球涉及的物理学原理，包括力学平衡、动量守恒、牛顿第二定律以及能量守恒等。

（1）持球阶段：主要涉及静力学原理，即物体在静止状态下所受的合力为零。在持球时，双手需要稳定地握住实心球，保持球的平衡，防止球在投掷前滑落或偏移。

（2）准备姿势：此阶段主要利用力学中的平衡原理。两脚前后开立，重心落在后腿，形成稳定的支撑面，有助于投掷者在投掷过程中保持身体平衡。同时，身体略向前弯曲，肢体放松，为后续的预摆和用力动作做好准备。

（3）预摆阶段：预摆是投掷动作中重要的准备环节，它利用了动能和势能的相互转化原理。通过一到两次的预摆动作，投掷者可以逐渐积累动能，并将身体重心后移，形成"满弓"姿势，此时身体储存了大量的势能。这种势能在最后用力阶段将迅速转化为动能，推动实心球向前飞出。

（4）最后用力阶段：在最后用力投掷实心球时，学生全力将球向前推出，这一动作体现了牛顿第二定律和动量定理的物理学原理。学生施加的力越大，球的加速度就越大，从而使得球的速度迅速增加。同时，这个力会改变球的动量，力的大小和作用时间的乘积决定了动量变化的大小，进而影响球飞行的速度和距离。

（5）掷球后的缓冲：掷球后，学生需要进行缓冲动作以保持平衡，这背后涉及动量的变化和守恒原理。在缓冲过程中，学生会利用腿部和身体的协调动作来耗散剩余的能量，这样做不仅有助于防止跌倒或受伤，还体现了能量的转化和耗散原理。

（四）负荷特点

1.运动负荷

从运动负荷角度分析，双手头上前掷实心球的动作要求全身协调发力，涉及肌肉群广泛，包括腿部、腰腹、背部以及上肢肌肉。在投掷过程中，学生需要完成蹬地、收腹、挥臂等一系列动作，这些动作的组合和连贯性对身体的爆发力和协调性提出了较高要求。

2.心理负荷

学生在投掷过程中需要保持专注，准确判断距离和角度，同时克服球体重量带来的阻力。此外，面对不同环境和比赛压力，学生还需要具备良好的心理素质和自我调节能力，以保持稳定的发挥。

（五）学情分析

从学生的基础来看，水平二的学生在双手头上前掷实心球方面已经具备了一定的基本技能和体能。他们通常能够完成基本的投掷动作，但在动作的准确性和力量控制上可能还存在一些不足。此外，由于年龄和身体发育的限制，他们的力量、协调性和爆发力还未发展成熟，这在一定程度上影响了他们的投掷表现。

从学生的需求来看，水平二的学生对双手头上前掷实心球的学习有着较高的兴趣和积极性。他们渴望通过练习提高自己的投掷技能，并在比赛中取得好成绩。同时，他们也希望通过对这一项目的学习，能够进一步提升自己的体能和综合能力。

（六）教法建议

1. 基础技术练习

（1）抛接游戏：两脚开立，下蹲时直臂持球置于膝盖前下方，蹬地同时把球向上抛起，球落地前双手接住。体会出手和全身用力的感觉。

（2）分解动作练习：利用视频、动画等多媒体教学资源，向学生展示正确的投掷姿势和技巧。学生进行分解动作的练习。

2. 动作组合技术练习

（1）角度和力度控制练习：设置不同距离或不同高度的目标，让学生尝试调整投掷角度和力度，以达到目标。

（2）"投掷挑战"游戏：设置一系列不同难度的投掷挑战，如通过狭窄的缝隙、击中移动的目标等。

3. 动作运用练习

（1）"目标打击"游戏：在场地上设置不同分值的区域，学生站在投掷线后，双手头上投掷实心球，目标是尽量将球投掷到高分值区域内。

（2）模拟比赛：原地双手头上前掷实心球比赛通常采用个人赛或团体赛的形式进行。个人赛要求每位参赛者单独完成投掷动作并测量投掷距离；团体赛则要求团队成员共同完成投掷任务并计算团队总成绩。

4. 数字化信息化手段

（1）视频教学：利用视频、动画等多媒体教学资源，向学生展示正确的投掷姿势和技巧。

（2）动作捕捉与分析：利用运动捕捉技术对学生的掷实心球动作进行捕捉和分析。通过数据化的反馈，学生可以直观地了解自己的投掷角度、速度等关键指标，从而进行有针对性的改进。

（3）在线学习与交流：推荐相关的在线教学视频和教程，让学生在课余时间也能自主学习和交流心得。

（七）课时建议

（1）单个技术动作学练：主要任务是让学生掌握正确的持球姿势、转体动作以及蹬地与挥臂的协调发力，此阶段可安排1～2个课时，确保学生打下坚实的基础。

（2）动作组合技术练习：学生需要逐渐将分解动作连贯起来，形成完整的投掷动作，同时加强对学生身体协调性和力量的培养。这一阶段建议安排2～3个课时，着重练习学生动作之间的转换与衔接，提高投掷效率。

（3）动作运用练习：这一阶段的目的是提升学生的实战能力，教会他们如何在不同情境下调整投掷策略和技巧。建议安排2～3个课时，通过实战模拟和对抗性游戏，学生能够灵活运用所学技术，增强对投掷技术的运用能力。

二、侧向滑步推铅球（水平四）

侧向滑步推铅球是推铅球技术之一。动作方法（右手推铅球为例）：右手持铅球置于肩上锁骨窝处，贴近颈部。身体左侧对着投掷方向，以左大腿向投掷方向摆出，同时右腿蹬离地面，右脚沿地面滑至投掷圈的中心部位，左脚迅即着地，形成最后用力的开始姿势。接着，右脚快速蹬转，使右髋向投掷方向转动，并侧向抬起上体。当上体左侧移至与地面垂直瞬间，两腿迅速蹬伸，左臂在体侧制动，同时抬头、挺胸、右臂迅速而有力地向前上方推球。铅球出手后，即降低身体重心并交换两腿，维持身体平衡。

（一）教材价值

（1）在侧向滑步推铅球的练习过程中，学生需要掌握正确的技术动作和用力顺序，这有助于培养他们的观察力、思考力和实践能力。此外，通过比赛和合作，学生能够学会尊重对手、遵守规则，提高体育道德风尚。

（2）侧向滑步推铅球能够全面提升学生的身体素质。推铅球过程中的滑步、转身和推掷等动作，能够锻炼学生的力量、速度、灵敏度和协调性。特别是侧向滑步技术，它能有效提高学生的稳定性，减少失衡可能，同时增加力量输出，使得推铅球的飞行距离和速度得到提升，这些都对学生的身体健康发展有着积极的促进作用。

（3）学习和掌握这项技术，学生可以为将来从事更高水平的体育运动打下基础。同时，通过侧向滑步推铅球的学练，还能培养学生的意志品质和心理素质，在练习和比赛中，学生需要克服各种困难和挫折，这有助于培养他们的坚毅、顽强和拼搏精神。

（二）教材的动作分析

1. 动作特点

侧向滑步推铅球的动作特点在于其独特的侧向滑步与推铅球动作的结合。在执行这一动作时，学生首先需要进行充分的准备，通过侧向滑步来积聚力量并调整身体姿态。这一滑步动作要求迅速而稳定，以便在推铅球时达到最佳发力状态。随后，利用全身协调的力量，通过手臂的迅速伸展，将铅球以最大力量和最佳角度推出。整个过程中，学生需要保持身体的平衡与稳定，确保力量的有效传递。

侧向滑步推铅球的动作要领主要包括身体姿势的调整、侧向滑步的流畅执行以及推铅球时的力量控制与释放。在准备阶段，学生应确保身体放松，重心稳定，为后续的滑步和推铅球做好准备。在侧向滑步时，要注意步伐的连贯性和身体的协调性，以便在推铅球时能够发挥出最大力量。最后，铅球出手的瞬间，学生需要掌握好力量的释放时机，从而达到理想的投掷效果。

推铅球的理想出手角度通常在 38～42 度。这一角度范围是在考虑了多种因素后得出的，包括空气阻力、风速以及出手点的高度等。

2. 动作结构

侧向滑步推铅球的基本动作结构包括预备姿势、滑步、最后用力和维持身体平衡四个主要环节。这四个环节相互衔接、密切配合，构成了侧向滑步推铅球的基本动作结构。学生在练习过程中需要注重细节和动作的规范性，不断提高自己的技术水平和竞技能力。

首先，预备姿势是关键，学生需侧对投掷方向，双脚开立稍宽于肩，右手持球贴于颈部锁骨窝，身体重心落在右腿上，保持身体平衡。

接着是滑步动作，右腿蹬地，同时左腿向投掷方向摆出，形成侧向滑动的动力，使身体重心快速移至左腿。这一过程中，学生要保持身体稳定，确保滑步的连贯性和有效性。

随后是转换支撑，当左腿一落地，就开始转换支撑，身体重心逐渐由右腿移至左腿，同时左腿积极着地支撑，为推球出手做好准备。

最后是推球出手，学生充分利用全身力量，通过蹬腿、转体、挺胸、推臂、拨球等一系列动作，以最大的出手速度和适宜的出手角度将铅球推出去。推球过程中，学生要保持身体平衡，确保力量的有效传递和铅球的准确飞行。

（三）动作原理

侧向滑步推铅球动作的各个阶段都涉及了复杂的物理学原理，包括力学平衡、动量定理、动能与势能的转换、牛顿第二定律、力的合成与分解、运动学原理等。这些原理共同作用，使得学生能够通过特定的技术动作将铅球推得更远。

（1）准备阶段：学生通过预摆动作，将身体的部分重力势能积累起来，为后续的滑步和推出做准备。

（2）侧向滑步阶段：学生通过右腿的蹬离地面和右腿的沿地面滑行至投掷圈中心部位，实现了水平方向的初速度和位移。这一阶段主要运用了牛顿的第二定律和第三定律（作用力与反作用力）的原理。

（3）最后用力阶段与铅球离手：在最后用力阶段，学生通过右腿的快速蹬转、上体的侧向抬起以及左臂的制动等动作，将全身的力量有效地传递到右臂，进而将铅球迅速推出。这涉及力的合成与分解原理，多个分力最终合成一个向前的推力。铅球离手后，其运动状态受到重力加速度的影响，将做类平抛运动。

（4）维持平衡阶段：铅球离手后，学生需要通过降低身体重心和交换两腿来维持身体平衡。这涉及动量定理的应用，即通过改变身体姿势来减少剩余动量的影响，以保持稳定。

（四）负荷特点

1. 运动负荷

从运动负荷角度来看，侧向滑步推铅球的负荷特点主要体现在对全身肌肉的高强度需求和对技术动作的精确性要求上。在推铅球的过程中，学生需要调动全身各大肌肉群，特别是核心肌群和下肢肌群的力量，以完成滑步、转身和推球等一系列复杂动作。这种全身性的运动负荷有助于提高学生的力量、速度和协调性。

2. 心理负荷

从心理负荷角度来看，侧向滑步推铅球的负荷特点主要体现在对学生注意力和意志品质的高要求上。在推铅球的过程中，学生需要保持高度的专注力，时刻关注技术动作的准确性和身体的平衡状态。此外，面对挑战和困难时，学生还需要具备坚定的意志品质和积极的心态，以克服心理障碍并取得优异成绩。

（五）学情分析

从学生的基础来看，水平四的学生通常已经具备了一定的体育基础知识和运动技能，但对于侧向滑步推铅球这一具体项目，他们可能还比较陌生。因此，在教学初期，需要重点介绍铅球运动的基本知识和技术要领，帮助学生建立正确的动作表象。同时，针对学生可能存在的力量、协调性和技术动作上的不足，需要设计有针对性的练习方法和辅助手段，以提升学生的基础运动能力。

从学生的需求来看，水平四的学生正处于身心发展的关键时期，他们渴望通过体育活动来展示自己的能力和风采。因此，在侧向滑步推铅球的教学中，需要注重培养学生的兴趣和积极性，通过多样化的教学方法和手段激发学生的学习动力。同时，还需要关注学生的个体差异和需求差异，确保每个学生都能在练习中获得进步和成就感。

（六）教法建议

1. 基础技术练习

（1）动作分解练习：将侧向滑步推铅球的完整动作分解成若干个环节进行单独练习，如原地推铅球、滑步后的身体平衡控制等。

（2）徒手模仿练习：在无球状态下，引导学生模仿侧向滑步推铅球的动作轨迹，重点体会滑步和转体的动作要领。

（3）持轻器械练习：使用轻质的铅球或替代物进行练习，帮助学生熟悉推球的手感和用力顺序。

2. 动作组合技术练习

（1）滑步与转体结合练习：在掌握单独滑步和转体动作的基础上，引导学生将两者结合起来进行练习，形成连贯的推球动作。

（2）对抗性练习：设置一定的阻力或目标，让学生在完成侧向滑步推铅球的过程中，不仅要关注动作的正确性，还要达到特定的目标或克服一定的阻力。

3. 动作运用练习

（1）多角度投掷练习：调整投掷的角度和距离，让学生适应不同的投掷环境，提高他们的适应性和灵活性。

（2）模拟比赛：模拟真实的比赛环境，让学生在紧张的氛围下进行推球练习，锻炼其心理素质和竞技状态。

4. 数字化信息化手段

（1）动作捕捉与分析：利用教学视频或动作捕捉软件，对学生的动作组合进行录制和分析，找出动作衔接上的不足并进行针对性指导。

（2）数据分析与提升：利用传感器和数据分析软件，对学生的投掷速度、角度、距离等关键指标进行实时监控和分析，为学生提供个性化的练习建议。

（七）课时建议

（1）单个技术动作学练：主要任务是让学生掌握正确的滑步和原地推球姿势，培养基本的身体协调性和力量素质。这一阶段需要 1～2 个课时，通过反复的徒手模仿和持轻器械练习，帮助学生打下坚实的基础。

（2）动作组合技术练习：这一阶段的任务是提高学生滑步动作与转体及最后用力之间的衔接和转换能力，形成连贯的侧向滑步推铅球动作。建议安排 2～3 个课时，通过不断的重复练习和教师反馈，学生能够流畅完成整个动作流程。

（3）动作运用练习：目标是让学生在模拟比赛环境中检验所学技能，提升实战能力。这一阶段需要 2～3 个课时，通过组织小组对抗和模拟比赛等活动，学生在实践中不断掌握和运用侧向滑步推铅球技能。

三、旋转式掷铁饼（水平五）

旋转式掷铁饼是铁饼投掷的方法之一。要求学生在指定的投掷区内，将铁饼以旋转的方式掷出，铁饼在空中飞行时形成一个抛物线，最终落地点离投掷者越远越好。动作方法（右手投掷为例）：右手持铁饼背向投掷方向，两脚左右站立，身体略前倾，握饼的手臂自然下垂；预摆时，采用左上右后摆饼的方法或身体前后摆饼的方法，预摆结束后开始旋转；旋转时，右腿弯曲蹬地，身体向左移动，使身体重心移在左脚上，接着以左脚掌为轴心，两脚积极向投掷方向移动，当左边身体快要转向投掷方向时，右腿自然弯曲，内转下压，落在投掷圈的圆心附近，身体呈现最大限度的扭紧状态，铁饼在右后方，左臂在胸前自然弯曲，准备最后用力；最后用力时，右腿继续向左转动，左臂同时向前上方牵引，然后挺胸，右臂以爆发式的速度将铁饼掷出，铁饼出手后，快速交换双腿，或抬起左腿缓和冲力，保持身体平衡。

（一）教材价值

（1）背向旋转式掷铁饼动作需要发力、转身、腿部推力等技巧的结合，还需要具备精确的判断能力，以调整投掷的力量和角度，以达到最佳的投掷效果。学生在练习过程中，不仅锻炼和发展了身体协调能力，还加深了他们对身体在空间变化的感受，构建身体在空间位置的敏锐认知感。

（2）背向旋转式掷铁饼动作是力量与技巧的完美结合。在投掷过程中，使得学生全身肌肉得到锻炼，特别是上肢肌群及核心肌群，能显著增强其肌肉力量和肌肉耐力；还对他们的技巧和心理素质如保持平衡、协调和节奏感，以及具备果断决策的能力，有着积极的促进作用。

（3）背向旋转式掷铁饼对塑造学生的意志品质有着重要作用。面对技术挑战和心理压力，学生需要展现出坚忍不拔的精神和勇往直前的态度。通过持续的练习和比赛，培养毅力和耐心，为他们未来面对生活中的各种困难和挑战打下坚实的基础。

（二）教材的动作分析

1. 动作特点

旋转式掷铁饼的动作特点在于其独特的旋转技巧和全身协调的运动方式。在投掷前，学生会进行一系列的旋转动作，这些旋转不仅增加了投掷的力量，还提高了投掷的准确性。旋转过程中，身体各部分的协调运动是关键，尤其是腰部的扭转和腿部的推动力量，它们共同为最后的投掷做准备。

旋转式掷铁饼的动作要领关键在于精准的协调与控制。在旋转时，学生需维持身体平衡，通过稳定的步伐和适度的旋转速度来积聚投掷所需的力量。投掷时，重点在于借助全身协调的力量，尤其是腰腿的爆发力，来赋予铁饼最大的初速度。此外，正确的出手角度和铁饼的飞行轨迹也至关重要，直接影响到投掷铁饼的远度。

2. 动作结构

从技术结构上讲，完整的掷铁饼过程可以分为握法、预备姿势和预摆、旋转、最后用力、身体平衡缓冲五个部分。

（1）握法：五指自然分开，拇指和手掌平靠铁饼，其余四指的最末指节扣住铁饼边沿，铁饼的重心在食指和中指之间，手腕微屈，铁饼的上沿靠在前臂上。

（2）预备姿势和预摆：背对投掷方向，两脚左右开立约一肩半，站于圈内靠后沿处的投掷中线两侧。两脚平行开立或左脚稍后，持饼的手臂自然下垂于体侧，眼平视。采用左上右后摆饼法。预摆时摆饼的手掌应始终朝下，当饼摆至左上方结束时，左手掌托住铁饼，这时右肩高于左肩，身体重心也落在左腿上，身体转向左侧，然后以躯干的扭动带动投掷臂往回摆，身体重心也随之移向右腿，右腿微屈，上体也稍有前倾，铁饼摆至右后方最大限度时，右肩仍高于左肩。这样预摆一到两次再进入旋转。这种方法是初学者较容易掌握的方法。

（3）旋转：当预摆结束后，在左脚脚跟提起的情况下，左膝积极向外转动，身体重心也应逐渐移到左腿上，这时铁饼仍应充分留在体后。接着以左脚前脚掌为轴向左转动，同时左肩、头也转向投掷方向，然后自然弯曲的右腿蹬地，以大腿带动小腿围绕左腿向投掷方向摆动，这时的转动以左肩和左腿的左侧为轴，这样旋转能增大动作幅度。随着身体的转动，紧接着左脚蹬离地面使身体腾空向投掷方向移动，这时右腿内扣带动右髋转动，右脚以前脚掌在圆心处快速着地，尽量缩短腾空的时间，当右脚着地后立即进行蹬转，左肩内扣，上体稍前倾，同时左脚蹬离地面快速沿着右腿向后方摆动，以左脚内侧在投掷中线的左侧着地，左脚的摆动半径应尽量减小，以便加快角速度。当左脚着地一瞬间，投掷手臂仍应继续保持在身体后面，形成上体充分扭紧状态，为最后用力作好充分准备。

（4）最后用力：当左脚着地时，右脚继续蹬转，使右髋积极向投掷方向转动和前送。接着，头向投掷方向转动，左臂微屈于胸前，胸部开始向前挺出，重心逐渐移向左腿。当重心移向左腿时，右腿继续蹬伸用力，以爆发式的快速用力向前挺胸挥饼。与此同时，左腿迅速用力蹬伸，左肩制动，成左侧支撑，使身体右侧迅速向前转动，将全身的力量集中在铁饼上，当铁饼挥至与右肩同高并稍前时，用小指到食指依次用力拨饼出手，使铁饼顺时针方向转动向前飞行。

（5）身体平衡缓冲：平衡缓冲的目的是当身体最后用力结束后，为了使人体不因向前的惯性而造成犯规，两腿应迅速地作交换动作或继续向左旋转，并降低身体重心、缓冲向前的冲力和运动惯性，确保投掷有效。

在整个动作结构中，预备姿势和预摆是基础，旋转是核心，最后用力是关键。各个阶段相互衔接、紧密相连，共同构成了旋转式掷铁饼的动作结构。投铁饼五个部分的技术是一个整体，将动作分解开来是为了更好地掌握掷铁饼技术全过程。

（三）动作原理

根据力学原理，物体的重量与加速度成反比，在作用力相等的情况下，物体的重量愈大愈难以发挥较大的初速度，而铁饼的重量是不变的，因此要获得较大的初速，在于加大作用于铁饼上的力量，加长把力量用到铁饼上的工作距离和缩短用力时间。

（1）预摆阶段：学生通过摆动铁饼和身体的相应动作来积聚动能。根据动能定理，物体的动能与其质量和速度平方成正比。因此，通过预摆增加铁饼的速度，可以为其后的旋转和投掷积累更多的动能。进入旋转时，学生利用角动量守恒的原理，通过收缩身体减小转动半径，从而增加旋转速度。

（2）旋转阶段：在旋转过程中，学生保持低重心和稳定的旋转轴，这有助于维持旋转的稳定性和速度。旋转产生的离心力会使铁饼向外甩出，但学生可通过控制旋转速度和身体姿态，确保铁饼始终在可控范围内。

（3）最后用力阶段：在最后用力阶段，学生通过全身协调的爆发力将铁饼掷出。这里运用了动力学原理，即牛顿第二定律，通过增加作用力（即学生的爆发力）来增大铁饼的加速度，从而使其获得更大的初速度。铁饼的出手角度也至关重要，它决定了铁饼的飞行轨迹。根据斜抛运动的原理，合适的出手角度能够使铁饼达到最远的投掷距离，运动实践证明，铁饼掷出最理想的角度为32～35度。

（四）负荷特点

1.运动负荷

从运动负荷来看，旋转式掷铁饼具有显著的力量和耐力要求。在掷铁饼过程中，学生需要调动全身肌肉，特别是核心和下肢肌群，以完成旋转和最后用力的动作。这些动作不仅要求学生具备强大的爆发力，还需要良好的肌肉耐力和协调性。因此，旋转式掷铁饼对学生的身体素质提出了较高的要求，是一种高强度的力量型运动项目。

2.心理负荷

从心理负荷角度来看，旋转式掷铁饼同样具有一定的挑战性。在练习和比赛中，学生需要长时间集中注意力，精确控制身体姿态和动作轨迹。同时，面对可能的失败和挫折，学生需要具备较强的心理承受能力和自信心。因此，旋转式掷铁饼不仅是一种身体上的挑战，也是一种心理上的考验。

（五）学情分析

从学生的基础来看，高中的学生通常已经具备了一定的田径运动基础和身体素质，包括力量、速度、协调性等方面。然而，旋转式掷铁饼作为一项技术较为复杂的田径项目，对学生的技术掌握和身体控制能力提出了更高的要求。因此，在教学初期，需要针对学生的实际情况，进行细致的技术讲解和示范，帮助学生建立正确的动作概念和基础动作技能。

从学生的需求来看，高中的学生对于体育运动的学习和参与，往往有着较高的积极性和期望。他们希望通过学习旋转式掷铁饼运动，不断提高身体素质和投掷能力，同时培养不怕累、不怕苦，勇于挑战自我的优良品质。因此，在教学过程中，需要注重激发学生的学习兴趣和动力，通过多样化的教学手段和方法，满足学生的学习需求，促进他们的全面发展。同时，还需要关注学生的个体差异，因材施教，确保每位学生都能在学习过程中获得成长和进步。

（六）教法建议

1.基础技术练习

（1）"滚铁饼"：原地双脚前后开立（右手持饼，左脚在前），通过体侧"立圆式"预摆，当手臂摆至垂直地面位置时出手，使铁饼接触地面，控制铁饼沿直线向前滚动。帮助学生体会手指依次用力拨饼的本体感觉，增强手对铁饼的控制能力。

（2）徒手模仿：学生徒手模仿旋转式掷铁饼的各个阶段动作，如预摆、旋转等，以帮助学生熟悉动作轨迹和节奏。

（3）分解动作练习：将旋转式掷铁饼的完整动作分解成若干个单独的动作进行练习，如单独练习预摆、旋转等，以帮助学生逐个掌握动作细节。

2. 动作组合技术练习

（1）起步旋转组合练习：学生在教师的指导下，将起步和旋转动作组合起来进行多次练习。

（2）旋转出手组合练习：重点练习旋转后的出手动作，确保出手的准确性和力量。

（3）持轻器械练习：学生使用较轻的铁饼或替代品进行练习，以便更好地掌握动作要领和用力顺序。

3. 动作运用练习

（1）模拟比赛：在接近真实比赛的环境下进行练习，如设置标准的投掷圈和落地区，以帮助学生适应比赛节奏和压力。

（2）多样比赛：采用多种比赛练习方法，如分组对抗、目标投掷等，以增加练习的趣味性和挑战性。

（3）心理训练与模拟：结合心理学原理，进行投掷前的心理准备和模拟训练，帮助学生在比赛中更好地应对压力和调整状态。

4. 数字化信息化手段

（1）视频教学：录制优秀学生的示范动作或专业运动员的比赛视频，供学生观看和学习，同时教师进行详细讲解和点评，以帮助学生更好地理解动作要领和技术细节。

（2）运动捕捉与分析：利用运动捕捉技术对学生的旋转式掷铁饼动作进行捕捉和分析，为学生提供精确的动作反馈和改进建议。

（七）课时建议

（1）单个技术动作学练：这一阶段的动作学练，重点应放在教会学生掌握正确的握饼、原地掷饼、预摆、旋转的单个动作方法，体验动作要领。建议安排2～3个课时，通过反复练习和教师指导，确保学生掌握单个动作技术，为下一阶段的组合动作学练打下坚实的基础。

（2）动作组合技术练习：这一阶段的动作学练，重点应放在预摆与旋转、旋转与最后用力相结合的关键技能体验上。因此建议安排4～5个课时，让学生熟悉动作技术组合的路线和衔接要点，体验动作技术的连贯性和完整性。

（3）动作运用练习：这一阶段的动作学练，重点应放在铁饼技术在比赛场景中的实际应用上。建议安排3～4个课时，多设置一些对抗、擂台、达标等不同形式的竞技比赛场景，也可以设置一些不同重量的铁饼投掷、原地加旋转的投掷、不同距离掷准等带有趣味性的比赛场景，激发练习的动力，以巩固旋转式投掷铁饼的动作技能。

第一节 | 技 巧

一、侧手翻（水平三）

侧手翻是自由体操动作之一。通过用两臂依次推撑地面后，身体从体侧经分腿手倒立，然后两手依次推离形成翻转，落地成分腿开立的侧翻动作。动作方法（以侧面站立向左翻转为例）：右脚站立，左腿侧举，两臂侧举开始。上体向左侧倾倒，左脚屈膝落地，左手撑地，右腿向右侧上方摆起，同时左脚蹬地侧摆，右手撑地，经分腿手倒立后，两手依次推离地面，两脚依次落地成两臂侧举的开立。在整个翻转过程中，两手和两脚这四个支撑点需依次落地，且保持在一条直线上。

（一）教材价值

（1）侧手翻能培养学生的协调性、连贯性和平衡能力。通过侧手翻的学习，学生能够掌握基本的体操技巧，提升对体操活动的兴趣和参与度。同时，侧手翻的练习需要学生不断克服心理障碍，勇敢尝试，这有助于培养学生的意志品质和自信心，增强面对困难和挑战的勇气。

（2）在侧手翻的过程中，学生需要调动全身肌肉协同工作，这有助于提升身体的整体力量和耐力。此外，侧手翻还能提高身体的平衡能力和控制能力，增强关节、韧带的柔韧性和骨骼力量，对学生的身体素质发展具有积极作用。

（3）侧手翻的练习过程也是学生心理成长的重要阶段。它鼓励学生克服恐惧，挑战自我，不仅锻炼身体，更锤炼意志。这些非技能性的成长，对学生的全面发展至关重要，为他们未来更好地适应社会奠定了坚实的基础。

（二）教材的动作分析

1.动作特点

侧手翻的动作特点主要体现在其独特的侧向翻转方式和连贯协调的动作过程。在执行侧手翻时，身体沿垂直面向侧方翻转，双手和双脚需要依次落地，保持在一条直线上，这要求学生具备精准的空间感和身体控制能力。整个动作过程中，身体各部分需要紧密配合，从双手撑地、腿部蹬地到身体翻转，再到双脚落地，每一个步骤都需要准确无误，才能确保动作的顺利完成。

侧手翻的动作要领：起始时，运动者需保持直立，双脚并拢，双臂紧贴身体。接着，身体下犬式弯曲，双手依次着地，双腿依次向侧上方摆起，形成分腿倒立姿势。在翻转时，需借助腰部力量，保持身体的平衡，同时双臂作为支撑，引导身体进行翻转。最后，当双脚落地时，需保持稳定姿势，完成整个动作。在整个过程中，运动者需屏住呼吸，保持髋关节和肢体的稳固，保持动作流畅，以确保侧手翻的顺利完成。

2. 动作结构

以侧面站立向左侧翻转为例。侧手翻的基本动作结构包括起始、侧倒、翻转和落地四个阶段，每个阶段都需要学生具备相应的体能和技能要求。

首先，以站立姿势开始，双脚并拢，双臂自然下垂。然后，右脚站立，左腿侧举，同时双臂侧举，为翻转做好准备。这是侧手翻的起始阶段，对稳定身体、积蓄力量具有重要作用。

接着，上体向左侧倒，左脚屈膝落地，同时左手臂伸直支撑地面，右腿向右侧上方摆起，在身体侧倒的过程中，左脚蹬地侧摆，右手臂也伸直并用力推地，使身体获得向上的动力。这一阶段是侧手翻的关键，需要学生具备良好的身体控制能力和力量。

当身体在空中翻转时，双腿应保持伸直状态，并且快速摆动以完成翻转动作。随着身体的翻转，原本支撑地面的两手依次推离地面，这一过程需要高度的协调性和平衡感。

最后，当双脚落地时，应保持身体的稳定，并迅速调整姿势以准备下一个动作。落地时要注意缓冲，避免受伤。

（三）动作原理

侧手翻的动作原理主要体现了冲量与动量定理、重力与重心、角动量守恒、能量守恒等物理学原理。

（1）起始阶段主要体现了牛顿第三定律、动量定理等物理学原理。学生通过脚部用力蹬地，依据牛顿第三定律，地面会给予等大的反作用力，助力学生腾空而起；同时，这一蹬地动作产生的冲量改变了学生的动量，使他们由静止转为动态。

（2）进入侧倒阶段，学生身体倾斜，在重力的作用下开始侧倒，此时重心的巧妙转移对于维持平衡和准备翻转至关重要。

（3）在翻转阶段，学生巧妙地利用角动量守恒，通过调整身体的姿势和速度来控制旋转状态，实现平稳的翻转；同时，他们必须在这个过程中平衡离心力和向心力的作用，确保身体在旋转时既不会因离心力而甩出，也不会偏离旋转轴，从而保持身体的平衡和稳定。

（4）在落地阶段，学生的双脚与地面接触产生的冲量减小了身体的旋转速度，同时地面反作用力帮助稳定身体；此外，落地时动能转化为热能和其他形式的能量并耗散，这不仅减小了对身体的冲击，还有效地保护了学生的关节免受损伤。

（四）负荷特点

1. 运动负荷

从运动负荷来看，侧手翻是一种全身性的运动，需要身体多个部位协同工作。在练习过程中，手臂、腰腹、腿部等肌肉群都会得到锻炼，产生一定的肌肉负荷。同时，侧手翻还要求具备良好的柔韧性和协调性，因此在拉伸和扭转身体时，关节和韧带也会承受一定的负荷。

2. 心理负荷

从心理负荷来看，侧手翻具有一定的挑战性和风险性。对于初学者来说，需要克服恐惧心理，敢于尝试和挑战自我。在练习过程中，需要保持专注和耐心，不断调整和改进动作细节。因此，侧手翻的心理负荷有助于培养勇敢果断、坚韧不拔的意志品质，提高心理素质和抗压能力。

（五）学情分析

从学生的基础来看，水平三的学生通常已经具备了一定的体操基础和体能。他们可能已经掌握了基本的翻滚、跳跃等动作，对身体的协调性和平衡感有了一定的认识。然而，侧手翻作为一种相对复杂的体操动作，对学生的柔韧性、力量和空间感有更高的要求。

从学生的需求来看，水平三的学生正处于身心发展的关键时期。他们渴望学习新的技能，挑战自我，展现自己的能力和风采。侧手翻作为一种具有挑战性和观赏性的体操动作，正好满足了学生的这种需求。通过学习侧手翻，学生不仅可以提升体能，还可以培养勇敢、果断的意志品质，增强自信心。因此，在教学过程中，应充分激发学生的学习兴趣和积极性，帮助他们享受学习侧手翻的乐趣。

（六）教法建议

1. 基础技术练习

（1）平衡木挑战：让学生在平衡木上练习单腿站立和半蹲，以培养他们的平衡感，为侧手翻时的身体控制打下基础。

（2）分解动作练习：将侧手翻分解为起步、侧倒、手臂支撑、翻转、落地等步骤，逐一进行练习。确保学生在每个步骤中都掌握正确的动作要领。例如，在帮助下做侧起手倒立接侧翻下练习；在帮助下做分腿手倒立接侧翻下练习。

（3）辅助练习：利用体操垫、平衡木、小球、橡皮筋等辅助器械，帮助学生熟悉侧手翻的动作轨迹和身体感觉。例如，可以在平衡木上进行侧向的平衡练习，或在体操垫上进行侧手翻的练习。运用横在侧手翻上方的橡皮筋，不断提升高度提示学生直腿和快速摆动，触碰到上方的橡皮筋。

2. 动作组合技术练习

（1）起步与侧倒练习：在体操垫上标记起步位置，指导学生进行侧倒的模拟练习。

（2）手臂支撑与翻转练习：使用低矮的垫子或平衡木作为支撑点，让学生练习手臂的支撑和身体的翻转动作。

（3）摆腿幅度和高度练习：运用侧摆腿脚触小球，加大摆腿的幅度和提高摆腿的速度，掌握正确的摆腿方向；侧倒撑高垫摆腿练习。

（4）"小猴子过河"游戏：设置一系列"石头"（垫子或标志物），学生需要模仿小猴子，通过侧手翻的方式"过河"，即从一个"石头"翻到另一个"石头"。

（5）组合动作练习：尝试将侧手翻与其他体操动作相结合，如连接前滚翻、后滚翻、连续侧手翻等。

3. 动作运用练习

（1）模拟场景练习：设置具体的场景，如体操比赛、舞蹈表演等，让学生在模拟的情境中运用侧手翻，提高其实际应用能力。

（2）障碍侧手翻：设置不同高度的障碍物，让学生在侧手翻的过程中翻越这些障碍物。这不仅能提升学生的技能水平，还能增强他们的身体协调性和空间感知能力。

（3）创意编排练习：鼓励学生将侧手翻与其他体操动作或舞蹈动作相结合，创作出独特的编排，培养学生的创新能力和表现力。

4. 数字化信息化手段

（1）视频教学：利用教学视频或专业体操学生的侧手翻示范视频，通过慢放、定格、对比等手段让学生更直观地了解侧手翻的标准动作和技巧。

（2）动作捕捉与分析：利用动作捕捉技术对学生的侧手翻动作进行实时捕捉和分析，帮助教师更准确地评估学生的动作表现，并提供针对性的改进建议。

（3）在线视频反馈：录制学生的练习过程并上传至在线平台，学生可以随时随地查看自己的练习视频，并与教师或其他同学进行交流和讨论。

（七）课时建议

（1）单个技术动作学练：在侧手翻的初始学习阶段，学生应专注于掌握侧手翻的基本技术要素。这包括手臂的支撑动作、身体的平衡控制以及腿部的协调运动。建议安排2～3个课时，逐步引导学生学习正确的手臂摆放位置、腰部扭转的力度与角度，以及双腿的摆动技巧。

（2）动作组合技术练习：这一阶段建议安排3～4个课时。学生需要逐渐尝试将侧手翻的各个分解动作组合起来，提高动作之间的衔接和转换能力。并且尝试将侧手翻与其他体操动作进行重组串联，如连接前滚翻、后滚翻等，形成流畅的动作串。

（3）动作运用练习：这一阶段建议安排2～3个课时。重点是在模拟比赛或表演环境中实际应用侧手翻及其组合动作。建议通过组织内部比赛或展示活动，让学生在实践中提升对侧手翻的运用能力。

二、鱼跃前滚翻（水平四）

鱼跃前滚翻是自由体操动作之一，它结合了跳跃和滚翻两个元素。动作方法：手臂后举半蹲姿势开始。两臂前摆，同时两脚用力蹬地，向前上方跃起；当手撑垫后，经直臂支撑后迅速曲臂缓冲，低头屈体前滚；当肩背着地时，迅速团身屈膝，经蹲撑成直立。

（一）教材价值

（1）通过练习鱼跃前滚翻，学生能够提高身体的协调性和灵敏性，同时培养勇敢、果断和克服困难的意志品质。在练习过程中，学生需要不断尝试、调整和改进动作，这有助于培养学生发现、分析、解决问题的能力。

（2）鱼跃前滚翻动作的学练能够有效增强腹部、腰部、肩带等核心肌群的力量和柔韧性，提高身体的平衡能力和控制能力。在翻滚过程中，身体各部分肌肉协同工作，有助于改善前庭分析器官的机能。此外，鱼跃前滚翻还能锻炼学生的反应速度和身体灵活性，对预防运动损伤具有积极作用。

（3）鱼跃前滚翻为学生提供了一个挑战自我、超越自我的平台。掌握这一技能，不仅为学生今后参与更高级别的体育活动打下基础，也为他们培养了一种积极向上、敢于挑战的人生态度。这种态度将伴随学生走向社会，成为他们面对未来挑战时的宝贵财富。

（二）教材的动作分析

1.动作特点

鱼跃前滚翻是一种颇具技巧性的体操动作，它融合了跳跃、翻滚与平衡控制，要求练习者具备较高的身体素质和协调性。在动作特点上，鱼跃前滚翻显著地表现为一种动态的、连续的前空翻动作，起始于一个有力的起跳，紧接着在空中完成半圆形的翻滚，最后以平稳的姿势落地。这个过程中，起跳的高度、翻滚的速度和落地的稳定性都是至关重要的。

鱼跃前滚翻的动作要领主要包括起跳、腾空、撑地和滚翻四个主要环节。在起跳时，需要双腿协同发力，同时两臂迅速前摆，为身体跃起提供充足动力。腾空阶段，要保持身体平衡，两腿伸直，并调整好姿势以备接下来的动作。撑地是承前启后的关键步骤，撑地时要经直臂支撑后迅速曲臂缓冲，为接下来的滚翻动作提供稳定的支撑，以减缓下落冲击，并为后续的滚翻打下基础。最后，在撑地的同时迅速低头、团身进行滚翻，保持身体的紧凑与协调，确保滚动的流畅与安全。

2.动作结构

鱼跃前滚翻的基本动作结构可以分为起跳、腾空、撑地和滚翻与起立四个主要环节。

（1）起跳阶段：学生从半蹲姿势开始，两臂后举，两腿同时用力蹬地，给予身体一个向上的力，同时两臂迅速前摆，增加向前的冲力。

（2）腾空阶段：身体腾空时，学生需要保持含胸、紧腰、梗头的姿势。这种姿态不仅可以减少空气阻力，还能帮助学生保持身体在空中的稳定性和控制力，为后续动作打下坚实基础。同时，髋关节角度要大于 90 度，腿部需要相对上抬，与臀部保持水平。这样的姿态有助于在落地时更容易找到撑地的平衡点，并能顺畅地转入滚翻动作。

（3）撑地阶段：当身体开始下落时，学生必须准确地判断撑地的时机，并快速做出反应，两臂前伸准备撑地。在执行撑地动作时，练习者直臂顶肩撑垫后通过手臂的退让性支撑弯曲，这一动作可以有效减缓下落时的冲击力，保护手腕和手臂免受伤害。同时，低头是为了更好地调整身体姿态，准备进入后续的滚翻动作。

（4）滚翻与起立阶段：撑地后，身体需顺势团紧进行前滚翻，保持滚动的圆滑与流畅，以减小阻力并确保动作的连贯性。滚翻结束后，通过腿部和腰部的协调发力，使身体平稳地从蹲姿逐渐起立并站稳，从而顺利完成整个鱼跃前滚翻动作。

（三）动作原理

（1）起跳阶段：这一过程中，牛顿第二定律起着关键作用，即力的大小决定了加速度的大小，从而影响了起跳的高度和速度。学生通过腿部肌肉的强烈收缩，对地面施加蹬力，地面则产生等量反向的反作用力，助推学生克服重力向上跃起。

（2）腾空阶段：在腾空过程中，由于没有外力作用（忽略空气阻力），运动员将保持起跳时获得的速度和方向继续向前上方运动，这是惯性原理的体现。同时，重力始终作用在运动员身上，使其速度在竖直方向上逐渐减小，直至为零并开始下落。

（3）撑地阶段：在撑地时，学生通过手臂和腿部的弯曲动作来延长与地面的接触时间，根据冲量定理（$I=Ft$），在冲击力一定的情况下，延长作用时间可以减小平均作用力，从而降低对身体的伤害。

（4）滚翻与起立阶段：在滚翻过程中，运动员的身体围绕某一轴线旋转，遵循角动量守恒定律。通过调整身体的姿态和位置，学生可以控制滚翻的速度和方向。此外，滚翻过程中涉及动能和势能的相互转化。学生在滚翻时通过调整身体姿势和速度来控制这些能量的转化过程，以确保滚翻的平稳进行。

（四）负荷特点

1. 运动负荷

从运动负荷角度看，鱼跃前滚翻具有较高的技术要求和身体负荷。该动作需要学生在短时间内完成起跳、腾空、撑地和滚翻等一系列复杂动作，对身体协调性、柔韧性和爆发力都有较高要求。在练习过程中，学生的肌肉、骨骼和关节都会承受一定的压力和冲击，因此，对于身体的负荷相对较大。

2. 心理负荷

在心理负荷方面，鱼跃前滚翻同样具有一定的挑战性。由于动作难度较大，学生在练习过程中可能会面临失败、挫折等，这要求他们具备坚定的意志和顽强的毅力。同时，为了保持动作的准确性和流畅性，学生注意力需要保持高度集中，这对心理素质也提出了较高要求。

（五）学情分析

在基础方面，水平四的学生通常已经具备了一定的翻滚基础，如基本的前滚翻、后滚翻等。他们对于身体的协调性和平衡感有了一定的掌握，这为学习鱼跃前滚翻打下了良好的基础。然而，鱼跃前滚翻相对于之前学习的动作更为复杂，对学生的身体素质和技术要求更高，因此在学习过程中仍需付出较大的努力。

在需求方面，水平四的学生正处于身体发育的关键时期，他们渴望通过更具挑战性和趣味性的动作来提升自己的运动能力。鱼跃前滚翻作为一种高难度的翻滚动作，不仅能够满足学生的求知欲和挑战欲，还能有效锻炼他们的身体协调性、柔韧性和平衡感。同时，通过学习和掌握这一动作，学生还能在体育活动中展现出更高的技能水平，增强自信心。

（六）教法建议

1. 基础技术练习

（1）远撑前滚翻：在垫子上画线或设置标志物的远撑前滚翻练习。要求学生手臂尽量远撑，建立摆臂、蹬地、支撑和翻滚的动作概念。

（2）由高向低处的前滚翻：利用斜坡进行前滚翻，体会腿充分蹬伸后手及时撑地前滚的动作。

（3）俯撑摆腿前滚翻：屈髋俯撑，一脚蹬地，另一腿直腿上摆，空中并腿，顺势前倒滚翻。体验直臂顶肩支撑和迅速屈臂低头滚翻的时机。体验撑地阶段的本体感觉。

（4）斜向俯撑前滚翻：脚踩高处屈髋俯撑，屈膝蹬地后顺势前倒，做前滚翻。体验撑地阶段的本体感觉。

2. 动作组合技术练习

（1）低高度鱼跃前滚翻：在体操垫上设置障碍物或使用小垫子提升高度，学生尝试从较低的高度进行鱼跃前滚翻。

（2）连续鱼跃前滚翻：学生在完成一次鱼跃前滚翻后，立即进行第二次鱼跃前滚翻。

（3）动作组合练习：和前滚翻、侧手翻、挺身跳等进行组合，形成更复杂的组合动作。这不仅可以提升学生的体操技能水平，还有助于培养他们的创新能力和表现力。

3. 动作运用练习

（1）情境模拟：设计各种情境模拟练习。例如，在模拟的体操比赛中，要求学生完成鱼跃前滚翻并平稳落地或两三步助跑跃上高垫完成鱼跃前滚翻等练习，这样不仅能提升学生的动作技能，还能培养他们的竞技能力。

（2）组合动作创新：鼓励学生将鱼跃前滚翻与其他体操动作相结合，创造出新的组合动作。

4. 数字化信息化手段

（1）动作捕捉与分析：使用运动捕捉系统，对学生的鱼跃前滚翻动作进行捕捉与分析，生成详细的动作数据。通过软件对比标准动作与学生的实际动作，帮助学生识别并改进不足之处。

（2）在线教学平台：利用在线教学平台，发布鱼跃前滚翻的教学视频、动作解析和练习方法等资源。

（七）课时建议

（1）单个技术动作学练：从单个技术动作学练方面来看，鱼跃前滚翻的首要任务是掌握基本的滚翻技巧。在初始阶段，应专注于标准的前滚翻、远撑前滚翻的练习。此阶段建议安排 2～3 个课时，逐步体会滚翻时的身体控制和协调。

（2）动作组合技术练习：进入动作组合技术练习阶段，建议安排 3～4 个课时。重点在于将起跳、腾空、撑地与滚翻流畅地连接起来。并且和其他垫上前滚翻、挺身跳等动作进行组合练习。

（3）动作运用练习：在动作运用练习阶段，应注重实战模拟和动作的创新应用。建议安排 2～3 个课时，让学生在模拟场景中实践鱼跃前滚翻，如设置障碍或进行小组竞技、动作的组合和创新等，以提升学生在实际运动中的运用能力。

三、直腿后滚翻（水平五）

直腿后滚翻，自由体操动作之一。由站立开始，上体前屈，直腿后坐，两手靠近大腿两侧撑地，臀部着地后，上体迅速后倒，同时举腿翻转臀部，经屈体后滚翻成直腿站立。

（一）教材价值

（1）直腿后滚翻要求学生掌握正确的身体姿势和平衡能力，培养学生的专注力和耐心。在练习过程中，学生需要不断尝试、调整，直至成功完成动作。这种不断尝试、不断挑战自我的过程，有助于培养学生的意志力和抗挫能力，让他们在面对困难和挑战时更加勇敢和坚定。

（2）直腿后滚翻是一项全身性的运动，能够锻炼学生的核心肌群、柔韧性和协调性。通过练习，学生可以增强腰腹力量，提升学生的前庭分析器官的机能以及平衡能力、控制能力。同时，直腿后滚翻的练习还能促进血液循环，加速新陈代谢，有助于学生保持健康的体态和充沛的精力。

（3）直腿后滚翻为学生提供了一个技能进阶和自我挑战的平台。随着技术的提高，学生可以逐步尝试更复杂的动作和组合，不断突破自我。这种技能的进阶和挑战不仅有助于提升学生的自信心和自我挑战的勇气，还可能激发他们对体操运动的兴趣和热爱，为未来的体育发展奠定基础。

（二）教材的动作分析

1. 动作特点

直腿后滚翻的动作结构是一个逐步降低重心、增加转动速度和最后利用推撑力量完成滚翻的过程。每个阶段都有其特定的技术要求和动作特点，以确保整个动作的流畅性和稳定性。由站立至臀部坐地要降低身体重心，通过手的支撑和重心后移，使臀部缓冲着地，并形成转动。由坐撑开始至两手肩上撑地需要减少转动半径，增大转动角速度，通过腰、背、肩部依次着地滚动，迅速过渡到手撑地。最后利用转动动能和手臂的推撑力量，使身体重心升高，完成滚翻动作。

直腿后滚翻的动作要领在于保持腿部伸直的同时，通过逐步降低身体重心，直腿后坐获得初速度，利用手臂的支撑和腰背的协调滚动，实现流畅的后滚翻动作。起始时，身体背对翻滚方向，双脚并拢，腿部保持伸直。随着身体的后倒，重心逐渐降低，双手及时撑地，以减小冲击并维持平衡。随后，腰部、背部依次着地滚动，快速过渡到手撑地阶段。最后，利用手臂的推撑力量，迅速起身，完成整个后滚翻动作。整个过程中，需保持身体叠紧，动作连贯，以确保翻滚的流畅性和稳定性。

2. 动作结构

直腿后滚翻的动作结构可以分为准备阶段、后坐阶段、滚动阶段、推撑站立阶段。

（1）准备阶段：身体背对滚翻方向站立，双脚并拢，腿部保持伸直。随后，上体前屈，两手靠近大腿，为接下来的滚动动作做好充分的准备。

（2）后坐阶段：随着重心的后移，臀部开始向后坐，两手在大腿外侧撑地以提供支撑。此时，上体继续前屈，髋部后移，为后续的滚动动作创造条件。

（3）滚动阶段：当臀部着地时，上体迅速后倒，同时举腿翻臀，进入屈体后滚的状态。在滚动过程中，两手应迅速置于肩上（手指向后，掌心向上），两肘内夹上翻，以减小滚动阻力。此时，需要特别注意保持腿部伸直，髋角小，滚动过程应圆滑流畅。

（4）推撑站立阶段：当身体滚至肩部着地时，两手用力推地，同时配合低头、含胸、收腹、提臀的动作，使身体向后翻转。经过屈体立撑的过程，最终恢复成站立姿势，完成整个直腿后滚翻动作。

在整个动作过程中，需要保持身体各部位的协调配合，特别是腿部伸直和滚动的圆滑性，这是完成直腿后滚翻的关键。

（三）动作原理

直腿后滚翻的动作结构及其物理学原理体现了学生在翻滚过程中对身体重心、动量、能量、角动量等物理量的精确控制。

（1）准备阶段：学生通过身体的前屈和双手靠近大腿，降低了身体重心的高度，减少了翻滚时所需的动能消耗，为后续的翻滚动作积蓄了势能。这种积蓄的势能将在翻滚过程中逐渐转化为动能，为完成翻滚动作提供了有力的支持。

（2）后坐阶段：通过臀部的后坐动作，将身体动量从下肢转移到上肢，这一转移不仅为后续的翻滚动作提供了必要的动力，还通过重心的后移和支撑手的作用，将原先积蓄的势能部分转化为翻滚所需的动能，从而有效减小了翻滚时的阻力，确保了翻滚动作的流畅与稳定。

（3）滚动阶段：学生身体各部分（如腰、背、肩等）的依次着地，形成了连续的转动，这不仅有助于保持角动量守恒，还减小了翻滚时的阻力。同时，学生通过保持腿部伸直和髋角小，有效减小了转动半径，从而增加了转动角速度，使得翻滚动作更加圆滑和流畅。

（4）推撑站立阶段：学生两手用力推地时，根据作用力与反作用力的原理，地面会产生一个等大反向的作用力，这个作用力成为学生完成从翻滚到站立转换的关键助力。

（四）负荷特点

1. 运动负荷

在动作执行过程中，需要迅速完成翻滚到推撑站立的转换，展现出色的爆发力和核心稳定性。腿部伸直和髋角小的要求，对柔韧性和力量提出高要求。此外，身体协调性、平衡感也至关重要。整个过程中，学生需承受重力和翻滚冲击，对其体能和耐力是严峻的考验。

2. 心理负荷

在心理负荷方面，学生需要克服对翻滚的恐惧和不安，保持冷静和专注。他们需要全神贯注于动作细节，保持身体协调与平衡，同时还要具备快速判断和调整的能力。这种高度集中的心理状态和应对压力的能力，对学生的心理素质提出了较高的要求。因此，直腿后滚翻不仅是一项体力上的挑战，也是一次心理上的考验。

（五）学情分析

从学生的基础能力角度分析，高中学生在进行直腿后滚翻的学习时，首先面临的是身体素质的挑战。由于这个动作需要较高的核心稳定性和柔韧性，因此，学生在初期可能会感到困难，特别是在维持腿部伸直和髋角小的姿势上。此外，学生还需要具备良好的身体协调性和平衡感，以确保翻滚动作的流畅性和准确性。

从需求层面来看，高中学生对直腿后滚翻的学习有着多样化的需求。一方面，他们希望通过学习这一动作，提高自己的体操技能和身体素质；另一方面，他们也希望在学习过程中获得乐趣和成就感。因此，教师在教学过程中，不仅要注重动作技术的传授，还要关注学生的心理需求，通过设计有趣味性和挑战性的练习，激发学生的学习兴趣和积极性。

（六）教法建议

1. 基础技术练习

（1）屈体后倒：两腿伸直并腿，上体屈体，两手臂直臂往腿后支撑，身体慢慢后倒，至两手臂掌根部位触地，迅速屈臂缓冲，臀部着垫坐在海绵垫上。

（2）仰卧垫上后举腿提髋：主要体验直腿坐，直腿倒肩、举腿、翻臀、手臂肩上推撑动作。

（3）直腿坐屈体后倒翻臀：主要体验屈体状态下的发力动作。

（4）后滚翻：学生在平铺开的海绵垫的前方，成全蹲姿势的后滚翻，体验身体的滚动圆滑，臀部、背部、肩部、后脑勺依次着垫的动作技术。

（5）辅助练习：利用体操垫、橡皮筋等辅助器械，帮助学生熟悉直腿后滚翻的动作轨迹和身体感觉。例如，并腿后坐高垫（叠在一起的两块或三块垫子），体会折体后坐、两手撑垫方法，再逐步降低垫子高度。对推手力量不够的学生，可将橡皮筋系在练习者腰部，同伴站于两侧，当练习者滚翻至两手肩上触地时，及时向上提拉橡皮筋，帮助其推手成站立。

2. 动作组合技术练习

（1）慢动作完整动作体验：同伴拉手前屈后倒直腿后滚翻，在动作熟练的基础上逐渐提高后滚速度，体验推手的力量与时机。

（2）斜坡直腿后滚翻：利用斜坡的助力，提高滚翻的速度，帮助学生体会滚翻时的身体感觉和动作轨迹。随着动作的熟练，可以逐渐减小斜坡的角度，直至在平地上完成滚翻。

3. 动作运用练习

（1）模拟比赛：在模拟的体操比赛或表演环境中进行直腿后滚翻的练习。

（2）组合创新练习：学生把直腿后滚翻与其他体操动作组合在一起，进行新组合的创编与展示。例如，可以先进行前滚翻，然后紧接着进行直腿后滚翻。

4. 数字化信息化手段的运用

（1）动作捕捉与分析：通过运动捕捉设备，实时记录和分析学生的直腿后滚翻动作，为学生提供精确的动作改进建议。

（2）智能教学系统辅助：利用智能教学系统，对学生的练习数据进行统计和分析，为教师提供科学的教学决策支持。系统还可以根据学生的表现，推荐个性化的练习计划和教学资源。

（七）课时建议

（1）单个技术动作学练：在单个技术动作学练阶段，初期应着重于掌握正确的直腿姿势和翻滚技巧。建议在前 2 个课时内，教师通过分解动作、慢速示范和大量重复练习的方式，帮助学生逐步领会直腿后滚翻的要点。在这一阶段，教师需要密切关注学生的动作细节，确保他们形成正确的肌肉记忆和动作模式。

（2）动作组合技术练习：动作组合技术练习阶段，需 2～3 个课时。学生需要在此阶段将直腿后滚翻的各个分解动作（如直腿坐、倒肩、翻臀等）串联起来，通过连续练习，实现动作的流畅转换。教师需要细心指导，帮助学生纠正错误，提高动作的连贯性和准确性。

（3）动作运用练习：在这一阶段，建议安排 2～3 个课时。模拟实际比赛或组合表演场景，让学生在实践中应用直腿后滚翻。通过这一阶段的练习，学生能够更好地适应不同场景下的动作需求，提高应变能力和自信心。

第二节 | **支 撑 跳 跃**

一、山羊分腿腾越（水平三）

山羊分腿腾越是一项竞技体育项目，属于体操的一种。动作方法：学生从助跑开始，通过踏板起跳、腾空，然后在空中两臂前伸支撑，迅猛推离"山羊"。两腿直膝向两侧分开，伸展身体，同时身体紧绷，两腿继续前摆以保持身体稳定。落地时屈膝缓冲，保持稳定站立。

（一）教材价值

（1）山羊分腿腾越不仅是一项技能教学，更是一个培养学生意志品质和心理素质的过程。通过克服恐惧、挑战自我，学生能够在实践中学会坚持与勇敢，逐步树立自信心，培养果断、顽强的意志品质。这种教育过程不仅有助于学生的全面发展，更为他们未来的学习和生活奠定了坚实的基础。

（2）山羊分腿腾越通过助跑、踏跳、支撑、腾空和落地等一系列动作，学生的下肢、上肢、腰腹以及关节韧带等部位都能得到充分的锻炼。这种全身性的运动方式有助于增强学生的肌肉力量、提高灵敏度和协调性，从而达到强身健体的目的。

（3）在山羊分腿腾越练习过程中，学生需要准确地把握空间和时间，这让他们对空间有了更为敏锐的感知，也更好地掌控了运动的节奏。这些技能在未来的生活和职业中都将发挥重要作用，特别是在需要空间想象力和创造力的领域，更能展现出其独特的价值。

（二）教材的动作分析

1. 动作特点

山羊分腿腾越的动作特点在于其连贯性和技巧性。从助跑到腾空，再到推手、再腾空，最后落地，这一系列动作需要一气呵成，准确无误。特别是在腾空阶段，学生需要保持身体的紧绷状态，同时两腿要向两侧分开，以保持身体的稳定性和平衡。此外，山羊分腿腾越还需要学生具备良好的空间感和时间感，以便准确判断起跳点和推手的时机。

动作要领：首先，从助跑开始，加速跑向起跳板；接着，双脚有力踏跳，使身体腾起；在腾空过程中，两臂要主动前伸支撑，随后两手迅速推离"山羊"；同时，两腿伸直向左右分开，积极前摆，确保身体顺利越过"山羊"；最后，两腿向前制动，挺身落地，注意屈膝缓冲以保持稳定。整个动作要求连贯、协调，以确保安全、顺利地完成山羊分腿腾越。

2. 动作结构

山羊分腿腾越的基本动作结构包括助跑、起跳、腾空、推手、再腾空和落地这几个主要环节。

（1）学生通过助跑积累足够的动力，为起跳做好充分准备。助跑要快速而稳定，步伐要均匀，以保持良好的节奏和速度。

（2）起跳阶段，学生在接近山羊时，双脚用力踏跳，使身体迅速腾空。起跳要准确而有力，以确保获得足够的腾空高度和远度。

（3）腾空后，学生的身体要保持一定的紧张度，以维持平衡和保持身体姿态。同时，双臂前伸，准备进行推手动作。推手要迅速而果断，以借助反作用力使身体再次腾空。

（4）在再腾空的过程中，当手撑"山羊"瞬间双腿分开，形成分腿姿势，以越过"山羊"。分腿动作要舒展而有力，以展现出色的柔韧性和协调性。

（5）落地阶段，学生通过屈膝缓冲来减少冲击，保持身体平衡，并稳定站立。落地要轻巧而稳健，以确保整个动作的完美完成。

这些环节相互衔接，构成了一个完整而流畅的山羊分腿腾越动作。学生在练习和比赛中要不断优化这些技术细节，以提高动作的准确性和美观性。

（三）动作原理

（1）助跑起跳阶段：学生通过逐渐加速的助跑，增加自身的动能。动能的大小与学生的质量和速度平方成正比，因此速度的提升对于积累足够的起跳动能至关重要。起跳瞬间，通过腿部肌肉的快速收缩和协调发力，将水平方向的动能部分转换为垂直方向的动能，进而实现有力的起跳。同时，地面给予的反作用力也帮助学生获得向上的动力，顺利腾空。

（2）腾空阶段：学生在无其他外力作用的情况下，将沿着起跳时获得的初速度方向进行抛物线运动。重力是导致逐渐下落的主要因素，学生可以通过调整身体姿态和动作来保持平衡和控制下落速度。

（3）推手再腾空阶段：根据牛顿第三定律，即作用力和反作用力原理，学生通过迅速向下推手，获得"山羊"给予的一个向上的反作用力，从而实现再次腾空。这一过程中，学生需要准确把握推手的时机和力度，以获得最佳的腾空效果。

（4）落地阶段：根据冲量定理，学生通过屈膝缓冲等动作来延长着地的接触时间，可以减小平均冲击力，从而保护身体不受损伤。同时，学生也需要通过肌肉收缩和关节弯曲等方式，将部分机械能转化为其他形式的能量并耗散掉，以减少对身体的冲击。

（四）负荷特点

1. 运动负荷

从运动负荷来看，山羊分腿腾越是一项高强度的体操动作。它要求学生在短时间内爆发出强大的力量，完成起跳、腾空、推手、再腾空等一系列复杂动作。这些动作不仅对身体的力量、柔韧性、协调性和平衡感提出了高要求，而且还需要学生具备良好的空间感和时间感。因此，山羊分腿腾越的运动负荷相对较大，对学生的身体素质和技术水平都是一次严峻的考验。

2. 心理负荷

从心理负荷来看，山羊分腿腾越也是一项具有挑战性的项目。面对具有一定难度和危险性的动作，学生需要克服内心的恐惧和紧张情绪，保持冷静和自信。在练习和比赛过程中，学生还需要不断挑战自我，超越自我，以克服心理障碍，取得更好的成绩。

（五）学情分析

在基础方面，水平三学生通常已具备一定的体操基础和体能，能够完成一些基本的体操动作。然而，山羊分腿腾越作为一项较高难度的动作，对学生的力量、柔韧性、协调性和平衡感等方面都提出了更高的要求。因此，在教学前需要对学生的基础进行全面评估，确保学生具备完成该动作所需的基本条件。

在需求方面，水平三学生对于学习新技能和挑战自我有着较高的热情和渴望。山羊分腿腾越作为一项具有挑战性和观赏性的动作，能够激发学生的学习兴趣和积极性。同时，通过学习和练习该动作，学生还可以进一步提升自己的身体素质和技术水平，为未来的体操学习和比赛打下坚实的基础。因此，在教学过程中需要充分考虑学生的需求，采用多样化、兴趣化的教学方法和手段，以满足学生的学习期望和发展需求。

（六）教法建议

1. 基础技术练习

（1）"空中舞者"模仿游戏：让学生们模仿各种动物的跳跃姿态，如"青蛙跳""兔子跳"等，或模仿舞蹈中的跳跃动作。这样不仅可以增加趣味性，还能让学生在模仿中体会腾越时的身体感觉。

（2）"木偶跳"练习：双腿并拢绷直，靠脚踝的力量向前跳，每跳一次双臂配合直臂前摆一次。体会前脚掌"搓板"起跳的感觉。或利用踏板，做助跑两到三步起跳摆臂练习，体会准确踏跳、积极上板的感觉。

（3）手撑乒乓球台的辅助练习：原地（助跑）跳起，提臀分腿，在台上成大分腿立撑。向前移动至台前边，接分腿挺身跳下。要求直臂支撑，直膝大分腿。对能力强的练习者可要求其紧接推手成分腿站立。

2.动作组合技术练习

（1）"接力山羊跳"：分组进行山羊分腿腾越的接力比赛，增加练习的趣味性和竞争性。

（2）"障碍接力赛"：设置包含山羊分腿腾越在内的多个障碍，让学生依次通过，培养连续动作的能力。

3.动作运用练习

（1）"山羊跳挑战赛"：设置不同难度的山羊分腿腾越挑战，让学生在挑战中提升技能。

（2）"情景模拟"：模拟实际比赛场景，让学生进行山羊分腿腾越的运用练习，提高实战能力。

4.数字化信息化手段

（1）交互式电子白板：利用交互式电子白板，教师可以展示标准动作视频、分步骤讲解和常见错误分析等内容。学生也可以在白板上进行标注和讨论，增加课堂的互动性和参与度。

（2）动作捕捉与分析：利用摄像头捕捉学生的体操动作，并通过软件对动作进行细致的分析。教师可以借此评估学生的起跳高度、分腿角度、身体平衡等关键指标，并与标准动作进行对比，给出精准的反馈和建议。

（七）课时建议

（1）基础技术练习：基础技术练习重点在体能的提升和基本技术练习上，如增强腿部力量、提高平衡感等。建议安排1～2个课时，通过简单的跳跃练习、平衡练习、提臀分腿等，帮助学生打下坚实的基础。

（2）动作组合技术练习：动作组合技术练习，建议安排2～3个课时，逐步引入"山羊"上的推手、腾空分腿等动作元素，通过反复练习和教师的及时反馈，帮助学生熟练掌握动作要领和技巧。

（3）动作运用练习：动作运用练习，建议安排2～3个课时，设置不同难度和变化条件的练习环境，让学生在实践中提高动作的连贯性、稳定性和表现力，同时培养学生的自信心和竞技状态。

二、横箱屈腿转体 90 度腾越（水平四）

横箱屈腿转体 90 度腾越是跳马运动动作之一。

动作方法（向左转体为例）：从助跑开始，单脚蹬地双脚上板踏跳后两臂前伸直臂（用掌根）撑箱。当手触箱时，拉开肩角，顶肩（向前下方）推手；紧接着屈腿收腹提臀，右手推离箱面，左手支撑，同时以左臂为轴身体顺势向左转体 90 度，身体腾越过箱，经空中展体后屈膝缓冲落地。

（一）教材价值

（1）横箱屈腿转体 90 度腾越不仅教授学生具体的运动技能，更重要的是通过练习过程培养学生的勇敢顽强和不断挑战自我的精神。在腾越过程中，学生需要克服心理障碍，敢于尝试和面对挑战，这有助于培养学生的自信心和抗挫能力。

（2）该项运动要求学生具备良好的身体素质，包括力量、柔韧性、协调性和平衡感。通过反复练习，学生的上下肢力量会得到增强，肌肉耐力和爆发力也会有所提高。此外，腾越动作对身体的协调性、平衡能力和空间感知有着极高的要求，长期练习能够显著提升学生的身体控制能力。

（3）横箱屈腿转体90度腾越为学生提供了一个挑战自我、实现个人成长的平台。通过不断尝试和进步，学生能够体验到从失败到成功的转变，这对于他们的个人成长和未来发展具有重要意义。同时，这项运动也会提升学生的创新思维和解决问题的能力，从而培养他们的综合素质，为未来的全面发展打下坚实的基础。

（二）教材的动作分析

1. 动作特点

横箱屈腿转体90度腾越的动作特点主要体现在以下几个方面：首先，该动作要求快速助跑并积极踏跳，以获得足够的腾空高度和动力；其次，腾越过程中需要领臂含胸，上体稍前倾，以保持身体的平衡与稳定；再次，动作中包括屈腿收腹和转体90度的复杂组合，这对运动员的柔韧性和协调性提出了较高要求；最后，落地时需要控制身体姿态，确保平稳且安全着陆。整个动作节奏性强，技术难度大，充分展现了运动员的力量与技巧。

横箱屈腿转体90度腾越的动作要领主要包括以下几点：首先，要进行快速助跑并积极踏跳，以获得足够的起跳力量；其次，在腾空阶段，需要领臂含胸，上体稍前倾，同时双腿并拢收腹提膝、适度提臀为转体做准备；接着，在空中完成屈腿收腹和转体90度的动作，要求协调、流畅；最后，落地时要控制身体姿态，做到挺身落地并屈膝缓冲，以确保平稳安全。整个过程中，要保持身体平衡，确保动作的稳定性和准确性。

2. 动作结构

横箱屈腿转体90度腾越的基本动作结构包括助跑起跳、支撑提臀、推手转体和过箱落地四个紧密相连的环节。

（1）助跑起跳：学生首先进行稳定且速度适中的助跑，这一过程中，学生通过控制步伐和节奏，逐渐积累动能，为起跳做好充分准备。在到达起跳点时，学生需确保双脚同时有力起跳，以获得足够的腾空高度。

（2）支撑提臀：起跳后，学生双臂前摆，形成直臂支撑的姿势。用双手迅速而准确地支撑在横箱上，同时身体保持紧张状态，提臀动作有助于调整身体姿势，为接下来的转体做好充分准备。

（3）推手转体：当身体达到一定高度后，学生利用手臂的推力，在空中完成精准的90度转体。这一环节要求学生具备出色的空间感和身体控制能力，确保转体的准确性和流畅性。

（4）过箱落地：完成转体后，学生需保持身体平衡，安全越过横箱并平稳落地。落地时，通过屈膝等方式有效缓冲冲击力，确保动作的安全性和稳定性。

（三）动作原理

横箱屈腿转体90度腾越的物理学原理主要涉及力学、运动学和动力学等多个方面。

（1）助跑起跳：学生通过助跑获得动能，确保速度适中以在起跳时产生强大的爆发力。起跳时，利用地面反作用力，将动能转化为向上的势能，使身体能够跃向更高。同时，也利用惯性保持水平速度，确保能够向前推进并准确越过横箱。起跳瞬间，双脚能够迅速离开地面，这依赖于地面提供的足够大的支撑力（牛顿第二定律），使得学生能够顺利完成这一动作。

（2）支撑提臀：在支撑提臀阶段，学生的双手支撑在横箱上，需要保持身体平衡。此时，重力与手臂产生的支持力达到动态平衡，使学生能够在空中保持稳定。提臀动作涉及身体绕支撑点的转动，需要合理的力矩分配来保持身体姿势的稳定，并为接下来的转体动作做准备。

（3）推手转体：推手转体过程中，学生利用手臂推力改变身体的角动量，实现90度转体。由于空中转体时外力矩较小，可以近似认为角动量守恒。同时，学生通过调整身体姿势来改变转动惯量，从而影响转体的速度和稳定性。手臂的推力在这一过程中起着关键作用，推力的大小和方向直接决定了转体的速度和角度。

（4）过箱落地：过箱后，学生的身体进入抛体运动状态。在落地时，学生需要调整身体姿势和选择合适的落地角度，以最大程度地减小冲击力并保持身体的平衡。同时，地面给予学生的冲量会引起动量变化，这时，采用合理的落地技巧如屈膝缓冲等，可以有效减小冲量对身体的冲击，从而保护关节免受伤害。

（四）负荷特点

1.运动负荷

从运动负荷角度来看，横箱屈腿转体90度腾越具有较高的要求。该动作需要学生具备良好的力量、柔韧性、协调性和平衡感，以完成起跳、腾空、转体、越箱等一系列复杂动作。在练习过程中，身体各部位特别是腿部和核心肌群会承受较大的力量负荷，对肌肉力量和耐力提出挑战。同时，由于动作的难度较高，学生需要反复尝试和练习，这也增加了身体的疲劳程度。

2.心理负荷

从心理负荷方面分析，横箱屈腿转体90度腾越同样具有一定的挑战性。该动作的难度较高，要求学生具备坚定的信心和积极的态度。在练习过程中，面对失败和挫折，学生需要保持冷静、调整心态，并不断努力尝试。此外，由于动作具有一定的危险性，学生还需要具备较高的安全意识和自我保护能力，这也增加了心理负荷。

（五）学情分析

从学生的基础来看，水平四的学生通常已经具备了一定的体操基础和相关体能。他们可能已经掌握了基本的跳跃、平衡和转体技巧，为学习横箱屈腿转体 90 度腾越打下了坚实的基础。然而，这一动作对学生的柔韧性、协调性和平衡感要求较高，因此，在实际教学中，仍需针对学生的个体差异进行有针对性的指导和练习。

从学生的需求来看，水平四的学生对挑战高难度动作有着浓厚的兴趣。横箱屈腿转体 90 度腾越作为体操中的一项高难度技巧，能够满足学生挑战自我的需求，激发他们的学习热情和动力。同时，通过学习这一动作，学生还能够进一步提升自己的体能和运动技能水平，为未来的体操学习和比赛打下坚实的基础。因此，在教学过程中，教师应注重激发学生的学习兴趣和积极性，帮助他们克服困难和挑战，逐步掌握横箱屈腿转体 90 度腾越的技巧和方法。

（六）教法建议

1. 基础技术练习

（1）蹬地、屈腿、收腹、提臀练习：地上俯撑，蹬地、屈腿、收腹、提臀成蹲撑，要求学生做到直臂顶肩支撑。

（2）助跑起跳支撑练习：3～5 步助跑，跳起支撑横箱接屈腿收腹提臀后原地落下。

（3）屈腿转体练习：在箱台上成蹲撑，接跳下转体动作，要求直臂支撑，屈腿收腹膝盖靠胸。

2. 动作组合技术练习

（1）低双杠，杠下置橡皮筋练习：推杠越过杠下橡皮筋转体 90 度后落地。（练习时撑杠、蹬地、屈腿收腹提臀）可逐步升高杠下橡皮筋的高度，练习在杠端面向外进行。

（2）跳箱一端的完整动作练习：3～5 步助跑，在横箱的一端完成屈腿转体 90 度腾越橡皮筋的动作。

（3）保护与帮助下的完整动作：设置低矮的横箱障碍，在保护与帮助下，学生完成完整动作，重点练习推手时机、力量控制、转体。随着动作的熟练，逐渐升高横箱的高度。

3. 动作运用练习

（1）情境运用：设置不同的障碍物和场景，让学生根据实际情况选择合适的起跳位置和越箱方式。

（2）模拟比赛：在课堂上设置模拟比赛环节，让学生在较为安全的环境中体验比赛压力，并将所学技巧应用于实际中。教师可以根据学生的表现给予即时反馈和调整建议。

4. 数字化信息化手段应用

（1）数字化辅助教学：利用数字化工具如动作捕捉系统、虚拟现实等，对学生的动作进行精确分析，并提供直观的反馈。

（2）在线学习平台：上传横箱屈腿转体 90 度腾越的教学视频、动作解析等资料，供学生随时随地进行自主学习和巩固。

（七）课时建议

（1）单个技术动作学练：在此阶段，建议安排 2～3 个课时。在横箱屈腿转体 90 度腾越的初步学习阶段，学生应专注于掌握单个技术动作的规范。这包括助跑、起跳、支撑提臀、推手转体和落地等关键环节。教师可以通过示范讲解、动作分解和逐步引导的方式，帮助学生建立起正确的动作概念和肌肉记忆。

（2）动作组合技术练习：将各个技术动作串联起来，形成连贯的跳跃动作。如助跑与起跳、支撑提臀、推手转体、过箱落地等练习。建议安排 4 个课时，前 2 个课时进行动作组合的初步练习，后 2 个课时注重动作的流畅性和协调性。

（3）动作运用练习：在动作运用练习阶段，应注重横箱屈腿转体 90 度腾越在实际场景中的运用，如在不同高度的跳箱上进行练习，增加变向和连续跳跃等复杂情境。建议安排 2～3 个课时进行实战模拟，帮助学生在实践中提升技能运用能力，并培养他们的自信心。

三、纵箱分腿腾越（水平五）

纵箱分腿腾越是一个对技巧和协调性有很高要求的体操动作。动作方法：学生采用逐渐加速的助跑方式，保持稳定的步幅和节奏，助跑最后一步做单脚起跳双脚着板的动作。起跳时，身体形成上体稍倾、髋稍屈、腿微前倾、梗头、领臂、含胸、紧腰的姿势。跳起后，两臂前伸拉开肩带，主动手触远端，双臂与身体成一条直线且无夹角，同时身体与箱面成平行，眼看前方，保持含胸、梗头的姿势。推器械时，肘关节要完全伸直，两手平行撑在器械上，着力点集中在掌根上，然后迅速过渡到指尖结束推手。推手后，两臂顺势上举，起肩展体，抬头挺胸，同时分腿背髋，腰部用力收紧。落地时，双脚触垫，利用垫子的弹性和各关节以及两腿伸肌的弹性来减轻冲力，制止身体前冲，保持身体平衡。

（一）教材价值

（1）纵箱分腿腾越要求学生不断挑战自我、克服恐惧，从而培养学生的勇敢精神和坚韧不拔的意志品质。除外，在练习过程中，学生需要集中注意力，准确执行动作，这有助于培养他们的专注力和责任感。

（2）纵箱分腿腾越对提高学生的身体素质具有显著作用。该动作涉及助跑、踏跳、腾空、推手、落地等多个环节，能够全面锻炼学生的下肢、上肢、腰腹以及关节韧带等部位。通过反复练习，学生的肌肉力量、爆发力、协调性、灵敏性和平衡能力都能得到显著提升。

（3）对纵箱分腿腾越的学习，不仅锤炼了学生的运动技能，更培育了他们的勇敢与毅力。而每一次成功的挑战，都极大地提升了学生的自信心，激发了他们不断追求卓越的动力。因此，纵箱分腿腾越不仅是一项体操技能的学习，更是一次全面的个人成长与超越的历程。

（二）教材的动作分析

1. 动作特点

纵箱分腿腾越的动作特点，主要体现在其高度的技术要求和动力性上。该动作需要学生以较快的速度助跑，准确判断起跳点，利用有力的起跳和双手的支撑，完成在跳箱上的腾越动作。在腾越过程中，学生需要保持身体的平衡与协调，特别是在空中进行分腿动作时，对身体的柔韧性、协调性和爆发力都有很高的要求。这一动作不仅展现了学生的身体素质和技术水平，也体现了他们的勇气和决心。

纵箱分腿腾越的动作要领，关键在于准确的助跑、起跳、撑手腾越和分腿动作。学生应以适中的速度进行助跑，以获得足够的动力；起跳时要充分利用腿部力量，确保起跳的高度和远度；在空中，学生需要迅速进行撑手动作，以保持身体的平衡；最后在分腿时，要确保动作准确、协调，以保证平稳、安全地落地。整个过程需要学生高度集中注意力，准确判断每一个动作节点，以确保动作的顺利完成。

2. 动作结构

纵箱分腿腾越的基本动作结构由助跑、上板、起跳、第一腾空、推手、第二腾空、落地七个关键环节构成。

（1）助跑：学生以适当的速度进行助跑，眼看器械，上体稍前倾，前脚掌触地，后腿充分蹬直，向前送髋跑动。助跑动作应协调，节奏清晰，摆臂均匀，步点准确。

（2）上板：接下来是上板环节，这是助跑与起跳之间的过渡，助跑最后一步做单脚跳起双脚着板的动作。

（3）起跳：起跳时，学生应形成上体稍倾、髋稍屈、腿微前倾、梗头、领臂、含胸、紧腰的姿势。起跳角度约为75度，确保支撑反作用力通过身体重心后方，为第一腾空中的身体翻转提供必要力矩。

（4）第一腾空：跳起后，学生两臂前伸拉开肩带，主动手触远端动作，双臂与身体成一条直线且无夹角。同时，身体与箱面成平行，眼看前方，含胸，梗头。

（5）推手：推器械时，肘关节要完全伸直，两手平行撑在器械上，着力点集中在掌根上。随后，立掌根过渡到指尖结束推手。同时，提臀，两腿侧分并下压制动。推手动作应短促而有力。

（6）第二腾空：推手后，两臂顺势上举，起肩展体，抬头，挺胸，分腿展髋，同时腰部要用力收紧。

（7）落地：当双脚触垫时，利用垫子的弹性和各关节以及两腿伸肌的弹性来减轻冲力，制止身体前冲。落地时，两腿肌肉先退让性活动，随后两腿伸直，上体稍前倾，两臂侧上举或侧举，头梗直以维持平衡。

（三）动作原理

纵箱分腿腾越动作过程主要体现了重心控制、动量转化以及力学原理中的惯性定律和力的平衡等物理学原理。

（1）助跑阶段：在助跑阶段，学生通过加速跑动来获得动能，为后续的起跳和腾空提供足够的动力。

（2）上板起跳阶段：这个过程中，利用了牛顿第三定律——作用力和反作用力原理。当学生的脚对跳板施加一个向下的蹬力时，跳板会对学生的脚产生一个大小相等、方向相反的反作用力，这个反作用力帮助学生向上跳起。同时双臂迅速上摆以增加向上的动量。这个过程中，学生需要掌握好起跳时机和起跳角度，以确保达到最佳的腾空高度和距离。

（3）第一腾空阶段：这个阶段主要涉及重力和空气阻力的影响。重力使得学生的身体逐渐下落，而空气阻力则会对学生的运动轨迹产生一定影响。学生需要通过调整身体姿势和动作来减少空气阻力的影响，并保持身体的稳定性。

（4）推手阶段：在这个阶段，学生通过推手动作进一步增加向上的动量。动量定理表明，物体动量的改变等于合外力的冲量。因此，学生在推手时需要迅速且有力地伸展手臂，对跳箱施加一个向下的推力，同时跳箱会给学生一个向上的反作用力，从而增加学生的向上动量。

（5）第二腾空阶段：在第二腾空阶段，学生利用推手时获得的动量使身体达到更高的高度。这个阶段与第一腾空阶段类似，也受到重力和空气阻力的影响。但是，由于推手动作增加了动量，学生可以在这个阶段达到更高的高度和更远的距离。

（6）落地阶段：落地时，学生需要利用各关节和腿部肌肉的弹性来减轻冲力，避免受伤。落地过程中，两腿需要保持适当的紧张以维持身体平衡，然后逐渐弯曲成半蹲姿势以进一步减小落地时的冲击力。

（四）负荷特点

1.运动负荷

从运动负荷来看，纵箱分腿腾越是一项高强度的体操动作。在完成该动作时，学生需要全身肌肉协同工作，特别是腿部和核心肌群要承受较大的力量负荷。助跑、起跳、腾空和落地等各个环节都需要学生具备出色的爆发力和耐力。此外，由于该动作具有一定的技术难度，学生在练习过程中需要反复尝试和调整，这也增加了肌肉和关节的负荷。

2.心理负荷

从心理负荷方面分析，纵箱分腿腾越同样具有一定的挑战性。面对较高的跳箱和复杂的动作要求，学生可能会产生紧张、恐惧或焦虑等情绪反应。这些心理负荷不仅会影响学生的技术发挥和动作稳定性，还可能对学生的自信心和比赛心态造成负面影响。因此，在纵箱分腿腾越的练习中，除了注重身体素质的提升外，还需要关注学生的心理状态，通过合理的心理练习和辅导帮助他们建立积极的比赛心态和情绪调控能力。

（五）学情分析

从学生的基础来看，高中的学生通常已经具备了一定的体操基础和相关体能，他们可能已经掌握了基本的跳跃、平衡和柔韧性等技能，对体操动作的学习和理解能力相对较强。然而，纵箱分腿腾越作为一项较高难度的动作，对学生的力量、协调性和勇气都提出了更高的要求。因此，在教学前需要对学生的基础进行全面评估，确保他们具备学习该动作所需的基本条件。

从学生的需求来看，高中的学生渴望挑战自我，提升技能水平。他们对学习新动作和掌握更高难度的技能充满兴趣。纵箱分腿腾越作为一种具有挑战性和观赏性的体操动作，能够满足学生追求成就感和展示自我的需求。在教学过程中，教师应注重激发学生的学习兴趣和积极性，通过科学的练习方法和个性化的指导，帮助学生逐步掌握动作要领，提升运动表现。

（六）教法建议

1. 基础技术练习

（1）踏跳练习：上步起跳，体会正确的领臂、含胸、拔腰动作。

（2）推手练习：助跑3～5步踏跳推箱练习，以加强腿部力量和跳跃技巧。

（3）扶箱提臀分腿：在双手扶箱的基础上，练习者需要提臀并分腿，这是分腿腾越动作的关键部分。

2. 动作组合技术练习

（1）渐进组合练习：短助跑接双脚踏起跳板起跳，然后逐渐过渡到双手扶跳箱、扶箱提臀分腿、分腿骑坐跳箱上等组合动作。

（2）可变难度设置：根据学生的掌握情况，逐步增加跳箱的高度或改变起跳位置，以增加难度。

（3）山羊后方拉橡皮筋的分腿腾越：练习时跳板远放，助跑起跳腾空后，腿脚不能触及橡皮筋，使动作接近腾越纵箱，能有效减轻部分练习者直接腾越纵箱时的恐惧心理，逐步建立信心。

（4）心理练习：引入心理练习环节，如使用生物反馈技术来帮助学生管理紧张情绪，提高在压力下的表现能力。

3. 动作运用练习

（1）创新动作组合挑战：鼓励学生自主设计包含纵箱分腿腾越的动作组合，并利用社交媒体或在线平台进行分享与交流，激发学生的创造力。

（2）小组竞赛：将学生分成若干小组进行竞赛，每组轮流派出代表进行纵箱分腿腾越表演。通过竞赛的方式激发学生的竞争意识和团队精神。

4. 数字化信息化手段应用

（1）动作捕捉与分析：使用动作捕捉技术记录学生的动作，并通过专业软件进行分析，为学生提供个性化的改进建议。

（2）交互式练习系统：引入交互式练习系统，让学生在虚拟环境中进行纵箱分腿腾越的练习。系统可以提供即时的动作反馈和建议，帮助学生更快地掌握技巧。

（七）课时建议

（1）单个技术动作学练：初期应着重于踏跳、推手等基本动作的练习，通过反复练习和教师的指导，帮助学生掌握正确的动作要领。此阶段建议安排2～3个课时，确保学生能够在基础动作上达到一定的熟练度。

（2）动作组合技术练习：重点培养学生的动作连贯性和协调性。在此阶段，学生需要在熟练掌握单个技术动作的基础上，进行踏跳、推手、分腿等动作的组合练习。建议安排2～3个课时，使学生能够流畅地完成整个跳跃过程。

（3）动作运用练习：通过调整跳箱的高度、增设障碍物等手段，逐步提升挑战难度，激励学生勇于自我突破。建议为此阶段安排3～4个课时，确保学生有足够的时间在实践中巩固所学技术动作，有效提升他们的跳跃能力。

第三节 ｜ 单、双杠

一、单杠：跳上成支撑—前翻下（水平三）

单杠"跳上成支撑—前翻下"动作方法：双手正手（手掌朝下）握住单杠，双脚并拢，站在单杠下方，身体保持直立。两脚同时用力蹬地，利用腿部和双臂拉杠的力量向上跳起。一旦达到单杠高度，立即将双臂伸直，以支撑整个身体重量。在直臂支撑的基础上，先将头部向下，带动上半身逐渐翻转。然后双臂逐渐屈肘，控制身体翻转下落的速度和方向。当身体翻转接近垂直位置时，利用收腹和双臂的力量控制身体。在落地前，屈膝缓冲，成蹲悬垂姿势，直立。

（一）教材价值

（1）在跳上成支撑—前翻下动作的学习过程中，学生需要反复实践与探索，克服初始的恐惧与不确定，逐渐找到掌握动作的方法。这一过程不仅锻炼了他们的身体素质，更在无形中提升了他们解决问题的能力和自我挑战的勇气。

（2）通过跳上成支撑—前翻下动作的练习，学生的上肢、核心力量及全身力量得到增强，动态平衡能力也得到提高。此外，动作完成需全身肌肉和关节的协同工作，这不仅提升了身体协调性，还有助于预防运动损伤，促进身体健康。

（3）此动作的练习还对学生的个性发展有着积极影响。面对挑战，学生需展现坚持不懈的精神，通过不断努力，最终熟练掌握动作，从而获得巨大的成就感，自信心也得到极大提升。这种自我价值的体验，对学生的心理健康和个性成长极为有益，使他们在面对未来挑战时更加自信与坚韧。

（二）教材的动作分析

1. 动作特点

跳上成支撑—前翻下的动作特点主要体现在其动力性、技巧性和连贯性上。首先，该动作要求学生通过爆发性的跳跃力量，迅速而准确地贴近单杠并形成稳定的支撑，显示出强烈的动力性特征。其次，前翻下杠时，需要学生精确掌握时机和力量，通过身体的协调配合完成翻转和下落，这体现了高度的技巧性。最后，从跳起到支撑再到前翻下杠，整个动作过程需要流畅自然、一气呵成，这要求学生具备良好的身体控制能力和协调性，从而展现出该动作的连贯性特点。

动作要领：跳跃抓杠时要确保双手握杠牢固，同时身体保持紧张以维持稳定；在支撑阶段，要调整呼吸，准备进行下一步动作；前翻下时，要注意利用腰腹及手臂的力量，保持身体的平衡与控制，使身体在翻转过程中保持流畅与稳定。

2. 动作结构

单杠"跳上成支撑—前翻下"的动作结构可以分为准备、起跳与支撑、前翻准备、前翻下杠和落地缓冲几个紧密相连的动作环节。

（1）准备阶段：双手正手（手掌朝下）握住单杠，与肩同宽或稍宽，确保握杠稳定。双脚并拢，站在单杠下方，身体保持直立，准备起跳。

（2）起跳与支撑阶段：两脚同时用力蹬地，利用腿部和双臂拉杠的力量向上跳起。在跳跃过程中，需调整身体姿势，使大腿紧贴单杠。一旦达到单杠高度，应立即将双臂伸直，以支撑整个身体重量。此时，身体应保持稍前倾，腹部收紧，以保持平衡。

（3）前翻准备阶段：在直臂支撑的基础上，开始低头并收紧腹部肌肉。这一动作有助于身体重心的前移，为接下来的前翻动作做准备。

（4）前翻下杠阶段：随着低头收腹，身体开始缓慢前翻。在此过程中，双臂逐渐屈肘，以控制身体下落的速度和方向。通过双臂的屈肘动作，缓慢降低身体高度，直至双脚接近地面。

（5）落地缓冲阶段：双臂紧拉杠，利用收腹和双臂的力量，控制身体，当身体翻转接近垂直位置时屈膝缓冲，成蹲悬垂，直立。

（三）动作原理

在单杠的"跳上成支撑—前翻下"动作中，涉及了力学平衡、杠杆作用、角动量守恒及动量守恒等物理学原理。

（1）准备阶段：在此阶段，学生主要通过调整身体姿势和重心，为接下来的起跳做准备。这涉及力学平衡的原理，即确保身体各部分的力量分布均衡，以便顺利起跳。

（2）起跳与支撑阶段：在单杠"跳上成支撑"动作中，学生利用腿部肌肉收缩产生的力量，通过脚蹬地起跳，将身体推向上方，这体现了牛顿第三定律的作用力与反作用力原理。一旦抓住单杠，学生需要迅速调整身体姿势，利用力矩平衡的原理，通过调整各身体部分的相对位置来确保直臂支撑的整体稳定性。

（3）前翻准备：在准备进行单杠前翻动作时，学生通过低头收腹来调整身体的重心，使其前移，为接下来的前翻动作做准备。同时，这一动作也导致身体各部分位置的变化，从而积累了势能，这种积累的势能在随后的前翻过程中会转化为动能，助力学生完成动作。

（4）前翻下杠：在前翻过程中，学生先前通过低头收腹积累的势能逐渐转化为动能，推动身体向前翻转；同时，随着翻转的进行和身体高度的降低，重力势能逐渐减小。在这一过程中，虽然身体各部分的速度和方向可能有所变化，但整体角动量保持守恒，这就要求学生必须精准调整身体姿势，以控制翻转的速度和方向，确保动作的顺利完成。

（5）落地缓冲：落地时，学生通过弯曲膝盖和脚踝等关节以及利用肌肉收缩来有效减轻地面产生的冲击力；同时，为了进一步减轻冲击力对身体的影响，他们还会尽量增加脚与地面的接触时间和面积，这是基于动量定理的应用，通过延长作用时间来达到降低冲击力的效果。

（四）负荷特点

1. 运动负荷

运动负荷方面，该动作要求学生具备较高的力量水平和协调性。起跳与支撑阶段，需要强大的腿部和上肢力量来支撑身体重量并完成动作。前翻下杠时，身体各部位需协同工作，对核心肌群和柔韧性提出较高要求。整个过程中，身体不断承受冲击和自身重力的挑战，因此运动负荷相对较大。

2. 心理负荷

心理负荷方面，跳上成支撑—前翻下作为一种技巧性较强的体操动作，对学生的心理素质要求较高。在练习过程中，学生需要克服对高度的恐惧和对失败的担忧，保持冷静和专注。同时，由于动作具有一定的风险性，学生在练习时还需承担一定的心理压力。

（五）学情分析

在基础方面，水平三的学生通常已经具备了一定的体操基础和身体素质，能够完成一些基本的体操动作。然而，跳上成支撑—前翻下这一动作对学生的力量、协调性和平衡感要求较高，因此，部分学生在这些方面可能还存在一定的不足，需要通过针对性的练习进行提升。

在需求方面，水平三的学生对体操技能的学习和掌握有着较高的兴趣和需求。他们渴望挑战新的动作，提升自己的体操水平。同时，他们也需要在学习过程中得到足够的指导和保护，以确保动作的正确性和安全性。因此，教师在教授跳上成支撑—前翻下时，应注重动作要领的讲解和示范，及时纠正学生的错误动作，并采取有效的保护措施，以消除学生的恐惧心理，帮助他们更好地掌握这一技能。

（六）教法建议

1. 基础技术练习

（1）起跳支撑练习：让学生在低杠上进行起跳支撑练习，两脚同时用力蹬地，利用腿部力量向上跳起。一旦达到单杠高度，应立即将双臂伸直，以支撑整个身体重量。

（2）静力腹部贴杠：让学生腹部贴紧单杠，进行静力性保持练习，提高腹部和上肢的协同工作能力。

（3）动态支撑调整：学生在支撑状态下，进行小幅度的身体调整，如前后摆动、左右转体等。这有助于他们更好地掌握身体在单杠上的控制技巧。

2. 动作组合技术练习

（1）翻翻乐挑战：通过挑战的方式，鼓励学生尝试并完成前翻下动作，提高他们的身体协调性和勇气。

（2）冒险岛探险：通过模拟冒险场景的方式，让学生在游戏中学习和掌握跳上成支撑—前翻下的整个动作流程。

（3）借助保护带（绳）的支撑前翻下：当练习者首次尝试支撑前翻下时，可以先体验屈臂引体腹贴杠动作，并采用橡皮筋（或绳）的帮助方法。橡皮筋的一端事先固定于杠面，绕过练习者后腰后按逆时针方向在杠上绕两圈，再由帮助者用力握住。

3. 动作运用练习

（1）游戏情境：将跳上成支撑—前翻下动作融入游戏中，如设置障碍赛道，让学生在完成跳上成支撑—前翻下的同时穿越障碍。这样的游戏环节可以激发学生的学习兴趣和参与度。

（2）角色扮演游戏：创建一个故事背景，如"超级英雄拯救世界"等。学生扮演超级英雄，需要使用"跳上成支撑—前翻下"等体操动作来完成任务。

（3）小组竞赛：将学生分成若干小组进行竞赛，每组轮流派出代表进行跳上成支撑—前翻下表演。通过竞赛的方式激发学生的竞争意识和团队精神。

4. 数字化信息化手段

（1）视频反馈与分析：教师拍摄学生的完整动作过程，并进行视频反馈和分析。这有助于学生更直观地了解自己的动作表现和需要改进的地方。同时，学生也可以相互观看视频，进行互相学习和交流。

（2）虚拟现实模拟练习：利用 VR 技术，让学生在虚拟环境中进行"跳上成支撑—前翻下"的练习。这种模拟练习可以帮助学生更好地掌握动作要领，同时降低实际练习中的风险。

（七）课时建议

（1）单个技术动作学练：建议安排 2～3 个课时。通过基础的单杠悬垂、腹部贴杠支撑等静力性练习，为后续的动态动作打下基础。主要让学生熟悉跳跃、支撑和前翻的基本技巧，通过身体素质练习和平衡练习，为后续的动作组合打下坚实基础。

（2）动作组合技术练习：动作组合技术练习，可安排 3～4 个课时。将跳上成支撑和前翻下动作分解为若干步骤，逐步进行组合练习。从简单的起跳抓杠开始，到支撑稳定，再到前翻下的准备与落地，每一步都要确保学生掌握熟练后再进行下一步的组合。

（3）动作运用练习：动作运用练习，建议安排 2～3 个课时。在这一阶段，学生需要在模拟的实战场景中运用"跳上成支撑—前翻下"动作，例如在体操比赛中或健身操表演中实际应用。通过实战演练，提升学生的应变能力和技术运用能力，使他们在实践中能够自如地完成这一动作组合。

二、单杠：单脚蹬地翻身上成支撑—单腿摆越成骑撑—后腿向前摆越并转体 90 度挺身下（水平四，男）

单杠动作组合"单脚蹬地翻身上成支撑—单腿摆越成骑撑—后腿向前摆越并转体 90 度挺身下"是体操中的一项高难度技巧。由站立两手握杠开始，蹬地腿向前迈一步用力蹬地，手臂弯屈引杠，肩后倒，使身体腹部贴杠，上体抬起翻腕上杠成支撑的动作。接着，重心左移，左手撑杠右手推离，右腿经侧向前摆越过杠，右手迅速换握撑直成骑撑。前腿一侧的手反握撑杠，另一手推杠，上体向反握撑杠一侧移动重心，同时后腿经侧上方摆越过杠，前腿向下压杠，身体向侧上方腾起，一手推离杠面，另一臂直臂顶杠，两腿并拢，向前侧转体 90 度挺身下。

（一）教材价值

（1）这套单杠动作可以培养学生的空间感知能力、身体协调性和自我挑战精神。在学习过程中，学生需要不断尝试、修正动作，这种反复实践不仅锻炼了技能，也培养了耐心和毅力，对提升学生的心理品质和解决问题的能力大有裨益。

（2）这套单杠动作不仅能有效锻炼上肢、腰腹和背部肌肉群，提升肌肉力量和柔韧性，而且在练习过程中还能增强心肺功能，从而有助于全面增强体质和促进健康。更为重要的是，通过学习和实践这些动作，学生能够养成良好的身体姿势和运动习惯。

（3）这套单杠动作的学习与掌握不仅是一项体育技能的获得，更是个人综合素质的提升。通过练习，学生的身体感知能力、平衡能力和自我调控能力都会得到提高，这些能力的增强将有助于学生在日常生活中更好地应对各种挑战，实现全面发展。

（二）教材的动作分析

1.动作特点

单杠这套动作融合了力量、技巧与协调性，起点是单脚蹬地翻身上杠，需要强大的爆发力和精准的时机把握。接下来的单腿摆越成骑撑，考验学生的柔韧性和平衡感，要求重心转移，单腿高摆过杠。后腿向前摆越同时转体90度挺身下，对空中姿态调整和落地控制要求极高，是技术能力的全面挑战。整套动作要求学生保持专注，准确控制身体，展现体操的极致魅力。

单脚蹬地翻身上成支撑的动作要领在于用力蹬地、屈臂引体，使腹部贴近杠面，翻腕抬体，确保两腿与杠的夹角大于45度。接着，一腿向前摆越成骑撑时，需一手推离杠，另一腿前摆越，迅速握杠成骑撑姿势，保持动作的连贯与稳定。最后，后腿向前摆越同时转体90度挺身下时，侧摆、压杠、前摆过杠一气呵成，展髋挺身同时准确转体，缓冲落地确保稳定。整个组合动作要求专注、精准，展现体操的力与美。

2.动作结构

单脚蹬地翻身上成支撑—单腿摆越成骑撑—后腿向前摆越并转体90度挺身下这套体操动作的基本动作结构可以分为三个主要部分。

（1）单脚蹬地翻身上成支撑：学生选择一只脚用力蹬地，另一只腿迅速向后上方摆动，与蹬地动作协调一致，形成剪刀状的动作。接着屈臂引体，通过手臂的弯曲和用力，使身体迅速上升，腹部逐渐靠近单杠。当身体接近单杠时，手腕翻转使掌心向前，同时继续用力向上抬起身体，直至完成支撑在单杠上的动作。支撑时，两腿与单杠下垂面的夹角需保持在45°以上，以确保支撑的稳定性和动作的准确性。

（2）单腿摆越成骑撑：学生选择一只手迅速推离单杠，同时另一只腿向前迅速摆越过单杠。在腿摆越的同时，学生需要及时手握单杠，形成骑撑姿势。此时，身体的重心需要稳定地落在单杠和手臂之间，形成稳固的支撑。

（3）后腿向前摆越同时转体90度挺身下：后腿从骑撑姿势开始，向侧方摆动。同时前腿用力压杠，为后腿的摆动提供稳定的支撑和平衡。随着后腿的继续摆动，它开始向前方迅速移动，直至越过单杠。在后腿前摆过杠的同时，学生的身体开始进行90度的转体。完成转体后，挺身跳下，准备落地。在落地时，需要适当缓冲，确保落地的稳定性和安全性。

（三）动作原理

单脚蹬地翻身上成支撑—单腿摆越成骑撑—后腿向前摆越并转体90度挺身下这套体操动作的基本动作原理主要基于牛顿第三定律、动量守恒、角动量守恒等物理学原理。

（1）单脚蹬地翻身上成支撑：学生首先通过单脚蹬地产生了一个向上的动量。由于力的作用时间极短，根据动量定理，学生能够在短时间内迅速完成动量交换，从而获得了向上的初速度。随着身体的上升，学生的动能逐渐转化为重力势能。当身体接近单杠时，由于速度的增加，重力势能又逐渐转化为动能，这种动能的增加帮助学生顺利完成翻身上动作。

在翻身上过程中，学生的手臂起到了杠杆的作用。通过屈臂和引体的动作，学生增加了手臂与单杠之间的力臂，从而提高了翻身上的效率。根据杠杆原理，当力臂增加时，所需的力会减小，这使得学生更容易完成翻身上动作。

此外，当学生单脚蹬地时，地面会给学生一个与蹬地力大小相等、方向相反的反作用力。这个向上的反作用力是学生能够离开地面并上升的直接原因。通过合理利用这个反作用力，学生能够顺利完成翻身上成支撑的动作。

（2）单腿摆越成骑撑：学生通过单腿摆越展现了对角动量守恒原理的精准掌握，确保动作的稳定性和连续性。同时，学生利用推手和摆腿的动作实现动量在身体不同部位之间的交换，顺利从摆动状态转换到骑撑姿势。在骑撑姿势中，学生通过调整手臂和腿的位置来维持力矩平衡，并运用力的合成与分解技巧确保身体的平稳支撑和摆动。

（3）后腿向前摆越并转体90度挺身下：学生在保持身体动量守恒的同时，精确控制身体的角速度，确保能够顺利完成转体动作。在挺身跳下环节，学生通过腿部肌肉的缓冲作用，有效减少地面对身体的冲击力，从而保护身体免受损伤。

（四）负荷特点

1. 运动负荷

单脚蹬地翻身上成支撑—单腿摆越成骑撑—后腿向前摆越并转体90度挺身下这一组合动作，对学生的运动负荷要求较高。整套动作涉及全身多个肌群的协同工作，特别是上肢、核心肌群和下肢的力量与稳定性练习。在翻身上杠、摆越成骑撑以及转体挺身下的过程中，身体需要不断调整姿势和重心，这对肌肉耐力、爆发力和协调性都是一大挑战。此外，连续的动作转换还要求学生具备良好的有氧耐力，以确保在整个动作过程中的能量供应。

2. 心理负荷

除了身体上的挑战，这套体操组合动作对学生的心理负荷也不容忽视。由于动作具有一定的难度和危险性，学生在尝试过程中可能会感到紧张或恐惧。特别是在进行单脚蹬地翻身和转体挺身下时，需要克服高空作业带来的心理压力。因此，这套动作不仅是对身体素质的考验，也是对学生勇气、自信心和集中注意力的心理锻炼。

（五）学情分析

水平四的男生在体操方面通常已具备一定的基础力量和协调性。他们可能已熟悉简单的悬垂和支撑动作，但对于更为复杂的技巧，如单脚蹬地翻身上成支撑—单腿摆越成骑撑等，仍需要进一步的练习和指导。此外，男生在体操学习中可能更加倾向于追求动作的力度和速度，因此，在教授这一系列动作时，教师应特别关注他们在动作准确性和稳定性上的表现。

水平四的男生往往对挑战和展示自我有着较高的兴趣。他们渴望通过学习高难度的体操动作来证明自己的能力和技巧。单脚蹬地翻身上成支撑—单腿摆越成骑撑—后腿向前摆越并转体90度挺身下这一动作不仅能够满足他们的挑战欲望，还有助于提升他们的身体素质、协调性和平衡感。因此，在教学过程中，教师应结合男生的特点，设计富有挑战性和趣味性的练习活动，以激发他们的学习积极性。

（六）教法建议

1. 基础技术练习

（1）仰斜悬垂臂屈伸：在低杠上做仰斜悬垂臂屈伸练习，体会引体靠杠动作。

（2）单腿摆越成骑撑练习：站立徒手或持体操棍，练习重心侧倒和侧摆腿；在杠前放高凳，单腿摆越踏高凳，模拟实际动作。

（3）后腿向前摆越同时转体90度练习：前后分腿站立，重心前移并向侧倒，体会杠上上体侧倒及挺身转体动作。

（4）借助跳箱向前摆腿挺身下练习：纵箱（五格或七格）盖上直腿坐，右腿跳箱一侧下垂（类似于在单杠上的骑撑姿势），做后腿向前摆越并转体90度下。这样降低了难度，在能够稳定身体情况下体会摆腿、转身、挺身下的动作。

2. 动作组合技术练习

（1）动作串联：在确保每个分解动作都能正确完成的基础上，开始尝试将动作逐步串联起来。可以先从两个动作的组合开始，如单脚蹬地翻身上成支撑与单腿摆越成骑撑的组合练习。

（2）完整动作模拟：在串联动作的基础上，逐渐过渡到完整动作的模拟与练习。教师可提供必要的保护与帮助，确保学生的安全。

（3）借助双杠分解练习：双手握双杠的近端杠，双脚踩远端杠，曲臂拉杠后一腿先翻上，另一腿跟随。体会手臂用力和空间感觉。

3. 动作运用练习

模拟比赛：教师可以设置模拟比赛的场景，让学生在接近实际比赛的环境中进行完整动作的展示。这有助于激发学生的兴趣和积极性，让他们更加投入地学习和练习该动作。

4. 数字化信息化手段

（1）动作捕捉与分析：利用动作捕捉技术对学生的动作进行录制和分析，让他们更加直观地了解自己的动作表现和需要改进的地方。这有助于提高学生的自我认知能力和自主学习能力。

（2）虚拟现实模拟练习：利用VR技术让学生在虚拟环境中进行模拟练习，增强学生对动作的理解和记忆。

（七）课时建议

（1）单个技术动作练习：建议安排3个课时，主要任务是让学生掌握各个分解动作的基础技术和身体感觉。通过反复练习单脚蹬地起跳、翻身上杠、单腿摆越成骑撑以及后腿向前摆越同时转体90度的基本动作，确保学生能够准确、安全地完成每个动作，并体会动作要领和身体协调。

（2）动作组合技术练习：建议安排 2 个课时，任务是将分解动作逐步串联起来，形成流畅的动作链。学生需要练习将单脚蹬地翻身上成支撑与单腿摆越成骑撑等动作组合在一起，逐渐过渡到完整动作的模拟与练习。重点是提高动作的连贯性和协调性，确保学生在动作转换中能够保持平衡和控制。

（3）动作运用练习：建议安排 2～3 个课时，将所学动作应用于模拟比赛场景中。学生需要在接近实际比赛的环境中进行完整动作的练习，提高心理素质和适应能力。

三、双杠：跳起成外侧坐越两杠挺身下（水平五，女）

动作方法（以右杠外侧坐为例）：面对杠端，双手紧握杠并跳起，双腿顺势前举过杠面后用左大腿后侧及臀部成外侧坐杠，前腿弯曲，后腿伸直，身体向正前方。接着腿部借助压杠后的弹力向左上方摆起，同时推右手，身体向左移动越过两杠；在超过杠平面最高点时右手迅速换握至左杠，接着伸腿展髋，挺身跳下。落地时屈膝缓冲，站稳后左臂侧上举，伸直两腿成侧立姿势。

（一）教材价值

（1）该组合动作在练习过程中要求学生不断挑战自我，克服恐惧心理，从而培养勇敢、坚韧不拔的意志品质。通过反复练习，学生不仅能掌握动作技巧，更能学会面对困难时的坚持与努力，这种精神品质对于他们的个人成长和未来发展具有深远的影响。

（2）该组合动作能够全面锻炼学生的上肢力量、核心稳定性和协调性。跳起成外侧坐需要强大的上肢力量来支撑身体重量，而越两杠和挺身下则需要良好的核心稳定性和协调性来保持身体平衡和控制动作。这些锻炼对于增强学生的身体素质和提高运动能力具有重要意义。

（3）通过不断练习和挑战自我，学生能够树立自信心，培养积极向上的心态和勇于面对困难的精神。该动作要求高度的身体协调性和准确性，不仅有助于提升学生的运动技能和身体素质，为未来的体育竞技和日常生活打下坚实基础，还能通过互相保护与帮助，让学生学会与他人建立良好关系，培养团结协作和互相关爱的品质。

（二）教材的动作分析

1.动作特点

双杠"跳起成外侧坐越两杠挺身下"动作要求学生在双杠上起跳后，迅速转换身体姿态，从支撑状态过渡到外侧坐姿，再借助身体的弹性和双臂的力量，越过两杠，最终以挺身姿势平稳落地。整个动作过程中，学生需要展现出高超的平衡能力、强大的上肢力量和良好的身体控制能力，确保动作的流畅性和准确性。

双杠"跳起成外侧坐越两杠挺身下"的动作要领：学生面对杠端，双手紧握杠并跳起，同时双腿前举过杠面，利用左大腿后侧及臀部外侧坐在右杠上。接下来，通过腿部压杠的弹力，学生向左侧上方摆腿，臀部离杠；右手推杠换握，使重心左移以越过双杠。整个过程中，上体需保持直立，脚尖"绷"直。落地时，学生应屈膝缓冲以保持稳定，随后两腿伸直，保持侧立姿势。整个动作不仅考验学生的平衡、协调能力，还需展现出良好的控制能力。

2. 动作结构

双杠"跳起成外侧坐越两杠挺身下"的动作包含起跳与外侧坐、压杠与摆腿、推杠移重心、换握与挺身、挺身跳下与落地几个连贯的动作过程。

（1）起跳与外侧坐：学生双脚同时用力蹬地，使身体迅速向上跃起。在跃起的同时，双腿前举，确保能够顺利过杠。当身体到达杠面高度时，利用左大腿后侧及臀部外侧的力量，坐在右杠上，形成外侧坐的姿势。

（2）压杠与摆腿：学生利用腿部的力量向下压杠，从而产生一个向上的反弹力。这个反弹力帮助学生将腿部向上方摆起。同时臀部离杠，身体左移，为接下来的动作做准备。

（3）推杠移重心：随着腿部的摆起和右手的推杠，身体的重心向左移动，从而能够顺利地越过双杠。在这个过程中，学生需要保持身体的平衡和稳定，确保动作的流畅性和准确性。

（4）换握与挺身：当身体重心达到最高点时，迅速将右手从右杠换握至左杠。这个换握的动作不仅有助于保持身体的平衡，也为接下来的挺身跳下提供了必要的支撑。同时，伸腿展髋，为挺身跳下做好准备。

（5）挺身跳下与落地：在换握和伸腿展髋之后，用力推杠，挺身跳下。在跳下的过程中，需要保持身体的直立和稳定，确保能够安全地落地。落地时，需要屈膝缓冲，以减少对身体的冲击。站稳后，左臂侧举，两腿伸直，保持侧立的姿势。

（三）动作原理

双杠"跳起成外侧坐越两杠挺身下"的动作涉及牛顿第三定律、力矩和平衡、能量守恒、动量定理等物理学原理。

（1）起跳与外侧坐：根据牛顿第三定律，学生双脚同时用力蹬地，地面会给予学生一个向上的反作用力，这个力使身体获得向上的初速度，从而完成起跳。当身体上升到一定高度时，学生利用大腿后侧和臀部外侧的肌肉力量，稳稳地坐在杠上。这涉及力矩和平衡的原理。

（2）压杠与摆腿：学生利用腿部力量向下压杠，根据胡克定律（$F=-kx$），杠会产生一个向上的弹力，这个弹力帮助学生将腿向上摆起。腿部在弹力的作用下向上摆起，这个过程涉及动能和势能的转换。当腿向下压杠时，动能转化为杠的弹性势能；当腿部向上摆起时，弹性势能又转化为腿部的动能。

（3）推杠移重心：学生推杠，这是为了改变身体的重心位置，以便能够顺利地越过双杠。这涉及重心的概念和力矩平衡的原理。重心转移的过程中，需要保持身体的平衡和稳定，这涉及动态平衡的原理。

（4）换握与挺身：在最高点，学生迅速将右手从右杠换握至左杠，这是为了保持身体的平衡和稳定。换握的过程中，学生需要准确地判断时机和位置，这涉及空间感知和协调性的能力。学生伸腿展髋，准备挺身跳下。这涉及肌肉力量和柔韧性的配合，确保身体能够保持挺直的状态。

（5）挺身跳下与落地：挺身跳下阶段涉及动能原理。练习者需要在控制下落速度的同时保持身体的平衡和稳定。落地阶段则依赖于冲量定理的原理，练习者需要通过腿部和手臂的缓冲来减小地面对身体的冲击力。

（四）负荷特点

1. 运动负荷

从运动负荷角度看，在双杠的"跳起成外侧坐越两杠挺身下"动作中，学生需展现强大的肌肉力量，特别是上肢、肩带和躯干肌肉群。动作的完成还需要高度的协调性和灵活性，通过弹杠、举腿、推杠等技巧展现人体在时间和空间上的精准控制。此外，动作的高复杂度要求练习者精准掌握每一个细节，确保动作的连贯性和准确性。这一动作不仅挑战了学生的体能，也考验了其意志和专注力。

2. 心理负荷

在心理负荷方面，双杠的"跳起成外侧坐越两杠挺身下"动作极具挑战性，不仅因其动作复杂度高，要求练习者克服畏难心理，树立自信，勇于挑战自我。在练习过程中，学生还需高度集中注意力，确保每一个动作细节都准确无误。同时，情绪调节也至关重要，面对难度和挑战时，需保持稳定的情绪状态，避免因情绪波动而影响动作的完成质量。

（五）学情分析

高中女生在体操双杠项目上的学习基础呈现差异化特点。部分学生可能已掌握基本的双杠技巧，如简单的支撑与摆动，但对于更复杂的动作，仍显得力不从心。部分学生可能双杠技术水平较好，学习态度端正，因此在教学过程中需要根据学生的实际情况开展"分层"合作。在力量、协调性和平衡感方面，女生普遍需要更多的锻炼和提升。并且对女生来说，因为怕碰杠而容易产生畏惧心理。

在需求方面，女生们渴望通过学习双杠动作提升自身体能水平，同时也希望在学习过程中培养自信心和勇气。对于高水平动作的挑战，她们既感到兴奋又略带紧张，需要在安全的教学环境下逐步突破心理障碍，增强实践能力。因此，教师在教授这些动作时，应注重循序渐进的教学方法，结合女生的身心特点，合理安排练习内容和强度，确保每位学生都能在体操学习中获得成长与进步。

（六）教法建议

1. 基础技术练习

（1）支撑举腿：通过垫上仰卧举腿和双杠支撑举腿练习，体验支撑用力并发展肩带及腹部力量。

（2）跳起越一杠练习：杠端跳起，顺势并腿上举，侧移重心，挺身跃出杠外。

（3）压杠摆动杠中下：从外侧坐开始，学生通过腿部压杠的弹力，向上方摆动，从杠中并腿下。

2. 动作组合技术练习

（1）推杠移重心练习：从外侧坐开始，通过腿部压杠的弹力，向左侧上方摆腿；右手推杠，使重心左移以越过双杠。

（2）完整动作演练：在双杠上进行完整的"跳起成外侧坐越两杠挺身下"动作演练，确保能够准确、流畅地完成动作。

（3）心理辅导法：针对部分学生可能出现的恐惧心理，进行心理辅导和鼓励。通过讲解动作原理、保护措施和成功案例等方式，帮助学生克服心理障碍，增强自信心和勇气。

3. 动作运用练习

（1）模拟比赛场景：设置模拟比赛的场景，让学生在接近实际比赛的环境中进行练习。

（2）动作创新赛：鼓励学生在基础动作的基础上进行组合动作的创新与练习。

4. 数字化信息化手段

（1）视频分析：通过专业的体育视频分析软件，对学生的练习视频进行细致分析。教师可以标注关键动作点、角度和轨迹，提供具体的改进建议。

（2）互动式电子白板：使用互动式电子白板展示双杠动作的分解步骤和关键要点，让学生在课堂上更加直观地理解和学习。

（七）课时建议

（1）单个动作技术学练：建议安排2～3个课时，进行外侧坐姿、支撑摆动、支撑举腿、跳起越一杠练习等练习，形成稳定的肌肉记忆。

（2）动作组合技术练习：建议安排3～4个课时，学生需将各个技术动作串联起来，形成完整的动作流程。此阶段需注重动作的连贯性和协调性，同时加强对学生节奏感和空间感的练习。

（3）动作运用练习：安排2～3个课时，学生需在模拟比赛和组合动作中应用所学技术动作。此阶段需注重学生的实战能力和应变能力，同时加强对学生心理素质的培养。

第四节 ｜ 健美操（韵律操）

一、舞蹈基本动作：跑跳步（水平二）

跑跳步是舞蹈中的基本动作之一。动作方法：起始时，舞者双脚并拢站立，随着音乐的节奏，前半拍先迈出左脚，双腿微屈膝重心降低，后半拍左脚蹬地起跳，同时右腿提膝，脚尖朝下，双脚同时起跳，这一动作要求双脚协同起跳，使身体轻盈地离开地面。右脚开始，动作对称，双脚连续反复即跑跳步动作。在跳跃过程中，舞者要保持上半身稳定，双臂可随着节奏轻轻摆动，增加舞蹈的韵律感。落地时，双脚要同时着地，注意屈膝缓冲，以保护关节。

（一）教材价值

（1）通过跑跳步的练习，学生可以培养节奏感和音乐感知能力，使他们在舞蹈中更加协调自如。同时，跑跳步要求学生保持身体平衡和稳定性，这有助于锻炼学生的空间感和方位感，提升他们的身体控制能力。此外，跑跳步强调动作的准确性和连贯性，这不仅能够培养学生的专注力和耐心，还能使他们在学习过程中更加细心和认真。

（2）跑跳步能有效锻炼下肢肌肉力量，包括大腿、小腿和脚踝等部位，使腿部肌肉更加结实。同时，跑跳步还能促进学生心肺功能发展，提高身体的耐力和持久力。在跑跳过程中，心跳加速、呼吸加深，有助于增强心肺功能，提升整体健康水平。

（3）通过跑跳步的学习和练习，学生可以培养自信心和表现力，在舞蹈表演中展示才华和魅力，增强自信心和自尊心。同时，作为一种积极向上的舞蹈动作，跑跳步能够激发学生的热情和活力，使他们更加热爱生活，积极向上地面对未来的挑战。

（二）教材的动作分析

1. 动作特点

跑跳步是舞蹈中的基本动作之一，其动作特点在于融合了跑步与跳跃的动作元素，展现出一种轻快、活泼的舞蹈风格。在跑跳步中，舞者需保持上半身的稳定，同时腿部进行快速的跳跃和跑步动作，紧接着进行跳跃，跳跃时需将双脚同时离地，展现出轻盈的姿态。此外，跑跳步的节奏感十分重要，舞者需根据音乐的节拍，准确掌握跑步与跳跃的转换时机，使动作更加流畅自然。

跑跳步的动作要领，关键在于腿部力量的控制和身体的协调性。在起跑时，要用力蹬地，产生足够的推动力，使身体轻盈跃起；跳跃时，双腿应同时发力（主力腿脚踝蹬地向上跃起，提膝腿膝盖带动提膝），尽量将身体向上推送，同时保持上半身的平衡；落地时，要注意缓冲，避免对关节造成过大冲击。

2. 动作结构

跑跳步是一种动感十足的舞蹈基本动作，其基本动作结构由准备姿势、起跑、跳跃和落地缓冲四个部分组成。这四个部分紧密衔接，共同构成了跑跳步的基本动作结构。

（1）准备姿势：学生站立稳定，双脚脚尖分开60度，双手自然下垂或置于腰间，目光注视前方，身体保持平衡，为接下来的动作做好准备。

（2）起跑部分：学生先以一只脚用力蹬地，向前迈出一步，另一只脚迅速跟上，提膝迈步形成跑步的姿势。在这个过程中，学生的双臂也会根据动作需要进行自然的摆动，增加整体协调性。

（3）跳跃环节：当第一步迈出后主力腿用力蹬地，同时起跳腿提膝使身体腾空，双腿在空中可并拢或分开。跳跃的高度可以根据音乐节奏和舞蹈要求进行调整。

（4）落地缓冲：当学生从空中落地时，需要注意身体的平衡和稳定，通过膝盖的弯曲和脚踝的灵活转动来缓冲冲击力，为下一个动作做好准备。

（三）动作原理

跑跳步动作涉及了多个物理学原理，包括牛顿运动定律、能量守恒、动量定理等。这些原理共同作用，使得舞者能够完成优美而有力的跑跳步动作。

（1）准备姿势：准备姿势是舞蹈动作的开始，它要求舞者保持身体的平衡，为后续动作做准备。这涉及重力和支持力的平衡，确保身体各部分的重心合理分配，以维持稳定。在准备姿势中，舞者通常会进行肌肉的预拉伸，这是为了储存弹性势能，为后续的起跑和跳跃做准备。

（2）起跑：在起跑阶段，舞者通过腿部肌肉收缩产生向前的力，根据牛顿第二定律，这将导致身体加速向前移动。

（3）跳跃：在跳跃阶段，根据牛顿第三定律的原理，舞者用力蹬地，地面对舞者产生一个大小相等、方向相反的反作用力，使舞者能够腾空而起。同时在跳跃过程中，舞者的动能转化为势能。当舞者上升到最高点时，动能达到最小，势能最大。随后在下落过程中，势能又逐渐转化为动能。

（4）落地缓冲：落地时，舞者具有一定的动量。根据动量定理，通过延长落地时间，可以减小受到的平均冲力。为了减小落地时的冲击力，舞者需要进行屈膝缓冲。

（四）负荷特点

1.运动负荷

从运动负荷来看，跑跳步是舞蹈中一种较高强度的基本动作，它要求学生在短时间内快速完成跑步和跳跃的结合，使身体各部分，尤其是腿部和核心肌群，承受较大的力量冲击和耐力考验。这种动作不仅提高了学生的身体协调性和灵活性，还显著增强了肌肉力量和心肺功能。

2.心理负荷

从心理负荷方面讲，跑跳步对学生的心理承受能力也有较高要求。其动作的快速变换和节奏的紧密跟随需要学生保持高度集中，这对学生的注意力和反应速度都是一种挑战。同时，跑跳步在表演中往往承载着展现活力和激情的任务，学生在表演时可能会感受到额外的压力，因此也需要具备良好的自我调节和抗压能力。

（五）学情分析

从学生的基础来看，水平二的学生在舞蹈领域已经拥有了一定的基础知识和实践经验，他们对身体协调性和节奏感有了一定的把握。然而，对于跑跳步这一更具挑战性和技巧性的动作，他们可能仍显得稍显生疏，动作的标准度和流畅性有待提升。因此，在教学过程中，教师需要着重加强对学生动作规范的指导，帮助他们更好地掌握跑跳步的技巧。

从学生的需求来看，水平二的学生对舞蹈学习充满热情，他们渴望通过学习跑跳步等更具表现力的动作来丰富自己的舞蹈语言，提升表演水平。同时，他们也希望通过舞蹈练习来锻炼身体，提高身体素质。因此，教师在教学过程中应充分考虑学生的需求，设计富有趣味性的练习活动，激发学生的学习热情，帮助他们在愉快的氛围中不断提升自己的舞蹈水平。

（六）教法建议

1.单个技术动作学练

（1）"追逐游戏"：在空旷的场地上，让学生玩追逐游戏，模仿跑跳步的动作进行追逐，这样既能激发学生的学习兴趣，又能在游戏中逐渐掌握跑跳步的基本步伐。

（2）"节奏拍拍手"：教师拍打节奏，学生用跑跳步跟随节奏移动，帮助学生感受和理解跑跳步的节奏感。

（3）分解动作练习：首先将跑跳步分解为更简单的动作，如先练习单脚的跳跃，再逐渐过渡到双脚的交替跳跃。通过分解练习，学生可以更容易地掌握每个步骤。

（4）"软件来帮忙"：利用"节拍器"软件，从1/4拍到1/2拍再到一拍一动进阶性辅助练习跑跳步动作。

（5）"气球顶顶乐"：教师在学生前面挂一个气球，学生原地单脚提膝跳，每次提膝时膝盖要顶到气球。在练习中体会起跳瞬间脚踝内侧发力点，帮助学生了解跑跳步过程中跃起时的发力点，掌握向上提膝动作。

2.动作组合技术练习

（1）"接力跑跳"：将学生分成若干小组，进行跑跳步接力赛，这样既能锻炼学生的团队合作能力，又能巩固跑跳步的技巧。

（2）"障碍跑跳"：在场地上设置一些障碍物，要求学生使用跑跳步绕过障碍物，这样既能练习学生的反应能力，又能提高跑跳步的灵活性。

（3）渐进式组合：在学生熟练掌握基础跑跳步后，教师可以逐渐引入其他舞蹈动作，如转身、摆手等，与跑跳步进行组合。开始时可以先组合一两个简单动作，然后逐渐增加动作的难度和复杂度。

3.动作运用练习

（1）"舞蹈小剧场"：编排一段简单的舞蹈，让学生运用跑跳步等舞蹈动作进行表演，增强学生的舞蹈表现力和自信心。

（2）"角色扮演"：设定不同的角色和场景，让学生在这些场景中运用跑跳步进行表演，提高学生的想象力和创造力。

4. 数字化信息化手段

（1）数字化编排：利用舞蹈编排软件，为学生设计多种跑跳步的组合方式，通过屏幕展示，让学生跟随练习。

（2）视频反馈：录制学生的练习视频，通过回放和分析，帮助学生找出动作上的不足并进行改进。同时，也可以将优秀学生的视频分享给其他同学，作为学习的榜样。

（3）虚拟现实模拟练习：让学生在虚拟环境中进行跑跳步练习，增加趣味性和真实感。

（七）课时建议

（1）单个技术动作学练：在基础技术练习，建议安排 2～3 个课时。主要任务是让学生掌握正确的跑跳步基本技术。学生需要逐个练习跑跳步的各个分解动作，如起跑的准备姿势、起跳技巧、空中姿态的调整以及落地时的缓冲动作。

（2）动作组合技术练习：在这一阶段，约需 3 个课时。教师应设计不同难度的组合动作，让学生逐步适应并提高跑跳步的连贯性和协调性。在这一阶段，还应注重节奏感和韵律感的培养，使学生在音乐中能够自如地展现跑跳步的魅力。

（3）动作运用练习：动作运用练习阶段，建议安排 2～3 个课时。学生需要将跑跳步与其他健美操动作相结合，形成完整的表演套路。教师应着重指导学生如何在不同情境下灵活运用跑跳步，并培养学生的表演自信和团队协作能力。

二、健美操协调动作组合（水平四）

健美操协调动作组合是一种全身性的综合运动。动作方法：学生通过头部、肩部、胸部、腰部、髋部和跳跃等多个部位的协同运动，以流畅的步伐，配合音乐的节奏，进行连贯的跳跃与转身。每一个动作都需要精确的身体控制和协调性，如手臂的摆动与脚步的移动要完美同步，展现出整体的和谐与美感。

（一）教材价值

（1）健美操不仅教授动作技巧，更在无形中培养了参与者的节奏感、协调性和团队合作能力。通过学习和实践，个体能够提升自己的审美情趣和艺术修养，同时也锻炼了意志和毅力，这种全面的教育影响对青少年的成长尤为重要。

（2）健美操协调动作组合是一套全身性的运动，能够有效锻炼身体的各个部位。通过头部、肩部、胸部、腰部、髋部以及跳跃等一系列动作的练习，可以强化肌肉力量，提高关节灵活性，促进血液循环。同时，跳跃等高强度动作能够增强心肺功能，提升身体的耐力和爆发力。

（3）健美操协调动作组合为学生提供了一个展示自我、挑战自我的平台。通过学习这套动作，学生可以发掘自己在舞蹈和运动方面的潜能，为未来的职业选择和人生规划提供更多可能性。此外，健美操的练习需要学生具备良好的身体控制能力和创新能力，这有助于培养学生的空间感知能力、协调能力和创造力。

（二）教材的动作分析

1. 动作特点

健美操协调动作组合的动作特点主要体现在全身性与协调性上。这套动作涵盖了头部、肩部、胸部、腰部、髋部乃至全身的运动，要求锻炼者在音乐的节奏下，精准地完成每一个动作。它不仅强调单个动作的规范性，更注重整体动作的流畅与和谐。每一个节拍都需要身体多个部位的协同工作，展现出健美操的韵律美与动态美。

在动作要领方面，健美操协调动作组合要求锻炼者保持良好的身体姿态，确保动作标准的同时不失优雅。对于每一个动作，都需要精确掌握其起始位置、运动轨迹和结束姿态。特别是在细节方面，如手臂的摆动、步伐的移动路线、身体的转向等，都需要严谨而准确。锻炼者需要将动作与音乐完美融合，对锻炼者乐感与节奏感都有较高要求。此外，呼吸的配合也至关重要，深呼吸有助于提升动作的流畅度和稳定性。

2. 动作结构

健美操协调动作组合的动作结构是一个连贯、系统的整体，由头部运动、肩部运动、胸部运动、腰部运动、髋部运动、跳跃运动和整理运动七个部分组成，每个部分占据两个8拍的节奏，前后两个8拍动作讲究左右对称性，合计14个8拍。

首先以头部运动开启整个组合，通过左右转头和上下点头等动作，活跃颈部肌肉，为接下来的动作做准备。接着是肩部运动，通过手臂前后、上下绕环带动肩部活动，增强肩部的灵活性和稳定性。

随后进入胸部运动，这一部分的动作主要围绕扩胸和含胸展开，旨在加强呼吸功能并提升胸腔的活动范围。腰部运动紧随其后，通过上体侧弯和前屈等动作，锻炼腰部的柔韧性和力量。

髋部运动是整套动作中的关键一环，它通过摆髋和顶髋等动作，强化髋关节的灵活性和协调性，为接下来的跳跃运动做好准备。

跳跃运动是整套动作的高潮部分，结合之前各部位的热身，进行多种跳跃动作，如吸腿跳、弓步跳等，全面提升身体的协调性和爆发力。

最后以整理运动收尾，通过全身的放松和拉伸动作，帮助身体恢复平静，减少肌肉紧张和疲劳，使整个健美操协调动作组合形成一个完整的闭环。

（三）动作原理

健美操协调动作组合的动作原理主要体现在力学、运动学和动力学原理的应用上。这些原理共同作用，使得学生能够完成各种复杂而协调的动作组合。

1. 力学原理

（1）牛顿第二定律：在健美操中，学生通过肌肉的收缩产生力，从而改变身体的运动状态。这符合牛顿第二定律。学生通过调整施加的力和自身的质量（虽然质量在短时间内基本不变），来控制身体的加速度和运动轨迹。

（2）力的平衡：在健美操的一些静态动作中，如平衡动作，学生需要保持身体的稳定。这要求学生调整身体各部分的受力情况，使合力为零，从而实现力的平衡。

2. 运动学原理

（1）位移与速度：在健美操协调动作组合中，学生通过跳跃、转体等动作，实现了身体各部分在空间中的位移。这些位移具有明确的方向和大小，同时伴随着速度的变化。

（2）加速度：在健美操的一些快速动作中，如快速转体，学生需要改变身体的运动状态，这就涉及了加速度的概念。加速度描述了速度变化的快慢，是学生完成高难度动作的关键。

3. 动力学原理

动量定理（$\Delta P=Ft$）描述了力与作用时间对动量变化的影响。在健美操中，学生需要合理利用动量定理，通过调整力的作用时间和大小，来控制身体的运动轨迹和速度。

（四）负荷特点

1. 运动负荷

从运动负荷角度分析，健美操协调动作组合呈现出适中且持续的特点。组合中的各种步伐、跳跃和转体等动作要求身体全面参与，不断变换姿势和方向，从而形成一定的运动负荷。这种负荷不仅有助于提升心肺功能和耐力水平，还能增强肌肉力量和柔韧性。由于动作之间的衔接流畅自然，运动负荷分布均匀，避免了局部过度劳累的情况，保证了锻炼的全面性和有效性。

2. 心理负荷

从心理负荷角度来看，健美操协调动作组合给予参与者积极的心理体验。音乐与动作的紧密结合以及动感的节奏有助于激发人的情绪和动力，使人在锻炼过程中保持愉悦的心情。同时，不断变化的动作组合也要求参与者保持注意力集中和思维敏捷，从而提高了心理负荷水平。

（五）学情分析

从学生的基础来看，水平四的学生在健美操方面已经具备了一定的基础知识和动作技能。他们可能已经掌握了健美操基本的步伐和动作组合，对健美操的节奏和韵律有了一定的感知能力。然而，在协调动作组合方面，他们可能还存在一些不足，如动作之间的衔接不够流畅、身体各部位的协同配合不够到位、整体表现力方面有待提高等。因此，在教学过程中，需要重点加强对学生协调性和动作技能的练习，帮助他们提高动作的质量和效率。

从学生的需求来看，水平四的学生对健美操协调动作组合的学习有着较高的期望和需求。他们希望通过学习掌握更多的动作组合和技巧，提高自己的表演水平和自信心。同时，他们也希望通过健美操的锻炼改善体能和塑造良好的身体形态。因此，在教学过程中，需要注重激发学生的学习兴趣和动力，满足他们的个性化需求，帮助他们在健美操领域取得更大的进步。

（六）教法建议

1. 基础技术练习

（1）基本步伐练习：健美操基本步伐可采用同一动作4个8拍到2个8拍再到1个8拍"倒金字塔式"反复练习基本步伐，如并步、交叉步等，帮助学生熟悉健美操的基本动作元素，为后续的组合练习打下基础。

（2）基本手型练习：在基本步伐掌握的基础上，适当叠加健美操基本手型，动作定型练习，体会发力到手指尖的感觉，以达到动作定型的目的。

（3）节奏练习：借助节拍器或音乐节奏明显的健美操音乐，引导学生进行节奏感知练习，使学生能够更好地把握动作的节奏和韵律。

2. 动作组合技术练习

（1）组合练习：按照动作的难易程度，逐步增加动作组合的元素，如从简单的步伐组合过渡到复杂的跳跃组合，让学生在掌握基础动作的基础上逐步提高。学习协调组合动作时，可实行"叠加式"动作练习法，让学生逐层递进的学习巩固本套动作。

（2）合作练习：将学生分成若干小组，每组进行不同的动作组合练习，然后进行小组间的交流展示。通过分组合作，培养学生的团队协作精神和相互学习的能力。

（3）变换节奏练习：由口令练习到改变音乐节奏的速度，让学生在由慢到快的节奏下练习动作组合。这有助于他们更好地适应各种节奏，提高动作的协调性和灵活性。

3. 动作运用练习

（1）情景模拟：结合健美操比赛或表演的实际场景，创设相应的练习情境，让学生在模拟的比赛中进行动作运用练习，提高学生的实际应用能力。

（2）创编练习：鼓励学生发挥创意，自主创编健美操动作组合，利用数字化编辑软件进行编排和展示，培养学生的创新能力和实践能力。

（3）即兴创作：鼓励学生根据给定的音乐或主题进行即兴创作，运用所学的动作元素和组合原则编排新的健美操。这可以培养学生的创新能力和实践能力。

4. 数字化信息化手段

（1）视频教学：录制学生的动作练习视频，利用视频分析软件对学生的动作进行深入分析，找出动作中的不足之处，并进行有针对性的指导。同时，也可以让学生观看健美操各级比赛视频，学习他们的动作技巧和表现风格。

（2）魔镜教学：利用魔镜等数字化设备的互动反馈功能，让学生在练习过程中获得即时的反馈信息，如动作是否标准、节奏是否准确等。通过互动反馈，激发学生的学习兴趣和动力，提高练习效果。

（七）课时建议

（1）单个技术动作学练：主要任务是逐一掌握健美操中的基础动作，如基本步伐、手臂动作等。练习者需通过反复练习，精确掌握每个动作的标准姿势和技巧。这一阶段建议安排6～8个课时，以确保每个动作都能得到充分的练习和巩固。

（2）动作组合技术练习：动作组合技术练习，需要安排5～6个课时。此阶段的任务是将之前掌握的单个技术动作进行组合，形成连贯的健美操套路。练习者需要注重动作之间的衔接和过渡，以及整体的节奏感和协调性。

（3）动作运用练习阶段：动作运用练习阶段，建议安排4～5个课时。练习者需要将已掌握的健美操动作组合运用到实际表演或比赛中。除了继续提升动作组合的流畅度和准确性外，还应注重与音乐、队形的配合以及表情管理。

三、全国全民健身操有氧舞蹈等级规定动作：三级有氧舞蹈（水平五）

全国全民健身操三级有氧舞蹈融合了多样元素的舞蹈和有氧运动，它以健美操基本步伐、手型及手臂动作为基础，配合音乐有节奏地舞动。有氧舞蹈共包含9个组合，共计36个8拍，涵盖了旋转、跳跃、折叠、弹动、扭髋等动作，不仅有助于学生塑造完美的舞蹈身姿，还可以增强体力、改善心肺功能和愉悦心情。此外，该舞蹈强调多方位移动，通过直线与对角线的位移来拓展活动范围，同时融入多方向转身，使整套舞蹈更加丰富多彩。

（一）教材价值

（1）三级有氧舞蹈对于学生来说，不仅是一种有趣的体育运动，更是一种富有教育意义的学习方式。在舞蹈中，学生通过紧密配合音乐节奏，培养了出色的节奏感与音乐感。舞蹈动作的复杂性要求学生身体各部分高度协调，这极大地提升了他们的身体协调性。此外，在集体练习中，每个人都在为实现共同的舞蹈目标而努力，这无疑会增强他们的集体荣誉感和团队协作精神。

（2）持续的舞动能够有效提高学生们的心肺功能，增强心脏和肺部的耐力。舞蹈中的跳跃、扭动和伸展等多样化动作，全面锻炼了学生的肌肉群，不仅增强了肌肉力量和耐力，还有助于消耗多余脂肪，塑造健美的身材。

（3）学习三级有氧舞蹈，不仅让学生在动感的节奏中释放学习压力，享受身心的愉悦，还促进了他们身心健康的全面发展。同时，舞蹈艺术的学习也提升了学生的艺术修养和审美能力。在舞蹈的学习和表演过程中，学生还有机会结识更多志同道合的朋友，丰富个人的社交生活。

（二）教材的动作分析

1. 动作特点

这套全民健身操的动作特点主要体现在三个方面：首先是多样性，它融合了多种舞蹈风格和动作元素，包括旋转、跳跃、折叠、弹动、扭髋等技术动作，为下肢提供了全面的锻炼；其次是移动性，其运动路线以前后和左右移动为主，频繁运用直线变化，并加入对角线移动，有效拓展了活动空间并强化了空间感知；最后是方向的多变性，动作中包含45、90、180和360度等多种转向，这不仅要求学生有良好的方向感，还需要出色的身体控制能力来应对这些变化。

动作要领包括几个方面：首先，要确保每一个脚下步伐准确无误，手臂与手型伸展到位，精细掌握如旋转跳跃的稳定、弹动的轻盈和扭髋的幅度等动作细节；其次，要与音乐保持高度一致，敏锐捕捉轻重节拍的转换，动作与音乐节拍的完美融合，以呈现出流畅的舞蹈效果；再者，学生需在频繁转向和移动中保持身体的稳定性和平衡感，尤其在快速转向或大幅移动时更为重要；最后，除了技术层面的精湛，整套操同样强调舞蹈的表现力，通过眼神、表情与动作姿态等动作展现出自信和活力，使舞蹈不仅具有技术性，更加富有感染力。

2. 动作结构

整套全国全民健身操有氧舞蹈等级规定动作（三级有氧舞蹈）的结构是精心设计的，以全面展示健美操的健身性、有氧性和观赏性。它由 9 个操化组合构成，每个组合基本上保持 4 个 8 拍（即 32 拍）的完整性，这样的结构既规范又易于跟随。根据动作难易程度，本套动作分为基本层、中级层和高级层三个层面。

（1）在动作构成上，它涵盖了多种健美操手型和多样性的基本步伐，如下肢的弹动、扭髋、滑步等，以及上肢的手臂和手型动作。这些动作不仅锻炼了参与者的全身肌肉群，还通过高低冲击步伐的均衡分布，确保了运动的全面性和安全性。

（2）从运动路线来看，三级动作强调前后和左右的移动，直线变化运用频繁（共计24 次），并增加了 2 次对角线变化。这样的设计不仅增大了活动范围，还增强了空间感，使得整套动作更加生动有趣。

（3）在动作方向上，该套动作也极具变化性，包括 45、90、180 和 360 度的多种转向。这不仅要求学生具备良好的方向感和身体控制能力，也进一步提升了运动的挑战性和趣味性。

（三）动作原理

整套操的物理学原理主要体现在力学、运动学和能量守恒与转换等方面。这些原理共同作用于学生的身体，使其能够完成各种复杂而富有挑战性的动作，达到健身和锻炼的效果。

1. 力学原理

在有氧舞蹈中，舞者的运动状态改变严格遵循牛顿第二定律，即力等于质量乘以加速度。当舞者进行跳跃、转身等动作时，他们需要施加足够的力来改变身体的运动状态。特别是在进行跳跃和踢腿等动作时，学生必须克服地心引力，通过腿部肌肉的强烈收缩产生向上的力以实现跳跃。同时，落地时的身体控制和脚步调整也至关重要，这能有效减少地面对身体的冲击力，从而预防运动损伤的发生。

转身和转向动作涉及角动量的守恒与转移，学生通过调整身体各部分的相对位置和速度，实现流畅的转向。

2. 运动学原理

在舞蹈过程中，舞者的身体各部分会产生不同的位移和速度，例如在跳跃时，身体重心上移，而腿部和手臂的运动速度也随之变化。同时，舞蹈中的多样性步伐如弹动、滑步，以及前后、左右、对角线的移动和多种转向，都要求学生具备出色的空间感知和身体控制能力，以精确掌控身体各部分的协调性和速度，确保每个动作准确无误，从而达到预期的动作效果并实现准确的运动轨迹和动作定位。

3. 能量守恒与转换

在整套操的进行中，学生的化学能转化为机械能，驱动身体完成各种动作。同时，部分机械能会转化为热能，导致身体产生热量和出汗。

（四）负荷特点

1. 运动负荷

从运动负荷角度来看，三级有氧舞蹈的负荷特点主要表现为中等强度、持续时间较长且动作频率较高。学生在进行这套健身操时，需要完成一系列连贯的动作，包括跳跃、扭动、挥动手臂等，这些动作要求身体各部分协调运动，因此会消耗相当多的能量。同时，由于动作的节奏较快且多样化，这使得运动负荷适中而持续，能够有效提升心肺功能，促进身体健康。

2. 心理负荷

从心理负荷角度来看，这套健身操要求学生保持高度的注意力和集中力。由于动作变化多端，学生需要随时调整自己的动作以跟上节奏，这对他们的反应速度和协调能力提出了较高要求。然而，正是这种挑战性和趣味性并存的特点，使得学生在锻炼过程中能够保持愉悦的心情，减轻心理压力，达到身心健康的目的。

（五）学情分析

在基础方面，高中的学生通常已经具备了一定的体育运动基础和身体协调能力。他们可能已经在之前的体育课程中接触过类似的健身操或舞蹈，对基本的舞步和手型有一定的了解和掌握。然而，三级有氧舞蹈在动作难度和复杂性上有所提升，需要学生具备更高的身体灵活性和协调性。因此，在教学过程中需要注重基础动作的巩固和提升，帮助学生顺利过渡到更高难度的动作。

在需求方面，高中的学生正处于身体发育和成长的关键时期，他们渴望通过体育运动来展示自己的能力和风采。三级有氧舞蹈以其独特的艺术魅力和运动形式，能够满足学生对美的追求和对自我挑战的欲望。同时，通过学习和练习这套健身操，学生还可以增强自信心和团队协作能力，为未来的全面发展打下坚实的基础。

（六）教法建议

1. 基础技术练习

（1）思考并讨论：在教授新动作前，让学生观看动作示范，并分组讨论该动作的关键点和难点。

（2）节奏打拍：在学生零基础未学习动作前，教师播放多种节奏明显的音乐，让学生感受音乐的节奏，学生跟随音乐节奏打拍。

（3）动作定型：在学习基本动作时，学生原地做出健美操基本手型动作，教师巡回指导，让学生了解基本动作与手臂伸展到位程度。

（4）单一难度动作的重复练习，如跪撑倒手、并腿跳、屈体分腿跳、跪式平板支撑等，以提高动作的流畅性和准确性。

2. 动作组合技术练习

（1）基本组合练习：教师将健美操基本手型与步伐编排为固定热身小组合，熟练并准确掌握基本动作，每节课作为固定热身内容，为后面学习有氧舞蹈组合动作打下基础。

（2）基本层动作组合：将基本层动作进行组合，学生掌握基本的舞蹈姿势与技巧，包括保持身体的平衡、正确的站姿和舞蹈的基本动作要领。

（3）中级层动作组合：在基本动作组合的基础上，加入中级层的动作元素，如更多的跳跃、转身等。

（4）高级层动作组合：在完成中级层动作组合的基础上，加入高级层的动作元素，包含更多的旋转、跳跃、折叠等动作难度变化和细节，需要学生具备更高的技巧和表演能力。

（5）增加难度与复杂性：在学习单一难度动作后，将难度动作进行组合，如将跪撑倒手与连续并腿跳结合，形成连贯的动作序列。在这个阶段，学生需要加强柔韧性和爆发力来完成高难度动作。

（6）音乐节奏练习：结合音乐进行动作组合练习，帮助学生更好地掌握节奏和动作的协调性。

3. 动作运用练习

（1）模拟表演场景：为学生创造一个模拟的表演环境，让他们在实践中运用所学动作，提升自信心和舞台表现力。并加入音乐和灯光等元素，提升表演的氛围和真实感。

（2）团队协作与配合：在团队中进行练习，培养与他人的协作和配合能力。学习如何在团队中发挥自己的作用，同时与其他成员保持协调一致。

（3）队形编排：教师把学生分组，将所学动作配上队形的编排，赋予本套动作全新的视觉效果，提高学生团队协作与创新编排能力。

4. 数字化信息化手段

（1）视频教学：利用多媒体播放专业健美操视频，让学生观摩学习，提高自学能力。

（2）动作捕捉与分析：借助现代技术，对学生的动作进行捕捉和分析，给出更精准的指导和建议。

（七）课时建议

（1）单个技术动作学练：在基础技术练习，建议安排 4～5 个课时，主要任务是让学生掌握基本的舞步、手势以及轻器械的基本操作。这一阶段重点在于动作的准确性和身体的协调性练习，为后续复杂动作的学习打下基础。

（2）动作组合技术练习：进入动作组合技术练习，需要安排 6～7 个课时。此阶段的目标是让学生能够流畅地完成一系列动作组合，如跳跃与转身的组合、平衡与支撑动作的组合等。教师可以通过分段教学和重复练习的方法，帮助学生逐步熟练掌握各个动作组合。

（3）动作运用练习：在动作运用练习阶段，建议安排 7～8 个课时。这一阶段主要是让学生在模拟表演环境中实践整套操，提高其舞台表现力和自信心。教师可以通过组织小组竞赛或模拟表演等活动，激发学生的学习兴趣，检验他们的学习成果。

第九章　游泳运动

一、蛙泳：展体浮体（水平二）

蛙泳中的展体浮体动作是一个重要的基础动作。动作方法：起始时，深吸一口气，两脚蹬地，使身体呈水平状浮于水面。双臂与双腿并拢伸直。接下来，双腿适度分开，与肩同宽或略宽，以保持身体的稳定性。双臂紧贴耳侧伸展，手掌朝下，整个身体呈一条直线。在这个过程中，要控制呼吸，保持放松，避免身体僵硬，这样有利于身体的自然漂浮。

（一）教材价值

（1）展体浮体动作要求学生在水中保持身体的平衡与稳定，这一过程中，学生能够学习到耐心与专注的重要性。通过反复练习，学生能够逐渐掌握技巧，克服对水的恐惧，从而培养自信心和勇气。此外，掌握这一动作有助于学生更好地理解游泳的基本原理，为后续学习更复杂的游泳技巧打下坚实的基础。

（2）蛙泳中的展体浮体不仅是一项游泳水性浮力练习，更是一种水中身体位置练习。在练习过程中，它能够有效锻炼学习者的心肺功能，提高身体平衡性和协调性。同时，蛙泳的动作特点要求四肢和躯干的协调配合，这对于增强肌肉力量、改善身体姿态也大有裨益。长期坚持练习，不仅能够塑造健美的体形，还能促进身体健康，增强免疫力。

（3）展体浮体的练习不仅锻炼身体，更塑造心灵。练习中的困难和挫折成为学生锤炼意志、培养挑战精神的宝贵机会。这样的经历不仅能提升学生的自我认知和自我管理能力，还将助力他们在未来更好地迎接生活的各种挑战。

（二）教材的动作分析

1. 动作特点

蛙泳中的展体浮体动作特点在于其平稳与协调性。这一动作要求游泳者保持身体水平，身体向前推进时保持一定的稳定和协调性，使身体保持水平漂浮状态。展体浮体时，让身体保持一条直线，这种姿势不仅有助于减少水阻，还能提高游泳效率。

展体浮体的动作要领包括保持身体的平衡与协调，双臂紧贴耳侧伸展，双腿适度分开以保持稳定。同时，控制呼吸是至关重要的，深呼吸有助于增加肺部气体容量，帮助身体更好地漂浮。在练习过程中，需要避免身体的僵硬和紧张，保持放松状态，这样才能让身体在水中实现自然的漂浮。

2. 动作结构

（1）起始姿势：在蛙泳的起始姿势中，游泳者的身体需要完全放松，水平俯卧在水面上。这种姿势有助于充分利用水的浮力，使游泳者能够更加轻松地进入游泳状态。同时，两臂向前伸直并拢，手掌朝下，这是为了在接下来的划水动作中能够更有效地利用力量，减少水阻，提高游泳速度。

（2）展体动作：游泳者在深吸一口气后，身体前倒，两臂保持前伸。这个动作不仅为接下来的划水做好了准备，还有助于保持身体的平衡。随后，两脚蹬离池底，使身体完全漂浮在水面，呈俯卧状态。

（3）浮体维持：在浮体维持阶段，游泳者需要保持身体的流线型，以最大程度地减少水阻，从而提高游泳效率。在展体浮体过程中，游泳者需要控制自己的重心平稳，充分利用水对身体的浮力，帮助身体在水中保持较高的身体位置。

（4）准备下一步动作：在蛙泳的展体浮体后，为了延长漂浮时间，两手轻微下压水以保持身体平衡，防止下沉，当准备过渡到下一个游泳周期时，游泳者需手臂自然伸展为划水做准备。这些准备动作确保了展体浮体向蛙泳游进转换的连贯性和效率。

（三）动作原理

蛙泳中的展体浮体动作主要涉及浮力、重力和平衡等物理学概念。

（1）起始姿势：在起始姿势中，游泳者需要调整身体姿势，如头部和四肢的位置，以平衡身体并保持重心稳定。这种调整不仅改变了身体所受浮力和重力的相对关系，还为后续的展体和浮体动作做了充分的准备，从而有助于在游泳过程中保持身体的稳定性。

（2）展体动作：在蛙泳的展体动作中，当手臂和腿部向外展开时，会形成一个圆形的推水面，由于水面张力的作用，这个推水面会产生环流，携带推离身体的水并造成一定阻力。但同时，根据牛顿第三定律，手臂和腿部推动水时会产生向后的作用力，这个作用力进而产生一个相等大小、方向相反的向前推动力，使得人体能够向前滑行。这种相互作用力是蛙泳中推进力量的关键。

（3）浮体维持：在浮体维持阶段，游泳者需要通过调整身体姿势来保持浮力，特别是在吸足气后，增加了肺部气体容量，使得身体内部的气体体积增大，从而提高了身体的浮力。有助于身体浮在水面上。同时，保持正确的身体姿势对于浮体维持也是至关重要的，通过合理地调整四肢和头部的位置，游泳者可以保持身体的稳定性，并有效地减少阻力，以实现更高效的游泳。

（四）负荷特点

1. 运动负荷

蛙泳中的展体浮体在运动负荷方面表现出一定的特点。由于这个动作要求身体舒展，四肢伸直并拢，保持平衡浮在水面上，因此游泳者需要运用一定的肌肉力量来保持身体的稳定性和姿势的正确性。然而，相比于其他更高强度的游泳动作，展体浮体的运动负荷相对较轻，它更多地强调平衡、稳定性和浮力控制，而非高强度的肌肉收缩。

2. 心理负荷

在心理负荷方面，展体浮体对初学者可能带来一定的挑战。由于需要控制呼吸、闭气，并维持身体的平衡，初学者可能会感到一定的压力和紧张。然而，这个动作也有助于培养游泳者的水性和自信心，通过不断的练习和尝试，游泳者可以逐渐克服心理上的障碍，感受到成功掌握技巧的喜悦。

（五）学情分析

对于水平二的学生来说，在学习蛙泳的展体浮体动作时，他们的基础技能是关键。这些学生通常已经掌握了一定的游泳基础，比如能够在水中自如移动、掌握基本的呼吸技巧等。然而，展体浮体要求更高的平衡感和身体控制能力，因此学生需要在此基础上进一步提升。这就要求教师在教学中注重学生基础技能的巩固与提高，为学习展体浮体打下坚实的基础。

在需求方面，水平二的学生通常对游泳技能有着更高的追求，他们渴望在水中展现更多的技巧和能力。展体浮体不仅是一项基础技能，更是进一步提升蛙泳等其他技能的关键。因此，学生对这一技能的掌握有着强烈的需求。教师应该针对学生的这种需求，制定有效的教学计划，通过多样化的教学方法和手段，激发学生的学习兴趣，帮助他们更好地掌握展体浮体技巧，从而满足他们的学习需求，提升游泳技能。

（六）教法建议

1. 基础技术练习

（1）平衡感知：让学生在水中尝试单腿站立，双手伸开以保持平衡，逐渐过渡到水中脱手行走，以增强水中的平衡感。

（2）"小鱼吐泡泡"游戏：让学生在水中进行呼吸练习，每次水中吐气时，模拟小鱼吐泡泡的声音和动作，增加趣味性。

（3）腿部动作练习：先进行收腿、翻脚、蹬夹水、滑行的分解练习，确保每个动作准确无误。

（4）手臂划水动作模仿：在陆地上或水中进行手臂划水动作的模仿练习，确保动作路线和手型姿势正确。

（5）手臂与呼吸配合：在手臂划水的过程中配合呼吸，如抱水时吸气，划水和收手时呼气。

2. 动作组合技术练习

（1）"海底寻宝"游戏：在泳池底部放置一些小物品，如硬币或小型玩具，然后让学生在保持展体浮体的状态下尝试去"寻宝"。

（2）"接力传递"游戏：将学生分成若干小组，每组站在泳池一端，利用展体浮体的姿势将一个小球或浮标传递到下一个队员，直到全队完成接力。

（3）呼吸配合练习：在组合动作中加入呼吸配合，确保在每个动作周期内能够顺畅地完成呼吸过程。

3. 动作运用练习

（1）"泳池大冒险"游戏：设置一系列障碍，如漂浮的障碍物、水下绳索等，让学生在泳池中进行"冒险"，要求在通过障碍时保持展体浮体的姿势。

（2）"小鱼接力赛"：在泳池中设置起点和终点，学生们需要运用蛙泳技巧（包括展体浮体）进行接力赛。

4. 数字化信息化手段

（1）视频教学：利用现代技术，如录制专业教练的蛙泳教学视频，让学生通过观看视频来学习正确的动作要领和技巧。

（2）"VR 游泳体验"：利用 VR 技术，让学生们在没有水的情况下也能模拟蛙泳的动作，包括展体浮体等。

（七）课时建议

（1）单个技术动作学练：建议安排 2～3 个课时。主要任务是让学生掌握正确的呼吸技巧和平衡感；掌握蛙泳中的每一个基础动作，如手臂的划水、腿部的蹬水等。建议进行逐一动作的精细练习，例如，可以先从腿部动作开始，逐步过渡到手臂动作。

（2）动作组合技术练习：建议安排 3～4 个课时。目标是让学生将分解动作逐渐组合起来，形成连贯的蛙泳展体浮体动作。

（3）动作运用练习：建议安排 2～3 个课时。旨在让学生在实际游泳中运用所学技巧。通过情境模拟和游戏化教学法，让学生在轻松愉快的氛围中提升蛙泳技能，并逐步增强游泳的实战应用能力。

二、蛙泳：蹬夹水与滑行（水平四）

蛙泳中的蹬夹水与滑行是重要技术环节。动作方法：蹬夹水时，两腿以脚掌及小腿内侧为对水面，向侧后方蹬出。脚掌路线呈向外、向后、向内依次作弧形鞭状的加速度伸展动作，形成边蹬边夹的连贯过程。动作结束时两腿并拢伸直，并缓慢上提大腿，呈流线型体位。滑行时，身体保持水平，双臂和双腿前伸，尽量减少水阻，使身体能够借助蹬夹水产生的动力流畅前进。

（一）教材价值

（1）蛙泳蹬夹水与滑行动作的教学有助于培养学习者的水感和身体协调性。通过反复练习，学习者能够更好地掌握水中的平衡技巧，提升对水流和自身动作的感知能力。同时，这一教学过程也锻炼了学习者的意志力和耐心，培养了其勇于挑战和坚持不懈的精神。

（2）蛙泳蹬夹水与滑行动作能够全面锻炼身体的肌肉群，特别是腿部和核心肌群。这一动作有助于增强肌肉力量，提高身体柔韧性，从而达到健身塑形的效果。此外，游泳本身就是一项有氧运动，长期练习能够提升心肺功能，促进身体健康。

（3）蛙泳蹬夹水与滑行动作的学习为游泳者奠定了进一步学习其他更复杂游泳技巧的基础。通过这一动作的掌握，游泳者可以更加自信地探索水中的世界，享受游泳带来的乐趣。同时，这也为游泳者在未来参与水上运动或相关职业领域提供了更多的可能性。

（二）教材的动作分析

1. 动作特点

蛙泳蹬夹水与滑行动作的特点在于其协调性与流畅性。蹬夹水时，双腿同时向后推进，产生连续而有力的动力，使身体保持水平。滑行阶段则是身体自然伸展，双臂和双腿放松，利用惯性帮助身体保持前进速度，同时给予肌肉短暂的休息，为下一次蹬夹水动作积蓄力量。整个过程中，身体各部分需密切配合，确保动作的稳定性和效率，充分展现了蛙泳的优雅与速度感。这种动作组合不仅提高了游泳效率，也让游泳者能够更好地享受水中的畅快感受。

蛙泳蹬夹水与滑行动作的要领在于腿部和身体的协调配合。蹬夹水时，双腿应同时向外蹬出，随后迅速向内夹水，产生推进力。此过程中，要确保脚踝灵活，脚掌外翻，以便更有效地利用水力。滑行时，身体应保持水平，四肢放松伸直，以减小阻力，让身体自然滑行。重要的是，蹬夹水后要紧接着做好滑行动作，这样才能确保游泳的连续性和高效性。

2. 动作结构

蛙泳中的蹬夹水与滑行动作具有清晰且连贯的基本结构。蹬夹水动作由收腿、翻脚、蹬夹水与滑行这四个主要环节构成。

（1）收腿：在蹬夹水之前，需要先进行收腿动作。收腿时，两腿自然放松，随着划手和吸气动作两腿略下沉，同时屈膝屈髋，脚稍向内旋，脚跟向臀部靠拢。这一过程中，应尽量减少阻力。

（2）翻脚：收腿完成前同时进行翻脚动作。两脚外翻，脚尖朝外，两脚成八字形，小腿和脚内侧对准水，形成有利的蹬水姿势。

（3）蹬夹水：由核心和大腿同时发力，以小腿和脚内侧同时蹬夹水。先是向外、向后蹬水，然后是向内、向上方夹水，整个过程呈弧形鞭状。在蹬夹水的过程中，双腿由屈到伸，速度由慢到快，产生强大的推进力。

（4）滑行：蹬夹水结束后，身体会由于惯性作用而自然滑行。这时，双腿应尽量伸直并拢，腿部肌肉和踝关节自然放松，以便更好地利用水流滑行。滑行阶段是蛙泳中重要的恢复和准备阶段，为下一个蹬夹水动作积蓄力量。

（三）动作原理

蛙泳中的蹬夹水与滑行动作涉及多个物理学原理的综合应用，包括牛顿第三定律、力的分解与合成、浮力与重力平衡、流线型体态等。

（1）收腿：在收腿阶段，大腿与水的接触面积会影响阻力大小。为了减小阻力，应尽量减少大腿对水流的阻力面积。因此，收腿时小腿应在大腿和臀部的投影截面内，以减小游进时的阻力。

（2）翻脚：翻脚动作是为了增大脚掌对水面的接触面积，为接下来的蹬水创造有利条件。通过向外翻脚，可以使得脚和小腿的内侧对水面，从而更有效地利用水力产生推进力。

（3）蹬夹水：蹬夹水阶段是产生推进力的主要环节。根据牛顿第三定律，当腿部向后蹬水时，会产生一个向后的作用力，同时产生一个相等大小、方向相反的向前推动力。在蹬夹水过程中，双腿先伸展髋关节，再伸展膝关节和踝关节，同时向内夹水，这样可以更有效地产生推进力。

（4）滑行：滑行阶段是利用蹬夹水产生的惯性作用，让身体自然滑行。在这个阶段，身体应保持水平稳定，四肢放松伸直，以减小阻力。根据流体力学原理，当物体在流体中滑行时，受到的阻力与物体的形状和速度有关。因此，在滑行过程中，应尽量保持身体的流线型姿势，以减小阻力并提高滑行效率。

（四）负荷特点

1.运动负荷

蛙泳中的蹬夹水与滑行在运动负荷方面表现出特定的特点。蹬夹水动作需要大腿、小腿及脚部多个肌群的协同工作，产生较大的力量输出，因此肌肉承受的物理负荷相对较重。同时，由于蹬夹水与滑行的连贯性，这种负荷是持续且节奏性的，对肌肉耐力和爆发力都有较高要求。此外，水的压力与阻力也增加了运动负荷，要求学生持续输出力量以克服阻力。整体来看，蹬夹水与滑行对身体的运动负荷是全面且具有一定强度的。

2.心理负荷

蛙泳的蹬夹水与滑行不仅对身体产生负荷，对心理也是一种挑战。在进行这些动作时，学生需要集中注意力，确保每一个动作都准确无误，这对精神的集中度和反应速度提出了较高要求。同时，由于蛙泳需要持续的耐力，学生还需在心理上保持坚韧不拔，克服疲劳和厌倦感，以维持高效的运动表现。因此，蹬夹水与滑行对学生的心理负荷也是不可忽视的。

（五）学情分析

水平四的学生在游泳方面通常已有一定的基础，但对于蛙泳中的蹬夹水与滑行技术，他们的掌握程度可能参差不齐。部分学生可能已经对蛙泳有了初步的了解和实践，能够完成基本的蹬夹水和滑行动作，但在动作的规范性和效率上还有待提高。另有一些学生可能对此技术还比较生疏，需要从基础动作开始学习。因此，在教学时需要针对不同基础的学生进行差异化指导。

对于水平四的学生来说，他们渴望在游泳技能上有所突破，提升自己的游泳速度和效率。蹬夹水与滑行作为蛙泳中的关键技术，对于提高学生的游泳成绩至关重要。学生需要通过系统的学习和练习，掌握正确的蹬夹水和滑行技巧，以增强推进力并减少水阻。同时，他们也需要培养持续练习的兴趣和毅力，以便更好地掌握和运用这些技术。因此，在教学过程中，应注重激发学生的学习兴趣，满足他们提升游泳技能的需求。

（六）教法建议

1. 基础技术练习

（1）腿部动作分解练习：学生可以在陆地上或浅水区进行腿部动作的分解练习。先练习收腿、翻脚、蹬夹和并拢的单个动作，再逐渐合并，形成连贯的蹬夹水动作。

（2）流线型姿态练习：为了滑行时保持身体流线型，可以进行身体伸展和平衡练习。例如，在陆地上模仿滑行时的身体姿态，或者在水中进行浮力和平衡练习。

2. 动作组合技术练习

（1）蹬夹水与呼吸配合：在水中进行蹬夹水动作时，配合正确的呼吸节奏。例如，在收腿时进行吸气，蹬夹水时慢慢呼气。

（2）连续蹬夹水练习：在泳池中设置标志物，要求学生连续进行蹬夹水动作，以提高动作的连贯性和效率。

（3）变速练习：要求学生在水中进行快慢交替的蹬夹水练习，以提高腿部动作的灵活性和反应速度。

3. 动作运用练习

（1）短距离冲刺练习：在泳池中设置标志物，学员使用正确的蹬夹水技术进行短距离冲刺，以提高实际应用能力。

（2）模拟比赛：设置短距离游泳比赛，让学生在实战中运用蹬夹水和滑行技术，体验技术在实际游泳中的应用。

4. 数字化信息化手段

（1）视频分析：利用水下摄像头或手机防水壳拍摄学员的蹬夹水动作，通过慢放、对比标准动作，帮助学生找出动作上的不足。

（2）互动教学软件：利用专门的游泳教学软件，通过动画、视频等形式展示正确的蹬夹水动作，同时提供实时的动作分析和建议。

（七）课时建议

（1）单个技术动作学练：建议安排2～3个课时。学习者需要分别练习收腿、翻脚、蹬夹等动作，确保标准且流畅，特别要注意翻脚时脚踝的灵活性和脚掌外翻的准确性。滑行时，重点练习如何保持身体流线型以减小阻力。

（2）动作组合技术练习：建议安排2～3个课时。应进入组合练习，将蹬夹水和滑行动作协调地组合在一起。此阶段的任务是确保动作之间的衔接自然流畅，能够在蹬夹水后立刻进入滑行状态，保持身体的稳定性和连续性。

（3）动作运用练习：在组合动作熟练后，需要在长距离游泳中实际运用这些技术。此阶段的任务是在连续游泳中检验蹬夹水与滑行动作的运用效果，模拟比赛或长时间游泳的实际情况。建议安排2～3个课时进行长距离游泳练习，以提高耐力和技术应用的熟练度。

三、蛙泳：长划臂动作连接25米蛙泳完整技术（水平五）

长划臂是蛙泳手臂划水技术之一，常用于潜泳以及蛙泳出发、转身后所做的一次水下划水动作。动作方法：动作的外划部分与蛙泳划臂相似，两臂置于头前伸直，边内旋边向两侧对称划水。动作的后划部分则是屈肘，随即两手沿体侧用力向后划动，直至推水至大腿两侧旁结束。手臂回臂时，先屈肘，两手沿胸腹下方向前移动，直至前伸。在手臂回伸的同时，作蛙泳蹬腿动作，完成一次完整的长划臂技术。

（一）教材价值

（1）长划臂动作的学练有助于学生深入理解蛙泳的技术细节。在学习过程中，学生需要通过不断的练习来掌握正确的动作要领，这不仅提升了他们的蛙泳运动技能，还培养了坚持不懈、勇于挑战自我的体育精神。同时，这一教学环节也强调安全与规范，使学生在锻炼身体的同时，养成良好的运动习惯。

（2）在蛙泳练习的过程中，学生的心肺功能得到了锻炼，肌肉也变得更为强健。这种低冲击性的运动不仅强化了心脏、提升了肺活量，还有助于塑造良好的体态。对于正在成长的青少年来说，这种运动方式无疑具有积极的健康影响。

（3）掌握长划臂动作并连接25米蛙泳的完整技术，要求学生具备坚定的毅力和持久的决心。在反复练习和技术精进的过程中，学生能够锤炼出挑战自我、追求卓越的勇气和精神。这种精神上的提升，对学生的全面发展和未来的社会适应能力有着深远的影响。

（二）教材的动作分析

1. 动作特点

蛙泳中的长划臂动作是提升效率和速度的关键。在进行长划臂时，双臂应同时向后推水，保持高肘抱水，以最大化的划水面积产生更大的推进力。在划臂的过程中，手脚的协调性至关重要，确保身体的平衡与连续的前进速度。当手臂划至臀部时，应迅速回臂，准备下一次划臂动作。此外，长划臂与蛙泳腿部的蹬夹动作需要紧密配合，形成连贯的推进节奏。

蛙泳中的长划臂动作要领：起始阶段，游泳者需保持最佳流线型，伸展身体，双腿并拢，双臂紧贴双耳，以最大限度减少水阻。在长划臂过程中，应注重高肘抱水和加速划推的技巧，这样可以产生更大的推进力，提升游泳速度。划臂结束后，利用惯性滑行，并注意贴身体回臂，减少水阻。同时，呼吸的配合也不容忽视，每次划臂后应快吸深吐，以保持持续的动力。接近终点时，加快划臂频率和力度，进行全力冲刺。

2. 动作结构

蛙泳中长划臂动作与 25 米蛙泳技术的结合，其基本动作结构由若干关键环节构成。

（1）起始阶段：游泳者保持身体伸展、双腿并拢、双臂夹紧的流线型姿势，以最小化水阻，为接下来的动作奠定基础。

（2）划臂动作：动作起始于手臂的外划，双手同步向外划水，掌心由向下逐渐转为向外，为接下来的动作蓄势。紧接着进入内划阶段，此时双手在体下向后下方划动，游泳者需曲肘，即进行高肘抱水，以增加划水面积并产生更大的推进力。在后推过程中，手臂应保持直线划推，沿着身体的两侧进行，以确保划水路线尽可能长，同时逐渐加速划水，从而有效提升推进效果。随后，手臂进行快速回收，恢复到初始位置，为下一次划臂做准备。

（3）滑行与回臂：当划臂动作完成后，游泳者可以利用划臂产生的惯性进行短暂的滑行。在滑行期间，应缩肩以减少水阻，并为下一次划臂做准备。回臂时，游泳者需要将掌心贴近身体前行，同时肘部也要紧贴身体，以降低阻力。

（4）长划臂结束后，学生需平稳过渡到常规的蛙泳划臂和蹬腿动作。在这一过程中，双臂和双腿的协调配合显得尤为重要，以确保身体平衡和持续的前进速度。

在整个过程中，需要注意呼吸的配合，确保在划臂过程中能够顺畅地呼吸。同时，保持良好的身体姿势和流线型，以减小阻力，提高游泳效率。这样的动作结构使得游泳者能够在比赛中快速启动，并保持稳定的游进速度，从而取得更好的成绩。

（三）动作原理

蛙泳中的长划臂动作与 25 米蛙泳技术的衔接，其基本动作原理深受水动力学与人体运动学理念的影响。

1. 起始阶段

起始阶段，主要体现了流线型原理的运用。游泳者需要保持最佳的流线型滑行，以减少水的阻力。

2. 划臂动作

在游泳过程中，当手臂划过水面，手臂与水的接触形成的水面张力会产生向后的反作用力，推动人体前行；通过合理利用这种水面张力产生的反作用力，并结合高肘抱水方式以建立更大的阻力面，同时确保手臂在身体阴影下直线划推，游泳者不仅能够获得更大的推进力，还可以保证推进力的方向正直向前，从而有效提高游泳速度并避免能量的浪费。

3. 滑行与回臂

在大划臂动作结束后，游泳者会利用惯性原理进行短暂的滑行，这一阶段的关键是保持身体的流线型以减少阻力；同时，通过缩肩滑行，即在推水动作完成后肩膀内扣缩窄，进一步降低阻力，从而帮助游泳者维持速度并减少能量的不必要消耗，同时减少对肩部肌肉的压力。

在回臂过程中，为了减少阻力，游泳者需要掌心朝向身体，贴近身体向前回臂；同时肘部也要紧贴身体两侧。这些动作都是为了减少身体在水中的阻力面，使回臂更加流畅且减少能量的损失。

（四）负荷特点

1. 运动负荷

从运动负荷的角度来看，蛙泳中的长划臂动作连接 25 米蛙泳完整技术对体能要求较高。在长划臂阶段，大幅度的手臂动作和连续的腿部推进需要消耗大量的能量，使得肌肉承受较大的负荷。同时，由于需要保持身体的平衡和连续的前进速度，学生的心肺功能也面临一定的挑战。这种高强度的运动负荷有助于提高学生的体能水平和耐力。

2. 心理负荷

从心理承受能力的视角来看，蛙泳中的长划臂与 25 米蛙泳技术的结合，同样要求学生具备优秀的心理状态。在进行连续的长划臂和蛙泳动作切换时，学生必须保持高度的专注力，精确地掌握并执行每一个动作细节，这无疑对他们的心理平稳度和专注能力有着相当高的要求。另外，当置身于比赛场合，面对着来自竞争对手的压力和观众的瞩目，学生还需展现出良好的心理调适能力，以确保自己能够维持在最佳的比赛状态。

（五）学情分析

对于高中的学生来说，他们在蛙泳方面已经具备了一定的基础，掌握了基本的蛙泳技巧和节奏感。然而，长划臂动作连接 25 米蛙泳完整技术对他们而言，仍是一个新的挑战。这项技术要求学生不仅要有良好的体能和耐力，还需要更高的技巧性和协调性。因此，在教学过程中，需要针对学生现有的基础进行差异化教学，帮助他们逐步提升。

在需求方面，高中的学生通常对游泳技术有着更高的追求，他们渴望在游泳方面有所突破，提升个人技能。长划臂动作连接 25 米蛙泳完整技术能够满足他们对技术提升的需求，同时也能够增强他们的自信心和比赛竞争力。因此，在教学过程中，应注重激发学生的学习兴趣和积极性，通过多样化的教学方法和手段，帮助他们更好地掌握这项技术，实现自我超越。同时，也要关注学生的个体差异，根据不同学生的需求和特点，制定个性化的教学方案。

（六）教法建议

1. 基础技术练习

（1）起始动作练习：在陆地上模拟长划臂的起始动作，强调手臂外展、准备入水的姿势。

（2）划臂路径练习：在水中进行手臂划动的练习，注意手臂划动的路径和掌心的对水面变化，确保最大限度地产生推进力。

2. 动作组合技术练习

（1）配合呼吸的节奏练习：在泳池中进行长划臂与呼吸的配合练习，确保学生在划臂过程中能够顺畅地呼吸。

（2）15米出发游练习：让学生进行15米左右的出发游，重点练习长划臂的加速和恢复动作。

（3）25米连续游练习：逐渐增加游泳距离，让学生体会在连续游泳过程中如何保持长划臂的稳定性和效率。

3. 动作运用练习

（1）计时练习：设置25米泳道，让学生进行计时游，以提高他们的速度和节奏感。

（2）模拟比赛：模拟真实的比赛场景，让学生在紧张的环境下练习，提升他们的比赛应对能力。

4. 数字化信息化手段

（1）视频教学：录制学生的游泳动作，通过慢放、对比专业学生的动作，帮助学生找出自己的不足并进行改进。

（2）运动数据分析：使用运动追踪设备收集学生的游泳数据，如划臂频率、速度等，通过数据分析来优化学生的技术动作。

（七）课时建议

（1）单个技术动作学练：本阶段建议安排2～3个课时。从单个技术动作学练方面来看，首先要重点学练蛙泳的长划臂动作。学生需逐步掌握手臂入水、划水、推水和恢复阶段的细节，通过反复练习，精确每一个动作的角度和力度，以提高划水的效率和推进力。

（2）动作组合技术练习：本阶段建议安排3～4个课时。学生需要将长划臂与蛙泳的其他动作，如蹬腿和换气，进行有机结合。通过分解再组合的方式，让学生逐渐适应并协调各个动作之间的衔接，以形成流畅连贯的游泳节奏。

（3）动作运用练习：在这一阶段，本阶段建议安排2～3个课时。在实际游泳中将蛙泳的长划臂动作融入25米蛙泳的完整技术中。学生需要通过长距离游泳，不断调整和优化动作组合，以适应比赛或健身游泳的需求。

第一节 ｜ 拳　术

一、长拳：弓步劈掌（水平三）

弓步劈掌是长拳的基本动作之一。动作方法：长拳中的弓步劈掌，起始于稳定姿势，左脚迈前成左弓步，同时右手掌从腰间抡起，猛力向前下方劈出，左手则辅助防守或保持平衡。动作完成后，通过并步收掌等收势动作回归准备状态或过渡到下一动作。

（一）教材价值

（1）弓步劈掌作为长拳中的一个重要动作，学练过程不仅能够培养学生的耐心和毅力，还有助于培养他们刻苦耐劳的品质和坚持不懈的精神。通过反复练习和不断调整姿势、力度，学生能够深刻体会到长拳的精髓。同时，作为中华武术的重要流派，习练长拳也是了解和传承中华传统文化的过程，这一过程有助于增强学生的文化自信和民族自豪感。

（2）弓步劈掌的练习对学生身体素质的提升有显著效果，其大幅度的肢体运动不仅能有效锻炼学生的肌肉和关节，发展身体柔韧性，同时要求学生在完成弓步与劈掌发力之间保持高度协调，从而增强学生身体的协调性和平衡感。此外，这一动作的发力过程需要全身肌肉的协同合作，特别是腿部和上肢肌肉，长期练习能显著提升学生的肌肉力量和爆发力。

（3）弓步劈掌不仅是一个重要的武术基本动作，能让学生在实践中摸索进步，提升运动能力。更重要的是，弓步劈掌的练习对学生而言是一个不断挑战和超越自我的过程，通过持续努力，学生能够培养出勇于挑战、追求卓越的品质，对个人成长和发展具有深远影响。

（二）教材的动作分析

1.动作特点

长拳中的弓步劈掌动作，特点在于其独特的姿势和发力方式。练习时，身体需保持中正，左脚向前迈出形成左弓步，同时右手掌从腰间迅猛抡起，以力贯掌心向前下方猛劈，展现出长拳的迅猛与力量。这一动作强调腰部的旋转力量，使掌力更加充沛。通过反复练习，不仅能够增强腿部力量，还能提高身体的灵活性和反应速度，是长拳中不可或缺的基本功之一。

长拳中的弓步劈掌动作要领在于：首先，形成稳定的左弓步，左腿屈膝前弓，右腿蹬直；接着，右手迅速从腰间抡起，掌心向上，经过头顶后向前下方猛力劈下，力达掌根，掌心向下，同时左手附于右手腕内侧或左掌侧立掌推出；动作过程中，腰部需配合发力，保持身体中正，目视前方。此动作要求力量与速度的完美结合，展现出长拳的迅猛与力量之美。

2. 动作结构

长拳中的弓步劈掌由准备姿势、迈弓步、抡臂劈掌、左手协同、收势等主要环节构成。

（1）准备姿势：通常从并步抱拳开始，身体保持中正，双眼目视前方，全神贯注。

（2）迈弓步：接下来是左脚（或右脚）向前迈出一步，腿部弯曲形成弓步。此时，前腿弯曲成90度左右，后腿伸直，双脚掌贴地，保持身体稳定。

（3）抡臂劈掌：在迈弓步的同时或之后，右臂（假设是右劈掌）从腰间开始，经由体侧向后、向上、再向前抡起。当手臂抡至头顶上方时，迅速翻转手掌，手掌小指一侧向下，然后以迅猛之势向前下方劈出。

（4）左手协同：在右臂抡劈的过程中，左手通常用于保持身体平衡，或进行辅助防守动作。它可能会停留在腰间，也可能会做出其他协同动作，如拦、推等，以增强整体的攻防效果。

（5）收势：完成劈掌动作后，身体各部分逐渐放松，恢复到准备姿势或过渡到下一个动作。

（三）动作原理

长拳中的弓步劈掌动作涉及多个物理学原理的应用，包括稳定性与重心、力矩与平衡、动能与势能转换、力的分解与合成以及牛顿第三定律等。这些原理共同作用使得弓步劈掌动作具有强大的力量和稳定性。

（1）准备姿势：在弓步劈掌的准备阶段，学生通过腿部的弯曲和腰部的扭转来积蓄弹性势能。在劈掌的瞬间，这些弹性势能迅速转化为动能，使得手掌能够以更高的速度击中目标。

（2）迈弓步：在迈弓步的过程中，身体需要保持平衡。这涉及物理学中的力矩概念。力矩是力与力臂的乘积，它描述了力的转动效果。为了保持平衡，身体需要调整重心，使得各方向上的力矩相互抵消。

（3）抡臂劈掌：在抡臂过程中，手臂由静止开始加速运动，这涉及动能与势能的转换。手臂在抡起时，势能逐渐增加；当手臂劈下时，势能转化为动能，使手掌具有更大的力量和速度。

（4）左手协同：在弓步劈掌中，左手通常用于协同和保持平衡。当右手进行劈掌动作时，左手会进行相应的动作以维持身体平衡。这体现了牛顿第三定律——作用力与反作用力相等且方向相反。左手的动作可以视为对右手劈掌动作的反作用力，有助于保持身体的稳定性和平衡。

（5）收势：在完成劈掌动作后，收势环节帮助身体恢复平衡状态。这涉及能量耗散的原理，即通过将剩余的能量以热能等形式耗散掉，使身体恢复到静止或低能耗状态。

（四）负荷特点

1.运动负荷

长拳中的弓步劈掌，从运动负荷角度来看，具有显著的特点。这一动作要求学生在短时间内完成大幅度、快速的力量爆发，以手掌劈击为主要表现形式。由于动作迅速且力度大，弓步劈掌对身体的无氧氧化供能系统提出了较高要求，学生需要具备良好的力量和爆发力。同时，连续弓步劈掌在演练过程中，心率会迅速上升，达到较高的运动强度，这对于提高心肺功能和增强身体素质具有积极作用。

2.心理负荷

在心理负荷方面，弓步劈掌同样具有一定的挑战性。高质量的弓步劈掌学生需要集中注意力，确保动作的准确性和流畅性，这在一定程度上增加了心理负荷。然而，通过反复练习，学生可以逐渐适应这种负荷，并在挑战中不断提升自我，增强自信心和意志力。因此，弓步劈掌的心理负荷也是促进学生心理成长的重要因素之一。

（五）学情分析

对于水平三的学生而言，弓步劈掌是一项既具挑战又富有吸引力的武术动作。从学生基础方面来看，这一阶段的学生已经具备了一定的身体协调性和柔韧性，能够完成基本的身体动作。然而，弓步劈掌对弓步高度的控制、劈掌定势动作精准度和身体平衡能力提出了更高要求，因此学生需要通过系统练习逐步提升这些身体素质。

在需求方面，学生普遍对武术抱有浓厚兴趣，希望通过学习弓步劈掌等动作来展示武术精气神、增强自身的运动能力和自我保护能力。同时，他们也需要在这一过程中培养坚韧不拔的意志品质。因此，在教学过程中，教师应注重激发学生的积极性，通过兴趣化和多样化的教学方法，帮助学生掌握弓步劈掌的动作要领，并引导他们在实践中不断提升自我。

（六）教法建议

1.基础技术练习

（1）步伐练习游戏：在地上画出弓步的形状，让学生模仿并快速转换左右弓步，通过计时或比赛形式增加趣味性。

（2）手掌劈击游戏：利用软垫或悬挂的气球作为目标，让学生进行手掌劈击练习，感受手掌劈出的力量和角度。

2. 动作组合技术练习

（1）动作接龙：将弓步劈掌与其他基础动作组合，如马步冲拳、虚步护身掌等，形成一系列动作，让学生依次完成，类似于"接龙"游戏，培养动作的连贯性。

（2）节奏练习：选择节奏明快的鼓点，让学生在鼓点节奏下进行弓步劈掌的练习，提高动作的节奏感和协调性。

3. 动作运用练习

（1）情景模拟：设置简单的攻防情景，如"拯救气球"游戏，让学生运用弓步劈掌、弓步架打等动作进行防守和进攻，增强动作的实际运用能力。

（2）对战游戏：在安全的环境下，让学生进行两两模拟对战，一位同学运用弓步劈掌等进攻动作进行进攻，另一同学运用弓步架打等防守动作进行防守。

4. 数字化信息化手段

（1）视频教学：利用数字化设备播放专业的弓步劈掌示范视频，供学生观摩学习，纠正自己的动作。

（2）魔镜教学：使用魔镜，让学生在魔镜前进行动作的模拟练习，并获得即时的反馈和指导。

（3）虚拟现实体验：在有条件的学校，可以引入 VR 技术，让学生在虚拟环境中进行弓步劈掌等武术动作的体验和学习，增加学习的趣味性和沉浸感。

（七）课时建议

（1）单个技术动作学练：重点应放在让学生掌握正确的姿势和动作要领上。可以通过多次重复单个弓步和劈掌动作，让学生逐渐熟悉并掌握这一招式的标准形态和发力方式。建议安排 1 个课时进行基础练习，通过多种方式的练习确保学生打下坚实的基础。

（2）动作组合技术练习：进入动作组合技术练习，学生需要将弓步劈掌与其他长拳动作结合起来，形成连贯的招式组合。这一阶段的教学重点是动作的流畅性和协调性。可以安排 1～2 个课时，让学生通过不同组合的练习和修正，逐渐达到动作自如、转换流畅的水平。

（3）动作运用练习：在动作运用练习中，学生需要在实际对抗或演示中运用弓步劈掌。这一阶段的教学应注重实战性和表演性的结合，培养学生的灵活运用招式的能力。建议安排 1～2 个课时，让学生在模拟实战环境中体会招式的实际应用，提升其实战技能和表演水平。

二、长拳组合技术：弓步冲拳接上步穿掌（水平四）

弓步冲拳接上步穿掌是一种流畅且有力的动作组合。动作方法：从预备姿势开始，先做弓步冲拳，左脚上步成半马步，左臂格打，右拳收至腰侧；随后右腿蹬直成左弓步，同时右拳冲出，左拳收至腰侧。紧接着进行上步穿掌：重心前移，右脚上步，两臂准备穿掌；左脚并步时，两臂屈肘下按，左掌掌心向上从右臂内侧穿出，右掌握拳收至腰侧。最后调整身形，保持挺胸立腰，目视前方。

（一）教材价值

（1）该组合动作的学习不仅有助于培养学生的专注力和持之以恒的精神，还能使学生在反复练习中逐步掌握动作要领，体会武术精髓，增强对武术文化的理解和尊重。同时，该组合动作强调准确性和连贯性，要求学生不断调整身体姿势和动作轨迹，以培养协调能力和空间感知能力。

（2）这套组合动作能够全面提升身体素质。冲拳动作可以锻炼上肢肌肉力量，提高出拳速度和爆发力；穿掌则能够锻炼到肩、臂、手腕等多个部位的肌肉群。同时，弓步和上步的动作还能够锻炼下肢肌肉，提升腿部力量和身体的稳定性。

（3）弓步冲拳接上步穿掌作为长拳组合技术的重要部分，其学习和掌握过程不仅是学生个人武术技能的提升之旅，更是一个全面发展的过程。随着技能的精进，学生能在武术比赛中展现风采，收获成就感和自信心。更重要的是，通过这一组合技术的学习和练习，学生能够培养出坚韧不拔、勇往直前的精神，为未来的成长和发展奠定坚实基础。

（二）教材的动作分析

1. 动作特点

长拳组合技术中的弓步冲拳接上步穿掌，展现出独特的动作特点。弓步冲拳时，身体微微前倾，一腿前弓，一腿蹬直，形成稳固的弓步站姿，同时一拳迅猛冲出，力量从腰间传递至拳面，彰显出长拳的刚猛之势。紧接的上步穿掌则讲究连贯与协调，一步踏出，掌随之穿出，动作流畅自然，掌法轻柔却内含暗劲。这两个动作的组合，既体现了长拳的刚柔并济，也展示了武术的韵律之美。

在练习这一组合技术时，动作要领尤为关键。首先要确保弓步的标准，前腿屈膝前弓，后腿蹬直，保持身体平衡；冲拳时要以腰为轴，力达拳面，劲力充足。上步穿掌时，步法与手法要协调一致，穿掌要迅速且有力，同时保持呼吸顺畅，以气助力，使动作更加舒展大方。

2. 动作结构

长拳组合技术中的弓步冲拳接上步穿掌包含两个主要动作：弓步冲拳和上步穿掌。其基本动作结构体现了长拳的严谨性与流畅性。

首先是弓步冲拳，学生以一脚向前迈出形成弓步，另一腿伸直为支撑。在迈步的同时，一侧手臂从腰间迅猛冲出，拳眼朝上，力达拳面，形成有力的冲拳动作。这个结构要求腿部与上肢的协调配合，确保弓步的稳定与冲拳的力量。

紧接着是上步穿掌，学生将另一脚向前迈出一步，形成新的站位。与此同时，之前冲拳的手臂内旋收回，手掌从腰间或另一侧手臂的下方穿出，掌心朝上，指向目标方向。这个穿掌动作要求流畅连贯，与上步动作同步进行，展现出长拳的灵活与协调。

整个组合技术中，弓步冲拳与上步穿掌的衔接至关重要，需要确保动作的连贯性和稳定性。同时，呼吸的配合也是不可忽视的要素，它能够帮助学生更好地发力与控制动作。通过这种严谨而流畅的动作结构，弓步冲拳接上步穿掌得以完美呈现，充分展现了长拳的魅力。

（三）动作原理

长拳组合技术中的弓步冲拳接上步穿掌涉及多个物理学原理，主要包括牛顿第二定律、动量定理、动能与势能的转换、身体平衡原理等。这些原理共同作用于长拳组合动作中，使其能够发挥出最大的打击效果和保持身体的稳定性。

（1）弓步冲拳：在弓步冲拳的过程中，通过腿部和腰部的协同发力，将力量传递到拳头上。这一动作符合牛顿第二定律，即力等于质量乘以加速度。学生通过迅速收缩肌肉，产生较大的力，尽管拳头的质量较小，但由于加速度的增加，可以产生强有力的冲拳效果。冲拳的穿透力可以通过动量定理来解释。在短时间内对目标施加较大的力，将会产生较大的动量变化，从而增强打击效果，因此冲拳动作越快，力量越大。

（2）上步穿掌：在上步穿掌的过程中，学生的身体由静止状态转为运动状态，这是动能与势能之间的转换。当学生上步时，身体重心上升，势能增加；随着穿掌动作的完成，身体重心下降，势能转化为动能，使穿掌动作更加迅速有力。

（3）在弓步冲拳接上步穿掌的过程中，保持身体平衡是至关重要的。这要求学生精确控制自己的重心位置。同时，弓步姿势通过扩大两脚之间的距离来增大支撑面，进而提升稳定性。在进行上步穿掌时，也需确保脚步稳固，从而提供充足的支撑力以维持身体平衡。

（四）负荷特点

1.运动负荷

长拳组合技术弓步冲拳接上步穿掌的运动负荷特点主要体现在对身体的力量和速度要求上。这套组合动作需要学生具备较好的体能，能够支撑连续而有力的动作输出。在练习弓步冲拳时，腿部和腰部的肌肉群需要核心稳定，以保持稳定有力的姿势；而上步穿掌则要求迅速转换动作，对身体的协调性和灵活性提出挑战。整体来看，这套组合技术的运动负荷是中等偏上的，既能够锻炼到身体，又不会过于超负荷。

2.心理负荷

从心理负荷角度来看，这套组合技术要求学生保持高度的专注力和反应能力。在练习过程中，需要不断调整呼吸、控制身体平衡，并准确完成每一个动作细节。因此，它能够在一定程度上提升学生的意志品质和自我调控能力。同时，这套技术的掌握也需要一定的时间和耐心投入，对于培养学生的坚韧性和自信心也具有积极作用。

（五）学情分析

对于水平四的学生而言，这一阶段的学生已经具备了一定的身体协调性和基本运动技能，能够完成较为复杂的动作组合。然而，对于长拳中的精细动作和内在力量控制，学生可能还需要进一步加强。特别是弓步冲拳的力量爆发和上步穿掌的流畅转换，需要学生有良好的体能和准确的动作认知。

从学生的需求来看，这一组合技术不仅能够提升学生的运动能力，还对其身心健康发展有积极影响。学生渴望通过练习长拳来增强自信、塑造体型，并培养坚韧不拔的意志品质。因此，在教学过程中，教师应注重动作的规范性与武术美感，激发学生的学习兴趣，并通过逐步增加难度和挑战，帮助学生不断提升自我。

（六）教法建议

1. 基础技术练习

（1）弓步稳定性练习：学生根据身高在地面上画出不同距离的脚印，然后站到脚印上，保持弓步姿势的稳定，教师逐一指导纠正动作。

（2）冲拳与穿掌分解练习：学生先原地练习冲拳和穿掌的基本手型与路线，教师强调拳、掌的正确手型和力量传递。

2. 动作组合技术练习

（1）原地组合练习：学生在原地先练习弓步冲拳，然后紧接着练习上步穿掌，反复多次，直至动作流畅。

（2）连续组合练习：在地面上设置动作线路，学生按照线路连续进行弓步冲拳接上步穿掌的组合练习。

3. 动作运用练习

（1）反应球练习：悬挂一个反应球在学生面前，学生做好准备姿势。当球落下时，学生需要迅速做出弓步冲拳接上步穿掌的组合动作来击打或避开球。

（2）攻防模拟：学生两两配对，一人持靶（软垫或手套），另一人进行弓步冲拳接上步穿掌的攻击。持靶学生需要适时移动靶位，以增加进攻者的难度和反应速度。

4. 数字化信息化手段

（1）视频教学：利用数字化设备播放专业的长拳组合技术——弓步冲拳接上步穿掌示范视频，供学生观摩学习，纠正自己的动作，也可以拍摄自己动作与示范动作进行对比。

（2）互动学习平台交流：建立班级武术学习平台，鼓励学生上传自己的练习视频，同学之间互相观看、点评。

（七）课时建议

（1）单个技术动作学练：本阶段建议安排1个课时。主要任务是分别熟练掌握弓步冲拳和上步穿掌两个动作。学生需从动作的标准姿势、发力方式等基础入手，通过反复练习来确保每个动作都能做到准确无误。

（2）动作组合技术练习：本阶段建议安排1～2个课时。目标是让学生能够将弓步冲拳和上步穿掌两个动作流畅地连接起来，形成完整的组合。通过反复练习和教师的及时指导，不断提升学生的动作协调性和连贯性。

（3）动作运用练习：本阶段建议安排2～3个课时。在这一阶段，学生需要在模拟的实战场景中运用所学组合动作，提升实战应用能力。通过多样化的练习方法和对抗性练习，增强学生的反应速度和实战意识。

三、新编长拳第四段：转身里合腿—弓步三冲拳—提膝转身劈掌—提膝亮掌—弓步双插掌—并步对拳（水平五）

新编长拳第四段是一套深受武术爱好者喜爱的拳术套路，它流畅而有力，包括了转身里合腿、弓步三冲拳、提膝转身劈掌、提膝亮掌、弓步双插掌和并步对拳六个精华动作。动作方法：身体自然站立，双脚与肩同宽。首先，左腿支撑身体，右腿由外向内做横向摆动踢击，完成后迅速收回，恢复站立姿势。接着，转为前后开立的左弓步，连续向前打出两拳后回身右弓步冲拳，每拳从腰间迅猛击出，力达拳面。然后，以左脚为轴快速提膝转身，同时一掌劈下，力量直达掌外沿。之后，一腿提膝，双手扬起呈亮掌姿势。在左腿向前呈左弓步的同时，两掌迅速从腰间插出，掌心向上，力达指尖。最后，右腿向前，双脚并拢，两掌变拳，按于腹前，拳心向下，拳面相对，目视左方。

（一）教材价值

（1）新编长拳第四段通过一系列复杂的动作组合，不仅要求学生掌握基本的手型、步型和身法，还强调动作的连贯性、协调性和节奏感。这一过程中，学生需要集中注意力，不断纠正错误，从而培养了他们的专注力、耐心和毅力。同时，长拳所蕴含的武术精神和文化底蕴，也在潜移默化中影响着学生的品德修养。

（2）新编长拳第四段的动作设计科学合理，能够全面锻炼身体的各个部位。通过反复练习，可以增强肌肉力量、提高柔韧性和协调性，改善心肺功能，促进身体健康。同时，长拳的呼吸配合和意念引导也有助于调节身心状态，缓解压力，提升整体健康水平。

（3）新编长拳作为武术的一部分，其传承和发展对于弘扬民族文化、增强民族自豪感具有重要意义。学生通过学习这些动作，可以更深入地了解中国传统文化，培养爱国主义精神。同时，武术作为一种体育运动，其独特的魅力和广泛的群众基础也为学生的人际交流提供了广阔的平台。

（二）教材的动作分析

1.动作特点

新编长拳第四段包含一系列精彩动作，如里合腿、弓步三冲拳、转身劈掌、提膝亮掌、弓步插掌和并步对拳，每个动作都独具特点。里合腿以腿部灵活摆动为特点，要求支撑腿稳定，摆动腿快速内合。弓步三冲拳则强调步法与拳法的紧密配合，呈前后开立的弓步姿势，前腿弯曲后腿伸直，冲拳需从腰间迅猛发力，力达拳面。转身时要以腰为轴，迅速而稳定。劈掌时，手臂要伸直，力点达于掌根或小指一侧，同时要保持身体的平衡，避免前倾或后仰。提膝亮掌时，支撑腿要站稳，提膝腿的高度要适中，亮掌与转头应同时完成，两肩放松。弓步插掌时，插掌的手臂要伸直，力点达于指尖或掌根；并步抱拳时，两拳要紧贴腰间或体侧，同时保持身体的稳定。这个动作要求动作连贯、协调有力。

动作要领：在练习里合腿时，要注意摆动腿的灵活性和速度，以及与支撑腿的协调配合，确保动作流畅。弓步三冲拳则要求步伐稳定，冲拳时要从腰间发力，确保力达拳面，三个冲拳连续迅速。转身劈掌需借助腰部力量快速转身，同时手掌猛然下劈，力求迅猛准确。提膝亮掌、弓步插掌以及并步抱拳等动作也需注重身体的整体协调性，确保每个动作都标准到位。

2. 动作结构

（1）转身里合腿：以左脚为轴，身体快速转身，同时右腿由外向内做弧形摆动踢击，即转身里合腿。这一动作要求腿部力量与身体协调性高度结合，力达脚背，展现出腿法的柔韧与力量。

（2）弓步三冲拳：在完成转身里合腿后，转为前后开立的左弓步，连续向前打出两拳后回身右弓步冲拳。

（3）提膝转身劈掌：右腿提膝，身体轻盈上升，同时快速转身，一掌劈下，力量直达掌外沿，即提膝转身劈掌。

（4）提膝亮掌：在劈掌后，换左腿提膝，同时身体重心升高，双手扬起呈亮掌姿势。这一动作犹如大鹏展翅，展现出武术的雄壮与气势。

（5）弓步双插掌：从提膝亮掌过渡到弓步双插掌，要求在保持左弓步的同时，双掌迅速从腰间插出，掌心向上，指尖发力。

（6）并步对拳：最后以并步对拳作为收势动作。双脚并拢站立，身形归一；两掌变拳停于腹前，拳心向下，拳面相对，形成并步对拳的姿态。

（三）动作原理

新编长拳第四段的动作体现了牛顿第二定律、牛顿第三定律、力矩与平衡、动量定理、角动量守恒等物理学原理。

（1）转身里合腿：在转身过程中，动量守恒和角动量守恒的原则起着至关重要的作用。为了确保动作平稳流畅，练习者必须精确调控身体的转动动量，使其得到保持或适当调整。特别是在执行里合腿的踢击时，这一过程涉及动能的转化，即将身体的势能转化为腿部的动能，以实现强有力的踢击。同时，转身时身体围绕某一轴（如一脚）旋转，要求角动量保持守恒，这意味着在转身过程中，练习者需要精确调整身体各部分的相对位置和速度，以维持稳定的旋转状态。踢击瞬间，力学平衡同样关键。

（2）弓步三冲拳：在此过程中，牛顿第二定律发挥着关键作用，拳头的加速度直接由作用在其上的力量和拳头的质量决定。为了增强打击力度，学生通常会利用腿部和腰部的力量传递，加快出拳速度，即增加加速度。同时，弓步姿势使身体重心前移，为冲拳提供更大动量。通过腿部和腰部的协调发力，这种动量被有效传递到拳头上，形成强有力的打击。

（3）转身劈掌：转身劈掌涉及身体转动的动力学原理。在转身过程中，身体需要保持平衡并进行快速的转动，这要求练习者合理利用身体各部位产生的力矩，以达到稳定且迅速的转身效果。劈掌的动作则是利用身体的转动惯量和手臂的挥动速度来产生强大的冲击力。

（4）提膝亮掌：提膝亮掌体现了重心转移和平衡控制的物理学原理。提膝动作会改变身体的重心位置，要求练习者通过调整身体姿势来保持平衡。亮掌时，手掌的快速挥出是利用了动量和速度的原理，以产生一定的威慑或攻击效果。

（5）弓步双插掌：在弓步双插掌的动作中，动量传递与方向控制起着关键作用。通过腿部和腰部的力量传递，动量被有效地传递到双掌上，为插掌动作提供动力。同时，为了确保插掌的准确性和有效性，需要精确控制双掌的方向和力量。而弓步姿势则为双插掌提供了稳定的支撑基础，使得动作更加稳固。

（6）并步对拳：并步对拳作为收势动作，要求身体回到静止状态下的平衡状态。这涉及对身体各部分的精确控制和调整，以达到最终的静力学平衡。

（四）负荷特点

1. 运动负荷

新编长拳第四段的负荷特点在运动负荷方面，主要表现为中高强度的身体活动。这套拳法包含多个快速转换和发力的动作，如里合腿、弓步三冲拳等，要求学生具备良好的身体协调性和力量基础。连续的动作变化和重心的转移，使得学生的心肺功能得到锻炼，有助于提高耐力和减少身体脂肪。同时，这套拳法的节奏明快，对学生的速度和爆发力也提出了较高要求，动迅静定特点有助于提升身体的快速反应能力。

2. 心理负荷

在心理负荷方面，新编长拳第四段同样具有挑战性。学生需要集中注意力，准确记忆每个动作的顺序和规范，这在一定程度上增加了大脑的认知负荷。此外，随着动作的熟练和难度的提升，学生可能会经历从初始的挫败感到逐渐掌握后的成就感，这种心理变化也是心理负荷的一种体现。这套拳法的学习过程，不仅是对身体的锻炼，也是对意志品质和心理素质的考验。

（五）学情分析

在基础方面，高中的学生通常已经具备了一定的武术基本功和专项体能，能够完成一些较为复杂的武术动作。然而，新编长拳第四段包含了一些技术难度较大、对身体协调性要求较高的动作，如里合腿、转身劈掌等。因此，在教学过程中，需要针对学生现有的基础水平，逐步引导其掌握这些技术要点，确保动作的正确性和流畅性。

在需求方面，高中的学生正处于身体发育和技能提升的关键时期，他们对新奇、富有挑战性的武术套路有着浓厚的兴趣。新编长拳第四段不仅能够满足学生提升武术技能的需求，还能在练习过程中培养学生的意志品质。因此，教师应结合学生的实际需求，设计丰富多样的教学方法和手段，激发学生的学习兴趣和积极性，使其在轻松愉快的氛围中掌握这套拳法。

（六）教法建议

1. 基础技术练习

（1）分段式教学：将新编长拳第四段分解为若干个小节，如里合腿、弓步三冲拳等，逐一进行教学。每个小节都要确保学生完全掌握后，再进行下一个小节的教学，也可以组合与组合练习，提高新组合动作的节奏。

（2）定向击打练习：设置目标物（如沙袋、靶子等），学生使用新编长拳第四段中的动作进行击打。例如，用弓步三冲拳连续击打沙袋，或者用转身劈掌准确击中靶子。这种练习可以增强学生的击打力量和准确性。

（3）转身劈掌应对多方向攻击：教师或同伴从不同方向用软垫或靶子进行模拟攻击，学生需要快速转身劈掌应对。这样的练习能够练习学生在实战中灵活应对来自不同方向的攻击。

2. 动作组合技术练习

（1）里合腿接弓步三冲拳：起始于并步站立，突然进行里合腿动作，落地后迅速转为弓步，并连续进行三次冲拳。

（2）转身劈掌连提膝亮掌：从弓步开始，进行快速的转身劈掌，紧接着提起一腿做提膝亮掌动作。

（3）弓步插掌并步对拳：先做一个完整的弓步插掌，随后并步站立，立即进行对拳动作。这个组合练习能够锻炼学生步法与手法之间的配合能力。

（4）全套动作分段串联：将整套动作分为若干小段，如里合腿—弓步冲拳为一段，转身劈掌—提膝亮掌为下一段，依次类推。先分段练习，再将各段连接起来，形成完整的动作串联。

3. 动作运用练习

（1）个人展示赛：设置个人展示环节，每位学生单独上台表演新编长拳完整套路。

（2）攻防模拟练习：两人一组，一人扮演进攻方，一人扮演防守方。攻击方使用里合腿、弓步三冲拳等动作发起进攻，防守方则教学展示，学生根据动作要求进行互评。

4. 数字化信息化手段

（1）多媒体教学：通过播放视频、动画等多媒体资料，让学生更直观地了解每个动作的要领和细节，提高教学效果。

（2）魔镜教学：借助魔镜，对学生的动作进行实时捕捉和分析，给出个性化的反馈和指导建议，帮助学生更快地发现不足和纠正错误动作。

（七）课时建议

（1）单个技术动作学练：重点应放在单个动作的技术细节和准确性上。学生需要分别练习里合腿、弓步三冲拳、转身劈掌、提膝亮掌、弓步插掌以及并步对拳等动作。此阶段建议安排 2～3 个课时，以便学生有足够的时间去逐渐熟悉并掌握各个动作的要领。

（2）动作组合技术练习：进入动作组合练习阶段，学生需要将上述动作串联起来，形成连贯的组合。这一阶段的重点是提高动作之间的衔接流畅性和整体协调性。建议安排 2～3 个课时进行组合练习，让学生通过不断的练习和调整，使整套动作更加自然和流畅，形成自己的演练节奏。

（3）动作运用练习：学生需要在模拟实战或比赛中运用这套动作，以培养其在实际场景中的运用能力和评价能力。此阶段可安排 1～2 个课时，让学生在实践中不断提升和完善自己的技术。

第二节 ｜ 太 极 拳

一、八式太极拳："野马分鬃"（水平三）

"野马分鬃"是太极拳基本动作。左右手一上一下斜分掌，下肢呈顺势弓步，形似抚马梳理马颈背上的鬃毛，故名"野马分鬃"。动作方法：两脚开立与肩宽，膝微弯，双手自然下垂于体侧。接着，上体右转，重心移右腿，双手呈"抱球"状于右胸前，左脚跟抬起转向右，眼看右手。随后，上体左转，左脚左前方上步，脚跟轻触地，重心仍在右腿，两脚间距约 20 厘米。接着，上体挺直左转，重心移左腿，成左弓步，同时两手分别向左上和右下分开，左手高与眼平，右手按至右胯旁，眼看左手。右侧动作同理，方向相反。

（一）教材价值

（1）"野马分鬃"要求学生高度集中注意力并通过反复练习不断感受太极拳劲力，从而培养学生持之以恒的学习精神和自主探索能力，同时作为太极拳的重要招式，其背后蕴含的深厚哲学思想和文化底蕴还能够加深学生对中国传统文化的了解和认同，进而增强他们的文化自信。

（2）"野马分鬃"动作要求练习者身体各部位协调配合，特别是腰部的旋转和腿部的虚实转换，这对于增强腰部力量、提高身体灵活性和平衡能力具有显著效果。同时，"野马分鬃"的躯干螺旋拉伸能够按摩内脏，利于脏腑功能的调整恢复；两臂左右开合并拇指食指领劲，拉伸膈肌，疏通肺经、大肠经，利于宣肺理气，提升心肺功能。

（3）太极拳的练习是一个循序渐进的过程，要求学生保持沉稳、不急不躁的态度，逐步提升自己的技艺。这样的练习方式不仅塑造了学生稳重、沉着的性格，为他们未来的生活和工作奠定坚实基础，而且其中蕴含的"以柔克刚"哲学思想还能指导学生更好地处理人际关系，培养包容心和谦逊品质，使他们在面对挑战时能够保持冷静与理智。

（二）教材的动作分析

1. 动作特点

太极拳中的"野马分鬃"动作特点鲜明，这一招式以其独特的动态美和力量感而著称。在演练时，学生的双臂仿佛马鬃般舒展开来，通过连续的转体和手臂运动，展示刚柔并济的太极拳特性。这一动作不仅要求手脚协调，还需要注重身体的转动和重心的转移，展现出太极拳的流畅与连贯。

"野马分鬃"的另一个显著特点是双手的有力与腰身的蓄力相结合。在动作过程中，双手如同马鬃般挥洒自如，同时腰身也在暗暗蓄力，准备随时发力。这种力量与柔美的结合，体现了太极拳的阴阳平衡思想。

此外，"野马分鬃"还强调呼吸的配合。在演练过程中，学生需要深呼吸，使气息与动作相协调，从而达到内外合一的境界。这种呼吸与动作的完美结合，也是太极拳独特魅力的一部分。

太极拳中的"野马分鬃"要领：先做好预备动作，两脚开立与肩同宽，膝微屈，双手自然下垂。随后上体右转，重心移至右腿，两手掌心相对"抱球"，左脚跟抬起，完成抱手收脚。接着左脚向左前方迈步，脚跟轻着地，重心保持在右腿。最后身体左转成左弓步，同时两手分别舒展地向左上和右下分开。整个过程中，动作需大方流畅，以腰为轴心带动全身运动。

2. 动作结构

太极拳中的"野马分鬃"动作，其基本动作结构包括起始准备、抱球收脚、转体迈步和弓步分手四个主要部分。

起始准备时，学生保持身体正直，两肩松平，两肘尖沉坠，含胸拔背，腹内松静充实，落胯塌腰，中正安舒。

接下来是抱球收脚，此时上体会稍向右转，右臂屈抱于右胸前，左臂屈抱于腹前，掌心相对，形如抱球，同时左脚尖点地准备迈向左侧。这一步骤为后续动作奠定了基础。

随后是转体迈步，上体左转，左脚向左前方迈步，脚跟先轻轻着地，此时重心仍在右腿，为接下来的弓步分手做准备。

最后是弓步分手，学生继续左转体，重心前移，左腿屈膝前弓，右腿自然蹬直，形成左弓步。与此同时，两手前后分别向左上和右下两个方向分开，展现出一种舒展的姿态。

整个动作结构中，重心的转移、手脚的协调配合以及身体的连续转动都是关键，它们共同构成了"野马分鬃"这一招式的动态美感和力量感。

（三）动作原理

太极拳中的"野马分鬃"动作蕴含着丰富的物理学原理，主要体现在力学原理、动量定理、动能定理和牛顿第三定律等方面。

（1）起始准备：这个阶段的物理学原理主要体现在身体的平衡和稳定性上。通过调整身体姿态，使重心位于两脚之间，从而确保在接下来的动作中能够保持稳定。

（2）抱球收脚：在抱球收脚阶段，学生需将一手经体前向下划弧放在另一手下，两手心相对成抱球状，同时一脚收到另一脚内侧，脚尖点地。这个阶段的物理学原理主要体现在力学平衡和动量守恒上。通过收脚和抱球的动作，学生调整了身体的重心和姿势，为接下来的转体迈步做好了准备。

（3）转体迈步：在转体迈步阶段，学生需上体微向一侧转，同时迈出一步，成弓步。这个阶段的物理学原理主要体现在力矩和力的分解上。转体动作产生了旋转力矩，使得身体能够顺畅地转向一侧。同时，迈步动作中的前进力可以分解为水平方向和竖直方向的分力，其中水平方向的分力推动身体前进，而竖直方向的分力则帮助身体保持平衡。

（4）弓步分手：这个阶段的物理学原理主要体现在力的作用和反作用上。当学生将一手向左上方推出时，由于力的作用是相互的，身体也会受到一个向右下方的反作用力。这个反作用力与另一手向右下方的按劲相配合，使得身体能够保持稳定并保持弓步姿势。

（四）负荷特点

1.运动负荷

从运动负荷角度来看，太极拳中的"野马分鬃"这一招式，其负荷特点主要表现为中等强度的身体活动。在演练过程中，虽然动作舒缓流畅，但需要学生通过连续的转体和迈步来完成，这会对肌肉产生一定的负荷。特别是腿部和腰部的肌肉，在维持身体平衡和进行连续动作时需要持续发力。然而，这种负荷是渐进的，不会突然增加，因此适合各年龄段的人群练习，有助于提升肌肉力量和耐力。

2.心理负荷

从心理负荷角度来看，"野马分鬃"这一动作要求学生保持身心的平静与专注。在演练过程中，学生需要集中注意力和平稳呼吸，体会动作的变化与节奏，这有助于减轻心理压力，增强自我调节能力。同时，太极拳的练习环境通常安静祥和，这也为学生提供了一个放松心灵、减轻心理负担的机会。

（五）学情分析

对于水平三的学生来说，他们在体育技能上已有一定的基础，掌握了一些基本的运动技能，但在太极拳这类传统武术方面可能接触较少。因此，在学习太极拳的"野马分鬃"时，学生可能会面临一些挑战，如动作的连贯性、呼吸的配合等。不过，正是由于这种新颖性，学生也会对此产生浓厚的兴趣，愿意主动探索和学习。

另一方面，水平三的学生正处于身体发育和心理成长的关键时期，他们需要通过多样化的体育活动来促进身心健康发展。太极拳作为一种轻柔且注重内外调和的运动，正好符合这一年龄段学生的需求。学习"野马分鬃"不仅可以锻炼学生的身体协调性和柔韧性，还能培养他们的耐心和专注力，有助于缓解学习压力，提升自我调节能力。

（六）教法建议

1. 基础技术练习

（1）静态定型游戏：学生需要保持"野马分鬃"的某个关键姿势不动，比如双手分鬃的姿势，老师计时，看谁能保持最长时间不动，这样既能锻炼学生的肌肉控制能力，也能让他们更深入地体会动作要领。

（2）分解练习法：将"野马分鬃"分解为起始准备、抱球收脚、转体迈步和弓步分手四部分，每学完一部分再进行下一部分的学习，最后再连贯起来练习。

（3）镜像模仿：让学生面对镜子或与同学两两结伴，模仿"野马分鬃"的基本手势和脚步动作。这样学生可以直观地看到自己的动作是否准确，并通过互相模仿来纠正动作。

2. 动作组合技术练习

（1）动作模仿秀：教师先做一遍"野马分鬃"的示范，然后让学生逐一上前模仿，看谁模仿得最像、动作最标准。

（2）镜像挑战：学生站在镜子前做"野马分鬃"的动作，同时观察镜子中的自己，尽量做到与镜子中的影像同步。

（3）动作组合练习：把"野马分鬃"和前面学过倒卷肱等动作进行组合练习。

3. 动作运用练习

（1）太极推手游戏：学生两两一组，进行太极推手练习。其中一方使用"野马分鬃"的动作来化解对方的推力，增强实战应用能力。

（2）攻防模拟游戏：教师可以组织学生进行"野马分鬃"的攻防模拟，一方使用"野马分鬃"招式进行防御和反击，另一方则尝试破解该招式，这样的游戏化练习能提高学生的实战应用能力。

4. 数字化信息化手段

（1）多媒体教学：通过播放"野马分鬃"的专业教学视频或动画，让学生更直观地了解动作细节和技巧。

（2）魔镜教学：利用现代科技如魔镜来记录学生的动作，并与魔镜中的标准动作进行对比，给予学生即时的反馈，帮助他们更准确地掌握动作要领。

（3）"VR 太极拳"体验：通过 VR 技术，让学生在虚拟环境中进行太极拳练习。这种新颖的学习方式可以激发学生的学习兴趣，同时提供更真实的练习体验。

（七）课时建议

（1）单个技术动作学练：重点应放在让学生掌握"野马分鬃"的正确架势和基本动

作线路。通过多次反复的练习，使学生能够熟练掌握"野马分鬃"的基本要领，建议安排1～2个课时进行这一阶段的练习。

（2）动作组合技术练习：进入动作组合技术练习，学生需要将"野马分鬃"与其他太极拳动作结合起来，形成连贯的招式组合。此阶段的重点是提高动作的流畅性和协调性，建议安排1～2个课时进行组合练习，让学生通过不断的实践，逐渐达到动作自如的水平。

（3）动作运用练习：学生需要在实际环境中运用"野马分鬃"，培养实战应用能力。可以设置一些模拟场景，让学生在实践中体会"野马分鬃"的实用价值，建议安排1～2个课时进行这一阶段的练习，以提升学生的实战技能和应变能力。

二、太极拳八法五步：左棚势、右捋势、左挤势、双按势组合（水平四）

在太极拳的八法五步中，左掤势、右捋势、左挤势和双按势的组合动作流畅而协调。动作方法：起始于左掤势，身体微向右转，双手如抱球般同时抬起，右手至胸高，左手至腹高，接着左手向前上方掤出与肩平，右手则自然摆放在胯前约45度角。随后进入右捋势，左掌舒展向前，右掌同时翻转与左掌形成合劲，然后双手协作向左斜上方翻转捋出，左手按压，右手承托。紧接着是左挤势，右掌折回轻搭左腕，两手合力向前挤出，期间右手画半圆后转正与左手并行挤出。最后是双按势，右掌从左掌上平滑而过，两掌心均向下展开至肩宽，再一同向下划弧回收，随即再次划弧向前按出，完成这一组合动作。

（一）教材价值

（1）这组动作的学习能够培养学习者的耐心与专注力。掌握这些动作需要反复练习和揣摩，有助于培养坚韧不拔的意志和持之以恒的学习态度。同时，太极拳强调内外兼修，通过学习这些动作，可以引导学习者更加注重内心的平静与和谐，培养沉稳、冷静的性格。

（2）这组动作能够全面锻炼身体的柔韧性、协调性和平衡性。通过反复练习，可以增强肌肉力量，提高身体机能。此外，太极拳强调深呼吸与动作的协调配合，有效改善呼吸系统和循环系统，提高心肺功能，增强身体耐力和抵抗力。

（3）从长远来看，太极拳的练习对学生的全面发展影响深远。太极拳所强调的内心平静和专注，能帮助学生在面对未来挑战时保持冷静和理智，对他们的心理健康和职业发展都极为有益。同时，太极拳精细、连贯的动作要求也培养了学生的自律性和责任感。

（二）教材的动作分析

1.动作特点

太极拳八法五步中的左掤势、右捋势、左挤势、双按势组合的动作特点主要体现在以下几个方面：首先，这组动作展现了太极拳的连绵性和流畅性，每一个动作都紧密相连，形如流水，无明显的停顿和断裂，从而保证了整体动作的和谐与统一。其次，这组动作注重内外合一，即动作与呼吸、意念的配合，体现了太极拳的身心并修的特点。再者，这组动作强调以柔克刚，通过柔和的动作来化解对方的攻击，体现了太极拳的"四两拨千斤"的巧妙。此外，这组动作还展现了太极拳的虚实转换，如在左掤势和右捋势中，通过重心的转移和力量的分配，实现了攻防的灵活转换。最后，这组动作注重身体的整体性，每一个动作都需要全身的配合，从而形成了太极拳独特的整体发力方式。总的来说，这组动作充分展现了太极拳的独特韵味和深厚内涵。

这套组合的动作要领在于身体的协调与呼吸的配合。在左掤势中，要注意身体的微转与双手的抱球动作，左手推出时要与肩同高，右手则摆放在合适的位置以维持平衡。进入右捋势时，左掌需前舒，右掌翻转与之合劲，动作要连贯。左挤势需右掌轻搭左腕，双手合力挤出，同时保持身体的稳定。最后的双按势，两掌要同时向前按出，确保力量与精准度。整个过程中，呼吸要自然流畅，与动作紧密结合，以达到身心合一的境界。

2. 动作结构

太极拳八法五步中的左掤势、右捋势、左挤势、双按势组合的基本动作结构，严谨而流畅，蕴含着深厚的武术理念和技巧。

（1）左掤势作为起始动作，以柔和的方式向前推进，双臂呈弧形掤起，仿佛拥抱前方的空间。此动作要求身体微微右转，两腿虚实分明，为后续的攻防转换奠定基础。

（2）右捋势紧随其后，通过腰部的带动，右手翻转掌心向上，与左手形成合劲，然后向右后侧捋回。这一过程中，身体重心逐渐后移，步履稳健，动作中透露出一种沉稳与从容。

（3）接下来是左挤势，右手折回搭在左手腕上，双手合劲向前挤出。这个动作需要借助腰腿的力量，将劲力贯穿至掌根，展现出太极拳的全身整体发力特点。

（4）最后是双按势，两手分开向下滑弧回收，再向上、向前按出。这一动作结构不仅要求双手与肩同宽，更需要利用身体重心向前移动和腰腿的力量推动手掌向前，展现出太极拳的整体发力特点。

这四个动作组合在一起，形成了一个完整的攻防转换体系，不仅体现了太极拳的技击特点，也展示了其独特的艺术魅力。每个动作都经过精心设计，既符合人体运动学原理，又体现了中华武术的精髓。

（三）动作原理

太极拳八法五步中的左掤势、右捋势、左挤势、双按势组合，巧妙地运用了多种物理学原理，如力的分散、转移、合成和均匀分布等，以实现攻防的转换和力量的高效运用。

（1）左掤势：主要是力学中的力学平衡和力的分散原理。当学生采取左掤势时，双臂圆撑，形成一个类似圆弧的防御姿势。这种姿势使得任何来自前方的直线冲击力都会被这个圆弧形状分散，从而减少对身体的直接冲击。

（2）右捋势：主要涉及力学中的力的转移和引导原理。在右捋势中，学生不是直接对抗外来的力，而是顺着力的方向进行引导，这减少了与攻击者的直接对抗，降低了反作用力。

（3）挤势：主要体现了力学中的力的合成与传递原理。在左挤势中，学生通过整体协调的身体动作，将全身的力量集中于一点，形成强大的推力。

（4）双按势：涉及力学中的压强和力的均匀分布原理。在双按势中，双手同时向前下方推出，利用整体的力量进行均匀的按压。

（四）负荷特点

1.运动负荷

从运动负荷的角度来看，太极拳八法五步中的左掤势、右捋势、左挤势、双按势组合呈现出独特的负荷特点。这组动作虽然看似缓慢，但每一个动作都需要确保标准，特别是在细节方面需要注意的地方很多，如保持身体的平衡、力量的控制和运用、呼吸的配合等。因此，尽管没有高强度的肌肉收缩和大幅度的身体运动，但长时间的练习仍会使人感到一定的身体疲劳，这种疲劳主要来自肌肉的持续紧张和对精细动作的控制。

2.心理负荷

从心理负荷的角度来看，这组动作要求学生保持高度的专注力和意念控制。太极拳强调"心静体松"，在练习过程中需要排除杂念，专注于每一个动作的细节和呼吸的配合。这种对内心的要求，使得学生在心理上也会承受一定的负荷。然而，正是这种心理负荷，使得太极拳不仅是一种身体锻炼，更是一种心灵的修炼，能够帮助学生达到身心和谐的状态。

（五）学情分析

从学生的基础方面来看，水平四的学生正处于青春期，身体发育迅速，骨骼和肌肉都在快速增长，这为学习太极拳提供了良好的生理基础。然而，由于太极拳动作要求精细，强调内外合一，这对于初学者来说可能会有一定难度。因此，在教学过程中需要耐心指导，帮助学生逐渐掌握太极拳的基本动作要领。

在需求方面，水平四的学生正处于个性形成和兴趣发展的关键时期，他们渴望通过体育运动来展示自己的能力和风采。太极拳作为一种兼具攻防技击和修身养性的武术运动，在对劲力的摸索和感受过程中，能够满足学生探索和挑战自我的需求。通过学习太极拳八法五步中的左掤势、右捋势、左挤势、双按势组合，学生不仅可以提升体能，还能培养坚韧不拔的意志和沉稳冷静的心态。因此，针对水平四学生的特点和需求，太极拳教学应注重动作细节的讲解和示范，同时结合学生的心理特点，激发他们对太极拳的兴趣和热爱。

（六）教法建议

1.基础技术练习

（1）静止架势练习：学会每个动作的静止正确架势，让后学习每个动作的路线，最后将这些动作进行串联起来。

（2）分解动作练习：将每个动作分解成若干个步骤进行练习，如左掤势可以先练习身体的右转和手臂的掤起动作，再逐渐合并。

（3）单个动作到步伐练习：先进行手法与身法的配合练习，再与下肢配合起来学习。

2. 动作组合技术练习

（1）连贯动作练习：在学生掌握了单个动作后，逐渐将左掤势、右捋势、左挤势、双按势连接起来进行连贯练习，强调动作之间的流畅转换。

（2）动作配合呼吸：教授学生如何在每个动作中配合呼吸，如在左掤势时吸气，右捋势时呼气等，使动作与呼吸相协调。

（3）慢速与快速交替练习：先以较慢的速度练习动作，确保每个细节都做到位，然后逐渐加快速度，提高动作的流畅性和协调性。

3. 动作运用练习

（1）配乐练习：选择适合太极拳的音乐作为背景，让学生在音乐的节奏下进行完整套路练习，增强动作的韵律感和美感。

（2）攻防模拟：学生两人一组，利用掤、捋、挤、按太极拳动作一方进行攻击，另一方使用太极拳的这四个动作进行防御和反击，增强实战应用能力。

4. 数字化信息化手段

（1）视频教学：播放专业太极拳的教学视频，让学生观察并模仿，帮助学生更好地理解动作要领。

（2）魔镜教学：使用魔镜等动作捕捉技术来记录学生的动作，并与标准动作进行对比分析，为学生提供个性化的反馈和指导。

（七）课时建议

（1）单个技术动作学练：建议安排2～3个课时。要从单个技术动作入手，逐步领会每个动作的要领。在左掤势中，学员需体会以腰为轴，带动手臂掤起的劲力；在右捋势时，要感受手掌沿弧线捋过的流畅；左挤势则需要学会利用腰腿力量向前挤出；而双按势则讲究双手同时向前推按的协调与力量。

（2）动作组合技术练习：建议安排2～3个课时。学生需将左掤势、右捋势、左挤势、双按势这四个动作连贯起来，体会动作之间的转换与衔接，确保流畅自然。这一阶段重点在于动作的连贯性。

（3）动作运用练习：学生需在实际对抗或模拟实战中，学会如何灵活运用这四个动作，体会太极拳以柔克刚、借力打力的特点。这一阶段强调动作的实际应用与应变能力，建议安排2～3个课时，以模拟实战为主，加强学生对动作组合的实战应用能力。

三、二十四式太极拳第八组：转身搬拦捶、如封似闭、十字手、收势（水平五）

二十四式太极拳第八组动作包括转身搬拦捶、如封似闭、十字手和收势，是一套兼具攻防与调和气息的经典组合。在转身搬拦捶中，通过转身、扣脚、搬拳等连贯动作，展现出太极拳的灵活与力量；如封似闭则体现了太极的封闭与防守之道，穿手翻掌、坐腿收引再弓步前按，尽显沉稳与内敛；随后的十字手以转身扣脚开始，通过弓腿分手再到交叉搭手，最后收脚合抱，彰显了太极的和谐与平衡；最后的收势，翻掌分手、垂臂落手并步还原，将整套动作完美收尾，使身心恢复平静，体现了太极拳的圆融与归一。

（一）教材价值

（1）通过学练转身搬拦捶、如封似闭、十字手、收势等动作，教会了学生太极拳的运用策略、掌握时机，培养了他们的策略意识和敏锐的观察力。太极拳所强调的呼吸配合和意念控制，也让学生学会了如何调节身心，实现内外和谐，这种教育方式对学生综合素养的提升起到了至关重要的作用。

（2）这组动作能够全面锻炼身体，提高身体素质。转身搬拦捶提升了学生的反应速度和爆发力，如封似闭则强化了学生的自我保护能力和身体控制能力。十字手和收势不仅提高了学生的平衡感和稳定性，还能通过调节呼吸和舒展身体来预防运动损伤，促进学生的整体健康。

（3）这组动作，作为二十四式太极拳的精华部分，不仅展现了深厚的文化内涵，更具有广泛的适用性。通过长期的太极拳练习，学生不仅能够锻炼身体，还能在潜移默化中培养坚韧的意志力和高度的自律性。太极拳所强调的和谐与平衡理念，不仅在动作中得以体现，更在学生的性格塑造和人际交往能力中发挥了积极作用。

（二）教材的动作分析

1. 动作特点

二十四式太极拳第八组动作特点鲜明，主要包括转身搬拦捶、如封似闭、十字手和收势四个动作。这组动作强调转身转接的灵活性，手法准确且连贯流畅。转身搬拦捶动作中，搬掌和拦掌的防守与捶击的反击紧密结合，体现了太极拳的攻防一体。如封似闭动作则通过引手推按，展现了太极拳的柔中带刚。十字手动作象征着封闭保护自己的状态，为收势做好准备。整个第八组动作在攻防转换、劲力运用和身法步法的协调上都有着较高的要求，充分展现了二十四式太极拳的精髓。

动作要领：在转身搬拦捶中，需注重转身的圆活性与拳法的精准，搬拳防守与拦掌拦截相结合，最后以捶击完成反击。如封似闭则强调引手推按的连贯性，体现太极拳的柔中带刚。十字手动作中，双手交叉搭手，象征封闭防守，准备收势。收势时，调整呼吸，放松身体，使身心回归平静。整个第八组动作要求动作连贯、劲力顺畅、身法步法协调一致。

2. 动作结构

二十四式太极拳第八组的动作——转身搬拦捶、如封似闭、十字手、收势，构成了一套精妙且富有层次的动作结构。

转身搬拦捶的基本动作结构以转身为起始，紧接着是搬、拦、捶三个主要动作的组合。转身要求迅速且稳定，搬拦动作则强调手臂与身体的协调配合，捶是进攻，整体动作以防守反击为主旨。这一动作结构体现了太极拳中攻防转换的灵活性。

如封似闭的动作结构重点在于双手的配合与身体的转动。首先通过双手的翻掌与身体的微转来建立防守姿态，随后转为进攻，双手前推，展现出太极拳中攻守兼备的特点。

十字手的动作结构相对简单，但要求极高的平衡感和身体控制能力。双手在胸前交叉，形成十字形状，这一动作结构既可作为过渡，也可作为防守和准备进攻的姿势。

收势的动作结构是整套动作的收尾，包括翻掌分手、垂臂落手和并步还原三个主要部分。这一结构使身体逐渐恢复到起始的平静状态，标志着整套动作的结束。

总的来说，这一组动作结构层次分明，攻防转换自如，展现了太极拳的精髓和美感。通过反复练习和体会，可以逐渐领悟太极拳的深奥之处，达到修身养性、强身健体的目的。

（三）动作原理

二十四式太极拳第八组动作——转身搬拦捶、如封似闭、十字手、收势，不仅体现了太极拳的流畅与和谐，还蕴含着丰富的物理学原理。

1. 转身搬拦捶

（1）杠杆原理：在搬拦捶的动作中，手臂实际上形成了一个杠杆。拳头作为阻力点，通过手臂这个杠杆，能够有效地将力量传递到目标点，即搬拦的对象。

（2）动量守恒：转身搬拦捶中的转身动作，实际上是在改变身体的动量方向。通过快速转身，太极拳学生能够将原本向前的动量迅速转换为向侧面的动量，从而增加搬拦捶的威力。

2. 如封似闭

（1）力的平衡：如封似闭动作中，当双手向前推按时，会遇到对方的反作用力，而太极拳学生需要通过调整自己的力道来保持平衡，使对方无法轻易打破这种平衡状态。

（2）弹性势能：在如封似闭的动作中，手臂的弯曲和伸展过程实际上是在储存和释放弹性势能。当手臂弯曲时，弹性势能增加；当手臂伸展时，这些储存的弹性势能就会被释放出来，从而增加推按的力量。

3. 十字手

稳定性原理：十字手动作通过双手交叉形成十字形状，实际上是在增加身体的稳定性。这种姿势能够降低身体的重心，增加与地面的接触面积，从而提高身体的稳定性。

4. 收势

重力与平衡：在收势的最后阶段，身体保持静止状态。这时需要利用自身的重力和肌肉力量来维持身体的平衡和稳定。

（四）负荷特点

1. 运动负荷

从运动负荷的角度来看，二十四式太极拳第八组的转身搬拦捶、如封似闭、十字手、收势这一系列动作，虽然不像剧烈运动那样对体力消耗极大，但要求持续的肌肉控制和协调。这组动作的运动负荷适中，主要侧重于身体的柔韧性和协调性练习，以及平衡和力量的细微控制。在低重心的持续练习过程中，能够逐渐提高身体的耐力和抗疲劳能力。

2. 心理负荷

从心理负荷的角度来看，这组动作需要学生高度集中注意力，精准控制每一个动作的细节。转身搬拦捶的迅猛、如封似闭的转换、十字手的平衡以及收势的沉稳，都要求学生具备良好的心理素质和自我调节能力。因此，这组动作的心理负荷相对较高，但也能有效地帮助学生提升专注力、减轻压力，并促进内心的平静与和谐。

（五）学情分析

对于水平五的学生来说，他们通常已经具备了一定的太极拳基础，对太极拳的基本动作和呼吸配合有初步的了解和实践。在学习二十四式太极拳第八组动作时，他们能够较快地理解并掌握转身搬拦捶、如封似闭、十字手、收势等技术要点。然而，这些动作在细节和精度上要求较高，学生需要通过反复练习来提升自己的技术水平和动作质量。

从学生的需求方面来看，水平五的学生往往对太极拳的深层次内涵和文化价值有着更强烈的探索欲望。他们不仅满足于动作的表面完成，更希望通过学习这些动作来提升自己的身心健康水平，培养内在的意志品质和道德修养。因此，在教学过程中，教师应注重动作与呼吸、意念的配合，引导学生深入理解太极拳的哲学思想，满足他们对太极拳深层次探索的需求。同时，针对学生的个体差异，教师还可以提供个性化的指导和建议，帮助他们更好地掌握和运用这些动作。

（六）教法建议

1. 基础技术练习

（1）分段练习：将这组动作分解成若干小节，逐一进行练习。例如，先练习转身搬拦捶的转身和搬拦动作，再逐渐合并捶击动作。

（2）基本步法练习：重点练习学生的步法转换和稳定性，因为稳定的步法对于完成这些动作至关重要。

（3）静止姿势与慢速连贯结合练习：先学习每个动作的静止架势，然后学习每个动作的路线，让后将这些动作连贯起来。

2. 动作组合技术练习

（1）慢速练习与快速练习交替：先以较慢的速度进行每个动作的练习，确保学生掌握每个动作细节。然后逐渐提高速度，通过快练和慢练的结合练习，让学生能够在正常速度下完成动作。

（2）节奏与呼吸配合练习：学生在练习这组动作时，注意呼吸的节奏和深度。例如，在转身搬拦捶时，吸气转身，呼气、吸气、呼气三次完成搬拦捶动作。

（3）整套动作完整练习：将本组动作和前面七组动作进行组合，进行整套动作完整练习。

3. 动作运用练习

（1）表现力培养：教授学生如何在展示过程中更好地表现太极拳的韵味和美感，比如通过调整呼吸、增加眼神交流等方式提升表现力。

（2）攻防模拟：让学生两两配对，一方攻击，一方使用本套动作进行防守和反击，以增加实战性和趣味性。

（3）模拟比赛：组织内部的小型比赛或展示活动，让学生在实战中锻炼自己的技术水平和心理素质。

4. 数字化信息化手段

（1）视频教学：运用数字化教学资源，如教学视频，让学生观看标准动作，并模仿练习。

（2）动作捕捉与分析：利用现代科技手段，如动作捕捉系统，对学生的动作进行分析，找出不足之处并加以改进。

（七）课时建议

（1）单个技术动作学练：建议安排 2～3 个课时。学生会学习并掌握每个动作的基本架势和动作路线。通过分解动作、慢动作演示和重复练习，帮助学生打下坚实的基础。同时，也会强调呼吸与动作的协调配合。

（2）动作组合技术练习：建议安排 2 个课时。学生将尝试把单个动作组合起来，形成流畅的运动序列。此阶段会加强动作之间的过渡与连贯性练习，并逐步提高练习速度，直至学生能够熟练地完成整套动作组合。并加强对呼吸、音乐与节奏、动作表现力等方面的练习。

（3）动作运用练习：建议安排 2 个课时。在这一阶段，学生将通过模拟实战场景，学习如何在实际情况下运用这些太极拳动作。通过攻防模拟练习，提高学生的反应速度和实战应用能力。此外，也会进行展示技巧的指导，让学生在实战中锻炼自己的技术水平和心理素质。

第三节 | 棍 术

一、左右提撩棍（水平三）

棍术中的提撩棍是一种远距离攻击法，主要动作是由下向前击打对方的膝部或裆部。动作方法：两脚前后开立，两臂在腹右侧屈肘交叉，左手在上，右手在下，顺把握棍，棍身斜置于右侧，棍梢斜向下，上体右转，目视棍梢。接着，两手握棍，使棍梢由后贴近右腿外侧向前上方弧形绕行，上体随之稍向左转。此时，左手心朝左，肘微屈；右手在左臂外，手心朝右上，屈肘于胸前，棍梢高于头，目视棍梢。随即，上体不停，两手使棍梢由上向体左后侧下劈，再贴近左腿外侧向前上方弧形绕行，上体右转，左手滑至右手处，两肘微屈，棍梢高于头，目视棍梢。

（一）教材价值

（1）棍术中的左右提撩棍动作，强调手眼身法步的协调统一，这一练习过程不仅有助于培养学生的专注力与反应能力，还要求学生细心体会棍与身体的互动，深刻理解力与势的转换。这种练习不仅是对学生耐心与毅力的培养，更是对中华武术精神的一种传承与弘扬。

（2）左右提撩棍涉及全身多个肌群的协调运动，特别是上肢、腰部和下肢的力量训练，有助于增强肌肉力量、提高身体柔韧性。同时，棍术练习中的快速移动和转身动作，能够促进血液循环，提高心肺功能。此外，棍术练习还强调呼吸与动作的配合，有助于调节呼吸节律，改善呼吸系统功能。

（3）左右提撩棍不仅是一项技能练习，更是促进学生全面发展的重要途径。提撩棍的挑战性也激发了学生的竞争意识，促使他们不断挑战自我，追求卓越。同时，提撩棍作为中华传统文化武术运动中棍术的重要技术动作，它的学习和传承实质上是对文化的尊重与弘扬，这有助于加深学生对传统文化的理解，并激发他们的民族自豪感。

（二）教材的动作分析

1. 动作特点

左右提撩棍作为棍术中的经典动作，其特点鲜明。此动作要求练习者两脚前后开立，稳固下盘，通过腰部的扭转带动上肢，使棍梢在体侧划出一道优美的弧线。在提棍时，需注重手腕的灵活性和棍身的稳定性，确保棍力顺畅；而撩棍时，则要求力量迅速由腰际传至棍梢，展现出棍术的刚劲之力。左右提撩棍不仅考验了练习者的身体协调性和平衡感，还锻炼了其腰腹和上肢的力量与灵活性。此动作攻防兼备，既可用于实战中的攻击与防守，也是棍术表演中极具观赏性的一个动作，充分展现了棍术的魅力与韵味。

左右提撩棍的动作要领在于身体的协调与力量的精准传递。练习时，两脚需前后开立以稳固下盘，两臂屈肘交叉握棍于腹右侧，棍身斜置。提棍时，腰部扭转带动上肢，手腕灵活控制棍身，使棍梢由后向前上方弧形绕行，同时上体微转以配合动作。撩棍时，力量自腰际发出，经肩、臂传至棍梢，棍身紧贴腿外侧，以立圆弧形撩出，棍梢高于头，目视棍梢。整个动作需连贯流畅，力量与速度均匀，展现出棍术的刚柔并济之美。

2. 动作结构

左右提撩棍的动作结构可以分为预备姿势、提棍动作和撩棍动作三个部分。

（1）预备姿势：两脚前后开立，保持身体稳定。两臂于腹右侧屈肘交叉，左手在上，右手在下，顺把握棍。棍身斜置于右侧，棍梢斜向下，为后续的提棍和撩棍动作做好准备。上体右转，目视棍梢。

（2）提棍动作：在预备姿势的基础上，通过腰部的扭转和上肢的协同动作，将棍梢由下向上提起。提棍的高度和幅度可以根据实际情况进行调整，但一般要求棍梢略高于头部，以便后续撩棍动作的顺利进行。

（3）撩棍动作：撩棍动作是左右提撩棍的核心部分，分为左撩棍和右撩棍两个方向。右撩棍时，两手握棍使棍梢由后贴近右腿外侧向前上方弧形绕行，上体随之微向左转。此时左手心朝左，肘微屈；右手在左臂外，手心朝右上，屈肘于胸前。棍梢高于头，目视棍梢。左撩棍时，动作与右撩棍相反，棍梢由左向上、向后贴近左腿外侧向前上方弧形绕行，上体随之右转。两肘微屈，左手心朝上，右手心朝下，棍梢同样高于头并目视棍梢。撩棍时要求力量迅速由下而上发出，棍身紧贴腿外侧以立圆弧形撩出。同时要保持身体平衡和动作连贯性。

（三）动作原理

左右提撩棍的动作原理主要体现在杠杆原理、力学原理以及运动学原理上。

（1）预备姿势：在预备姿势中，两脚前后开立，两臂屈肘交叉握棍，棍身斜置于体侧。这一姿势不仅有利于身体的稳定，还体现了力学中的平衡原理。通过调整两脚的距离和两臂的角度，可以找到一个最佳的平衡点，使得在后续的动作中能够保持身体的稳定，为棍法的发挥打下坚实基础。

（2）提棍动作：在提棍动作中，手臂充当了杠杆的角色，肩关节作为支点，肱二头肌等肌肉群作为动力源，通过收缩产生力量，推动棍身向上提起。根据杠杆原理，动力臂和阻力臂的相对长度会影响所需力量的大小。因此，在提棍时，通过灵活调整手臂的角度和位置，可以优化杠杆效应，使提棍动作更加省力且有力。同时，提棍过程中还涉及力的传递和转化，肌肉产生的力量需通过骨骼和关节顺畅传递到棍身，使棍梢产生向上运动。为确保效果，需保持力量的顺畅传递和集中释放。

（3）撩棍动作：撩棍动作作为提棍动作的延续与扩展，同样以肩关节为支点，但此时动力臂和阻力臂的长度发生了变化。通过灵活调整手臂的角度、位置以及手腕的灵活性，可以形成不同的杠杆效应，使棍梢能够沿特定轨迹运动并准确达到预定目标。这一过程中，力学原理得到进一步深化，需要更加精细地控制力量的方向和大小，保持力量的持续输出和稳定传递，以确保棍梢能够准确且有力地击中目标。同时，利用身体的旋转和扭转，增加棍法的威力和效果。撩棍还需遵循运动学中的速度和加速度原理，通过调整手臂挥动、身体旋转等因素，实现对棍身运动状态和轨迹的精细控制与优化。

（四）负荷特点

1.运动负荷

棍术中的左右提撩棍的动作，从运动负荷的角度来看，具有较高的强度和要求。在执行提撩棍时，学生需要全身协调发力，特别是腰部、腿部和手臂肌肉的收缩与放松要精确控制，这会产生较大的肌肉负荷。同时，提撩棍动作的节奏快，需要学生在短时间内完成多个连续动作，这对肌肉耐力也提出了较高要求。因此，提撩棍的学练能够有效提高学生的力量和速度，是一种高强度的运动负荷。

2. 心理负荷

从心理负荷的角度来看，左右提撩棍同样具有挑战性。学生需要集中注意力，确保每一个动作都准确无误，这在一定程度上增加了心理压力。同时，提撩棍作为棍术中的一种攻击性动作，要求学生具备一定的斗志和自信心，以在面对对手时能够果断出击。因此，提撩棍的学练不仅能够提升学生的技术水平，还能够锻炼其意志品质和心理素质。

（五）学情分析

在学生基础方面，水平三的学生通常已经具备了一定的体能和基本的运动技能，能够完成一些简单的体育运动。然而，对于提撩棍这种需要较高技巧和协调性的动作，学生可能还比较生疏，需要更多的指导和练习。因此，在教学过程中，教师需要重点加强基本技能的练习，帮助学生打好基础，逐步提高学生的技术水平。

在学生需求方面，水平三的学生正处于生长发育时期，他们渴望尝试新事物，挑战自我，提升自己的能力。撩棍作为一种具有技巧性和观赏性的运动，能够激发学生的学习兴趣和积极性。因此，教师需要结合学生的实际需求，设计富有挑战性的教学内容和练习方法，让学生在愉悦的氛围中掌握撩棍技术，提高他们的自信心和成就感。

（六）教法建议

1. 基础技术练习

（1）分解动作练习：将提撩棍动作分解成预备姿势、提棍、撩棍等几个部分，让学生分步骤进行练习，逐渐掌握每个动作环节和路线。

（2）对镜练习：面对镜子练习左右提撩棍动作，可以直观地观察自己的动作是否规范、协调，及时纠正错误。

2. 动作组合技术练习

（1）渐进式组合练习：先让学生掌握两个基础动作的连贯组合，如预备姿势与提棍的组合、提棍与撩棍的组合等，注意转体和步法的协调配合。

（2）对抗练习：两人一组，一人持棍进行左右提撩棍练习，另一人持防护装备（如护具、盾牌等）进行防守。通过模拟实战，提高练习者的反应速度和应变能力。

3. 动作运用练习

（1）"提撩棍目标打击"游戏：设置一个目标区域，如在提撩棍的路线上悬挂纸球或气球，学生使用提撩棍动作尝试击中目标。

（2）个人赛：组织个人左右提撩棍技能比赛，让学生展示自己的动作技巧和实力。通过比赛的形式激发学生的竞争意识和进取心。

4.数字化信息化手段

（1）虚拟现实技术：利用 VR 技术创建一个虚拟的棍术练习环境，让练习者在虚拟空间中进行左右提撩棍的练习。通过 VR 技术提供的沉浸式体验，提高练习者的专注度和练习效果。

（2）魔镜教学：运用魔镜等捕捉技术记录学生的提撩棍动作，与标准动作进行对比分析，帮助学生找出动作上的不足并加以改进。

（七）课时建议

（1）单个技术动作学练：此阶段建议安排 1～2 个课时。首先专注于掌握提撩棍的基本要领，包括正确的握棍姿势、步伐的配合以及提撩棍的线路。

（2）动作组合技术练习：在动作组合技术练习，安排 2～3 个课时。学生需要将提撩棍与其他棍术动作相结合，形成连贯的招式。这一阶段的重点是提升动作的连贯性和协调性，使学生能够在实战中灵活运用撩棍进行攻防转换。

（3）动作运用练习：在动作运用练习阶段，建议安排 2～3 个课时。学生需要通过模拟展示或实战场景来提高提撩棍的实际应用能力。

二、上步右撩棍—上步左撩棍—转身仆步摔棍—弓步崩棍（水平四）

这套棍术组合包含上步右撩棍—上步左撩棍—转身仆步摔棍—弓步崩棍四个动作，技巧性强且节奏紧凑。

动作方法：两腿直立，双手持棍，通过迅速上步与换把，完成右撩棍动作，棍梢划圆撩出，与胸同高，右腿半蹲，目视棍梢，确保准确。紧接着，上步左撩棍，身体方向不变，棍梢向后上方抡动再前撩，左腿半蹲，动作连贯。随后，以左脚为轴迅速转体，仆步摔棍，棍梢触地，上体微倾维持平衡。最后，起身成左弓步，右手崩挑棍把，左手助力，棍梢崩起，目视攻击方向。

（一）教材价值

（1）学习上步右撩棍、上步左撩棍等动作，练习者需要严格遵守动作规范，这有助于培养他们的自律性和对细节的关注度。同时，棍术的练习要求身心合一，这对于提高学生的专注力和协调能力有着显著效果。在反复练习中，他们不仅学会了技艺，更在潜移默化中养成了坚韧不拔的意志和勇往直前的精神。

（2）这套棍术动作组合包括转身仆步摔棍和弓步崩棍等高强度动作，能够有效提升练习者的力量和速度。在练习过程中，全身的肌肉都会得到锻炼，尤其是核心肌群和上肢肌肉。此外，棍术还强调身体的柔韧性和灵活性，长期练习对改善身体机能、预防运动损伤大有裨益。

（3）棍术作为武术的一部分，具有独特的魅力和深厚的文化底蕴。通过学习棍术，学生不仅能够锻炼身体，还能在练习过程中感受到中国传统文化的魅力，从而进一步推动武术文化的传播和发展。

（二）教材的动作分析

1. 动作特点

这套棍术组合"上步右撩棍—上步左撩棍—转身仆步摔棍—弓步崩棍"具有鲜明的动作特点和严谨的动作要领。

组合动作特点在于流畅连贯与力量控制的完美结合。上步右撩棍和上步左撩棍要求步伐与棍法同步，通过灵活的上步动作，配合手腕的巧妙翻转，使棍子在空中划出优雅的弧线，既展现了棍术的柔美，又不失力量的释放。而转身仆步摔棍和弓步崩棍则更加强调力量的爆发与精准控制，转身的迅猛与摔棍的决绝，弓步的稳定与崩棍的突然，都体现了棍术中刚猛与灵巧的交融。

动作要领在于身体的协调配合与细节的精准掌握。在进行这套棍术时，身体各部位需要高度协调，以确保动作的流畅与准确。同时，对于每一个动作细节，如手腕的转动、脚步的移动、身体的倾斜等，都需要精确控制，以达到最佳的动作效果。此外，保持良好的体态和呼吸节奏也是掌握这套棍术要领的关键。通过不断的练习与体悟，学生可以逐渐掌握这套棍术组合的精髓，从而在实战或表演中发挥出其独特的魅力。

2. 动作结构

棍术组合"上步右撩棍—上步左撩棍—转身仆步摔棍—弓步崩棍"的基本动作结构体现了武术的精湛技艺和严谨编排。

（1）上步右撩棍：准备姿势：两腿直立，左脚稍回收，双手持棍准备。左脚迅速向前上步，成右弓步或右虚步的同时，左手向棍把一端下滑并迅速换握于右手小指下侧，两手一齐向上、向右绕行，使棍梢向上、向转体前的右侧方抡动，划半个立圆。随即棍梢向前撩出，划另一个半个立圆，棍梢与胸同高。此时，右腿半蹲，左腿伸直或微屈。目视棍梢，确保动作准确到位。

（2）上步左撩棍：紧接上一个动作，身体方向不变或稍作调整。右脚迅速向前上步，成左弓步或左虚步的同时，左手移至右手拇指前握棍，两手一齐继续向左后抡棍，使棍梢向下、向后上方抡动，然后向前撩出，划半个立圆。此时，左腿半蹲，右腿伸直或微屈。目视棍梢，确保动作连贯准确。

（3）转身仆步摔棍：以左脚为轴，身体迅速向右后转体180度或更多，同时双手握棍随体转顺势摆动。在转身的过程中，右腿屈膝全蹲，左腿伸直成仆步；同时双手握棍经上向前、向下摔棍至左腿内侧，棍梢触地或接近地面，上体微前倾以维持平衡。目视前下方或棍梢触地点，确保摔棍动作准确有力。

（4）弓步崩棍：从仆步摔棍动作结束的姿势开始起身，左腿挺膝蹬直成左弓步。在形成左弓步的同时右手握棍把段向体前、向上崩挑棍把使棍梢由下向上崩起；左手同时向前滑握棍身中段，紧握棍并下压，以增加崩棍的力量和稳定性。此时棍梢高度一般不超过头部。目视棍梢或攻击方向确保崩棍动作准确有力。

（三）动作原理

棍术组合"上步右撩棍—上步左撩棍—转身仆步摔棍—弓步崩棍"主要体现了杠杆原理、离心力、动量守恒、动能与势能的转换、弹性碰撞等物理学原理。

1. 上步右撩棍与上步左撩棍

（1）杠杆原理：在这两个动作中，棍作为杠杆，手握住的一端作为支点。通过改变手握的位置（即支点的位置），可以有效地调节撩棍的力度和方向。

（2）动量守恒：在撩棍的过程中，学生通过手臂和身体的协调运动，给予棍子一定的初速度，使其在空中划出弧线。这个过程中，棍子的动量在空气阻力较小的情况下近似守恒，保证了动作的流畅性和力度。

2. 转身仆步摔棍

（1）离心力：在转身的过程中，棍子由于离心力的作用会向外甩出，增加了摔棍的力度和范围。

（2）动能与势能的转换：转身时，身体的旋转动能转化为棍子的动能，使摔棍动作更有力量。同时，棍子在摔出的过程中，其高度逐渐降低，重力势能转化为动能，增强了摔棍的冲击力。

3. 弓步崩棍

（1）弹性碰撞：崩棍动作中，棍子与目标的接触可以视为一种弹性碰撞。通过手腕的快速翻转和力量的释放，使棍子以较高的速度撞击目标，产生强烈的冲击力。

（2）力的分解与合成：在崩棍时，学生需要将全身的力量通过手臂和手腕传递到棍子上。这涉及力的分解与合成，需要学生精确控制力量的方向和大小，以达到最佳的崩棍效果。

（四）负荷特点

1. 运动负荷

在棍术组合动作"上步右撩棍—上步左撩棍—转身仆步摔棍—弓步崩棍"中，运动负荷表现为中等偏上。这一系列动作要求学生有较好的身体素质和下肢柔韧性，因为连续的动作转换和步伐移动会消耗大量的体力。特别是转身仆步摔棍和弓步崩棍，它们需要较大的力量和幅度，从而增加了肌肉的工作负荷。此外，这套动作的连贯性和技巧性要求较高，需要学生反复练习以达到熟练程度，这也增加了运动负荷。

2. 心理负荷

心理负荷方面，这套棍术动作要求学生具备较高的集中力和反应能力。在上步左撩棍时，需要准确判断距离和时机；转身仆步摔棍则要求学生能够快速且准确地完成转身和摔棍动作，这对心理素质是一个不小的考验；弓步崩棍更是需要瞬间的爆发力和决断力。因此，这套动作不仅是对身体的挑战，也是对学生心理素质的考验。

（五）学情分析

对于水平四的学生来说，他们通常已经具备了一定的身体素质和基本运动技能，这是学习棍术的重要基础。然而，棍术作为中国传统武术的一部分，其动作复杂多变，对身体的协调性、灵活性和反应能力都有较高要求。因此，虽然学生有一定的身体基础，但在学习"上步右撩棍—上步左撩棍—转身仆步摔棍—弓步崩棍"这套棍术动作时，仍然可能会面临挑战。教师需要针对学生的实际情况，制定合适的教学计划和练习方法，帮助学生逐步掌握这套动作。

水平四的学生正处于身体发育的关键时期，他们对新奇、有趣且富有挑战性的体育活动有着浓厚的兴趣。学习棍术不仅可以锻炼学生的身体素质，还能培养他们的自我保护能力和传统文化素养。因此，学生对于学习这套棍术动作通常会有较高的积极性。在教学过程中，教师应注重激发学生的学习兴趣，通过丰富多样的教学方法和手段，使学生在愉悦的氛围中掌握棍术技能，满足他们的学习需求。

（六）教法建议

1.基础技术练习

（1）上步右、左撩棍练习：先进行无棍的上步动作练习，确保步伐正确。随后加入撩棍动作，注重动作的流畅性和准确性。

（2）转身仆步摔棍练习：先练习单纯的转身动作，确保转身迅速且平稳，再进行仆步练习，接着加入摔棍动作，注意摔棍的力度和准确性。

（3）弓步崩棍练习：先进行弓步的基础练习，确保姿势正确且稳定。然后加入崩棍动作，强调棍的出击速度和力量。

2.动作组合技术练习

（1）动作串联练习：在分步练习的基础上，逐渐将四个动作串联起来进行练习。

（2）速度比赛：学生按照"上步右撩棍—上步左撩棍—转身仆步摔棍—弓步崩棍"的动作顺序，尽快完成整个动作流程。

3.动作运用练习

（1）模拟实战练习：设置一个情景，让学生在模拟实战中运用所学的棍术动作。

（2）创意表演赛：要求学生以"上步右撩棍—上步左撩棍—转身仆步摔棍—弓步崩棍"为基础，自行编排一套棍术表演。

4.数字化信息化手段

（1）视频教学：利用多媒体设备播放专业棍术教练的教学视频，让学生更直观地了解动作要领和技巧。

（2）魔镜教学：使用魔镜等动作捕捉技术记录学生的动作，并通过软件进行分析，找出动作中的不足和改进点。

（七）课时建议

（1）单个技术动作学练：重点应让学生掌握各个棍术动作线路和基本要领，建议安排2～3个课时进行反复练习，确保动作准确无误。

（2）动作组合技术练习：此练习阶段，大约需要2～3个课时。学生将重点练习"上步右撩棍—上步左撩棍—转身仆步摔棍—弓步崩棍"这一组合动作，通过分解与连贯练习相结合的方式，逐步掌握动作的要领和技巧。

（3）动作运用练习：在动作运用练习阶段，学生应学会在实际场景中灵活运用这套棍术组合。可以设置一些模拟实战环境，让学生在实践中体验并提升棍术应用能力，建议安排2～3个课时进行实战模拟练习。

三、棍术攻防组合："甲弓步扫棍进攻，乙虚步推棍防守，乙下斜抢棍进攻，甲撤步挂棍防守，甲提膝抢劈棍进攻，乙虚步托棍防守"（水平五）

这套棍术攻防组合充分展现了棍法的攻防转换与策略。甲方以弓步扫棍迅猛进攻，乙方则采用虚步推棍巧妙防守。随后，乙方转为下斜抢棍展开反击，甲方灵活撤步，以挂棍化解攻势。最后，甲方提膝抢劈棍再次发起攻击，乙方则以虚步托棍稳稳接住。整个组合攻防有序，既体现了棍术的技巧性，也展现了双方学生的灵活应变和战术智慧。

（一）教材价值

（1）这套棍术攻防组合不仅能够教授学生的棍术技巧，更重要的是在练习过程中培养学生的反应力和专注力。学生通过反复演练，逐渐领会到攻防之间的变化和策略应用，这对于提升他们的思维敏捷性和战术意识大有裨益。同时，棍术学练也强调武德修养，教育学生在比试中保持尊重与自律，这对于塑造学生的品格同样重要。

（2）练习过程中，学生需要进行大量的身体移动和力量爆发，这能够有效提升他们的身体素质，包括力量、速度、灵敏性和协调性。同时，棍术练习还能强化心肺功能，提高身体耐力和柔韧性，对身体健康有着积极的促进作用。

（3）在激烈的攻防练习中，学生学会了控制力度、尊重并保护对手，培养了自我保护意识和尊重他人的品质。棍术练习中强调的坚韧和勇往直前的精神，也塑造了学生积极向上、勇于挑战的品格。

（二）教材的动作分析

1.动作特点

棍术攻防组合"甲弓步扫棍进攻，乙虚步推棍防守，乙下斜抢棍进攻，甲撤步挂棍防守，甲提膝抢劈棍进攻，乙虚步托棍防守"这一系列动作，充分展现了棍术的巧妙与对抗激烈。在这套组合中，甲以沉稳的弓步开始，扫棍动作迅猛而连贯，力求一举打乱乙的阵脚。而乙则以虚步灵活应对，通过推棍化解甲的凌厉攻势，显示出守中有攻的智慧。随后，乙转为下斜抢棍展开反攻，这一动作要求身体与棍子的高度协调，以最大化攻击力。甲撤步挂棍，巧妙地将乙的攻击引向一旁，再提膝抢劈棍展开反击，这一系列动作既体现了甲的反应速度，也展示了其战术的灵活性。最后，乙再次以虚步托棍守住甲的猛攻，整套动作在攻防之间流畅转换，不仅考验双方的技术水平，更是对战术运用和心理素质的极大挑战。

动作要领：甲在弓步扫棍时，需保持下盘稳固，腰部发力，使棍法既有力量又不失灵活。乙在虚步推棍防守时，要准确判断甲的进攻路线，以柔克刚，化解攻势。乙的下斜抢棍和甲的撤步挂棍都强调对时机的精准把握和对力量的有效控制。在甲提膝抢劈棍进攻时，身体的协调性和棍法的准确性是成功的关键。而乙的虚步托棍防守，则要求沉稳应对，以静制动。整套组合要求学生不仅要有扎实的棍术基础，更要在实战中提升自己的反应速度和战术意识。

2. 动作结构

棍术攻防组合"甲弓步扫棍进攻，乙虚步推棍防守，乙下斜抢棍进攻，甲撤步挂棍防守，甲提膝抢劈棍进攻，乙虚步托棍防守"的动作结构紧密而富有策略性。

（1）甲弓步扫棍进攻：甲以弓步姿势，利用棍的横扫动作发起进攻，此动作要求身体与棍的协调一致，以迅猛的力量扫向对手。

（2）乙虚步推棍防守：面对甲的扫棍，乙采用虚步站立，用推棍的方式进行防守。这种防守方式既稳定了自身姿势，又为接下来的反击做准备。

（3）乙下斜抢棍进攻：乙在防守后迅速转为进攻，采用下斜抢棍的方式攻击甲的下盘，此动作需要乙快速转换攻防状态。

（4）甲撤步挂棍防守：甲在面对乙的进攻时，迅速撤步并用挂棍的方式化解乙的攻势，这要求甲有敏捷的反应和准确的动作执行。

（5）甲提膝抢劈棍进攻：防守后，甲转为进攻，提膝的同时抢劈棍，这是一个力量和速度的结合，旨在突破乙的头顶防线。

（6）乙虚步托棍防守：乙再次采用虚步站立，用托棍的方式抵挡甲的劈棍，这一动作需要精准的时机把握和稳定的手部力量。

整体而言，这套攻防组合的动作结构严谨而流畅，包括上、中、下三路进攻方向，攻防转换自然，充分体现了棍术的技巧性和策略性。每一个动作都承载着特定的技术要求和战略意图，共同构成了这套富有挑战性的棍术攻防组合。

（三）动作原理

这个棍术攻防组合涉及了力学平衡、动量定理、杠杆原理、离心力作用以及动力学原理等多个物理学概念。甲乙双方通过灵活运用这些原理，实现了有效的攻防转换。

1. 甲弓步扫棍进攻

（1）力学原理：甲利用弓步站稳，通过腰部和手臂的协同动作，以较大的力矩扫出棍棒，产生强大的冲击力。

（2）动量定理：棍棒在扫出的过程中，速度增加，动量增大，从而增加了攻击的威力。

2. 乙虚步推棍防守

（1）力学平衡：乙采用虚步，保持身体平衡的同时，用推棍的方式抵消甲扫棍的冲击力，通过力的相互作用来防御。

（2）杠杆原理：乙利用棍棒作为杠杆，调整力臂来减小甲扫棍的力矩，从而有效防守。

3. 乙下斜抢棍进攻

（1）离心力的作用：乙通过快速抢动棍棒，利用离心力的作用增加棍棒的攻击范围和威力。

（2）动力学原理：快速改变棍棒的运动方向可以产生更大的动态冲击力。

4. 甲撤步挂棍防守

（1）动量守恒：甲通过撤步和挂棍的动作，改变棍棒的运动轨迹，从而减小乙抢棍的冲击力。

（2）力的分解：甲利用挂棍的动作，将乙的攻击力分解为多个方向，降低直接冲击。

5. 甲提膝抢劈棍进攻

（1）转动惯量：甲通过提膝和身体的旋转，增加棍棒抢劈的转动惯量，从而提升攻击力。

（2）动力学原理：利用身体多关节协同作用，以更大的速度和力量劈出棍棒。

6. 乙虚步托棍防守

（1）力学平衡与反作用力：乙再次采用虚步保持身体平衡，同时利用托棍的动作产生向上的反作用力，以抵消甲劈棍的下压力。

（2）杠杆与力的分解：通过调整托棍的角度和位置，乙可以有效地将甲的劈棍力分解为多个方向，从而减小直接受到的冲击力。

（四）负荷特点

1. 运动负荷

这套棍术攻防组合在运动负荷方面，显著特点是对身体的全面挑战。由于动作组合中包含了多个攻防转换，如甲的弓步扫棍、乙的虚步推棍等，这些都需要较快的反应速度。同时，快速的攻防转换也要求双方具备较高的灵敏度和协调性。因此，参与者在练习过程中会经历中等至高强度的身体负荷，有助于提升体能和技巧。

2. 心理负荷

在心理负荷方面，这套棍术攻防组合同样具有挑战性。学生需要集中注意力，快速判断对方的动作并作出相应反应，这不仅锻炼了反应能力，也提高了心理抗压能力。此外，由于棍术的组合动作较为复杂，学生需要耐心学习和反复练习，这也有助于培养坚韧不拔的意志和持之以恒的精神。

（五）学情分析

从学生基础来看，高中的学生已经具备了一定的体能和运动技能，能够完成基本的棍术动作。然而，这套攻防组合涉及的动作较为复杂，需要学生在熟练掌握单个动作的基础上，进一步理解并实践攻防转换的策略。因此，教师在教学过程中需要关注学生的个体差异，针对不同基础的学生提供个性化的指导。

从学生需求来看，高中的学生正处于技能提升和兴趣培养的关键阶段。他们渴望通过学习和实践掌握更高级的棍术技巧，并享受运动带来的成就感和乐趣。因此，教师应注重激发学生的学习兴趣，通过丰富多样的教学方法和手段，如游戏、竞赛等，让学生在轻松愉快的氛围中提升棍术水平。

（六）教法建议

1. 基础技术练习

（1）基本棍法练习：先让学生掌握基本的棍法，如扫、劈、挂、抢等。可以让学生反复练习这些基本动作，确保动作线路准确无误。

（2）步伐练习：弓步、虚步、撤步等基本步伐也需要单独练习，以便学生在进行攻防组合时能够灵活转换。

（3）分解练习：让学生分别练习甲和乙的每个单独动作，如甲单独练习弓步扫棍，乙单独练习虚步推棍等。确保每个动作都准确无误。

2. 动作组合技术练习

（1）连贯练习：在学生熟练掌握各个单独动作后，开始逐步合并动作。先练习甲进攻乙防守的两个动作组合，再练习乙进攻甲防守的组合，最后将整个攻防组合连贯起来。

（2）配对与角色互换练习：学生两两配对，一人扮演甲，一人扮演乙，按照攻防组合的顺序进行对练。在对练一段时间后，学生互换角色，以便更好地理解和掌握每个动作。

3. 动作运用练习

（1）反应练习：教师可以模拟不同的攻防情境，让学生根据实际情况选择合适的棍术动作进行应对，提高他们的反应速度、棍术的应用能力和实战能力。

（2）对战练习：让学生分组进行对战练习，通过实践来加深对棍术攻防组合的理解和运用。

（3）战术分析与讨论：实战模拟结束后，教师引导学生进行战术分析和讨论，提高学生的战术意识和实战能力。

4. 数字化信息化手段

（1）视频教学：利用数字化手段，如播放专业棍术教学视频，让学生更直观地了解正确的动作要领和技巧。

（2）魔镜教学：利用魔镜等信息化技术对学生的动作进行捕捉和分析，帮助他们找出动作中的不足并改进。

（3）互动式学习：利用 VR 或 AR 技术，让学生在模拟的实战环境中进行棍术练习，提高学习的兴趣和参与度。

（七）课时建议

（1）单个技术动作学练：这一阶段建议安排 2～3 个课时。主要任务是让学生熟练基本的棍法和步伐，如弓步、虚步等，以及棍术的基本击打技巧。通过反复练习和教师的细致指导，确保学生能够准确完成每一个基础动作，为后续的组合练习打下坚实的基础。

（2）动作组合技术练习：此阶段建议安排 3～4 个课时。主要目标是将之前学习的基础动作组合起来，形成连贯的攻防动作。教师应逐步引导学生，先练习两个动作的衔接，再逐渐增加到三个、四个，直至完成整个攻防组合。通过不断地练习和调整，使学生能够流畅地完成整套动作。

（3）动作运用练习：在这一阶段建议安排 2～3 个课时。学生需要通过模拟实战场景来运用所学的棍术攻防组合。教师可以通过设计不同的对战练习，提高学生的反应速度和实战应用能力。同时，也要注重战术意识的培养，让学生在实践中学会如何根据对手的动作灵活应对。

第四节 ｜ 舞　　龙

一、原地 "8" 字舞龙（水平三）

原地 "8" 字舞龙是舞龙表演中的一种精彩动作。它要求龙头引领龙身，在原地连续做出 "8" 字形环绕的动作。

动作方法：舞龙成员站成一条直线，间隔约 1 米，双脚分开与肩同宽，面朝前方。左手握住龙柄底端，右手握住龙柄中端或中端偏下，将龙柄放于胸前，平行于身体且垂直于地面。启动时，龙头同学先向右边舞龙，其他同学则向左，形成初步的 "8" 字形运动轨迹。随后，双手持龙柄，在空中画弧线写一个 "8" 字，龙头引领龙身和龙尾，保持整体的协调性和一致性。

（一）教材价值

（1）通过 "8" 字舞龙学练，学生能够学习到持龙手法、舞龙步法等基本技能，同时感受传统文化的魅力，提升民族自豪感和文化自信。此外，舞龙过程中的配合与协调也锻炼了学生的沟通能力和组织能力，对全面发展学生的综合素质具有重要意义。

（2）原地 "8" 字舞龙有助于增强肌肉力量、提高身体柔韧性和协调性。同时，舞龙的节奏感和变化性也能够促进心肺功能的提升，提高新陈代谢水平，从而达到健身强体的效果。此外，舞龙还能有效缓解压力和疲劳，调节身心状态，对保持身体健康和心理健康都具有积极作用。

（3）原地"8"字舞龙不仅是一项技艺展示，更是学生锤炼自我、展现能力的平台。在舞动中，每个学生都发挥着关键作用，他们的表现直接影响团队的整体效果，从而深刻体会到团队合作的重要性。

（二）教材的动作分析

1. 动作特点

原地"8"字舞龙的动作特点在于其独特的舞动轨迹和团队协作要求。舞动时，龙头引领龙身在空中划出一个连贯的"8"字形，这一动作不仅要求舞者具备高超的身体控制能力，还需要精准的空间感和节奏感。整个过程中，学生必须紧密配合，保持龙身的流畅运动，以展现出龙的灵动与威严。

动作要领主要包括身体协调与团队合作两个方面。身体协调方面，舞者需通过腰部和腿部的力量控制龙身的起伏和转弯，同时手臂的挥动要配合脚步的移动，确保龙身在空中划出完美的"8"字形。团队合作方面，每位舞者都要明确自己的位置和职责，跟随龙头的引导，及时调整自己的动作和节奏，以保持整个龙身的协调一致。只有团队成员之间默契配合，才能呈现出精彩的原地"8"字舞龙表演。

2. 动作结构

（1）准备姿势：学生双脚分开与肩同宽站立，前后一臂距离，身体微微前倾，以保持良好的平衡并为接下来的舞动做好准备。

（2）起始动作：龙头慢慢抬起，与龙珠保持一定距离，进入起舞状态。龙身也跟随龙头的动作，整体呈现出一种蓄势的姿态。

（3）"8"字形舞动：这是原地"8"字舞龙的核心部分。龙头先向一侧舞动，然后向上，接着再向另一侧舞动，最后向下，从而在空中划出一个完整的"8"字形轨迹。与此同时，龙身在龙头的引领下，也进行相应的波浪式运动，确保整个龙身的舞动既连贯又美观。

（4）结束动作：当动作即将结束时，龙头会慢慢降低，直至恢复到起始姿势。整个舞龙队伍也会逐渐减速，直至完全停止。

（三）动作原理

原地"8"字舞龙涉及多个物理学原理的运用，包括力学、运动学和动力学等。这些原理共同作用于舞龙过程中，使得整个表演既具有观赏性又富有科学内涵。

（1）准备姿势：在准备姿势中，舞龙队员需要保持身体平衡，确保重心稳定。这主要体现了力的平衡原理相似，即物体的重心应位于支撑点的正上方，以确保稳定性。

（2）起始动作：牛顿第二定律和动量定理在舞龙起始动作中共同发挥作用。当舞龙队员开始动作时，他们需要对龙身施加力，这个力的大小将决定龙身的加速度。同时，这个施加的力也会改变龙身的动量，使其从静止状态开始运动，这体现了动量定理的应用。因此，在起始动作中，舞龙队员通过施加力，既使龙身获得了加速度，又改变了其动量状态。

（3）"8"字形舞动：在"8"字形舞动过程中，主要体现了惯性原理和向心力等物理学原理。龙身因惯性会保持其原有的运动状态，除非舞龙队员施加外部力来改变其轨迹。当龙身进行圆周运动，如"8"字形环绕时，需要向心力来确保其沿圆形轨迹稳定运动，这个向心力是由舞龙队员巧妙地通过龙具施加的。

（4）结束动作：在结束动作中，舞龙队员逐步减小对龙身施加的力，从而使龙身的动量逐渐减小，直至完全停止运动。与此同时，龙身的动能也逐渐转化为热能等其他形式的能量并耗散，这一能量转化与耗散过程最终导致龙身平稳地停止运动。

（四）负荷特点

1. 运动负荷

原地"8"字舞龙在运动负荷方面表现出显著的特点。由于舞龙动作需要全身协调配合，尤其是腰部和腿部的力量运用较多，这使得学生在持续舞动过程中会感受到较大的肌肉负荷。同时，原地"8"字舞龙要求动作连贯、节奏紧凑，这使得学生的心肺功能也面临一定的挑战，需要有良好的耐力来支撑。然而，正是这种适度的运动负荷，有助于提升学生的体能和技巧水平。

2. 心理负荷

除了身体上的挑战，原地"8"字舞龙还对舞者的心理素质提出了要求。在舞动过程中，舞者需要高度集中注意力，确保每一个动作都精准到位。同时，由于舞龙常常在观众面前进行，这也会给舞者带来一定的表演压力，这要求他们具备良好的情绪调节与抗压能力。因此，原地"8"字舞龙的心理负荷同样不容忽视，它有助于培养舞者的专注力与自信心。

（五）学情分析

水平三学生可能缺乏舞龙的基本技能和经验。这意味着他们在协调性、平衡感和动作理解上可能面临挑战。因此，教师需要从基础出发，逐步引导学生掌握舞龙的基本姿势和动作要领，为后续学习打下坚实基础。

水平三的学生正处于技能提升和兴趣培养的关键阶段。他们对新事物充满好奇，渴望通过学习和实践来展现自己。原地"8"字舞龙作为一种富有挑战性和表演性的活动，正符合学生的这一需求。通过学习和练习，学生不仅能够提升自己的舞龙技能，还能够在团队合作中培养集体荣誉感和责任感。因此，在教学过程中，教师应注重激发学生的积极性，让他们在愉悦的氛围中不断成长。

（六）教法建议

1. 基础技术练习

（1）基本步伐练习：首先让学生练习大八字步站立，确保下盘稳固。随后，引导学生进行步伐"8"的转换练习，以适应舞龙时的移动需求。

（2）"龙珠接力"游戏：排头的学生手持龙珠开始传递。学生们需要模仿"8"字舞龙的动作，确保龙珠按照"8"字的路线传递。

2. 动作组合技术练习

（1）连贯动作练习：在学生熟练掌握分解动作后，逐步将动作连贯起来进行练习。教师可以先带领学生慢速完成整个动作流程，然后逐渐加快速度，直至学生能够独立完成原地"8"字舞龙。

（2）配合音乐练习：选择适合舞龙的音乐，让学生在音乐的伴奏下进行练习。

（3）游龙接原地"8"字舞龙：在学生基本掌握原地"8"字舞龙动作后，和前面学过的游龙进行组合练习，提升学生的动作运用能力。

3. 动作运用练习

（1）"穿越龙阵"游戏：设置若干障碍物（如垫子、跨栏等），模拟龙在行进过程中可能遇到的障碍。学生分成若干小组，每组持龙的一段，依次穿越障碍物，并在穿越过程中完成"8"字舞龙的动作。

（2）"节奏舞龙"游戏：教师准备不同节奏的音乐片段，学生分成若干小组进行原地"8"字舞龙练习。每当音乐节奏发生变化时，学生们需要迅速调整舞龙的步伐和动作幅度，以适应新的节奏。

4. 数字化信息化手段

（1）多媒体教学：通过视频、图片等多媒体资料，向学生展示原地"8"字舞龙的标准动作和表演场景，帮助学生形成直观的动作印象。

（2）动作捕捉与分析：借助现代科技手段，如动作捕捉系统，实时分析学生的动作数据，并给予及时反馈，帮助学生纠正动作中的不足。

（七）课时建议

（1）单个技术动作学练：此阶段建议安排3～4个课时，学生需要专注于原地"8"字舞龙的基本动作，如正确的握杆姿势、步伐的移动以及龙身的操控技巧，然后逐步引入"8"字舞动的轨迹练习。

（2）动作组合技术练习：此阶段建议安排2～3个课时，重点练习"8"字舞动的连贯性和协调性，确保学生能够在保持舞动节奏的同时，准确地完成"8"字形轨迹。并尝试和以前所学动作进行组合练习。

（3）动作运用练习：在动作运用练习阶段，建议安排2～3个课时进行实战模拟练习。应着重培养学生的动作组合应用能力和表演自信心。通过模拟表演场景、加强团队协作练习等方式，让学生在实践中锻炼技能，提升舞龙的整体表现水平。

二、S形游龙接快腾进（水平四）

S形游龙接快腾进是舞龙表演中的一个组合动作，结合了S形游龙和快腾进。

动作方法：在S形游龙部分，舞龙队伍以S形路线行进，龙身保持曲线。随着音乐节奏的变化，表演进入快腾进环节，龙珠穿越第四节龙身，队员们依次腾跃过龙身，龙体保持环环相扣，形成半球形。

（一）教材价值

（1）学习与实践S形游龙接快腾进这一动作不仅提升了学生的身体协调性和技能水平，更重要的是，在学练过程中，学生能够深入了解和感受中华民族传统文化的魅力。通过掌握这一具有民族特色的舞蹈动作，学生可以更加直观地理解龙文化的精神内涵，从而增强对民族文化的认同感和自豪感。

（2）S形游龙强调龙体的曲线美和节奏感，有助于提升学生的身体协调性和灵活性；而快腾进则注重爆发力和反应速度，能增强学生身体的敏捷性。这套动作不仅促进学生心肺功能的发展，提高他们的整体身体素质，更能引导他们养成定期锻炼的好习惯，助力健康生活方式的形成。

（3）在练习S形游龙接快腾进过程中，学生需要紧密合作，建立深厚的信任，才能完成这一高难度动作。这种团队合作的体验让学生深刻认识到合作与沟通的重要性。面对挑战，学生勇于尝试、坚持不懈，这种精神对他们的个人成长至关重要，也将在未来的人生道路上激励他们不断追求卓越，勇往直前。

（二）教材的动作分析

1. 动作特点

舞龙S形游龙接快腾进的动作特点主要体现在两个方面。首先是S形游龙，这一部分动作要求龙身在行进中呈现出S形曲线，学生们需要通过精准的步伐和身体控制来保持龙身的流畅运动，展现出龙的婉转回旋之态。其次是快腾进，这个动作以迅猛和连贯为特点，学生需快速穿越和腾跃，形成连续的动感画面，体现出龙的力量和速度。两个动作紧密相连，S形游龙的柔美与快腾进的刚劲相互映衬，既展现了龙的灵动之美，又彰显了其威武之势。

舞龙S形游龙接快腾进动作要领关键在于流畅与协调。在S形游龙部分，要保持龙身以S形曲线行进，注重节奏感和身体控制，确保龙身起伏有致、连贯自然。接快腾进时，需迅速转换动作，保持龙身稳定的同时加快步伐，队员间配合要默契，确保穿越和腾跃动作准确迅速。整个过程中，队员要时刻调整自己的位置和力度，保持龙形的完整与动感。

2. 动作结构

舞龙S形游龙接快腾进的基本动作结构包括两个主要部分。

首先是S形游龙，舞龙队伍以预备姿势站好，龙头、龙身和龙尾依次排列，保持适当的间距。龙头开始按照S形路线行进，这是通过较大幅度的左右摆动来实现的，形成类似"S"的曲线形状。龙身和龙尾跟随龙头的动作，也进行相应的左右摆动，保持与龙头的协调一致，使整个龙身在行进中呈现出连续的S形曲线。

紧接着的快腾进动作，其动作结构包括引导与准备、快速穿越和连贯腾跃三个主要环节。S形游龙结束后，舞者们调整好龙身的姿态和位置，为接下来的快速移动和腾跃做好准备。在快速穿越环节中，龙头引导龙身迅速且准确地穿越特定的空间或路径，如龙珠穿越第四节龙身，龙头穿越第五节龙身等，展现出龙的灵活与迅猛。最后，在连贯腾跃环节中，龙身将完成一系列高难度的腾空动作。这些动作不仅要求达到一定的高度和速度标准，还需要对龙身的姿态和运动轨迹进行精确掌控。

（三）动作原理

S形游龙接快腾进动作涉及多种物理学原理的综合运用，包括动力学、稳定性与平衡、能量转化与守恒、动量定理以及空气阻力和重力的作用等。

1. S形游龙

（1）动力学原理：在S形游龙动作中，龙身的S形运动轨迹是通过学生施加的力和扭矩来实现的。学生通过调整自己的步伐和身体姿态，对龙身施加不同方向和大小的力，使其形成S形的运动路径。

（2）稳定性与平衡：保持龙身在S形运动中的稳定性和平衡是至关重要的。学生需要通过精确的身体控制和协调性来确保龙身不会因离心力或惯性而失去平衡。

（3）能量转化：在S形游龙过程中，学生将自身的化学能转化为机械能，通过肌肉的收缩和舒张来驱动龙身的运动。

2. 快腾进

（1）动量定理：快腾进动作涉及龙身的快速移动和腾跃。根据动量定理，在短时间内对龙身施加较大的力，可以改变龙身的速度，从而实现快速移动和跃起。

（2）能量守恒与转化：在腾跃过程中，龙身的动能和势能会发生转化。起跳时，动能转化为势能；下落时，势能再转化为动能。这种能量的转化和守恒是快腾进动作能够实现的重要物理学基础。

（四）负荷特点

1. 运动负荷

从运动负荷的视角来审视，S形游龙接快腾进这一舞龙动作不仅能量消耗较大，而且肌肉工作强度也相当高。在S形游龙这一环节中，学生必须持续地进行曲线行进，这就要求他们的下肢肌肉能够长时间地保持紧张与协调的状态，以确保龙身运动的稳定与顺畅。而进入快腾进动作时，对爆发力和速度的要求则更为突出，学生需要在极短的时间内完成多次的跳跃和穿越动作，这无疑会使他们的心肺承受更大的负担，同时肌肉也更容易产生疲劳感。

2. 心理负荷

从心理负荷的角度来看，该动作组合对学生而言确实是一项不小的挑战。具体而言，S形游龙这一环节，其曲线运动特性要求学生必须具备良好的空间感知能力和节奏感。在执行过程中，他们需要不断地调整自身的位置和动作，以确保与队员之间的协调与一致。进入快腾进阶段后，由于运动速度加快且变化连续，这就要求学生必须保持极高的专注度和迅速的反应能力。显然，这些要素都会在一定程度上增加学生们的心理压力。

（五）学情分析

在学生基础方面，水平四的学生通常已经具备了一定的舞龙基本技能和身体素质。他们可能已经掌握了基本的舞龙步伐和动作，对龙身的操控也有了一定的理解。然而，S形游龙接快腾进这一动作组合对技巧的要求较高，需要学生在曲线行进和快速腾跃方面有更深入的练习。

在需求方面，学生渴望通过这一动作的学习，进一步提升自己的舞龙技艺和团队协作能力。他们希望通过挑战更高难度的动作，来展示自己的技能水平，并获得更多的成就感和自信心。同时，学生也希望通过舞龙运动，培养自己的坚持不懈、团结协作等品质。

（六）教法建议

1. 基础技术练习

（1）滑把练习：一手握把端不动，另一手握把上下滑动，要求滑动要连贯均匀。

（2）换把练习：结合滑把动作，在滑动手接近固定手位，双手转换，滑动手握把成固定手位，固定手位变成滑动手位。要求换把手位时，要保持平稳，并随龙体轨迹运行，顺势把位上下换把。

（3）S形跑动：学生在场地上进行S形路线的跑动，体会身体重心的转移和节奏变化。要求学生在跑动过程中保持身体的平衡与协调，逐渐加快速度。

（4）定点穿越练习：设置标志物，让龙头和龙身在指定位置进行穿越练习，以提高穿越的准确性和速度。

（5）连续腾跃练习：龙身各部分（如第6、7、8、9号队员）分别进行连续腾跃的练习，确保每个队员都能熟练掌握腾跃技巧。

2. 动作组合技术练习

（1）S形穿梭接力：将学生分成若干小组，每组学生在S形路线上进行接力穿梭跑。每位学生在跑到指定位置后，需完成一次游龙动作（即身体做出类似波浪形的连续起伏），然后接力给下一位学生。

（2）完整动作组合：先进行S形游龙跑动，接近起跳区时，教师给出信号，学生迅速转入快腾进动作。

（3）连续动作练习：设置多个S形路线，连续进行游龙动作，并在每个路线的终点加入快腾进动作。

3.动作运用练习

（1）障碍练习：在 S 形路线上设置障碍物（如小垫子、标志桶等），学生在游龙过程中需要避开或越过这些障碍物，并在适当的位置完成快腾进动作。

（2）模拟比赛：让学生在接近实战的条件下进行 S 形游龙接快腾进的练习。

（3）组合创编：分组进行舞龙组合创编，要求包含 S 形游龙接快腾进动作。

4.数字化信息化手段

（1）多媒体教学：利用多媒体教学设备，播放 S 形游龙接快腾进动作的专业教学视频。教师可对视频进行分段讲解和慢动作回放，帮助学生更直观地理解动作要领。

（2）运动捕捉与分析：借助智能运动捕捉系统，记录学生练习时的运动轨迹和关键数据（如速度、角度、腾空高度等）。教师可根据捕捉到的数据对学生的动作进行分析和指导，帮助学生找出需要改进的地方。

（七）课时建议

（1）单个技术动作学练：建议安排 2～3 个课时学习 S 形游龙和快腾进两个单个技术动作。对于 S 形游龙，学生需掌握龙身的灵活摆动，以及龙头与龙身的协调配合，形成流畅的 S 形行进路线。对于快腾进，重点在于练习学生们快速、准确地完成龙头穿越和龙身的连续腾跃。

（2）动作组合技术练习：进入动作组合技术练习，学生需要将 S 形游龙与快腾进有机结合，形成连贯的动作流。此阶段应着重练习动作的流畅度和协调性，建议安排 2～3 个课时进行组合动作的演练。

（3）动作运用练习：在动作运用练习，学生需要在模拟表演场景中实践 S 形游龙接快腾进。通过实战演练，提升学生的应变能力和舞蹈表现力，建议安排 3～4 个课时进行实战应用练习。

三、舞龙自编套路：龙出宫，连续三个逆向跳龙，跳龙接摇船舞龙，连续四个正向跳龙，圆场起伏游龙，首尾单侧接菱形造型

这套舞龙自编套路以"龙出宫"为起始，展现龙从沉睡中苏醒的威武之势。随后，连续三个逆向跳龙，彰显龙的活力与跃动感。紧接着的跳龙接摇船舞龙，巧妙融合了两种动作，呈现出独特的韵律美。四个正向跳龙则进一步强化了舞蹈的节奏感。最后的圆场起伏游龙和首尾单侧接菱形造型，不仅展示了龙的灵动，也为整个套路画上了完美的句号。

（一）教材价值

（1）这套舞龙动作能够培养参与者的团队协作能力和集体荣誉感。通过反复练习和磨合，同学们学会了如何在团队中发挥自己的作用，同时也深刻理解了传统文化中龙的象征意义，增强了民族自豪感和文化自信。

（2）这套舞龙动作的练习，显著提升了学生的身体协调性和灵活性，强化了肌肉力量和柔韧性。作为一种全身性的有氧运动，舞龙还能有效提高心肺功能，增强体能，对预防青少年肥胖、提升身体素质具有显著作用。

（3）这一自编套路不仅为舞龙运动注入了新的创意和活力，也推动了传统文化的创新和发展。同时，这种创新性的体育活动也有助于提升参与者的创造力和审美能力，为他们的全面发展提供了有力支持。

（二）教材的动作分析

1.动作特点

舞龙自编套路动作特点鲜明，融合了传统与创新。从威武的"龙出宫"起始，展现龙的雄壮气势；紧接着连续三个"逆向跳龙"，要求舞者在跳跃中保持龙身的连贯与协调，凸显出龙的灵动与力量。随后的"跳龙接摇船舞龙"则巧妙转换节奏，使龙身在空中与地面之间流畅过渡，展现出舞龙的韵律美。而四个"正向跳龙"更是将整场表演推向高潮，舞者们需精准掌控跳跃的力度与高度，确保龙身在空中舒展开来。最后的"圆场起伏游龙"与"首尾单侧接菱形造型"则体现了舞者对龙身姿态的细腻把控，以及团队之间的默契配合，整套动作下来，既彰显了龙的威严与活力，也展现了舞龙艺术的精湛与魅力。

在动作要领上，这套舞龙自编套路要求舞者们对每个动作的节奏、力度和幅度有精准的把握。如"龙出宫"时要迅速将龙身从低处抬起，形成出宫的磅礴气势；"逆向跳龙"和"正向跳龙"时要注意跳跃的协调性和龙身的稳定性，保证每一次跳跃都能让龙身在空中形成完美的弧线；"摇船舞龙"则需要通过腰部的灵活转动，使龙身在舞动中呈现出水波荡漾的效果；最后的"圆场起伏游龙"和造型环节，则考验着舞者对龙身整体形态的掌控能力，以及团队之间的无缝衔接，确保整个表演的流畅与完整。

2.动作结构

"舞龙自编套路"的基本动作结构设计精巧，起始动作"龙出宫"以龙体斜圆、龙头高昂的姿态，彰显出龙的威严与力量。随后，连续的"逆向跳龙"通过三次逆向跳跃，展现了龙的灵活与不羁，带来强烈的视觉冲击。紧接着的"跳龙接摇船舞龙"则巧妙地融合了跳跃与摇摆，仿佛龙在波涛中自由穿梭，给人以轻盈自由的感受。而后的四个"正向跳龙"则以有力的跳跃，进一步突显了龙的速度与力量。在"圆场起伏游龙"环节中，龙身在圆形轨迹上流畅游动、起伏变化，为观众带来连绵不断的视觉享受。最后以"首尾单侧接菱形造型"稳定收尾，通过首尾相接的菱形构图，巧妙地展现了龙的智慧与团结。整体来看，这套自编套路动作丰富、衔接紧密，完美融合了动感与稳定，充分展现了舞龙运动的独特魅力。

（三）动作原理

这套舞龙自编套路不仅展示了舞龙的艺术美感，更蕴含着丰富的物理学原理。通过动力学、静力学以及动量守恒等原理的运用，学生能够精确控制龙身的运动和变化，从而呈现出精彩的表演。

1. 龙出宫

此动作主要运用了力学的平衡原理。当龙体成斜园、龙头高昂时，整个龙身的平衡需要通过舞者的精确协作来控制，确保龙体在动态中保持稳定。

2. 连续三个逆向跳龙

这个动作涉及动力学中的跳跃原理和动量守恒。在跳跃过程中，学生需要借助腿部力量将龙身推起，同时在空中保持龙身的连贯性，这要求学生精确控制身体的动量转移。

3. 跳龙接摇船舞龙

在跳跃后紧接着进行摇船动作，这里涉及动能与势能的转换。跳跃后，龙身下落的过程中，势能转化为动能，而在摇船动作中，又需要将这种动能平稳地转化为舞动的势能，以保持龙身的流畅运动。

4. 连续四个正向跳龙

与逆向跳龙相似，这也涉及动力学的跳跃原理和动量守恒。但正向跳跃更需要舞者保持同步，以确保龙身在跳跃中的稳定性。

5. 圆场起伏游龙

在圆场内进行起伏游动，这涉及曲线运动和力学平衡的原理。学生需要沿着圆形轨迹移动，同时保持龙身的起伏变化，这要求他们精确控制身体的力量和方向。

6. 首尾单侧接菱形造型

这个动作主要运用了静力学中的平衡原理和力的分布。在形成菱形造型时，学生需要精确控制各自的位置和力量，以确保整个龙身的稳定性和造型的美感。

（四）负荷特点

1. 运动负荷

从运动负荷角度来看，"舞龙自编套路"具有显著的特点。整个套路中，学生需要完成连续的跳跃、游弋和造型等高强度动作，如逆向跳龙和正向跳龙对学生的爆发力要求较高，而长时间的连续运动又考验着他们的耐力。这些动作不仅要求学生具备良好的身体素质，还要在节奏与力量上达到精准控制，因此运动负荷相对较大。

2. 心理负荷

在心理负荷方面，这套舞龙自编套路同样不容忽视。学生不仅需要在短时间内记住复杂的动作序列，还需要在团队中保持高度的默契与配合。特别是在进行快速转换和完成高难度造型时，如首尾单侧接菱形造型，对学生的专注力、反应速度和团队协作能力都是极大的考验。因此，这套套路在心理层面上也给学生带来了一定的负荷挑战。

（五）学情分析

对于学生的基础而言，高中的学生在舞龙方面已经具备了一定的技能和经验。他们可能已经掌握了基本的舞龙动作和节奏感，能够完成一些简单的舞龙套路。对于这套"舞龙自编套路"，学生会对其中的新颖动作和复杂组合产生浓厚的兴趣，同时也面临着技术上的挑战。例如，连续逆向跳龙和正向跳龙等高难度动作，需要学生具备更加精准的身体控制和协调能力。

在需求方面，高中的学生渴望在舞龙技能上有所突破，提升自己的表演水平。他们希望通过学习这套自编套路，不仅能够增强自身的体能和技能，还能够在团队合作中扮演更重要的角色。同时，学生也期望通过这套富有创意和挑战性的套路，能够更深入地了解和感受中国传统的舞龙文化，从而培养自己的文化自信和民族自豪感。

（六）教法建议

1. 基础技术练习

（1）动作分解教学：将自编套路中的每个动作进行分解教学，如"龙出宫"的起步动作，"逆向跳龙"的跳跃技巧等，让学生逐一掌握。

（2）节奏与力量练习：强调动作的节奏感和力量控制，如在"正向跳龙"中注重跳跃的爆发力和落地时的缓冲。

2. 动作组合技术练习

（1）分段练习：将自编套路分成若干段，如"龙出宫"为一段，"连续三个逆向跳龙"为一段，依此类推。先让学生分段练习，确保每一段的动作都能熟练掌握。

（2）连贯组合：在分段练习的基础上，逐渐合并各段，形成完整的套路练习。重点关注动作之间的衔接和转换，确保流畅自然。

3. 动作运用练习

（1）模拟表演：为学生设置模拟的表演场景，如节庆、庆典等，让学生在模拟场景中进行套路表演，提高实际应用能力和舞台表现力。

（2）动作创编：鼓励学生发挥想象力，创编新的舞龙动作或组合，培养创新意识和实践能力。

4. 数字化信息化手段

（1）动作捕捉与分析：利用动作捕捉技术记录学生的舞龙动作，然后通过专业软件进行分析，找出动作中的不足和需要改进的地方，提供个性化的指导建议。

（2）在线学习与交流：建立在线学习平台，提供舞龙套路的视频教程、动作分解图等教学资源，方便学生随时随地进行学习。同时，鼓励学生在线上进行交流分享，共同提高舞龙技能。

（七）课时建议

（1）单个技术动作学练：这一阶段建议安排3～4个课时。初始阶段应专注于掌握每个独立动作，如"龙出宫"的姿态调整，"逆向跳龙"和"正向跳龙"的跳跃技巧，以及"摇船舞龙"的协调性等。每个动作都需要逐一分解、反复练习，确保学生能够准确无误地完成。

（2）动作组合技术练习：这一阶段建议安排3～4个课时。目标是让学生将单个动作组合成更复杂的舞龙套路。通过分解教学、渐进组合等方式，帮助学生逐步掌握整个套路的结构和节奏，提升动作的连贯性和协调性。

（3）动作运用练习：这一阶段建议安排4～5个课时。团队模拟表演环境，进行全套路的演练。此外，还需加强动作与音乐、节奏的结合，提升整体表现效果。

第十一章　新兴体育类运动

第一节 ｜ 花 样 跳 绳

一、开合跳（水平二）

开合跳是花样跳绳个人花样中的一种基础技术动作。具体动作方法是在基本摇绳的基础上，绳子过脚向空中摇动的同时，两脚左右分开落地为"开"，反之为"合"，"开""合"连续交替跳动即为开合跳。

（一）教材价值

（1）开合跳作为花样跳绳的一种，其多样的跳法和创新的教学方式能激发学生对体育活动的兴趣。通过练习，学生不仅能提升身体素质，还能在合作与竞争中培养团队合作精神和自信心，有助于形成积极乐观的心态。

（2）花样跳绳中的开合跳作为一种全身性的有氧运动，不仅能有效锻炼学生的心肺功能，提高他们的耐力水平，进而提升学生的整体健康状态，而且连续的跳跃还能增强学生的下肢肌肉力量，改善腿部肌肉的耐力和爆发力，并对小学生骨骼发育产生积极影响。

（3）开合跳的练习过程对学生来说是一次全面的挑战与成长的机会。面对这项运动的技巧性和体力要求，学生必须通过反复尝试来掌握正确的动作要领。这一过程不仅锻炼了他们的身体，更重要的是，它锤炼了学生坚韧不拔的意志品质和勇往直前的体育精神。

（二）教材的动作分析

1. 动作特点

花样跳绳中的开合跳，是一种富有节奏感和技巧性的动作。其特点是双臂与双腿同时向前推进并分开，呈现出一种开放与闭合的动感美感。在进行开合跳时，学生需要掌握好绳子的摆动节奏，确保在绳子通过脚下的瞬间完成开合动作，这要求学生具备较高的身体协调性和反应能力。

开合跳的动作要领，关键在于准确的时机把握与流畅的身体控制。跳跃时，双脚应并拢起跳，同时双臂自然摆动以维持身体平衡。在绳子即将通过脚下时，双腿迅速分开并再次并拢，双臂也做相应的开合动作。整个过程需要保持身体的稳定性和节奏的连贯性，以确保动作的顺利完成。通过反复练习和不断调整，学生可以逐渐提高开合跳的技巧和节奏感，从而在花样跳绳中展现出更加出色的表现。

2. 动作结构

开合跳在花样跳绳中是一个基本且富有挑战性的动作，其基本动作结构清晰而精确。

（1）第一拍：在花样跳绳的开合跳动作中，起始时两手持绳准备向前摇绳。随着双臂自然摆动，绳子被迅速向前摇起，当绳子即将触地或接近地面的瞬间，两脚并拢并向上跳跃，确保在跳跃的最高点绳子从两脚之间穿过。随后，绳子完全过脚后，两脚分开落地，同时膝盖保持微弯曲状态，以减轻地面对脚部的冲击，从而完成整个开合跳的第一拍动作。

（2）第二拍：完成第一拍后，应保持两脚分开的姿势，并准备再次跳跃。随着双臂继续摆动，绳子再次被摇至体前。此时，迅速将两脚并拢并向上跳跃，确保在绳子到达体前的瞬间跳过绳子。

然后重复这一动作，即第一拍和第二拍的循环，保持稳定的节奏，一开一合，从而形成开合跳的连续动作。

（三）动作原理

花样跳绳中的开合跳动作涉及多个物理学原理，包括动力学原理、能量守恒与转换、动量定理等。这些原理共同作用于跳绳者，使其能够完成复杂而精确的跳跃动作。

起跳与落地主要体现了力学、能量转换和动量定理。在起跳过程中，学生通过腿部力量向下蹬地，利用产生的地面反作用力向上跳起，同时将自身的化学能转化为机械能，推动身体上升；随着上升，动能逐渐转化为势能。而在落地时，势能再次转化为动能，此时学生通过腿部肌肉的收缩和关节的弯曲来延长冲击时间，有效地减少了地面对身体的冲击力，从而保护了骨骼和肌肉。

摇绳主要体现振动、圆周运动、力学与能量转换以及频率与速度等物理学原理。在摇绳过程中，绳子在两个垂直方向上产生周期性的振动。同时，绳子以手柄和绳体的接合处为圆心进行圆周运动，摇绳速度越快，所需的向心力越大。此过程中，手臂和手腕的肌肉提供力，使绳子进行圆周运动，并将肌肉的化学能转化为绳子的动能。此外，摇绳的频率与绳子的转速直接相关，转速越快，绳子绕身体一周所需的时间越短，单位时间内绳子能绕过身体的次数就越多。

（四）负荷特点

1. 运动负荷

从运动负荷角度来看，开合跳在花样跳绳中属于较高强度的动作。在进行开合跳时，跳绳者需要不断地跳跃并同时改变双脚的状态，这要求身体多个部位协同工作，从而增加了能量的消耗。此外，由于跳跃过程中需要保持身体的稳定性和节奏感，这使得肌肉需要承受较大的力量负荷。因此，开合跳对于提高心肺功能、增强肌肉力量和耐力具有显著效果。

2. 心理负荷

从心理负荷角度来看，开合跳也具有一定的挑战性。由于该动作需要较高的协调性和节奏感，初学者在练习过程中可能会遇到挫折和困难。然而，正是这种挑战性使得开合跳成为培养坚韧意志和提高自信心的有效途径。通过不断地练习和克服困难，学生可以逐渐掌握这一动作，并在这一过程中体验到成就感和自我价值的提升。

（五）学情分析

从学生的基础来看，水平二的学生在花样跳绳方面已经有了一定的基础，能够完成基本的跳绳动作。然而，对于开合跳这种更加复杂和技巧性更高的动作，他们可能还存在摇跳不一致、节奏不统一等问题，在教学过程中，需要将技术拆分，逐步引导学生掌握开合跳的基本技巧。

从学生的需求出发，水平二的学生正处于身体发育和技能提升的关键时期，他们对新事物充满好奇心和探索欲望。开合跳作为一种富有挑战性和趣味性的动作，能够激发学生的练习兴趣，满足他们追求新奇和挑战的心理需求。因此，在教学过程中，教师应注重激发学生的学习兴趣，通过丰富多样的教学手段和方法，引导学生积极参与到开合跳的学练中。

（六）教法建议

1. 基础技术练习

（1）模仿跳：原地徒手模仿开合跳动作。

（2）"节奏小能手"游戏：教师用节拍器或者敲击出固定的节奏，学生按照节奏进行无绳的开合跳练习。

（3）跳空绳：两手各握一根短绳，练习摇跳节奏。

2. 动作组合技术练习

（1）变化节奏开合跳：为了增加练习的趣味性和挑战性，教师可以引入变化节奏的开合跳练习。例如，教师可以要求学生按照"快慢快"或"慢快慢"的节奏进行开合跳。

（2）"创意串联"游戏：鼓励学生自由创编开合跳与其他基础跳绳动作的组合，并进行展示，激发学生的创新精神和团队合作能力。

3. 动作运用练习

（1）"花样跳绳秀"活动：组织学生进行开合跳为主题的花样跳绳表演，鼓励学生自由发挥，展现个人风采。

（2）智能跳绳挑战赛：利用智能跳绳设备，设置开合跳的计数功能。学生单独进行挑战，记录在规定时间内完成的开合跳次数。

4.数字化信息化手段

借助"智能跳绳教练"等专业的跳绳 APP，让学生跟随虚拟教练的指导进行开合跳练习，实现个性化教学。

（七）课时建议

（1）单个技术动作学练：此阶段建议安排2～3个课时。主要任务是让学生熟练掌握开合跳的基本动作和摇跳节奏。教师可以通过示范讲解，无绳练习到有绳练习的方法，结合节拍器引导学生逐步掌握动作要领，并进行反复的学练。

（2）动作组合技术练习：此阶段建议安排3～4个课时。教师需设计包含以开合跳动作为基础的动作组合，并指导学生进行练习。通过改变节奏等方式，学生不断尝试和挑战组合动作。

（3）动作运用练习（2～3个课时）：在此阶段建议安排2～3个课时。重点在于培养学生将开合跳动作灵活运用到实际跳绳场景中的能力。教师可以设置多样化的跳绳任务，如设计以开合跳为基础的创意动作组合练习等，鼓励学生发挥创造力，探索更多的花样跳绳方式。

二、两人车轮跳（水平四）

两人车轮跳，是花样跳绳一大特色项目，它是一种两人相互配合轮流进行跳绳的一种跳绳方法。动作方法：两人并肩站立，左右手各持绳子的两端，相近绳柄交叉相握，绳置于身后；一绳向前摇动，当绳摇至最高点时另一绳开始向前摇动，两人依次跳跃过绳，两绳始终相隔180度，一上一下，一前一后，看上去像"车轮"在转动。

（一）教材价值

（1）两人车轮跳强调两人间的协作和默契配合，能够培养学生的集体意识和团队精神。在练习过程中，学生需要相互信任、互相支持，这种体验将深深影响他们的社交能力和人际关系。同时，通过不断尝试和练习，学生能够学会面对困难和挑战，培养坚韧不拔的品格。

（2）两人车轮跳是一项全身性的运动，可以锻炼学生的身体协调性、平衡感和灵敏度。在跳绳的过程中学生的心跳加速，血液循环加快，有助于增强心肺功能，提高身体素质。此外，通过不断的跳跃和转动，学生的肌肉和骨骼也能得到充分的锻炼，有助于促进生长发育。

（3）两人车轮跳需要学生具备良好的反应速度和判断能力，能够锻炼他们的思维能力和应变能力。在练习过程中，学生需要不断适应和预测对方的动作，这种挑战将促进他们的大脑发育和智力提升。同时，花样跳绳作为一种传统文化体育项目，还能够传承和弘扬民族文化，培养学生的爱国情怀和民族精神。

（二）教材的动作分析

1. 动作特点

花样跳绳中的两人车轮跳动作特点鲜明，它要求两名跳绳者紧密配合，通过一致的节奏和动作来形成稳定的"车轮"效果。在跳跃过程中，两人需保持同步的跳绳速度，同时以相对稳定的距离和角度相互环绕，如同两个齿轮般完美契合。这一动作不仅考验着两人的默契和协作能力，更在跳跃的高度、速度和节奏上展现了高超的技巧和优美的姿态。

花样跳绳中的两人车轮跳动作要领在于默契配合与稳定控制。两人需保持同步的跳绳节奏，以稳定的速度相互环绕。跳跃时，应掌握适当的跳跃高度，确保跳绳能够顺利通过。同时，两人需保持稳定的身体姿势，通过微妙的身体调整来保持相对位置和角度的稳定。在环绕过程中，两人需相互呼应，通过眼神交流或简短口令来确保动作的协调一致。这些要领共同构成了两人车轮跳的核心技巧，展现出高度的协作与默契。

2. 动作结构

花样跳绳中的两人车轮跳，其基本动作结构包括起始准备、摇绳、跳跃和换位四个主要部分。

（1）起始准备：两人首先需要并排站立，确保两人之间的距离适中，这样既能够保持稳定的跳绳状态，又能在需要时轻松地进行换位。两人各自手握一条跳绳的相近绳柄，交叉相握，使得两绳的初始位置都位于两人的身后。

（2）摇绳：起始准备之后，两人开始同时摇动位于后侧的跳绳。这个过程中，两人需要保持一致的节奏和力度，确保跳绳的稳定性和流畅性。随着跳绳的摇动，两人会先让一条跳绳经过脚下并打地，然后迅速将注意力转移到另一条跳绳上，继续摇动并使其经过脚下。

（3）跳跃：两人需要按照事先约定的方向（顺时针或逆时针）进行跳跃，并在跳跃的同时交换左右位置。具体来说，当一条跳绳即将经过脚下时，其中一人会先起跳，同时另一人也准备好起跳。两人起跳的时间要精确到几乎同时，以确保跳绳能够顺利地从两人脚下经过。

（4）换位：换位通常发生在绳子从最高点下落至最低点（即打地）的过渡阶段。换位时长取决于具体的花样和节奏。在一般情况下，先开始换位的换位时长可能是一个半周期，即绳子从最高点下落至最低点再上升至最高点的过程中。这样，两人有足够的时间进行位置的交换，并准备下一次的跳跃。

（三）动作原理

花样跳绳中的两人车轮跳主要体现了牛顿运动定律、周期性和频率、动能和势能转换、动量守恒等物理学原理。

（1）起始准备：起始准备阶段主要关注两人的站位和绳子的初始位置。两人并排站立，相近绳柄交叉相握，确保两绳的初始位置在两人身后。确保在后续的摇绳和跳跃过程中，两人和绳子之间能够形成稳定的动力学系统。

（2）摇绳：在两人车轮跳中，两人需维持一致的摇绳频率，理解周期与频率是关键。通过调整摇绳速度，精准控制跳绳周期与频率。绳子下落时势能转动能，打地反弹后动能又转势能。这种能量连续转换保证了跳绳运动的持续与流畅，体现了物理与运动的完美结合。

（3）换位：在两人车轮跳中，换位是一个精确且重要的环节。它通常发生在绳子从最高点下落至地面的瞬间，此时进行换位能确保跳绳节奏的连贯性。换位时长依据不同花样和节奏而定，可能是三个或五个周期。在换位过程中，两人需展现高度的时间同步性，精确控制换位时间，这对时间感知和控制提出了严格要求。同时，两人还需考虑速度、加速度和位移等运动学参数，以及彼此间的相互作用力，以确保换位的流畅、准确且避免干扰或碰撞，共同维持车轮跳的完美节奏。

（四）负荷特点

1. 运动负荷

两人车轮跳在花样跳绳中以其独特的运动形式带来特定的负荷特点。从运动负荷方面看，这种跳绳方式要求参与者进行连续、快速的跳跃动作，同时配合精准的摇绳技巧，这无疑对身体的耐力、爆发力和协调性构成了挑战。持续的车轮跳练习能够有效提升心肺功能，增强下肢肌肉力量，并促进全身的血液循环。

2. 心理负荷

在心理负荷方面，两人车轮跳不仅考验个人的反应速度和专注力，更要求两人之间的默契配合。这种配合需求增加了参与者的心理压力，但同时也促进了他们之间的沟通与合作能力。通过不断的练习与磨合，参与者能够逐渐减轻这种心理负荷，增强自信心，并在成功完成动作后获得成就感和满足感。因此，两人车轮跳不仅是一项身体上的锻炼，更是一次心理上的挑战与成长。

（五）学情分析

水平四的学生在身体发育上已经具备了较强的协调性和反应能力，这使得他们在进行花样跳绳，尤其是两人车轮跳这样的高技巧性活动时有了更好的身体基础。此外，经过之前阶段的学习与锻炼，他们可能已经掌握了一些基础的跳绳技巧，如单人跳、交叉跳等，这为进一步学习两人车轮跳提供了技能上的铺垫。然而，初次接触车轮跳可能会出现两手交替摇绳不协调、上下肢不协调等问题。

对于水平四的学生而言，他们渴望在体育活动中展现自己的技能，追求更高的挑战。两人车轮跳作为一种富有技巧性和观赏性的跳绳方式，正好满足了他们这一需求。通过学习两人车轮跳，学生不仅可以提升自己的跳绳技能，还能在与同伴的合作中增强团队协作能力，培养自信心和竞争意识。同时，这种活动也为学生提供了一个展示自我、享受运动乐趣的平台。

（六）教法建议

1. 基础技术练习

（1）单人摇绳练习：让学生先掌握正确的摇绳姿势和节奏。可以使用节拍器或节奏明显的音乐帮助学生找到稳定的节奏。

（2）单人跳绳练习：在摇绳的基础上，加入跳跃动作，让学生逐渐适应绳子的节奏和高度。

（3）双人同步摇绳练习：两名学生并排站立，同时摇绳，但不加入跳跃动作，先让学生体会双人配合的节奏和感觉。

2. 动作组合技术练习

（1）基本车轮跳：在双人同步摇绳的基础上，加入跳跃动作，每次只有一人跳跃，交替进行，让学生掌握基本的车轮跳节奏。

（2）变化节奏车轮跳：在基本车轮跳的基础上，改变跳跃的节奏，如快速连续跳、慢速跳等，增加难度和趣味性。

（3）车轮跳转身：在车轮跳的过程中，加入转身动作，可以锻炼学生的协调性和反应能力。

（4）车轮跳换位：两人车轮跳时，在跳跃过程中交换位置，这不仅能锻炼学生的身体协调性，还能提高他们的协作能力。

3. 动作运用练习

（1）游戏情境：将车轮跳融入游戏中，如"接力车轮跳""车轮跳追逐赛"等，提升学生的学习兴趣和参与热情。

（2）情景模拟：设置特定的情景，如比赛场景或表演场景，让学生在模拟实战中运用车轮跳，提高他们的表演水平。

4. 数字化信息化手段

（1）视频教学：利用现代科技手段，如播放车轮跳的专业教学视频，让学生更直观地了解动作要领和规范。

（2）动作捕捉与分析：使用动作捕捉技术来分析学生的动作，找出不足之处，并针对性地进行改进。

（七）课时建议

（1）基础技术练习：基础技术练习，建议安排3～4个课时。重点应放在让学生掌握基本的跳绳技术和两人配合的节奏上。通过多次反复练习，使学生能够熟练完成单人跳绳和基本的双人配合动作。

（2）动作组合技术练习：动作组合技术练习，建议安排3～4个课时。学生需要学习多种变化的车轮跳，如车轮跳转身和换位等，形成连贯的动作组合。

（3）动作运用练习：动作运用练习，建议安排2～3个课时。可以设置一些表演和比赛场景，让学生在实践中提升两人车轮跳技能。

三、两人车轮跳组合：基本车轮跳，"基本车轮跳＋360度内转"，"基本车轮跳＋交叉跳"，"基本车轮跳＋半换位"（水平五）

花样跳绳中的两人车轮跳组合是高级跳绳技巧展示。动作方法：以基本车轮跳为基础，逐步增加难度。首先是两人车轮跳中，向两人中线依次或同时转体360度；其次是车轮跳过程中，跳绳者两手做交叉挽花，跳对方绳子的动作；最后，在车轮跳过程中，跳绳者做互相交换位置的动作。

（一）教材价值

（1）这组花样跳绳动作能够培养学生的团队协作能力、节奏感和创新意识。在练习过程中，学生们需要相互配合，共同完成任务，从而学会沟通与合作。同时，随着音乐的节奏进行跳绳，有助于培养学生的节奏感和协调性。此外，通过尝试不同的动作组合，可以激发学生的创新思维。

（2）车轮跳组合动作能够全面锻炼学生的身体素质。跳绳过程中，学生需要不断跳跃、转身和移动，这有助于提高他们的灵活性、协调性和耐力。同时，这些动作还能增强心肺功能，促进血液循环，对身体健康大有裨益。

（3）花样跳绳不仅是一项具有挑战性和趣味性的运动，更是学生锤炼意志、提升自我的宝贵平台。在挑战和突破自我的过程中，学生们通过不断练习和尝试，培养了勇于面对困难的精神，锻炼了坚韧不拔的意志力。此外，花样跳绳还具有文化传承的意义，它融合了传统跳绳与现代元素，有助于传承和弘扬民间体育文化。

（二）教材的动作分析

1. 动作特点

花样跳绳中的两人车轮跳组合展现了极高的协调性和技巧性。基本车轮跳要求两人同步摇绳并跳跃，动作流畅；"基本车轮跳＋360度内转"则增加了转身的难度，需要两人默契配合，确保转身与摇绳同步；"基本车轮跳＋交叉跳"中，绳子交叉的动作为跳跃增添了更多变化，要求两人精准掌握交叉时机；而"基本车轮跳＋半换位"则考验了两人快速变换位置的能力，同时保持跳绳节奏不乱。这些组合动作不仅展现了跳绳的趣味性，也体现了学生之间的默契与协作。

动作要领：花样跳绳两人车轮跳组合中，基本车轮跳要求两人同步摇绳、同时跳跃，保持节奏一致；加入360度内转时，需在保持跳绳节奏的同时，默契配合完成转身动作；交叉跳则需精确掌握绳子交叉的时机，两人需高度协调以避免干扰；半换位则考验两人的反应速度和位置变换的灵活性，需在保持跳绳连续性的同时，迅速调整位置。整个组合不仅要求技巧熟练，更需两人之间的默契配合。

2.动作结构

车轮跳组合动作包括基本车轮跳、"基本车轮跳＋360度内转"、"基本车轮跳＋交叉跳"、"基本车轮跳＋半换位"等动作，这些动作都需要协同能力和精确的时机把握，确保整个组合的流畅与稳定。

在车轮跳组合中，第一个八拍是基本车轮跳。动作方法：两人并排站立，相近绳柄交叉相握，绳置于身后，当摇至最高点时另一绳开始向前摇动，两人依次跳过绳，两绳始终相隔180度。

第二个八拍是360度内转。动作方法：在基本车轮跳的基础上，身体向内侧转体，同时外侧绳空打地，继续转体一周，另一绳也空打地，回到原地做车轮跳动作。

第三个八拍是交叉跳，在基本车轮跳的基础上，跳绳者两手做交叉挽花，跳过对方绳子的动作。动作方法：需要分四步完成。第一步，右侧绳首先改变路线，向左方打地给左侧人跳；第二步，左侧绳向右方打地给右方人跳，此时左手在上，右手在下的交叉姿势；第三步，右手向右方摇动给右侧人跳；第四步，左手向左方摇动给左侧人跳动，打开挽花。

第四个八拍是半换位，在基本车轮跳的基础上，跳绳者相互调换位置的动作。动作方法：以右侧摇绳者向左移动换位为例，A左B右跳起做基本车轮跳，B跳右侧绳的同时向左前方移动，A向右后方移动，左手绳空打地一次，两人相互换位置，B左A右，完成半换位动作。

（三）动作原理

花样跳绳中的两人车轮跳组合涉及力学平衡、角动量守恒、动力学平衡、动量定理等物理学原理。

（1）基本车轮跳：在车轮跳中，两人需要保持跳绳的稳定旋转。这要求两人施加的力要均匀且相互协调，以保持力矩的平衡，防止跳绳偏离轴心或速度不均。

（2）"基本车轮跳＋360度内转"：在两人进行360度内转时，由于没有外力矩作用，系统（两人和绳子）的角动量保持不变。这要求两人在转动过程中调整摇绳的速度和力度，以保持整体系统的平衡。

（3）"基本车轮跳＋交叉跳"：在交叉跳时，两人需要在空中交换位置，这要求他们在跳跃过程中保持身体的旋转速度。根据角动量守恒原理，如果没有外力矩作用，系统的角动量是守恒的。因此，两人在空中交换位置时，需要通过调整身体姿态来保持整体的旋转稳定性。同时，交叉跳需要两人在空中完成一系列复杂的动作，包括身体的旋转、位移和落地时的稳定。这要求两人具备出色的身体素质和动力学协调能力，以确保动作的准确性和安全性。

（4）"基本车轮跳＋半换位"：在半换位过程中，移动的人需要改变自身的运动状态（速度和方向），这会产生冲量。根据动量定理，冲量等于动量的变化量，因此移动的人需要通过腿部发力来调整自身的动量，以实现平稳的半换位动作。

（四）负荷特点

1.运动负荷

花样跳绳中的两人车轮跳组合的负荷特点在运动负荷方面表现得尤为明显。基本车轮跳作为组合的基础，其连续跳跃已经对身体产生了一定的负荷，要求跳绳者有较好的耐力和腿部力量。随着交叉跳和半换位的加入，动作复杂性增加，对身体协调性、灵活性和爆发力的要求也随之提高，这进一步加大了运动负荷。

2.心理负荷

在心理负荷方面，车轮跳组合同样具有挑战性。随着动作难度的逐步提升，跳绳者需要更高的集中力和反应速度，这不仅增加了身体的紧张度，也对心理素质提出了更高要求。特别是在进行半换位等高级动作时，需要跳绳者克服对复杂动作的恐惧，保持冷静和自信，这对心理承受能力是一次不小的考验。

（五）学情分析

高中的学生具有较强的模仿能力和合作探究的能力，接收新鲜事物的能力较强，但是由于学生的身体素质，尤其是协调性层次不齐，在进行车轮跳组合动作练习时可能会出现两手交替摇绳不协调、上下肢不协调等问题，小组配合不默契，接连失败，自信心受到打击等问题。

在需求方面，高中的学生正处于技能提升和兴趣培养的关键阶段。他们渴望通过学习新的、更具挑战性的跳绳动作来展现自己，并获得成就感和自信心。车轮跳组合不仅满足了他们提升技能的需求，同时也因其丰富的变化和趣味性而激发了他们的学习兴趣。通过学习和练习车轮跳组合，学生可以在锻炼身体的同时，培养团队协作能力、节奏感和创新意识，从而更全面地发展自己的运动能力和综合素质。

（六）教法建议

1.基础技术练习

（1）基础车轮跳：口令下、音伴下进行车轮跳练习。

（2）"车轮跳＋360度内转"："单人抡绳动作＋360度内转"；"两人一绳＋360度内转"，体会双人配合的节奏，两人交换角色；"车轮跳＋360度内转"，两人依次转，两人同时转。

（3）"车轮跳＋交叉跳"：两手各握一绳进行交叉跳挽花练习；"两人车轮跳＋交叉跳"连贯动作练习。

（4）"车轮跳＋半换位"：徒手半换位；"两人一绳＋半换位"，体会双人配合的节奏，两人交换角色；"车轮跳＋半换位"连贯动作练习。

2.动作组合技术练习

（1）组合串联：将基本车轮跳、360度内转、交叉跳、半换位等动作串联起来，形成一个完整的跳绳组合。

（2）音伴下进行组合练习：让学生在不同节奏和速度下进行车轮跳组合的练习，以增加动作的灵活性和应变能力。

3.动作运用练习

（1）情景模拟：设置特定的情景，如比赛场景或表演场景，让学生按照比赛的要求进行车轮跳组合的练习。

（2）个人挑战赛：设置车轮跳组合的挑战赛，每个小组可以自由选择自己的车轮跳组合动作进行展示。

4.数字化信息化手段

（1）视频教学：让学生观看专业跳绳学生的表演，以便更好地理解和掌握动作要领。

（2）动作捕捉与分析：使用动作捕捉技术来分析学生的动作，找出不足之处，并针对性地进行改进。

（3）互动教学软件：利用互动教学软件，让学生在虚拟环境中进行花样跳绳练习，通过即时的反馈来调整和优化动作。

（七）课时建议

（1）单个技术动作学练：建议安排 2～3 个课时。练习者需专注于掌握基本车轮跳，这是构建后续组合动作的基础。此阶段的任务是确保两人能够同步摇绳、协调跳跃，并通过反复练习形成稳定的节奏感。

（2）动作组合技术练习：建议安排 3～4 个课时。任务是逐步引入并熟练掌握各个组合动作，包括"基本车轮跳 + 360 度内转"、"基本车轮跳 + 交叉跳"和"基本车轮跳 + 半换位"。每个组合动作都需要练习者精确控制动作节奏和两人之间的协调性。

（3）动作运用练习：建议此阶段安排 3～4 个课时，通过模拟比赛场景、增加难度和速度等方式，让学生在实践中不断挑战自我，提升技术水平。同时，也要注重培养学生的比赛心态和团队合作精神，为未来的比赛做好充分准备。

第二节 │ 攀　岩

一、横向移动（水平三）

攀岩中的横向移动，是一种在岩壁上灵活转移的技巧。动作方法：学生在进行横向移动时，先稳固身体重心以确保稳定。在选择横向移动的路线前，仔细观察并选择稳固可靠的支点。开始移动之前，为了维持平衡，应将重心稍微移向移动方向的相反侧。移动过程中，把重心向下沉，双手吊在支点上，让双脚踩实，同步侧向移动，同时保持身体尽量贴近岩壁，以减少不必要的摇晃和消耗体力。一旦到达新的支点，务必确保平稳且流畅地过渡，避免因急促或不稳定的动作而失去平衡。

（一）教材价值

（1）横向移动在攀岩中需要精确的身体控制和协调性，这能够培养同学的耐心和专注力。通过反复练习和不断调整，学生学会了如何在不同环境下保持平衡和稳定，这种经验可以转化为生活中的其他领域，比如解决问题和应对挑战的能力。

（2）攀岩中的横向移动是一项要求全身协调的运动。在岩壁上的每一次移动，都是对学生全身肌肉的一次全面调动，特别是对核心肌群和四肢肌肉的锻炼效果尤为显著。同时，攀岩所需的高度专注和自我调控，也对学生的神经系统有益，并在一定程度上促进了他们的心理健康。

（3）在攀岩过程中，学生不断挑战自我、克服困难，这不仅锤炼了他们的意志品质，还培养了坚韧不拔的精神。同时，攀岩常常需要团队合作，这让学生学会了如何更有效地与他人沟通和协作，这些都将是他们未来人生道路上的宝贵财富。

（二）教材的动作分析

1. 动作特点

攀岩中的横向移动，其动作特点主要体现在对身体的重心控制和精准判断上。在进行横向移动时，学生需要保持身体的平衡与稳定，通过四肢的协调运动来实现在岩壁上的水平位移。这一过程中，对支点的选择和利用显得尤为重要，学生需要凭借敏锐的观察力和丰富的经验，准确判断并抓住最有利的支点，以确保移动的顺利进行。

动作要领：首先，学生要保持身体重心的稳定，避免身体过度摇晃。其次，预判好点位后，双手和双脚要密切配合，一手一脚先后移动向前推进，保持三点固定在岩壁上（整个过程需充分运用"三点平衡"理论技巧），保持身体的协调性及重心的稳定。在移动过程中，要时刻注意岩壁上的支点分布，合理利用身体力量，避免过度使用手指、手臂力量。最后，保持专注和冷静的心态也是关键，只有在心态平和的情况下，才能更好地应对各种突发情况，确保横向移动的安全与效率。

2. 动作结构

攀岩中的横向移动动作结构包括准备与评估、重心调整与横移准备、手脚协调移动以及平稳过渡与整合等关键步骤。

（1）准备与评估：在进行横向移动之前，学生首先稳固自己的身体重心，这是确保移动过程中保持稳定性的基础。同时，学生仔细观察岩壁，选择稳固可靠的支点进行移动。

（2）重心调整与横移准备：在横向移动前，学生先进行重心的预调整，即将重心略微向移动方向的相反侧偏移，调整好身体平衡；同时，确保双手和双脚都处于灵活的状态，为接下来的协调侧向移动做好充分准备。

（3）手脚协调移动：在横向移动过程中，学生手脚的紧密配合，确保它们协调流畅地向目标支点移动，这样可以维持身体的平衡与稳定；同时身体贴近岩壁，进一步增加移动的稳定性。

（4）平稳过渡与整合：当手脚成功移动到新的支点上时，学生需要确保这一过程的平稳与流畅，避免在支点上做出突然或大幅度的动作，以防身体失去平衡；紧接着，一旦稳定在新支点上，学生迅速调整自己的身体姿势，与支点进行良好的整合，以确保身体的稳定性和安全性。

（三）动作原理

攀岩中的横向移动涉及多个物理学原理，包括重力与平衡、牛顿第二定律、动量定理等。

在准备与评估阶段，主要遵循物理学中的稳定性原理，即一个物体的稳定性取决于其重心位置和支撑面积。重心越低、支撑面积越大，稳定性越高。学生通过调整身体姿势和选择合适的支点，使重心尽量靠近岩壁并降低高度，以增加稳定性。

在重心调整与移动准备阶段，主要遵循了根据牛顿第二定律，物体的加速度与作用于其上的力成正比，与其质量成反比。在攀岩中，通过预先调整重心，学生可以更有效地利用身体力量产生所需的加速度，以顺利进行横向移动。

在手脚协调移动阶段，主要体现了动力学中的协同作用原理，即多个力同时作用可以产生更大的效果。同时，保持身体贴近岩壁减少了身体与岩壁之间的距离，从而降低了因身体摇晃而导致的重心不稳。

在平稳过渡与整合阶段，主要体现了动量定理，即物体动量的改变等于所受合外力的冲量。在攀岩中，平稳过渡到新支点需要控制身体的动量和速度，以避免因速度过快或过慢而导致的身体失衡。

（四）负荷特点

1. 运动负荷

从运动负荷的角度来看，攀岩中的横向移动具有其独特的特点。由于学生需要在岩壁上保持身体平衡并进行水平位移，这一动作对肌肉力量、耐力和柔韧性都有着较高的要求。在横向移动过程中，学生的四肢和核心肌群需要持续发力，以支撑身体重量并保持稳定，这会产生较大的肌肉负荷。同时，由于横向移动需要较长时间的持续努力和精细的动作控制，这也增加了运动负荷的强度和持续时间。

2. 心理负荷

从心理负荷的角度来看，攀岩中的横向移动同样带来显著挑战。学生在进行这项运动时，需要高度集中注意力，对每一个动作进行精确的控制和判断。此外，面对高度的挑战和可能的风险，学生可能会感受到一定的恐惧和压力，这增加了心理负荷。因此，攀岩中的横向移动不仅是一项对体能要求极高的运动，也是一项对心理素质有着严峻考验的活动。

（五）学情分析

从学生的基础方面来看，水平三的学生在攀岩中的横向移动方面可能已经有了一定体能储备。他们可能已经在之前的体育课程中接触过类似的攀爬活动，对身体的协调性和平衡感有了一定的掌握。然而，攀岩中的横向移动作为一项更为专业和技巧性强的运动，对学生提出了更高的要求。因此，教师需要针对学生的现有基础，制定合适的教学计划和练习方法，帮助学生逐步提升技能水平。

从学生的需求方面分析，水平三的学生正处于身体发育和技能提升的关键阶段，他们对新奇、具有挑战性的运动项目有着浓厚的兴趣。攀岩中的横向移动不仅能满足他们探索和挑战自我的欲望，还能有效锻炼其核心力量、协调性和心理素质。此外，通过攀岩中的横向移动的学习和团队活动、比赛的实践，学生还能培养团队合作意识和面对困难时的冷静与坚韧，这些对他们的全面发展具有重要意义。

（六）教法建议

1.基础技术练习

（1）平衡接力赛：学生在低矮的平衡木进行接力比赛，每人需要在不触碰地面的情况下尽快通过，并将"接力棒"传递给下一位同学，培养平衡感。

（2）"抓石头"游戏：在一定距离内散落一些标记为"石头"的小球或标志物，学生需要横向移动到每个"石头"旁边并"抓住"它们，锻炼手指力量和身体协调性。

2.动作组合技术练习

（1）支点迷宫：在攀岩墙上布置多个支点，形成迷宫样式。学生需要按照指定的路径或自己规划路径，通过横向移动和支点转换来完成"迷宫"。

（2）动作接龙：学生依次代表一个动作（如侧拉、交叉手等），前一个学生做完动作后，下一个学生需要模仿并增加一个新动作，形成"接龙"。

3.动作运用练习

（1）障碍挑战赛：设置包含多种障碍的攀岩路线，如狭窄缝隙、突出岩石等。

（2）寻宝探险：在攀岩墙上隐藏一些"宝藏"（如小玩具或标记物），学生需要通过横向移动和技巧运用来"寻宝"，找到所有"宝藏"者获胜。

（3）"攀岩小勇士"接力赛：将学生分成几个小组，在攀岩墙前设置起点和终点。每组学生依次代表出列，进行横向移动，到达终点后返回起点，与下一位同学击掌接力。

4.数字化信息化手段

（1）虚拟现实技术：利用VR技术模拟攀岩环境，让攀岩者在虚拟空间中进行横向移动的练习。

（2）动作捕捉与分析：利用现代科技手段，如动作捕捉系统，对学生的动作进行分析，找出不足之处并加以改进。

（七）课时建议

（1）单个技术动作学练：建议安排 2～3 个课时，重点进行基础体能练习，如平衡练习、手指力量练习等，确保学生能够熟练掌握基本技巧。

（2）动作组合技术练习：此阶段可安排 3～4 个课时，通过模拟横向移动路线和支点转换练习，逐步提高学生的动作协调性和连贯性。

（3）动作运用练习：建议安排 3～4 个课时，进行障碍学练、速度挑战等实战模拟练习，让学生在模拟真实场景中运用所学技能，增强自信心和应对复杂情况的能力。

二、"横向移动＋交叉手交叉脚"组合动作（水平四）

攀岩中的横向移动结合交叉手交叉脚组合动作是攀岩技巧中的重要部分，它们有助于提高攀爬效率和稳定性。动作方法：当目标手点位于支撑手点上方时，采用上交叉动作，将重心放在支撑手上，通过腰部、髋关节和肩关节的转动，带动上身转动，以稳定地抓握目标支点。如果目标手点在支撑手点的下方，使用下交叉动作。在这个过程中，必须确保支撑手臂不会遮挡视线，并提前确认好脚点的位置，根据目标点的距离，调节重心转移的幅度，完成交叉手动作。交叉脚的过程中，先将一只脚（假设为左脚）踩稳在当前的支点上，作为支撑脚。然后，将另一只脚（右脚）通过内交叉或外交叉的方式移动到下一个合适的支点，并踩稳。一旦重心成功转移到右脚，即可将左脚从原支点抬起，并交叉到右脚的外侧或内侧，具体取决于之前确定的交叉方向。踩稳左脚后，再次调整身体的重心，使其均匀地分布在两只脚上。

（一）教材价值

（1）这一组合动作能够培养学生的空间感知能力、身体协调性以及问题解决能力。在执行动作时，学生需要精准判断身体位置与支点的关系，学会在有限的空间内灵活调整自己的姿势和动作，这无疑会提升学生的空间智能和身体认知能力。

（2）横向移动与交叉手交叉脚动作要求学生全身肌肉协同工作，特别是核心肌肉群和四肢肌肉。这种全身性的运动不仅能增强肌肉力量和耐力，还能提高身体的柔韧性和协调性。同时，持续的运动也会促进心肺功能的提升。

（3）这一组合动作对学生的心理素质提出了高要求。面对挑战，学生需要克服内心的恐惧，培养坚韧不拔的意志和勇往直前的精神。此外，攀岩作为一种社交活动，也能帮助学生拓展社交圈，提升人际交往能力，从而促进个人的全面发展。

（二）教材的动作分析

1. 动作特点

攀岩中横向移动与交叉手交叉脚组合动作的特点主要体现在稳定性和高效性上。横向移动时，在手点抓握牢固的前提下，下肢推膝顶髋，进行重心转换。攀岩者通过重心下沉、手抓握牢固和双脚踩实支点来确保身体的稳定性，为后续交叉动作奠定基础。交叉手和交叉脚的使用则进一步提升了移动的效率，使得攀岩者能够在保持平衡的同时，快速而准确地够到下一个支点。这种组合动作要求攀岩者具备良好的协调性和技术水平，以实现流畅、安全的攀爬过程。

攀岩中横向移动结合交叉手交叉脚组合动作的要领在于保持身体平衡与协调。攀岩者需先将重心下沉，确保双手稳固吊在支点上，双脚踩实以维持稳定。在横向移动过程中，要准确判断并伸手够到下一个支点，同时配合交叉手脚动作，即移动手时相应移动脚，保持身体平衡。交叉手时，根据目标手点位置选择上交叉或下交叉，并确保双脚稳固踩在支点上提供支撑。整个动作需流畅协调，确保安全高效地完成攀爬。

2. 动作结构

（1）横向移动：动作结构同攀岩中的横向移动案例。

（2）交叉手动作：在确定目标手点的位置和距离后，攀岩者选择合适的交叉手类型。执行时，先调整重心以确保身体稳定，然后用支撑手侧的肩膀作为轴来固定和稳定身体。接着，通过腰部、髋关节和肩关节的协调转动，带动上身旋转，同时在身体旋转中迅速抓握目标手点。一旦稳固抓握，立即调整身体姿势，为接下来的攀爬动作做好充分准备。

（3）交叉脚动作：攀岩者先将一只脚稳固地踩在当前的支点上，作为稳定的支撑。随后将另一只脚交叉迈过支撑脚，精确地踩向下一个合适的支点。在这个过程中，攀岩者将身体的重心逐渐转移到新踩的支点上，以保持整体的平衡。当成功踩稳新的支点后，调整自己的身体姿势，以确保稳定，并为接下来的攀爬动作做好充分的准备。

（三）动作原理

（1）横向移动：动作原理同攀岩中的横向移动案例。

（2）交叉手交叉脚：交叉手和交叉脚动作的物理学原理主要涉及摩擦力的利用、重力的克服与平衡维持、力的分解与合成以及杠杆原理的运用。这些原理共同作用于攀岩过程中，使得攀岩者能够更稳定、高效地完成攀爬任务。

（3）摩擦力：当攀岩者执行交叉手和交叉脚动作时，手脚与岩壁的接触面积增加，从而增大了摩擦力。这种增大的摩擦力有助于攀岩者保持稳定，防止在攀爬过程中滑动或跌落。

（4）重力克服与平衡维持：交叉手和交叉脚动作使得攀岩者能够更加有效地分散和平衡自身重力带来的影响。通过不断调整手脚的位置，攀岩者可以将重心保持在支撑面上方，以维持身体平衡，防止因重力作用而导致的身体倾斜或失稳。

（5）力的分解与合成：在执行交叉手和交叉脚动作时，攀岩者施加在手脚上的力可以分解为多个分量。这些分量包括垂直于岩壁的分力（用于克服重力）和平行于岩壁的分力（用于推动身体移动）。通过灵活调整手脚位置和施加力量的方式，攀岩者可以实现力的最优分配，以提高攀爬效率。

（6）杠杆原理：在攀岩过程中，手臂和腿部作为杠杆使用，而交叉手和交叉脚动作改变了杠杆的支点和力臂长度。这种改变使得攀岩者能够以更小的力量产生更大的移动效果，体现了杠杆原理在攀岩中的应用。

（四）负荷特点

1. 运动负荷

从运动负荷的角度来看，攀岩中的横向移动结合交叉手交叉脚组合动作对攀岩者的体能提出了较高要求。这种组合动作需要攀岩者不断地调整身体姿势，进行手脚的协调移动，不仅要保持身体的平衡，还要克服重力，稳定地横向移动。这一过程中，肌肉需要持续收缩以维持身体姿势和进行移动，导致了较大的肌肉负荷。同时，心肺功能也面临挑战，因为需要为肌肉提供足够的氧气和养分，以支持这一高强度的运动。

2. 心理负荷

在心理负荷方面，这种组合动作对攀岩者的心理素质要求极高。攀岩者需要在高空中保持冷静，精确地判断和选择手脚的放置位置，这对注意力集中和决策能力都是极大的考验。同时，由于动作的复杂性和对体能的高要求，攀岩者可能会感受到较大的压力和焦虑。因此，学生在练习中需注重心理调节，培养坚强的意志和稳定的情绪，以应对各种心理挑战，发挥最佳水平。

（五）学情分析

从学生的基础方面来看，水平四的学生在攀岩方面已经具备了一定的基础技能和体能。他们可能已经掌握了基本的攀爬技巧，如手脚协调、重心控制等。然而，对于横向移动结合交叉手交叉脚组合动作，学生可能还缺乏足够的熟练度和技巧。因此，在教学过程中，需要重点加强这些动作的练习，帮助学生掌握正确的动作要领和提高执行效率。

从学生的需求方面分析，水平四的学生正处于技能提升的关键时期，他们对学习新技能和挑战自我有着强烈的渴望。横向移动结合交叉手交叉脚组合动作作为攀岩中的技巧组合，能够满足学生追求更高技能水平的需求。同时，这些动作的学习也有助于提升学生的身体协调能力、平衡感和自信心，进一步促进他们的全面发展。

（六）教法建议

1. 基础技术练习

（1）手脚协调练习：设置简单的攀岩路线，让学生练习手脚配合的基本技巧。

（2）横向移动练习：在攀岩墙上设定一段水平路线，指导学生练习横向移动技巧。初期可以使用较大的支点，逐渐过渡到较小的支点，以增加难度。

（3）地面交叉手交叉脚练习：在地面上设置两排交错排列的标志点，学生从俯撑开始进行交叉手交叉脚练习。

（4）交叉手交叉脚练习：选择一组交错排列的支点，从一个支点开始，使用交叉手技术，即一只手抓握一个支点，然后另一只手交叉抓握下一个支点。同时，配合交叉脚技术，即一只脚踩在一个支点上，然后另一只脚交叉踩在另一个支点上。

2. 动作组合技术练习

（1）变化路线练习：设计多条不同难度和路线的攀岩墙，要求学生根据路线的变化灵活运用"横向移动＋交叉手交叉脚"。

（2）连续"横向移动＋交叉手交叉脚"：设置需要连续进行"横向移动＋交叉手交叉脚"练习的攀岩路线，让学生在实践中将两个动作结合起来。

3. 动作运用练习

（1）计时挑战：设置计时挑战任务，要求学生在规定时间内完成包含"横向移动＋交叉手交叉脚"的攀岩路线。

（2）多人竞技：组织学生进行攀岩比赛，通过竞技的方式激发他们的求胜欲望，提升对组合动作的掌握和运用能力。

4. 数字化信息化手段

（1）视频教学：利用视频教程，让学生观看专业学生的"横向移动＋交叉手交叉脚"练习动作示范，帮助他们形成正确的动作表象。

（2）动作捕捉与分析：使用动作捕捉技术记录学生的攀岩动作，并通过数据分析找出他们的不足，为后续的针对性练习提供依据。

（3）虚拟现实技术：借助 VR 设备，让学生在虚拟的攀岩环境中进行练习，这样可以安全地模拟真实场景，提高练习效率。

（七）课时建议

（1）单个技术动作学练：在这一阶段，建议安排 2～3 个课时，专注于单个技术动作的学习和精炼。对于横向移动，重点练习如何在岩壁上保持平衡，并实现快速而稳定的移动；对于交叉手交叉脚动作，则着重于提高手脚之间的协调性，以及支点的准确抓握，为后续技术组合打下坚实基础。

（2）动作组合技术练习：在技术组合的练习阶段，建议安排 3～4 个课时，重点将横向移动与交叉手交叉脚动作进行有机结合。此阶段旨在提高动作之间的转换流畅性和效率，确保学生在执行组合动作时能够保持速度和稳定性，从而提升整体攀岩表现。

（3）动作运用练习：在这一阶段，建议安排 3～4 个课时。学生将在模拟的比赛环境中实践横向移动与交叉手交叉脚练习的组合动作。教师通过设置不同难度和路线的攀岩任务，让学生在实战中锻炼并提升技能，为更高难度的攀岩挑战做好准备。

三、"三点平衡"（水平五）

攀岩中的"三点平衡"，是一种重要的攀爬技巧。"三点平衡"是指攀登者在攀岩过程中，始终保持四肢中的三点（可以是两只手和一只脚，或者一只手和两只脚）固定在岩壁上，以形成稳定的平衡状态。当攀登者需要移动到一个新的支点时，他们会通过移动其中一个固定点来达到新的平衡状态。

（一）教材价值

（1）攀岩中的"三点平衡"原则不仅是一项基本技巧，更是一种宝贵的教育资源。它教会我们在面对挑战时如何保持平衡与稳定，象征着生活中的决策与行动需要深思熟虑、稳健前行。通过攀岩，青少年可以学习到如何在不确定的环境中寻找支撑点，培养解决问题的能力和应变能力，这对于他们的成长和未来面对复杂社会具有重要意义。

（2）"三点平衡"在攀岩中要求身体各部位协同工作，尤其是上肢、下肢和核心肌群的紧密配合。它不仅能增强肌肉力量、耐力和爆发力，还能提高身体的柔韧性、协调性和平衡感。长期参与攀岩运动，可以有效塑造健康体型，减少多余脂肪，促进身体健康。

（3）攀岩运动中的"三点平衡"原则还蕴含了个人成长与发展的深刻寓意。在攀岩过程中，学生需要不断克服自我、挑战极限，这种经历有助于培养自信心、进取心和意志力。同时，攀岩也是一项团队合作的运动，学生之间的相互信任与支持对于成功至关重要。这种团队精神的培养对于个人的社交能力同样具有重要意义。

（二）教材的动作分析

1. 动作特点

攀岩中的"三点平衡"动作特点在于其充分利用双手和双足，通过保持至少三个点与岩壁稳定接触，形成稳固的支撑三角形。这种发力方式要求学生根据支点形状和位置，灵活调整手部和脚部的姿势与力度，确保身体在岩壁上保持平衡。在移动过程中，学生需要平稳流畅地转移重心，协调手脚动作，以实现稳定而高效的攀登。这种技巧展现了攀岩运动的力量与美感，同时也体现了学生对身体的精准控制与高超技巧。

攀岩中的"三点平衡"的动作要领在于保持身体稳定与力量的均衡分布。在攀登时，学生需确保双手和双脚，至少有三点牢固地支撑在岩壁上，形成稳固的三点支撑。要避免三点平衡的三角形面积过大，导致移动困难或面积过小导致"开门"现象。发力时，要调整呼吸，协同使用手臂和腿部力量，避免过度依赖单一部位，以维持身体的平衡。同时，要根据岩壁的特点灵活变换支撑点，保持动作的流畅与连贯。这种发力方式不仅能提高攀岩效率，还能有效预防因力量失衡而导致的安全风险。

2. 动作结构

攀岩中的"三点平衡"涉及一系列精细而协调的动作结构。

（1）支撑点设置：在攀岩过程中，学生需要巧妙地利用双手和双足，在岩壁上精心设置至少三个稳固的支撑点；攀岩运动中主要以手指的抓握和脚掌的蹬力完成，通常由一个手两个脚组成的正三角、或两个手一个脚组成的倒三角组成，这种结构为攀岩者提供了坚实的支撑，是维持身体在攀爬过程中保持平衡的关键。

（2）力量分布与发力：力量尽可能的转移到脚下，避免过度依赖单一部位发力。手臂和腿部力量应协同使用，通过找到不同岩点的力量对抗方式和"三点平衡"的重心变换来维持身体的稳定性。

（3）重心调整与移动：在移动过程中，学生需要不断调整身体重心，身体尽量贴近岩壁，以确保其始终落在稳固的支撑点上。

（4）灵活适应与调整：面对不同形状和质地的岩壁，学生需要灵活调整"三点平衡"发力的策略。这包括改变支撑点的位置、调整发力的角度和力度，以及优化手脚的配合方式等。

（三）动作原理

"三点平衡"体现了三角形的稳定性、力的平衡与分布、杠杆原理、重心控制、动量守恒等物理学原理。这些原理共同作用，使得攀登者能够在复杂的岩壁环境中保持稳定的攀爬姿势，并有效地利用身体力量进行攀爬。

（1）支撑点设置：三角形的稳定性原理在这里得到了完美应用。学生通过设置三个支撑点，形成了一个稳固的三角形结构。这种结构在几何学中具有出色的稳定性，确保学生在攀爬时身体平稳，减少不必要的晃动，从而大大提高了安全性。

（2）力量分布与发力：力的平衡原理与杠杆原理共同发挥作用。学生必须确保双手和双足承受的力量达到平衡，这是物理学中力的平衡原理的实际应用。同时，学生的身体在发力时形成了一个杠杆系统，通过调整支撑点的位置和发力方式，学生能更有效地利用力量，实现力量的优化传递，提升攀爬效率。

（3）重心调整与移动：重力与重心原理以及动量守恒原理起着关键作用。学生需要精准把控身体重心，确保其始终落在稳固的支撑点上，以维持平衡。同时，在移动过程中，学生遵循动量守恒原理，通过四肢的协调运动实现平稳移动，既确保了安全，又展示了物理学原理在攀岩中的实际应用。

（4）灵活适应与调整：摩擦力和弹性势能原理也发挥着重要作用。学生需要根据岩壁特性和自身需求灵活调整姿势和力度，以最大化利用摩擦力保持稳定性。同时，合理利用肌肉和韧带的弹性势能，学生能在必要时爆发出更大的力量，实现更为高效的攀爬。

（四）负荷特点

1. 运动负荷

从运动负荷的角度来看，攀岩中的"三点平衡"发力对学生的肌肉力量和耐力提出了较高要求。在执行这一技术时，学生需要长时间保持肌肉紧张以维持身体平衡，特别是在寻找和转移到新的支点时，需要快速而准确地调整肌肉用力。此外，由于身体重量主要通过三个支点分散，每个支点承受的负荷相对集中，这对局部肌肉的力量和稳定性是严峻的考验。长时间维持这种姿势和进行支点转换，会导致肌肉疲劳和能量消耗的增加。

2. 心理负荷

从心理负荷的角度来看，"三点平衡"同样带来了不小的挑战。学生在岩壁上需要保持高度的集中力和自我控制能力。在寻找新的支点和进行支点转换时，学生必须准确评估每个支点的稳固性，这需要丰富的经验和敏锐的洞察力。同时，保持身体平衡和心理稳定是相互关联的，学生在面对挑战和不确定因素时，必须保持冷静和自信，以便做出正确的决策和调整。这种持续的心理压力和注意力集中会增加学生的心理负荷。

（五）学情分析

从学生的基础方面来看，高中的学生在攀岩方面通常已经具备了一定的基础技能和体能。他们可能已经掌握了基本的攀岩技巧，如正确使用安全装备、选择合适的攀爬路线等。然而，对于"三点平衡"这种高级技巧，学生可能还缺乏深入的理解和实践。因此，在教学过程中，需要重点强调这一技巧的重要性，并通过实践练习来帮助学生掌握它。

从学生的需求方面分析，高中的学生渴望在攀岩技能上有所突破，提升自己在复杂环境中的应对能力。他们希望学习更高效的攀爬方法，以便在攀岩过程中更加自如和安全。"三点平衡"作为一种提高稳定性和攀爬效率的关键技巧，正好满足了学生的这一需求。通过学习和实践这一技巧，学生可以在攀岩过程中更加游刃有余，同时也能增强学生的自信心和减少安全风险。

（六）教法建议

1. 基础技术练习

（1）支点稳定性练习：在岩壁上设置不同难度的支点，让学生练习在不同支点上的稳定性和平衡技巧。

（2）移动练习：先用四肢做"四点平衡"，过度到一手两脚的"三点平衡"，手尽量在两脚的中心点上方。进行重心移动，换做两手一脚的"三点平衡"，脚的位置尽量在两手中心的下方。

2. 动作组合技术练习

（1）动作组合练习：将"三点平衡"与其他攀岩技术相结合，如手脚协调移动、换手换脚、横向运动与转身等动作。

（2）路线攀爬：设置一条包含多种支点的攀爬路线，让学生在攀爬过程中实际运用"三点平衡"技巧。

3. 动作运用练习

（1）限时挑战：设定一定的时间限制，让学生在规定时间内完成攀爬任务，以此锻炼他们在压力下运用"三点平衡"理论的能力。

（2）攀岩接力赛：将学生分成小组，进行攀岩接力比赛。每个团队成员需要依次攀爬，并在攀爬过程中展示"三点平衡"的技巧。

4. 数字化信息化手段

（1）视频教学：利用视频教程，让学生观看专业运动员的"三点平衡"发力动作示范，帮助他们形成正确的动作表象。

（2）动作捕捉与分析：利用动作捕捉技术记录学生的攀爬动作，通过数据分析找出学生在平衡发力上的不足，进行针对性指导。

（3）虚拟现实模拟：利用 VR 技术模拟攀岩场景，让学生在安全的环境下进行模拟攀爬练习，帮助他们更好地掌握"三点平衡"的技巧。

（七）课时建议

（1）单个技术动作学练：在此阶段，建议安排约 2～3 个课时，主要任务是让学生掌握"三点平衡"的基本技术。学生需理解和实践如何正确设置三个支撑点，确保每个点都能稳固地支撑身体重量。同时，学生还需学会如何调整身体姿势，保持重心始终在支撑点上方，以实现稳定的攀爬，为后续的攀岩技术学习打下基础。

（2）动作组合技术练习：此阶段建议安排 3～4 个课时，任务是将"三点平衡"与其他攀岩技术相结合，如手脚协调移动、换手换脚等。学生需掌握在不同位置和角度下应用"三点平衡"理论的技巧，实现技术的组合与优化。

（3）动作运用练习：在动作运用练习阶段，建议安排 4～5 个课时，旨在让学生在真实的攀岩场景中运用"三点平衡"技术。通过精心设计包含多种支点的攀爬路线，以及组织限时挑战和攀岩接力赛等活动，有效巩固和深化学生对"三点平衡"原则的理解与应用，进而实现技术的整合与优化，提升学生的攀岩技能与实战能力。

参考文献

REFERENCE

[1] 陈安槐，陈萌生. 体育大辞典［M］. 上海辞书出版社，2000.

[2] 陶景呅，李晋裕. 学校体育大辞典［M］. 武汉工业大学出版社，1994.

[3] 林崇德，杨治良，黄希庭. 心理学大辞典［M］. 上海教育出版社，2003.

[4] 中华人民共和国教育部. 普通高中体育与健康课程标准（2017 年版，2020 年修订）
［S］. 人民教育出版社，2020.

[5] 中华人民共和国教育部. 义务教育体育与健康课程标准［S］. 人民教育出版社，
2022.

[6] 毛振明. 体育教学论［M］. 高等教育出版社，2005.

[7] 张腾. 小学体育教学中教师教材分析与处理情况调查研究——以上海市为例［D］. 上
海体育学院，2021

[8] 赵一凤. 谈普通高校的体育教材［J］. 湖北师范学院学报（哲学社会科学版），1997，
17（2）：100-102.

[9] 于荣，徐松亭，程中庆. 对学校体育教材的研究［J］. 首都体育学院学报，2003，15
（4）：80-82.

[10] 孙辉. 试论体育教材与体育素材［J］. 山东体育学院学报，1994，10（2）：15-17＋36＋
77.

[11] 黄小平. 创生教学文本——体育教材处理新概念［J］. 教学与管理，2005，1：65-67.

[12] 杜华，廖志刚. 师范生教材分析能力培养策略［J］. 黑龙江高教研究，2007，11：
113-114.

[13] 金海滨. 对小学体育教材分析的几点思考［J］. 青少年体育，2016，7：100-101.

[14] 史兵. 中学体育与健康教材研究与教学设计［M］. 陕西师范大学出版社，2011.

[15] 贾荣固. 教材分析与处理的策略［J］. 大连教育学院学报，1998，5（4）：51-56.

[16] 贾荣固. 教材分析与处理的策略（下）［J］. 辽宁教育，1999，6：27-28＋33.

[17] 骆炳贤. 理化教材的处理和教学方法的选择［J］. 浙江师范大学学报（自然科学版），

1989，2：90-94.

［18］周玉敏.谈体育教学的重难点［J］.当代体育科技，2020，18：168＋171.

［19］刘方成.活用教材让体育教学走向高效［J］.体育教学，2018，38（12）：47-48.

［20］杨小帆，程传银.体育教材分析的"文化"、"环境"依据增益与实践隅举［J］.中国学校体育（高等教育），2014，1（6）：43.

［21］李燕强.体育教材的分析与选择［J］.中国学校体育，2014，1（6）：42-45.

［22］康杰，张庄兰，等.对南狮套路运动负荷的研究［J］.四川体育科学，2013，32（6）：41-42＋45.

［23］袁琼嘉，谭进.体育动作解剖学分析与肌肉练习［M］.人民教育出版社，2015.

［24］禹开元.民国时期（1912—1937）学校体育教育思想研究［D］.西北师范大学，2019.

［25］吴秋云.改革开放以来中小学体育课程发展研究［D］.东北师范大学，2022.

［26］邱丕相.中国武术教程（上册）［M］.人民体育出版社，2004.

［27］毛振明.论体育教材选编［J］.天津体育学院学报，2002，17（4）：34-36.

［28］王翠英.论竞技运动体育教材化［J］.体育学刊，1995，3：49-50.

［29］杨小帆.陕西初中《体育与健康》课程学生学习效果评价调查研究［D］.陕西师范大学，2004.

［30］贾荣固.语感的三个层次及培养方法［J］.语文教学通讯（初中版），2004，29（10）：7-9.

［31］金海滨，陈春梅.关于运动技能教学有效性的思考［J］.中国学校体育，2011，2：23-24.

图书在版编目(CIP)数据

中小学体育教材分析与研究/卜洪生著. --上海：
复旦大学出版社,2025.1.(2025.11 重印)-- ISBN 978
-7-309-17679-7

Ⅰ. G633.962

中国国家版本馆 CIP 数据核字第 2024ES0667 号

中小学体育教材分析与研究

卜洪生　著

责任编辑/梁　玲

复旦大学出版社有限公司出版发行

上海市国权路 579 号　邮编：200433

网址：fupnet@ fudanpress.com　http://www.fudanpress.com

门市零售：86-21-65102580　团体订购：86-21-65104505

出版部电话：86-21-65642845

上海盛通时代印刷有限公司

开本 787 毫米×1092 毫米　1/16　印张 20.5　字数 461 千字

2025 年 1 月第 1 版

2025 年 11 月第 1 版第 2 次印刷

ISBN 978-7-309-17679-7/G・2635

定价：69.00 元